教育部人文社会科学研究2012年度规划基金项目
"当代中国的儿童美术教育研究"
（12YJAZH057）终期成果

当代中国儿童美术教育研究丛书

李力加　总主编

儿童
美术教育
历史与现状

李力加　主编

山东教育出版社

图书在版编目（CIP）数据

儿童美术教育历史与现状 / 李力加主编．—济南：
山东教育出版社，2016
（当代中国儿童美术教育研究丛书 / 李力加总主编）
ISBN 978-7-5328-9589-2

Ⅰ．①儿… Ⅱ．①李… Ⅲ．①儿童教育 – 美术教育 –
研究 – 中国　Ⅳ．①J

中国版本图书馆 CIP 数据核字（2016）第 266358 号

当代中国儿童美术教育研究丛书
李力加　总主编

儿童美术教育历史与现状
李力加　主编

主　　管：山东出版传媒股份有限公司
出版者：山东教育出版社
　　　　（济南市纬一路321号　邮编：250001）
电　　话：（0531）82092664　传　真：（0531）82092625
网　　址：www.sjs.com.cn
发行者：山东教育出版社
印　　刷：济南继东彩艺印刷有限公司
版　　次：2016年12月第1版第1次印刷
规　　格：710mm×1000mm　16开本
印　　张：30.25印张
印　　数：1-2000
字　　数：371千字
书　　号：ISBN 978-7-5328-9589-2
定　　价：69.00元

（如印装质量有问题，请与印刷厂联系调换）
印厂电话：0531-87160055

总 序

峰峦连绵有奇峰

尹少淳

　　我曾不止一次地表达过这么一个意思：儿童事业属于未来学的范畴。在生活中，我们自己曾被父母问过，我们也曾问过自己的孩子："长大后想干什么？"这本身就是个关于未来的问题，是对未来可能发生的事情尝试性地进行预测。儿童的成长是个巨大的变量，无论是身体，还是心理，其可预测性和不可预测性交织而成的魅力，吸引着无数家长和教师为之着迷，对其探究。

　　儿童工作实际上又是具有战略性的工作。理由很简单，因为全部儿童工作都有一个共同的特点：立足当下，着眼未来。也就是说，儿童工作者不能仅仅看到儿童当下的变化和成就，不能将儿童一时的进退当作未来的定数，而要从儿童未来的发展看待当下的工作，并据此做出评价和判断。任何具体的工作应该视为是对未来的准备，从根本上说，抓住了儿童也就抓住了未来。小平同志说过，计算机普及要从娃娃抓起，这是至理名言。推而广之，科学、技术、艺术、人文和体育都应该从娃娃抓起。从全局和长远去规划与处理问题，正是战略的眼光和行为的精髓。

毫无疑问，儿童是儿童工作和事业的对象。那么，什么是儿童呢？

历史上，关于儿童的概念十分混乱，这主要体现在没有明确的时间界限。18世纪的欧洲，有时候将13岁的人称为青少年，有时候将15岁的人称为儿童，甚至还出现过18岁、24岁的人被称为儿童的现象。潜在的认识是，在家依靠父母生活的孩子被称为儿童，在外独立生活的孩子则可能被称为成年人，似乎与特定的年龄没有多大关系。而且，当时绘画中如果出现儿童形象，也往往是"小大人"，只是成年人的缩小版，甚至身上的肌肉也被画出来。可见，相当长的一段时间里，欧洲人既没有严格地划分儿童的年龄界限，也没有重视儿童特有的身心特征。

及至今天，我们已经清楚地认识到，儿童是人生成长的一个独特时间段。然而，对其年龄却存在不同的认定。在1989年第44届联合国大会通过的《儿童权利公约》中，儿童被定义为18岁以下的任何人。而中国法律界和医学界则将儿童定义为14岁以下的人。在美术教育中，通常将15岁以下的美术创作活动及其作品称为儿童美术，分为学前、小学和初中三个阶段，也即所谓少年儿童阶段。

个体生命需要延续，童年是个体生命中最重要的一环。美好的童年关系到个体生命的品质，进而影响人类社会的品质，因此任何社会都会关心人的童年，差别只存在于关心的条件和方式。《儿童权利公约》的颁布旨在为世界各国儿童创建良好的成长环境，该公约1992年正式在我国生效。这是人类第一部有关保障儿童权利且具有法律约束力的国际性约定。这固然是文明社会的产物和社会进步的标志，其实，关心儿童是人类社会基本的态度和行为，自古如此，中外皆然。

从行业出发，我们自然要从美术的角度关心儿童的发展，这种关心有两个明确的指向：其一，通过美术的学习，促进学生身心的良性发展。换句话说，即基于美术学科性质和独特育人功能，帮助学生发展观察、想象、审美、创造、道德、智识等能力，形成良好的美术素养，进而促进整体素养的发展。其二，通过美术学习，培养美术专门人才和广大美术受众，以便传承和延续美术文化，最大限度地实现美术在特定社会中的积极作用。

在人类社会，儿童美术是一个普遍的现象，无论传统社会还是现代社会，无论偏远地区还是发达城市，都能看到儿童自发的美术表现及其作品。但长期以来，儿童美术并没有进入成人或者学术的视野，文献中也鲜有记载。在中国历史中，苏东坡的"论画以形似，见与儿童邻"是不可多得的跟儿童美术相关的表述。我们熟悉的"涂鸦"则出自唐代诗人卢仝的《示添丁》："忽来案上翻墨汁，涂抹诗书如老鸦。"法国哲学家卢梭则是西方历史上较早关心儿童美术的学者，他基于对人和社会的深刻认识，提出了自然主义的儿童美术观。瑞士教育家裴斯泰洛齐较系统地提出过儿童绘画的教学方法。但真正将儿童美术置入学术视野的现象发生在19世纪80年代的欧洲，当时出现了一个以心理学为特征的"儿童研究运动"。其动机除了通过绘画研究儿童的心理成长之外，还有一个目的是研究人类文明和艺术的发生。其研究行为基于"复演说"的构想：一个人由蒙昧向智力的发展实际上复演了人类社会由野蛮向文明发展的历程。因此，只要弄清楚儿童艺术和智力的发生与发展，也就弄清楚了人类艺术和文明的发生与发展。我们现在所知晓的儿童美术发展的分期理论，就是这一运动的产物。

从此，儿童美术进入了以科学实验等综合方法研究的时期。欧美的儿童美术研究成果丰硕，出现了不同的学术观点和思想。这些观念和思想也影响了中国自近代以来的儿童美术研究。以陈鹤琴为代表的教育学者从中国的实际出发，对儿童美术的理论做了有益的探索，提出了自己的观点。改革开放以来，大量的儿童美术的学术信息涌入，加之现实中儿童美术教育的快速发展，引发了中国学者对儿童美术的全面关注，使得中国儿童美术学术硕果累累，教学思想和方法态势多元。

李力加先生主持的教育部人文社会科学结题成果,以《儿童美术教育的真谛》《儿童美术教育历史与现状》和《儿童美术教育专题研究》结集出版,是当下我国儿童美术研究的一个重要成果。这套书可谓力加30年从事儿童美术教育教学研究的思想、方法之沉淀,在儿童美术的问题丛中披沙拣金,凝练思想,闪耀着智慧的火花。

概而言之,这套书有如下特征和优点:

其一,全景展示。该书内容涉及对儿童美术的理解、儿童美术的课程、儿童美术的方法、儿童的艺术思维、儿童美术的现实问题、校内外儿童美术教育、儿童美术的教学模式、儿童美术不同工作室的特点、儿童美术的期刊和博客以及儿童美术教育机构的特殊教学取向等,从不同角度全景式展示了儿童美术的丰富内涵和广大外延。

其二,大胆建构。该书提出了建立儿童意象性思维方法的思路,并大胆设想具有原创性的"本体感悟·生命再造"儿童美术教育学,以期建构具有中国特色的儿童美术教育的理论体系。

其三,直击热点。该书毫不忌讳地讨论热点问题,对儿童画考级、热闹的校外美术教育现象以及"不教而教"的美术教育观点等进行分析,并明确而直白地表明自己的态度。

其三,居高临下。该书具有一定的理论高度,广泛借鉴了哲学、心理学、教育学、美术学,尤其是运用现象学及艺术心理学等思想和方法,思考、分析儿童美术教育的具体问题。这种从理论高度对问题的俯视,在当下的儿童美术研究中并不多见。

其四,贴近现实。该书非常接地气,这源于力加多年从事一线儿童美术教学的经历。这种宝贵经历使得他对具体教学问题深有感触,且经验丰富,深知一线儿童美术教师的困惑与需要。书中包括了大量具有程序性和操作性的案例,不仅能给教师具体的参照,而且能启发教师举一反三,主动迁移、变通、改造，丰富自己的思想和方法。

其五，取法多样。该书综合运用了理论思辨、比较分析、历史梳理、案例解析、口述访谈等多种研究方法聚焦儿童美术的问题，呈现了多维一体的研究景观，有助于读者更清楚地认识问题的本质，把握方法的要领。

总之，这一套书是具有较高学术水准的当代儿童美术教育的学术成果，在相当程度上体现了中国儿童美术教育研究高度，可谓"峰峦连绵有奇峰"。更希望来者居上，有更多的研究者聚焦儿童美术教育的理论和实践问题，并有更多的儿童美术教育研究成果面世，力争"山外有山立万仞"。

是为序。

2016年8月8日于北京

（尹少淳：首都师范大学美术学院教授、博士生导师，教育部艺术教育委员会委员，中国美术家协会少儿美术艺委会主任，国家美术课程标准研制组组长）

前　言

当代中国儿童美术教育的历史与现状

李力加

使用"口述"的方式记录当代中国儿童美术教育的历史与现状，是本研究几年来持续进行的工作。所有的传述人（受访者）都是当代中国儿童美术教育的"活证"（见证人），他们的口述文本是对过去38年（1978—2016）历史最好的证言。可以说，访谈过程记录了当代中国儿童美术教育历史上生动具体的事件细节、生活细节和个人的切身感受，挖掘出之前中国儿童美术教育历史文本没有留存下来的历史。当然，当代中国的儿童美术教育历史与现状研究，在本著作诞生之前尚未形成一个文本，也没有形成研究体系。因而，令本研究无从思考从不同的口述历史中，用相互辩证的方法来接近历史的真相这方面的工作。所以，采用口述的方式进行我国儿童美术教育历史与现状的研究，是一项具有历史意义的工作。

采用口述、对话的方式，对儿童美术教育的历史事件或历史观念分类、比较、解释，把儿童美术教育的历史研究做成"历史的分类研究""历史的比较研究"，或者做成"有解释（有视角）的历史研究"。同时，采用合适的研究"视角"（研究者的眼光），使当代中国的儿童美术教育叙事的历史研究既保持"价值中立"，又暗藏着必然的"价值关涉"。例如，广东省特级教师关小蕾的儿童美术教育思想可以命名为"开放引导主义"。她的儿童美术教育思想如何影响了浙江省的儿童美术教学？研究者在采访关小蕾老师的过程中，可将研究主题确定为"不同儿童美术教育思想对浙江儿童美术教学之影响"。该目标研究首先认定关小蕾的儿童美术教育思想对浙江儿童美术教学影响的渠道。如，在当年的浙江人民美术出版社，有一本比较有影响的杂志《儿童美术启蒙》。这本杂志对于传播关小蕾的儿童美术教育思想，起到了比较大的作用。因为，大多数有追求的浙江美术教师知道与理解关小蕾老师的儿童美术教育思想，最早的来源就是《儿童美术启蒙》。又如：基层美术教师的教学行为转变及思想转变的标志性事件是什么？这都需要在访谈中去研究。

访谈先后持续了八年。在集中访谈的三年多时间里，带着研究生们进行中国儿童美术教育口述历史的访谈研究，并非是像新闻记者一般的工作；因为当代中国儿童美术教育历史研究的难度，已经远远超过了普通新闻采访那种表面文章。当代中国的儿童美术教育口述历史的特性是：为全国从事儿童美术教育的教师、研究者提供本领域中较为充分的研究史料，为当下社会相当普及、正在蓬勃发展的校外儿童美术教学，为学校美术教育体系，为国家整体艺术教育发展，提供儿童美术教育思想上的引领，为那些在一线课堂进行儿童美术教学的美术教师群体，提供可以参照的多样的教学方法指导。在多篇口述历史文本中，有很大的篇幅都涉及大量的具体教学问题。

为了访谈一位儿童美术教育名师、专家、学者或者基层美术教师，研究生作为访谈者，首先需要在历史文献检索的基础上，对受访者的相关历史背景、学术成就、儿童美术教育思想等进行整体的研究。在对这些历史成就归纳和整理的基础上，提炼出需要在访谈现场提出的问题。同时，在现场访谈中，需要即兴生成新的问题。所有的这些工作是为了对当代中国的儿童美术教育历史与现状做一个客观的记录、分析，为当下及未来的中国儿童美术教育提供珍贵的研究史料。

进行这一研究，时间成为口述访谈最大的限制，不可避免也不可挽回。因此，对70岁以上老一代美术教育人的访谈，就如同考古上的抢救性发掘一样有必要。期间，发生了一件让我及参加访谈的研究生团队非常痛心的事情——2013年春节假期的正月初四下午，成都徐家林老师放弃春节假期休息，带领成都的孩子们去羌寨写生，途中徐老师心脏病突发而去世，这距离对徐老师的访谈不到两个月时间，所有的口述素材（录像视频、照片、文本实录等）即刻成为珍贵的历史文本。这也从一个方面证明，这些年进行的工作特别有价值。

从口述研究本身来看，目前我国口述史研究方向的主要问题，是专业人员和历史学者太少。当然，包括我自己在内的访谈团队并不是口述史专业研究工作者，而是边做边学的。与此同时，采用口述研究的方式进行当代中国儿童美术教育历史与现状的研究，要耗费很多人力、时间、精力、财力等，所以必然需要研究生以参与者的方式进入工作。我采用的是，带领研究生们以亲历中国儿童美术教育历史事实的体验性访谈方式，与研究生们共同参与访谈，进行"实证研究＋历史研究"的综合思考。这其中，作为访谈者的研究生如果对那个年代的时代背景和采访对象生平了解得不够多，提问就容易不得要点。因此，访谈之前"做功课"成为研究生们的一项艰巨任务。我并没有对研究生们进行口述前的培训，而只是对他们在正式访谈前的准备工作与访谈中的注意事项进行了指导，并特别强调提前设计采访问题的重要性。研究生们是在现场访谈过程中逐渐了解口述访谈的技巧与方法的。

用口述研究的方法进行中国儿童美术教育历史与现状的研究，做好、做深入很不容易。因为，研究者必须对当代中国的儿童美术教育历史背景、现状问题、访谈对象等有着全面的了解，而且要和所有访谈对象有良好的朋友关系（一般的口述史研究，需要先去和被访谈者建立良好关系）。这样，就可以基本减少口述当中必然存在的记忆的"遗忘和虚构问题"的发生，使研究质量得以保证。本人在调往浙江以前的工作中，见证了我国校外儿童美术教育的历史，对被访谈者所有涉及的历史问题几乎都亲身经历过。作为访谈设计者，需要有良好的记忆力和清晰系统的表达能力。八年来，在所有的访谈进行过程中，虽然是由研究生做主访谈人，但每次我都坚持参加，保证本研究依靠访谈设计者自身敏锐的思绪，去发现、梳理大量文本记录中的线索，以获得最有价值的信息。访谈的各项工作力求按照专业口述史研究的规范要求去做，这也是本研究凸显史料价值的目标所要求的。

当然，这些宝贵的现场访谈素材，要成为当代中国儿童美术教育珍贵的史料，必须经过现场访谈的录音、录像、摄影、实录文字整理、编辑出版等各项工作过程。令人欣慰的是，作为中国儿童美术教育历史的见证人之一，我经历了从1978年到今天儿童美术教育的历史沧桑。本著作由主编本人亲自审阅，并逐字逐句地对整个著作的口述访谈文本进行了文字修订，以保证各位受访者口述历史的真实性。在文本的整理过程中，特别要求访谈者和整理者大胆介入，用相关文献来补充口述史料，并纠正受访者记忆的失误。

本著作采用人物专访、摄影图片、口述整理、文献研究与历史现状梳理的方法，记述当代中国儿童美术教育38年来的历史、现状、事件、人物。以"人物专访（口述）"形式，采访了尹少淳、朱凡、侯令、谢丽芳、龙念南、陶旭泉、关小蕾、张笑、李于昆、张桂林、古方、张思燕、黄唯理、杨红、房尚昆、王鹏、牛桂生、魏瑞江、朱国华、徐家林、刘玉林、冯恩旭、罗珍、尹东权、左志丹、崔苓、程萍、罗彦军、侯斌、吴林、章献明、胡延巨、王志敏、杜志明、陈志凌、邹毅以及李力加等37位著名学者、儿童美术教育专家、特级教师、名师、画家。邵任斯老师2014年在台湾新竹教育大学做研究生的交换生期间，专门访谈了台湾著名儿童文学及儿童绘本作家、儿童美术教育家郑明进先生。本著作对我国校内外儿童美术教育历史、现状、问题、发展等进行回顾、分析、解释、探讨、论证，以生动的口述文本方式，还原了各位著名美术教师的个人成长经历、历史生活细节，展现出我国儿童美术教育的历史原貌。

著作由34篇访谈文本构成。其中侯令先生、谢丽芳研究员、特级教师章献明的三篇访谈是在2009年课题构思、设计阶段前后进行的。对教育者访谈是多年坚持运用的一种教育研究方法。2012年，课题立项后，再次对谢丽芳研究员进行访谈。2015年，特级教师章献明调入杭州市少年宫工作之后，又对其进行了访谈。广东省特级教师房尚昆的访谈分别在2013年7月和2014年11月进行。所有访谈工作、口述文本实录整理，分别由浙江师范大学美术教育方向的16位研究生完成。感谢研究生们的辛勤工作。李力加负责全部文本素材的修订、整理、统稿等工作。

感谢几年来先后接受访谈的各位学者、专家、美术教师们。大家共同写就当代中国的儿童美术教育历史与未来。特别感谢教育部国家艺术教育委员会委员、国家义务教育美术课程标准研制组组长、中国美术家协会少儿美术艺委会主任、首都师范大学博导尹少淳教授为本著作撰写总序。

2016年8月1日修毕于济南领秀城中央公园寓所

目　录

主题：

校内外美术教育的现状与展望

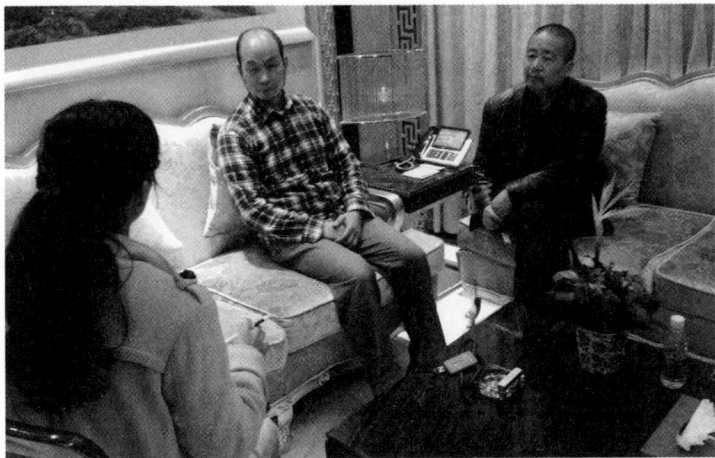

　　受访者： 尹少淳（首都师范大学美术学院教授、博士生导师，亚洲美术教育研究发展中心主任，教育部基础教育课程改革美术课程标准研制课题组组长，教育部中小学美术教材审查委员会委员，中国美术家协会少儿艺术委员会主任）

　　　　　　陶旭泉（四川师范大学美术学院教授、硕士研究生导师，教育部考试中心美术学科专家，教育部学位与研究生教育发展中心教育硕士专业学位教育指导委员会专家，教育部基础教育司义务教育课程标准美术教材评审专家）

　　访谈者： 邵任斯（浙江师范大学美术学院研究生）

　　　　　　李力加（浙江师范大学美术学院教授、硕士研究生导师）

　　访谈时间： 2013 年 11 月 20 日

　　访谈地点： 成都市望江饭店

邵任斯：陶老师您好，想请您谈一谈四川校外儿童美术教育发展的现状及趋势。

陶旭泉：我认为四川的校外美术教育有良好的基础。随着老百姓对美术教育需求的不断增长，成都的校外美术教育培训机构呈现出不断发展壮大的趋势。未来经过大浪淘沙，办学一定会逐步趋于规范。原来那些作坊式的小的培训机构，在以后的竞争当中会面临巨大的生存压力。

邵任斯：您觉得什么样的美术培训才能经得起考验？

陶旭泉：首先，培训机构相当于一个微型学校，取决于校长的办学理念和自身价值追求，如果要使成都校外美术教育得到良性、健康的发展，有关部门（如文化部门、教育部门及相关社会力量）要正确引导办学负责人，也就是说经济效益和教育价值应当有一个合理的契合点。其次，在对校外培训机构的成果评价、认定上，有关部门也存在一个正确的导向问题。只有这两个方面结合起来，再加上教师自身素养的提高，才能使校外美术教育逐渐适合学生科学发展的需要。

邵任斯：尹老师，请您谈一谈全国校外儿童美术教育的发展现状。

尹少淳：就全国来说，现状比较复杂。黄露博士提出过这样的观点：中国的校外美术教育其实已经做到了第三代，第一代是少年宫，第二代是个人"办班"，第三代是有规模、规范的培训机构。他还认为，接下来发展到第四代，可能会走另外一条道路，如融资。全国办班（学）的层级不一样，比较大的有王明涛、杨红等，他们办班（学）不是简单地招点学生进行培训，而是有指导性的教育理念、完整的课程设计，体现出课程特色，还有的参与社会公益事业或走国际化路线。由于创办人的理念、气魄的差异，呈现出良莠不齐的状态。如今，少年宫也以赚钱为目的，缺乏对课程的研究。家长送孩子学美术的目的也不同，好一点的追求素质的培养，而有的家长急功近利。有的教师理念新颖，有的教师很传统。总的来说，现状是复杂的。

邵任斯：您认为采取什么方法才能使校外美术教育得到长足的发展？

尹少淳：教育的最终目的、本质都要落实在人身上，专业教育也是如此。儿童学美术是人生的一个阶段，那时的所有成果都是阶段性成果，不是永久的。称赞儿童画实际上是鼓励，而不是真正的承认；因为人类的美术不是以儿童美术为代表的，成人阶段的作品才是成熟的。跟儿童有关的任何东西都是具有未来学意义的，要看他的未来而不是现在。如果你说儿童画家了不起，那世界上著名的儿童画家是谁？世界上著名的儿童画又是哪一幅？这些都很难讲得出来。要说到成人美术家、成人美术杰作，你可以如数家珍。由此可以理解为：成人夸孩子是因为善良而鼓励孩子。

为什么现在的艺术教育难做？当今的艺术教育比50、60、70年代复杂得多，那时候观念单一、方法单一，而现在多元化，原因就在于艺术本身在无限地扩张，甚至艺术和生活的界限都消失了。在此时建立课程，比过去自然要复杂得多。教育的目的也在变，过去的教育目的也很单一，现在的目的多样，要培养个性，培养批判性思维能力、创造性思维能力以及学习兴趣和学习能力。所以，教育也变得复杂了。在这样一个背景下，做美术教育就比较难，难的原因是其边界扩张了，同时又没有人能指出什么是最好的。杨红在华南会议（全球华人美术教育会议）上的观点我比较赞同。她说，我们做美术教育这一行，不求全，但是我们要把选定的范围做到极致。事实上，她所谓的极致就是强调创造心理。这个道理同艺术家创作艺术作品是一样的，如果你是学雕塑的，用亨利·摩尔的方式、样式做雕塑，你跟他的区别就在于，样式是他做出来的，你只是学他的样式来创作你自己的作品。她告诉孩子，人类所有的东西首先要有一个构想，把构想画下来，这就是设计。杨红再把孩子的设计制作成实物进行展示，孩子自然就知道了人类的实物是怎么来的，她通过这种方式来培养孩子的创造性。

邵任斯：您刚才提到了儿童美术的作品，您认为儿童美术的价值在何处？

尹少淳：价值就是促进学生发展。

邵任斯：您以前曾说过，儿童美术通过与原始美术的类同性来体现价值。

尹少淳：其实，儿童美术古今中外都有，但是今天的儿童画与过去不同，过去的西方儿童画画的都是成年人。我国苏东坡提到，"论画以形似，见与儿童邻"，此外很少提到。19世纪欧洲出现过"儿童研究运动"，这个运动以心理学为特色，参与研究的主要是心理学家，他们收集大量的作品进行分析。今天我们讲的儿童美术分期，是从那时候开始的。此外，那时还有个观点：复演说。我们不知道人类社会的早期如何而来，倒是知道一个孩子从蒙昧状态成长到有文化的状态是复演了人类的发展。所以，了解了孩子的艺术是怎么发展的，那你就了解了人类的艺术是怎么发展的。通过这一方式解释"艺术发生学"，发展到后来的现代教育家，如卢梭，开始关注儿童了。儿童美术也就成为了大家的一个关注点。

邵任斯：陶老师，您也是一位艺术家，现在的美术教学常说"艺术家向儿童学习"，反之，在儿童美术教学中，又会学习艺术家的作品。您怎样来看待艺术家和儿童的关系？

陶旭泉：首先，我认为"艺术家向儿童学习，儿童向艺术家学习"并不是一个普遍的规律，只能说是当前儿童学习美术或艺术家创作作品时的一种主张和追求，而且只是一部分人的追求。至于他们之间的关系，很难用一句话来概括。当然，艺术家在创作中吸收儿童作品中的营养，是一种相互学习相互影响的关系。至于其中的规律，还有待研究与考证。

尹少淳：我补充几点。所谓的"艺术家向儿童学习"，这种现象与我们的教育和老师有关系。现在的儿童教育应该从艺术创作中吸取很多东西。

比如版画，很多儿童版画的样式是成人社会里的，所以其版画样式非常丰富。广州美院版画系系主任说，版画在高校呈衰落态势，相反，儿童版画却很繁荣，这就是老师引导的方式造成的。有一部分现代艺术家，他们追求突破，寻求自身独特性，有的学原始艺术，有的学土著艺术，当然也有一部分向儿童学习，比如毕加索。他说我可以画得像成人，但我宁可画得像儿童。他是借助儿童来形成自己的一套样式和风格，以自己的独特性屹立于世界艺术之林。

邵任斯：您刚才说到儿童版画的繁荣是因为学了成人的样式，您怎么看待这个繁荣的现象？还有，除了形式之外儿童还可以学习些什么？

尹少淳：我们讲的样式都是老师教的，在教的时候要照顾到儿童的状态和心理发展程度，给儿童的东西要适度，不能把他接受不了的东西加之于他，因为身体的发展会受到大脑的限制。儿童将来的发展有很多因素，与他作为人的社会存在、心理成长都有关系。至于儿童绘画怎么表现，老师可以给他指导，表现什么这是最大的问题。儿童缺乏经历，而且他过去的体验被屏蔽了，作为老师，你的任务就是要把儿童过去的经验唤醒，还要通过一定的方式扩大他的生活经验。知识要经过个人的理解和内在化，一个人对道理是否懂，要看他能否把道理还原到生活中去。此外，能否把知识用自己的话说出来也是判断知识掌握情况的重要依据。教儿童画不仅仅是教他画，还应当帮助他进行社会化的联系和发展。在这个过程中，他可以加上对生活的理解和认识，从而促进自身的成长。

邵任斯：您的美术教育思想是"执两用中"，您认为科学理性主义走得太久了，现在应该倾向于浪漫主义的表现方式。现状达到您的期望了吗？

尹少淳：理论的建构问题分为两块：一块是抽象的观念性问题，一块是具体的实验性问题。我们的方法有两种：实证的方法和问题猜想反驳法。我一直在做尝试，比如我解释美术教育，我会把美术和教育拆开看，两者都在里面，可以有重心的偏移，但不可以有金鸡独立。我经常用的思维方式（"执两用中"）是中国传统的思维方式。中国人看问题是把它分为两极，两极中间有很多层次和交叉，中国人不会完全站在某一极，也不会用这一极去压倒另一极，而是在中间走，走中庸之道。我提到两种问题的研究方法其实就是这种思维方式的结果，我追求平衡是因为发现现在非常不平衡，具体、实践的思维方式多，理论的思维方式少，所以重心要移动。所谓的"执两用中"是动态的，一旦失衡了就调整。美术课程改革之后，我们忽略学科本体、重视教育功能过头了，我们新版的课程标准就修订它，向学科本体靠拢。但是这个恰到好处的度，我们很难量化。

邵任斯：我们向外国学习，同样也有西方人向中国学习，您觉得互相应该秉持什么样的学习理念呢？

尹少淳：大家都在学习，其目的都是为了丰满自己。彼此还是有文化差异的，比如用"松裤带子"比喻美术教育，中国人再松也不会松到美国人的程度，美国人再紧也达不到中国人的程度。美国目前一直在抓课程质量，中国在课程改革后又松下来了。

邵任斯：陶老师，科幻画现在很风靡，目前它存在什么误区，它的发展方向是什么？

陶旭泉：从我比较了解的地方（成都）来看，从参与态度上讲，学生、老师都比较功利。我个人觉得它的内涵还是在片面地追求学生的科学素质。一个人的素质归纳起来无外乎几种：科学素质、人文素质、身体素质。目前我国在教育上的侧重点是人的科学素质的培养，正因为这样的指导思想，本身可以给儿童愉快体验的美术活动也赋予了一定的科技内涵。在功利性方面，据我了解，做这种类型的活动主要是为了给学校争荣誉，或者是为了升学加分。成都跟美术加分有关的活动有艺术人才选拔赛等。参与这些活动对学生小学升初中、初中升高中都有一定的好处。在这样的背景下，科幻画的创作对学生的发展究竟能产生多少实质性的影响很难说明，也令人担忧。还有一点担忧，不管是儿童画创作还是科幻画创作，现在很多的儿童作品实际是借助儿童的手来表达成人的思想，模仿成人的技法。你刚才提到成人和儿童艺术的关系，有些成人艺术家为了突出个性和寻找自己特殊的艺术语言，从而盲目地模仿儿童的表达方式，我认为这是不对的。总之，如果脱离儿童本身发展的需要，赋予太多成人的影响，最终很难达到促进儿童发展的目的。

尹少淳：我觉得创作科幻画，必须有相关的科学知识，只在这样，才能画出有想象力的、相对真实的科幻画。老师辅导时可以借助科学课老师的帮助。

陶旭泉：单一的美术老师或单一的科学老师都不能指导学生画科幻画。

邵任斯：关于漫画的问题，从幼儿园起就反映出日本漫画的图式对儿童的文化侵略，您是如何看待这一现象的？尤其是在教学时，孩子根深蒂固的图式如何改善？

陶旭泉：首先，对这个问题要有个认识。日本、韩国、美国向中国传播他们的动漫文化，是很阴险的，可以说是阴谋诡计。他们找到了儿童最容易接受的一种方式潜移默化地传播他们的价值观。青少年对西方儿童读物的消费仍然占据精神产品消费的很大比例，应该引起我们的关注，长此以往可能会造成儿童对本土文化的淡漠。另一方面，老师对卡通漫画正确的、高品位的、审美的引导也很重要。儿童既然有需求，我们不给他，他自己也会找。作为艺术教育工作者，如何提高我们本民族的动漫创作能力和魅力就显得尤为重要。单靠政策或手段是无法制止的，只有充分满足少年儿童的要求，提高他们的欣赏水准，教育引导他们热爱本民族的文化，这种情况才有可能改善。

尹少淳：现在的问题是，政府很支持，如建动漫基地、动漫产业园，但是没有产出好的动漫作品来。其中的一个原因是创编人员的人文素质不够，对社会的认识不到位。动漫会让孩子觉得有趣的原因首先是故事有趣，还有就是造型有趣。在此前提下才慢慢地渗透价值观的东西。我们的动漫太表面化，故事缺乏趣味，人物造型也缺乏新意。动漫一方面要传承民族的东西，另一方面是传播人类的共同价值，如正义、善良、公正等。这些东西对孩子的影响太大了。

邵任斯：2010年您在《漫画教学与思维训练的互益》一文中，介绍说郑印全老师把动漫落实到了教学中。是不是在教师的引导下动漫也可以走向正确的方向？

尹少淳：可以的。他就是在用动漫做一种发散性思维训练，培养学生的创造能力。

陶旭泉：我国的动漫创作有两种倾向：一种是模仿西方；另外一种是高举民族大旗，比如用中国的水墨效果表现。我认为，重要的是应该具有一种突显中国民族特色的现代图式。

邵任斯：在教学生观察对象的时候，怎样才能将现实中的物象转化到画纸上，完成一个视觉的转换过程？

陶旭泉：我个人觉得首先要引导学生对对象本身产生感受或者认识，不同的人因为不同的品质、能力和情感会对作品做出个人的全新的解读，同样一个东西在每个人的心里都会有独特的形象。学生有了自己的个性化的、有一定内涵的感受和认识之后，教师就应该关注如何引导学生去表达。这里就涉及技术的问题，如怎样构图等。还有就是对孩子以往经验的提炼和加工的问题，换句话讲，在对对象物感受基础上所表现出来的是高于对象的。这样做才可能让学生从感知到深入认识到进一步拓展、提升，到最后表现，这是一个完整的创作过程。

尹少淳：首先，是一个对客观事物的视知觉的问题。知觉有三个大的理论：第一，知觉定位理论，代表人物是美国心理学家吉布森。他认为客观的刺激跟我们眼睛看到的有对应，所以他强调视觉刺激能告诉多少东西，你就能接受多少东西，画画就应该表现多少细节。这个理论可以解释写实主义，认为把很多细节画出来观众才能知觉到。第二个是贡布里希的构成派理论，他认为知觉是对事物的主动组织，后天的经验就变成一种组织化的单位和图式，我们之所以能够认识对象是因为我们用图式去组织了它。用这个原理可以解释临摹，通过临摹在大脑里形成组织模具。还有一个就是阿恩海姆的格式塔理论，他认为我们对对象是主动地组织，先天的组织机能是完形压强，我们一般人看东西总是会往简单、对称、圆满的方向组织。由此可以看出，我们知觉对象有很多的方式，我们知觉对象不是完全客观的，有大脑的参与。把对象变成形象呈现在画纸上，你对原有形象的掌握、你习惯性的表现方法都会对表现产生影响。老师教学生就是让学生观察，找到一种感觉，这种感觉要用什么方式表达，是一个比较复杂的过程。

邵任斯：请两位老师谈一谈欣赏教学的方法、理念和现状。

陶旭泉：如果说得严重一点，现在的欣赏教学，特别是大学的，是一种伪欣赏。教师在引导学生欣赏或鉴赏的时候，没有触及欣赏的本质，对作品背景、作者、创作过程过分渲染，当然，这些也可以说是一种欣赏理解的外部环境。但是，中小学常规课中的欣赏教学很多就到此为止了，而对欣赏本身的描述、分析、解释、评价，做得都不够，缺乏对美术本体语言的认识和理解。未来，欣赏教学必然要成为美术教学的重中之重，基础美术教育的践行者及研究者应该矢志不渝地坚持下去。

尹少淳：欣赏和表现可以说是美术教育的两个支撑。现代以来，我国的美术教学主要是欣赏和表现两部分。欣赏教学的难度相对更大，主要是要求比较高，有的教师教"表现"得心应手，教"欣赏"就比较困难了。欣赏的目的是通过认识一件件作品，帮助学生掌握一定的欣赏方法，陶冶学生的情操，丰富他的社会阅历，认识人和社会。现在还有一个任务是了解文化，了解文化中的人是怎么想的、怎样生活的、价值观是什么。回到教学，欣赏课要教会学生怎么样观察，尤其要教会学生看作品的细节。此外，要让学生慢慢地形成一套范畴、模式，在此前提下才能看到差异性。比如，我对印象派有基本的了解，看到某张画就知道它和印象派有什么关系（属不属于印象派，是否受印象派的影响）。没有范畴和尺度，我们很难找到其中微妙的差别。在欣赏的程序中，费德门的程序比较经典，我不是按照费德门的观点。我认为，我们看一个东西首先会产生一个感觉，这个感觉并不总是单一的，有时是复合型的（神秘、恐惧、崇高、伟大等感觉交融在一起），尊重这个感觉很重要，接着就要分析它为什么给我们这种感觉。讲感觉时很多学生说不出来，这时教师可以提供很多形容词供选择。之后，分析产生这种感觉的来源，可借助于社会经验进行解释，也可做形式上的解读(色彩、线条张力等)，在此基础上再做出价值判断(是否喜欢这件作品，为什么)。整个过程就是从感觉开始，再理性分析（形式、内容），最后做出判断。

邵任斯：作为中国美术教育的领导人物，两位是如何利用时间进行继续学习的？

尹少淳：我个人有个特点，看书比较杂，了解的东西比较多。一方面，要对自身的专业熟悉。比如，要了解美术教育的价值、目的、内容、方法、历史、现状、前沿，要能熟练地操作美术教育的行为活动。如果能做到，你就成为专家。上学时，我们进入到学科里；毕业后，我们进入到行业内。但是世界很大，有时需要我们超越学科看问题，这些问题就包括了你的终极思考（人类究竟要怎么发展，人为什么要活在世界上，人活在世界上为了追求什么……），而且，还要从文化门类角度考虑问题。如果可能，我认为大学应该开设社会学、文化人类学课程，它们都是跨越学科看问题的。

一定要注意自己某一时刻的想法，它是在特定情境中产生的，在看书时、聊天时、听课时会进出自己的想法，这时候就要把它记录下来。

陶旭泉：关于学习的话题我比较感兴趣。第一点，在教学中我有一个自己的主张：目标统领，任务驱动。教学中的课程（如美术教育学）都是由一个个小的专题构成的，学生对专题先要自主探究，上课时每个人做汇报，汇报在研究中发现的问题、遇到的困难，老师再提供研究的方法、途径、参考资料，课堂因此变成了小课题形式的研讨会。这种方式融入到他们生活的方方面面，不仅是上课。我的学生看书不是盲目地看，他们要带着目的学习，从做中学，这样会有一个更大的收获。第二点，结合我自己的学习体验，"会学习的人处处皆课堂"，每个星期只要有时间我就会去参加学校的博士论坛。我常年积累的学习体会是：用心养心。用心，我心中有一个专业关注点，我现在在做什么，未来想要做什么，关注自己要做的事情；养心，人不可能每时每刻都在学习，休息时也可以成为一种学习途径，在床头总会放着我当下最关注的知识的书，睡觉前不经意地翻一翻，慢慢积累。善于思考，多听讲座，即使一场讲座中有一句话对你的行为产生了作用，那它就是成功的。听到的不一定马上就能用，你可以借鉴，新点子新想法在启发下可能就产生了。

邵任斯：谢谢两位老师！

2

主题：

关于儿童美术教育的几个问题

受访者：朱凡（中国美术家协会理事，中国水墨人物画家，历任中国美术家协会理论研究部副主任、中国美术家协会艺术委员会秘书处处长、中国美协少儿美术艺术委员会秘书长、中国美术家协会事业发展部主任等职，现任中国美术家协会著作权维权办公室主任）

访谈者：李力加（浙江师范大学美术学院教授、硕士研究生导师）

　　　　黄益平（"浙派名师"培养工程初中美术名师，浙江长兴中学副校长）

访谈时间：2015 年 5 月 27 日

访谈地点：浙江庆元县国际大酒店

李力加：朱老师好，作为中国美协少儿艺委会老一辈领导，您对儿童美术教育的现状怎么看？

朱凡：中国少儿美术教育，当下更多地停留在一些带有个人目的的教学目标和教学方法层面上，尚没有达到更高端更整体的、带有国家时代感的力量的档次，可能显得比较松散。

李力加：但是现在有数以十万计的个人工作室，并且有集团化、连锁式及直营式的机构。

朱凡：这可能在它的运营模式上有突破，但还是没有在教学本体上找到定位，那肯定就会有一定的企业行为、商业行为、集团化或者其他与利益挂钩的东西来做，应该说教学上没有达到更高的质量，也就是教育的体量很大，但是质不高。从事儿童美术教学的教师真的很多，但是，真正能有高水准的，甚至形成一种态势的、有美术教育高度的教师，现在还是很缺乏的。国家在发展，中国改革开放30多年了，吸收国外先进的教学理念也不少了，如何将原本固有的思维解放开，回归到教育孩子的本体上，如果把这个问题解决了，会是中国少儿美术教育大的突破。这个先驱力量，要有奉献精神，要更投入。

李力加：您对现在商业性、扩张性的儿童美术机构怎么看？一线老师需要生存和金钱，这种状态我个人觉得有点问题，对教育关注不够，对利益关注太多，这种现状我们做一下客观分析。

朱凡：如果说一个少儿美术老师，包括体制内、体制外的老师，太多关注利益和个人想法，那就是"目的拐弯了"，让教育变成利益最大化。这种状态如果不加限制和得到修正的话，结果受伤害的还是我们的孩子，我们在少儿美术教育当中就会有"走失"方面的问题，结果会走偏，就会导致我们教育扩招（当年的高校扩招）这一类现象，变成产业化了，不在教育本体中了。

李力加：现在有这样一种现象，很多校外的机构走培训的模式，每次培训都会收取一定的钱并做了相应的广告，教师来培训，既有所谓的"技法"，又有所谓的"营销策略"，还有所谓的"留住家长的策略"等，这与教育的本质偏离了。您觉得这个现象好处在哪里？缺陷在哪里？这或许可以解决现在大学刚毕业的年轻人办画室的渠道，但可能缺憾会更多。

朱凡：这么个做法利弊都是存在的。教育的群体化发展如果形成了团队，可能它的滚动性和自我修复能力很强，他的生存能力会更强些。这里面有两部分，一部分是关注市场问题，一部分是关注教育问题。如果教育和市场能取得平衡的话（生存和教学同时提升），人们就会认为这个产业是有必要的，可能会弥补体制内教学的不足和创业、就业等社会问题。如果只关注饭碗和金钱的话，中国的教育就会出现问题，并且是个大问题。做教育和做一般产业定位是完全不一样的，有问题的教育产业带有犯罪行为的伤害，如误人子弟、负面的和偏激的影响。如果家长、学生、社会都认为教育就该这样的话，那么教育就完了！

李力加：我们刚才看到了国家基础教育美术教材。就教材的问题，请问朱先生：儿童美术教学和教师的引导应该往哪方面走？美术学科的能力应该是什么样的？

朱凡：我看到了教材呈现的一些方法，结合我多年的创作来讲，所有孩子都要接触教材，这个教材不能从纯艺术和纯专业方面定位，如果这样定位的话，很多是实现不了的。其中的造型能力，对一个艺术家来说，是一辈子都无法解决的问题。教师如带有误区地让孩子去做，认为造型能力是第一位的，没有造型能力就没有画画，评估教师和学生也是按这样的标准的话，那这个标准对于没有画过画的孩子来说简直就是天方夜谭。应该集合现在不同时期孩子的能力，取一个中间值（既能带动低端孩子提高绘画艺术，又能使高端的孩子更自由更开放些），以调整孩子最基础的一些条件作为目标。比如，对美的感知的条件——你教他怎么去欣赏美、怎么去感受色彩美、怎么通过艺术（绘画）表达美，这几种美有些是很专业的，有些不用很专业，而有的就是生活当中就会知道的（美在生活中就能实现出来的）。大多数学生将来不会从事美术专业，但是给他普及基本的美术能力应该是我们中小学美术教育关注的点；所以，不应该把它变成造型能力的一个目的，老是判断像与不像，孩子肯定很纠结，就画不下去，硬着头皮上，结果就不上了。

李力加：这个问题在校内校外都有，有人认为在校外（儿童美术教学里）解决技术，在校内（美术教学）偏向感知、对作品的欣赏和理解。其实我认为这是有偏差的。

朱凡：每个孩子的发展和所具有的天赋是不一样的。对于有天赋的孩子你有可能要高于教材去教，那样孩子会发挥优势，走向专业化；对于普通的孩子没必要这样，这样的孩子要特殊对待，包括情感等提升就够了。比如，我们从画家的心态和兴趣看一件艺术品，在这样的教学过程中你让孩子突破作品去看，带有心灵的表达艺术，孩子情感的表达是多种多样的，如线条、手绘、色彩等。画得好不好不重要，重要的是有没有情趣，真感情是否出来了。如演员的哭和生活中的哭完全不是一回事，你要让孩子学会真哭或者真笑，非要让孩子学成表演艺术家的哭是没有意义的。艺术其实就这样，要内心得到最大的释放，不是取悦于别人，要满足于自己。

李力加：当下的校内和校外的教师队伍都陷入某种技术取向，这是制约目前校内外儿童美术教育的一个很大的问题。在修订国家高中课标的时候，像您刚才说的，美术学习要像艺术家那样去思考，走到这一步（层面）有可能方向就对了。

朱凡：这有可能就是目前我们国家对于美术认知的问题。这个认知可能有更多的外行在做这件事情，设定的标准都是一种简单的、模式化的，它恰恰不是艺术规律；艺术的发展是创新发展，而且是个性创新。我们对艺术的评估和艺术教育都需要科学的定位——我们每个人都需要艺术感受，不管是大人还是小孩。

李力加：这种艺术感受是要不同的。

朱凡：对！艺术感受是要得到尊重和释放的，不能被扭曲和埋没。艺术可能有别于其他的喜怒哀乐，应该通过艺术强化孩子的个性，提升其人格。

李力加：是啊，我们经常讲到的"艺术润泽心灵"就是这样的一个道理。

朱凡：对！艺术是一种独到的表达方式。一些孩子可能目前还没有接受过良好的艺术教育，还没有学会，我们的老师，我们的学校，我们的教育体系应该教会孩子。有些孩子有这个潜能，能做到这一点，再往前推进、进入专业化的话，可能会成为艺术家，也可能是其他专业的艺术家，也可能是美术家，也可能是戏剧家。那个时候，孩子可能就是多角度、全方位地向前发展。我们的教育就真的达到目的了。

李力加：您谈的这个观点，其实也是美术教育可持续发展观，是不是？

朱凡：对，是这样。

李力加：就是这个高度。

朱凡：对，人的心灵都是永远在往前发展的，它高于时代。心灵问题是高于时代的，时代所规定的任何标准都达不到、满足不了人的心灵的需要。包括儒家的、道家的，他们这种精神层面的梳理，往往都高于时代，时代是解决不了他们的问题的。他们要是不高于时代，没有先进性，就没人去信服他们了，对不对？但是他们把人最美好的东西都找到了。

李力加：浓缩了。

朱凡：对。告诉你这是最美好的，但是你又很难达到。你一生当中如果知道了最美好的，你又为了最美好的去努力，你这一生肯定是幸福的，而且很幸福，对不对？我吃苦也好，受罪也好，遇到什么坎坷，我经过多少努力，我战胜了多少东西，但是，最后我达到的是我心灵最高的那个点。即使没到那里，我也幸福，为什么？因为我确实努力了。如果都这么做了，世界多美好。

李力加：是，这就是艺术教育的功能。

朱凡：对，这是艺术感受啊。心灵的东西和艺术是有直接关系的。艺术不源于心灵，肯定出问题。如某幅画是假画，是照着别人的画画的，是你不尊重自己，这画就是假的。我们现在看很多画都有这个问题。你在他的画前不感动，他自己都不感动。

李力加：是为了画这个而画。

朱凡：他画的目的不是为了自己心灵的满足，而是为了评奖、为了展览、为了市场的认可，就是这样的目的。他的画肯定是走偏了，满足别人的要求了，他没满足自己。如果有些画是满足自己的，那这个时候，可能这张画不是仅供出售的，你给钱他都不一定卖。这张画融入了他的心灵，一生当中这个时期的最珍贵的东西都在这张画里面。他会感动的，这张画是会流泪的艺术，你懂了它的身世、他的经历，你再读懂这张画，你应该就会流泪，这是共鸣。有的画看着挺美的，但是看得无动于衷。这画没意思，挂在家里，只是装饰品，你和它没有心灵对话，这画就不是艺术。

李力加：其实当下的中国儿童美术教育，我从校外做到校内，再做到大学，二三十年，我一直认为，无论是学校的美术教育还是校外美术教育，其实要关注孩子的整体感悟，然后重塑、再造他的一种生命体。从这个角度讲，像教材的这种取向和现在看到的这种教学取向，可能有点问题。真正的儿童美术教育是唤起儿童整体感悟的一种教学状态，然后通过美术教育使他能够再造生命。这个角度讲起来很好讲，但是具体教学实施的时候，可能就偏向了所谓的美术学科本体的技术、学科本体的知识等。刚才看到的教材也是这种状况。你觉得，如果要去改进的话，应该如何去做呢？

朱凡：其实这个改进就是个理念问题。什么理念呢？教育是一生一世的问题，你把这个理念贯穿到我们的美术教育中去，在学生时代，你的美术教育知识给他打了一点点基础，给他一点点启发，他一生一世要解决这个问题，那么，你不要把现在所达到的这种目的变成结果，变成你的目标，这个目标已经没有意义了。我们非要把中学学什么、小学学什么、学到什么程度、怎么评估它，把这些东西的体系作为一个质量标准去要求，那就等于你不尊重这个学科，对不对？举个例子，做人要有绅士风度、君子风度，对中小学生也按君子标准来要求，那怎么可能呢？不可能的，学做正人君子，顶多学一个感觉。告诉他什么叫正人君子，怎么做才能走向正人君子，然后他不停地去提醒自己，不要做坏事，将来这一生当中就有可能走向正人君子。

李力加：您刚才谈的这个"正人君子"，就是孔子说的"君子不器"，这是一种很高的要求。

朱凡：对，他把高标准定位在人的一生当中，这是一件很难的事。但是，我们现在把它变成了一种教学评估或教学任务，就是定位了，这就是一个高水准，这是不可能达成的。

李力加：其实你看到国家的教材，有十多个版本，其实都有点过头了。

朱凡：它们目的性太强了，这叫急功近利。

李力加：可是实际上教学当中完不成啊。

朱凡：完不成没关系啊，你尊重他的规律，就不用要求他完成啊。

李力加：艺术家要一生完成。

朱凡：对。你像我现在画画，我的造型能力、对色彩的感觉，我现在都不敢说我能学会多少，很高的标准我都完成不了。另外还有，人类在发展，这些东西还在变化，每个时期有每个时期的标准。这种艺术感受，不是说在小学你给他定位了，就能满足他一生的要求。不可能的，他要经过多少努力、多少实践，才能修炼成自己的艺术感。艺术家的这种感觉，很多人是很难完成的；但是现在有些定位带有功利性，比如说教学任务的定位、教学质量的定位、教学评估的定位，还有市场的定位，甚至还有一些评估学生的特长等其他的定位，都是利用了美术的一些门类。利用之后，玩了另外一个东西，不是真正的美术教育。

李力加：对，它本质不是美术教育。

朱凡：不是美术教育，他玩的是别的事情。对学校评估，对教师评估，怎么不对孩子进行评估呢？

李力加：其实就是没有为了孩子。

朱凡：对。孩子才是你真正评估的目标，对不对？但是，你这个评估目标，你整个教学体系作为一个目标，老师为了满足你的评估，他只能造假，只能做一些让你评估他好的事情。然后，他得到的是职称的认可，社会职务上的一种推进、待遇的提高、学校的发展，这样的一种定位是有问题的。回到本体上，回到孩子身上，不就对了吗？

李力加：要回到孩子身上。

朱凡：对，回不到就会出问题。如果能回到，你就对了。我以前给你讲过这个事，你关注孩子发展，走过你身边的孩子，已经进入社会，进入成年，你还有没有关注他后期的发展，和你有没有关系？

李力加：可持续发展。

朱凡：对，孩子日后的发展和你有关系，你的教学就是最好的。如果孩子出去了，和你没关系，他回头感觉中小学的美术教育跟他没有任何关系，那你的教育是失败的。如果有关系，他回头一说，哪堂课或哪一件事，让我做了什么东西，李老师把我带到了这样一个状态，我后来学会了什么，我知道是什么，可能它在我心里就扎下根了，我以后老是忘不了这件事。

李力加：种下了艺术的种子。

朱凡：对，他就不一样了。从此以后，他看什么都用艺术的眼光，用美的眼光。你说这个孩子的培养，他的一句话解决了你的评估问题。

李力加：是的，你的教学有没有水平，就在这。

朱凡：对，走长线就对了。走短线就是小学几年，中学几年，高中几年，然后把这几年评估一下。我很少这样去看老师，如果我这样看老师的话，那么我对老师拿出孩子以前的作品，说这是我的教学成果，那我肯定不认可。因为你会集中收集孩子特长的、有特点的好东西放在这，变成你的教学成果。那孩子的特点就是昙花一现，回头就没了，不是他肚子里有东西。

李力加：尹老师很多年前，1998年，给我一本著作，提到了一点和您今天讲的有点相同。他提到，儿童美术是人生发展中的一个阶段性成果，也就是你讲的观点，你说的当时是昙花一现。

朱凡：他是天性，就是小孩有这种表达的欲望，然后有这种表达的功能。功能每个人都有，然后他在表达的时候呢，他的那种个性自由地发挥，因为他这个年龄段是不受控制的，他没有那么多害羞，没有那么多拘谨，他就能很快乐地表达。这种原生态的、潜意识的东西被释放出来，那是艺术的本质问题，艺术本质出来了，但他不是解决孩子艺术根本的条件。这孩子可能过了这个年纪就没了，这是规律，是人生的一个成长规律。真正回到艺术本体上，一个从事艺术的专门家把前面这种艺术的点，一个是从不会到会，这是一级飞跃。大部分都在走这个飞跃，到了大学可能会更强了，然后大学再往上，可能会更强了，这是绘画能力的基本功的东西，这是一级。到了最强的时候，他还会有第二级飞跃。第二级飞跃就是把所有的这些强度抛掉，变成回归，回到第一级。我不是说不会了，我是把原来学到的那些被束缚、被框住的东西扔掉，是一种人性的解放、心灵的解放，这种解放是很难做到的。他现在做不出来了，回不来了。当他看到孩子的东西时，就会受到刺激，就知道应该往哪个方向走了。

李力加：就是毕加索说的"我一生都要向孩子学习"，就是这种感觉。

朱凡：对。这两级飞跃，第二级是少量的人才能越过去的。

李力加：大多数人都做不到。

朱凡：艺术规律如果要走一个完整的一条线的话，要包括第二级飞跃。

李力加：你讲的第一次飞跃这个问题，我们现在大多数的校外美术教师以及中小学现职的美术教师，体制内的，在教学当中，可能都陷入了一个误区——教所谓的学科。

朱凡：一级飞跃当中的技术问题占主导，二级飞跃是精神占主导，这是两回事。

李力加：但是技术问题在小学、初中甚至高中阶段，很多学生解决不了，这个教学怎么办？教师就要问你了，朱老师，我们要教不到这个程度，我们没成果啊，又回来了。

朱凡：因为你给他定的考核标准是要求这个，是出作业这个结果。那老师肯定是完成不了的，完成不了，他会提出这样的问题。你要科学定位的话，要把二级飞跃也加进来，同时考虑。我就可以不要求所有的孩子都爬第一级飞跃，没必要，对不对？你能表达到第二级哪个状态，实际上这两级是有很多相像的地方，你只能做到一些大概差不多的东西，老师就给你认可，就可以了。因为这些东西，对他来讲，他只是一个初级的尝试、初级体验，绝对不是人生定位。你把美术课作为他的人生定位，让他去画出那样的作品，然后又有造型，色彩等，还有思想，不可能的。只有少量的孩子能完成，大量的孩子完不成，老师肯定纠结。

李力加：在校外，这种现象很严重，经常要求两个小时出作业。学生就想了很多办法让作业出来，其实这个作业是假的。

朱凡：那里头有一个迎合家长、迎合市场的口味。像这样的，他是急功近利的，是营销办法。你看孩子作品，全国获什么奖了等等，拿出这些东西作为他的一种广告来宣传，但是孩子真正学到啥了，他后来干什么了，你问问校外培训这个，许多人就说不出来了。如果说我这墙上宣传的这些孩子，挂了二十张画，有十五个已经进了中国高等美术学院去了，那就知道，这个老师是有能力把孩子往这个方向引导的。那么，他带着孩子，这方面有天赋的孩子是能够在这个班里培养出来的。

这是一方面，你不能说我把所有孩子都培养成这样。这样说，那家长当然愿意了。家长高兴死了，我的孩子进这里就能变成艺术家，他能出作品，能画画养活自己，能挣大钱了，能考学了。你把家长能集中的思想全都调动起来，最后你得到的是生源，其实这里头很多就是一种假象。

李力加：校外教育的假象就在这里。

朱凡：假象马上还去除不了，因为是裹在一起生存的条件。

李力加：你用这个词很好，"裹在一起"。

朱凡：裹在一起生存，不能拆开。你说，如果我把生存能力放一边，我全去教学了，就不行了，教学就完成不了了。你没有生源了，还教什么学？裹在一起发展老师应该有自己的一种清醒，你当时不清醒，后来回想起来也有一种心灵上的不舒服，因为那么多年，教育了那么多孩子，挣了那么多钱，到了一定程度以后，你再回想起来，会感觉到有很失职的地方，有对不起社会的地方、对不起孩子的地方。所以，教师应该有一种精神力量，有一种责任，有一种应该做到的标准。

李力加：这样就好了。

朱凡：这样就能解决问题，然后我们把同类的人组成一个团队，我们都是这种人、这种教学理念，都是这种教学目标，都是一种做人标准，然后我们再去运作，变成集团化的。可能社会也会给更多的支持，形成一种更大的力量。

李力加：就现状来说，中国的校外儿童美术教育可能在世界其他任何国家都没有，不可能是这样。这种现象叫中国特色。

朱凡：外国也不可能有那么大的教育需求，就是把孩子都要送到美术班去学习什么特长啊，不完全是这种需求。我们现在是什么情况，有望子成龙，有走独木桥，他不得不这样，不能让孩子输在起跑线上。

李力加：所以，这些现状就出现了。

朱凡：这也不奇怪，一点不奇怪。

李力加：非常感谢朱老师！

3

主题:
实现美术课程标准目标的美术教育

受访者: 侯令(教育部国家艺术教育委员会委员,中国美术家协会少儿美术艺委会副主任,教育部国家美术课程标准研制组核心成员,北京市特级教师)

访谈者: 徐秋子、郑大奇、徐美容(浙江师范大学美术学院研究生)

李力加(浙江师范大学美术学院教授、硕士研究生导师)

访谈时间: 2009年5月25日

访谈地点: 杭州市府院宾馆

编者的话：在中国的美术教育领域，侯令老师是一个划时代的人物。作为教育部艺术教育委员会委员、中国艺术教育促进会副秘书长、国家美术课程标准研制组核心成员，侯令老师是我们国家为数不多的最早一批美术特级教师。几十年来，他对中国美术教育的理解与思考、对中国美术教育课堂教学研究是持续而有深度的。浙江师范大学美术学院美术学专业研究生徐秋子、徐美容，课程与教学论专业研究生郑大奇，在杭州就美术教育问题对侯令老师进行了专访。

徐秋子：您认为目前我国的美术教育应该往哪个方向走？目前的美术教师最缺少什么？

侯令：你说的是大多数美术教师还是农村的或城市的美术教师？

徐秋子：城市的美术教师。

侯令：我认为，目前我国的美术教育还是应该朝着课标所规定和指引的方向走，加强美术教育的人文性，并且按照课标所规定的四个学习领域去完成目标。现在美术课程集结了我们国家多年来成功的美术教育经验和国外先进的教育理念，代表了这一时期的美术教育方向。我们的美术教师在敬业方面问题不大，从课改的总体环境来说，还是要增强课程意识。美术教师有了课程意识对课程改革会更加自觉。现在的美术教师经验型的比较多，在理论的高度方面还是比较弱的。

我参加了一个座谈会——构建21世纪的创造力。这个座谈会主题是教育部体卫艺司艺术处万丽君处长提出的一个教育策略。她谈到，联合国提到一个人权问题，每个人都应享受到人权，每个人都要享受到教育，要增加孩子们的能力，提高教育的质量，最后一个是文化的多样性。这几个方面对中国美术教育来说是很重要的，从语境上来说是一种补偿。另外，座谈会上老师们谈到一个问题，那就是有的老师看不懂艺术，就是说美术教师应该加深对艺术教育的理解，增强课程的意识。你们还没有走上工作岗位之前，不可能对艺术教育有一个非常透彻的理解，只是停留在理论方面，等将来走上了工作岗位、亲自培育了一拨又一拨学生之后，对自己的使命感才会有深的认识。所以，我们的美术教师要在课程改革中增强课程意识，把课改真正搞好，这是十分重要的。

徐秋子：您认为课程意识的深层内涵是什么？

侯令：课程意识内涵是：当一个美术教师从事美术教育的时候，有没有想到美术课程的目标是什么？自己所教授的课程与课程目标有什么关系？你为了达到这个目标所用的是什么方法和过程？你怎么评价？这些东西是一个整体。现在我们一些美术教师，比如说要教会学生画树或画石头，往往束缚在具体的技法上，而对于宏观的东西，如课程资源的开发和利用，就比较缺乏。例如，你是浙江人，美术课上教学主题为"塔"，你家乡的塔和教科书上的塔完全不一样，要是有课程开发能力，你能不能把家乡的塔变成课本上的塔？这就是美术教师的一个能力。美术课堂教学不等于把课本上的塔原本地往上面一放，这不是完成了课改或课程资源开发。教学内容搬到上面去了，还有许多具体的细节和环节，最后才能变成学生可以接受的东西。怎么教？怎么引导？这其中应有许多思考。

课题中一些人文的东西，能够使孩子们对塔的认识更加清楚，这都需要老师的文化底蕴。这些都是课程整体开发、研制、利用的一个过程，这就是说，美术教师有了这方面的意识，教学设计才能做得更加自觉，课改才能够真正深入下去。比如说"塔"这个教学主题，书上的教学资源是北京的塔，你就教北京的塔，书上是河南的塔，你就教河南的塔，你不敢越过雷池一步，你怕别人说你怎么不按照教材去教。不按教材教的老师说，他要开发本地的课程资源，他要在课堂上引导学生画浙江的塔，如果其校长问怎么不按照教材教，就可以反驳他。

关于评价。在现在实际的教学中，很多老师的评价就单纯看作业，学生画完画了，全部贴在黑板上，然后老师讲评一下，或者让学生说喜欢哪幅画及为什么喜欢，这样的评价与认识都是很肤浅的。

徐秋子：请您谈谈对小学美术欣赏课的看法。

侯令：小学的美术欣赏课，大家反映是最难上的。我也认为在四个学习领域当中它是最难上的，有些美术老师干脆不上，看到教科书上有欣赏课，就隔过去不上了，如果上，也是简单地讲一讲，20分钟就上完了，这画是谁画的，怎么回事，如果这画背后有故事，他还好办，如果没故事就难办了。我们现在正在做一个教育部的课题，要研究美术欣赏课教学如何突破的问题。上好欣赏课是一个长期积淀的过程，不能说一个学校学生欣赏能力的提高就靠一两节欣赏课，得需要长年累月的积累。有些老师问我怎样才能上好欣赏课，我说得靠长期的积累，一点一滴的积累，还有学生生活经验的积累。

记得有一次我上《狼牙山五壮士》，有学生问：画上面的壮士到底是解放军还是八路军，还是红军？画面的色调暮色苍茫，是暗的，学生分不出来，他不知道跟谁打仗。这时候，我就引导学生看壮士服装上的臂章，上面写着工农革命军第八路军，这就是抗日战争时期。如果学生不注意看，如果是教学图片太小，学生根本看不清楚，那分析就很难。欣赏课还是要学生用眼睛去仔细看，学会通过视觉分析，然后去表达。又如，北大附小的一个美术老师讲马蒂斯，学生是三年级的小孩，学生描述的语言比大人还好。北大附小的孩子都是教授们的孙子，家庭的文化修养对孩子有影响。还有一次，老师讲汉字这个主题，然后让孩子们描述，其中一个孩子说道，"我为我们祖国有这样灿烂的文明感到自豪"，他的话让全场听课的老师都为之鼓掌。这个孩子的表达说明他已经懂了这个东西，自然他的情感共鸣在表达上体现出来了。所以，培养孩子的表达，是上好美术欣赏课的第二个要点。美术欣赏课能够这样比喻：一个是"进"，就是眼睛去看；二是"出"，就是孩子的表达。用眼睛去看，用嘴巴去表达。

徐秋子：您提到北京的塔、河南的塔……您怎样看待地方文化资源对美术课的作用？

侯令：2001年，美术课标实验稿没有明确提出地方文化资源，只是提到利用课外资源。现在，课程标准修订稿明确提出，要通过美术课去开发地方的文化资源，培养学生热爱家乡的情感，增强地方的文化底蕴。随着课程意识的增强，老师们会发现许多课程资源就在自己的身边，美术课堂上把身边的资源利用起来，就会使学生觉得亲切，同时也会使学生认识到，课程是来源于身边的文化的。所以，研究课程与文化会发现，课程来源于文化。没有孔子，课程怎么讲授齐鲁文化？课程是文化的一个反映，反过来它又促进文化的建设。

例如，杭州下城区一个学校集团有四个校区，这四个校区分布在各个社区里面，历史上有许多名人曾经在这些社区居住过：马寅初，在这个社区住过；沙孟海、丰子恺都在这个社区住过；还有一个高也侯，收藏王冕《墨梅图》的那个人，也住在这个社区里。社区里还有百年的药店、西洋的老建筑、杭州最早的耶稣教堂，百井房还保留着几口井，还有几个民族的居住区等等，资源极其丰富。学校把这些资源开发为校本课程，学生在课堂上看到这些文化历史资源感到非常高兴、自豪，这就是课程，这就是课程建设注重了课程资源的开发。

徐秋子：也就是说，课程要依托文化，美术课要走向文化。

侯令：对。这就是联合国科教文组织所说的多样文化的表达。

徐秋子：美术的技能和知识是紧贴着文化的。我们怎么把知识、技能转变为文化、能力？

侯令：美术有这么一个特点，像前面所说的文化都得通过美术传授知识和技能。潍坊的木板年画和天津杨柳青的年画，感觉就不一样，怎么不一样啊，还是得通过具体的表现形式。比如，有学生欣赏之后说，杨柳青年画有过渡色，潍坊杨家埠年画就没有过渡色，就一个平面的感觉，但它线条比较粗，杨柳青年画的线条比较细。这是因为杨柳青年画在清朝末年接收了一些西洋美术表现的东西，带进了一些西洋的文化，造成了一些差距，这就是文化的一种体现，因此，色彩、线条、造型都是不一样的。

如果一个希腊的罐子和一个马家窑的罐子往那一放，你一眼就能够看出来，这是希腊的，那是马家窑的。怎么看出来的？还是通过具体的造型；所以，文化不是空的，技能、知识都是和文化结合起来的。就像美术欣赏课，老师往往会去讲授知识，知识有没有，有，但是还有能力，学生要学会表达，学会分析，这是潍坊的年画，这是杨柳青的年画，能够分析是能力的体现。讲到最后，把潍坊的、杨柳青的、朱仙镇的年画都放在一起，让学生挑挑，学生就把知识和技能最后转变成能力了。

还如，有一个深圳的美术老师讲齐白石的画，最后环节把齐白石的画和陈半丁、王雪涛的画都放在一起，学生一看就把陈半丁的画删掉了。

徐秋子：不是齐白石的。

侯令：对。王雪涛的作品和齐白石的作品就分不大清楚了。

徐秋子：王雪涛是齐白石的徒弟。

侯令：是啊。有一个学生说王雪涛的画是齐白石的作品，老师说，错了，王雪涛是齐白石的学生，你说得也有点道理，夸了那个学生。这就转变成能力了。

徐秋子：新课标从2001年开始到今年已走过将近九个年头，但目前基层的美术教育状况与课标提出的要求还有一段距离。您认为，应怎样加快拉近实际状况和课标理念的距离？

侯令：不可能马上见效，教育部估算要二三十年。

徐秋子：新课标实施后有哪些成果？

侯令：最大的成果为，美术教师基本上已经接受了新课标理念。通过教师培训，通过教科书，通过教研部门的努力，新课标理念慢慢地被广大美术教师接受了。杭州市美术教研员余琳玲老师说过，让美术教师们再回到过去那种教法已经不太可能了，通过课程改革，美术教师的观念已经发生了改变。特别是年轻老师，保守思想少，接受新事物快，新课标的理念已经在他们心里扎下根。现在教育部提出，课改走过这么多年，下一步的任务就是要把理论转变成实践，动态变成常态。

徐秋子：具体怎么转变，您可以谈一下吗？

侯令：杭州郊区有个美术教师，提到西溪湿地文化资源并举了很多例子，这个东西他们那里的人了解是比较深入的。要是在课程改革以前，美术教师是不会这么关注的。另外，像刚才所说的课程资源的开发利用，也是对课程人文性的一种落实。现在全国各地推进的程度不一样，有的省份突出一点。

徐秋子：杭州是不是快一点？

侯令：杭州做得还是不错，在全国处于前列。像一些大城市，如北京、上海、成都、广州，还有江苏，都做得不错。

徐秋子：新的课程标准提出自主、合作、探究的学习方式，请问：这与以前传统的接受式学习有什么关系？

侯令：二者之间的关系是辩证的，而不是排斥的。美术教学有一个特点，在很大程度上需要传授式的教学方法，特别是有些技能需要教师演示。有些接受式学习是必要的，新课程提倡探索、合作的学习方式，但也没有把接受的学习方法排除在外。针对我国的国情，即使是在世界上任何一个国家，传授式的方法也不能绝对地丢掉。

举个例子，比如画春天。先让学生描述怎么表现春天，学生说了很多，有二十多种题材可以表现，积极性很高。最后老师总结，说同学们都讲得很好，大家都提到要画树，就教你们怎么画树。老师当场拿出一张宣纸，拿出毛笔演示怎么画树。演示完了以后，让学生画。此刻，学生都放弃了自己刚才的想法，都去临摹老师的树了，个别的同学，稍微加一点东西。刚才学生们有这么多好的点子，并且老师把这些点子都写在了黑板上，为什么后来学生都去临摹老师的树呢？这就是没有处理好接受学习和自主、合作、探究学习的关系。要是我去上这节课，我就会把我画的那棵树收起来，或者告诉学生不要临摹我的，谁临摹我的谁就没有创造力，这就需要老师去引导。如果你画面上需要树，那是大树还是小树呢，在画面上占大块面积还是占小块面积，你可以参考老师画的树，但不要全部临摹，就是说要适合自己的画面，这样孩子们就知道什么是创造、什么是为我所用了。齐白石曾说："学我者生，似我者死。"范画是把双刃剑，处理不好就会全部引导错。

徐秋子：如果带着孩子们去树林里写生，会不会有助于培养孩子的创造力？

侯令：实地写生是最好的一种美术学习方法，但是老师要事先稍微讲一下怎么样观察树，因为低年级孩子看到大树，树枝这么乱，他就不知道怎么组织，还有一大堆树叶子，怎么画啊，有的一片一片地画，有的拿油画棒乱涂……这需要老师就具体问题去引导他们。

徐秋子：提到临摹和写生，请问：您怎么去引导孩子创作呢？

侯令：如果孩子们已经学画了树，现在就可以要求以"秋天的树"为主题去创作，那就可以引导孩子结合平时画树的经验，想象秋天的树是什么样子的。

徐秋子：想象画？

侯令：对，是想象，但要防止孩子画出概念的树。我参观了一个美国的学校，那里的老师指导孩子画树，引导得特别好。其中有一孩子在画面上画了一个大树干，上面伸出两个小树枝，就没了，这就是外国孩子的表现特点，不像在中国孩子非得画得非常完整。有的孩子画了非常粗的大树干，上面画了很多叶子，绿色的叶子。还有的孩子就只画树枝，那种弯的树枝，然后在树枝后面涂上背景，很有意思。这说明孩子创作的树有他自己的个性。

徐秋子：对范画的选择您有什么建议？

侯令：范画能不提供就不提供，提供了就得告诉学生，不要临摹我的范画，要把握好一个度，范画只是解决孩子掌握一些基本技法的问题。比如说画叶子，告诉学生古代有一种叫夹叶法，有一种叫点叶法，这就可以了，不需要画好树干，再加上叶子，不能从头到尾给学生画一整棵树。如果是写实的画树，就不需要夹叶法、点叶法了，你得告诉学生光线从哪里来，怎样把树干的立体感画出来，要引导学生观察树干的明暗、树叶的明暗交界线在哪里。这就是说，教师不能只给孩子一张范画，要解决重点的东西，给孩子的是最让他们觉得解渴的东西。

徐秋子：现在浙江省正开展"领雁工程"，是针对农村中小学教师的培训。侯老师对农村美术教师的培训是怎么看的？

侯令：农村美术教师的培训，重点应放在兼职教师上；因为大部分农村美术教师都是兼职教师，像语文老师、数学老师去兼一门美术。

徐秋子：应在哪些方面进行培训呢？

侯令：有技能的，也有理念的，还有教科书的……应是比较全面的，目的不是把他们培养成专职美术教师，而是加强他们的美术能力，让他们适合在这个岗位上兼职。我在甘肃调研的时候，见过一个语文老师教美术，上了一节《动物的脸》，他完全是用语言表述的，一笔也没画，因为他不会画。

他对学生说，猫的脸和狗的脸一样吗？学生说，不一样！老师继续说，猫的脸是什么什么样，狗的脸是什么什么样，完全是用语言去描述的。这就是一个问题，你老这么教，孩子们的能力提高不了。他就让学生照着课本画，临摹，也能画一点，但深层次的问题是解决不了的。

徐秋子：您认为怎样的一堂美术课才是有效的？

侯令：有效的课，现在有很多种说法。能够促进孩子全面发展的课就是有效的课，这个说法我认为太笼统；但也有一个好处，这是从课程的层面去审视有效性的教学，同时也把学生的学习方式看作是有效教学的一个组成部分，这跟提倡的课程理念还是挂钩的。研究教学的有些人提出一个整体的建构，教学是从备课、导入、讲解、示范、辅导，直到作业的呈现，每一个环节都存在着有效和无效的问题，提出要讲效率、讲效益、讲效果三个方面。所以，关注课程和关注教学在层面上是不一样的。

有些教研员，包括一线的老师，只计算具体的——课堂上哪些提问是有效的，哪些话是从口里带出来的，哪些是无用的等，是用产出和收入的一个对比，就是说，老师付出多少，就收获多少。很多是老师无意识中从口中带出来的。例如，老师问："对不对啊？"学生说："对！"还有一些美术老师设计的一些环节，老师说："同学们，今天老师给你们带来了一个小礼物，你们想知道是什么吗？"学生说："想！"当然，这可以激发学生的兴趣，但说实在的这些问题在教学上已经没有多大用处，这就要求我们老师所问的问题要和他这堂课的教学目标挂钩，这样的教学才是最有效的，闲言碎语就不要讲了。所以，有效教学是从备课开始的。

徐秋子：您认为现在美术教师在备课上存在什么问题？

侯令：很多老师都不会备课，包括全国优质录像课的教案，严格地说都不行，因为分不出教学目标、教学难点、教学重点、教学策略，所用的词语空洞、模糊，对于培养学生的创造力来说，你说这有用吗？再看别的教案，也是这一套，比如观察能力、探究、合作的能力，你这节课到底要教什么？你主要教的是什么？很多老师不清楚，所以，写出来的也不清楚，这不是有效教学。有的美术课，课堂乱，学生不听你的，你再使劲，讲得再好，也是无效的。老师不会管理课堂，这是最致命的问题，像现在很多职高、初中连纪律都保持不了，这也是无效的表现。美术作业完成不了，你对他说，他还对你说什么语文作业、数学作业都没做完等等；所以，有些老师就没办法，你写作业就写吧，只要不在课上捣乱就好。

徐秋子：侯老师，是什么促使你这么多年一直活跃在美术教育工作岗位上？

侯令：当特级教师是一个结果。要看到这前面有多少努力和付出，无论是画画也好，还是研究教育理论也好，不知道付出多少代价，这是常人不理解的。记得当年，直到现在每年订杂志报纸的钱，一年就是好几千，还老买书，一年买一万多块钱的书，付出得特别多。中间也动摇过，我很爱画画，并朝着画家的方向去努力，并被中央电视台录取，但单位不放我走，我也就认可了，就踏踏实实干吧，后来逐渐研究起来，也觉得很有兴趣，再后来教育部派我去美国，和那里的教授一接触，就感到我们有很多不足之处。我发现我们建国以来，没有翻译过一本外国的美术教育专著，一本也没有。外国教授和我提起罗恩菲尔德，我从来没听说过，不知道怎么回事，我就下决心回来后要好好研究。后来，这些书陆续在国内出版，我就是一点一点走来的，这需要一个过程。

徐秋子：侯老师提到去美国带回一些很好的书，我也看到您介绍到国内的DBAE，影响很广泛，但现在有人对此提出反驳的意见，认为DBAE太注重学科，忽视了儿童的情感、态度和价值观。您对此是怎么看的？

侯令：的确现在有人对DBAE提出批评，认为DBAE太注重用成人的经典作品，缺少适合孩子特点的东西。比如说画海，就要去找出透纳画海的作品，还有中国画表现海的作品，这都是大人的，小孩的作品太少。都用成人的作品去教育孩子，这是它的一个缺点。另外还有人说它不重视创作，重视后三项——美术史、美术批评和美学。在美术创作中，你所说的情感问题，DBAE提出这个不是课程，不要把DBAE理解为一个课程。咱们国家美术课程标准提出的四个学习领域就属于一个课程，它是一个学科的结构，你只要教了学生这四个领域，学生以后会生成许多东西。

徐秋子：西方的美术教育和中国的不一样？

侯令：对。你对于美术的理解，老师给你打下了基础以后，你以后会生成很多东西，这在教育学上是属于学科的教育。DBAE最早是学者巴肯提出的，然后是布鲁纳，是从理论上去概括出作用。它认为一个孩子光画画是不行的，他还必须懂美术史、美术批评等等，而这些东西一旦给他架构好了，他以后就能发展。你所说的也不是一点道理都没有，这取决于我们老师、课程专家的理解。DBAE在后期也认识到光用成人的经典作品是不行的，它加入了一些新的流行元素，如教孩子去认识广告，这在以前是不可以的，但现在可以了，它有一个完善的过程，需要去改进。

徐秋子：谢谢侯老师。

4

主题：

（一）儿童美术教育的"不教而教"

受访者：谢丽芳（中国美术家协会少儿艺委会副主任，湖南省美术家协会副主任、"蒲公英行动"项目主持人，湖南省妇女儿童活动中心研究员）

访谈者：邵任斯、冯海超（浙江师范大学美术学院研究生）

李力加（浙江师范大学美术学院教授、硕士研究生导师）

访谈时间：2012年8月20日

访谈地点：湖南长沙市饭店

邵任斯：请谈一谈您的"不教而教"理论。

谢丽芳：1996年我在中国美术馆做了"当代儿童造型艺术"展览，其间，我将那几年做的东西进行了梳理，出版了《儿童黑白画》和《儿童创意画》两本书。在《儿童创意画》一书中，我提出了"儿童绘画不教而教"的观点。其核心价值观为：儿童美术教育"不能没有孩子"，一切都必须从儿童出发。这个观点在当时引起了很大的争议。"不教而教"实质上对老师提出了更高的要求，在启发式的教育中，并不是老师让儿童怎么画，而是老师通过暗示和引导，使得儿童认识到自己应该怎么画。

邵任斯：为什么"不教而教"的方法更适合孩子呢？

谢丽芳："不教而教"始终将儿童放在第一位，因此它是适合儿童的。儿童绘画是人类早期生命的律动，是生命的需要。儿童从母亲的子宫里出来后，始终怀念在母体内的感受，母亲在喂奶时，孩子注视着母亲且与母亲的距离只有20厘米。无论是内蒙古、新疆、贵州等地的岩画，还是西藏、湘西的原生态儿童绘画，孩子画的多为女性。由此看来，母亲在孩子童年时期的影响是深刻的。这还只是假设，我认为这些与孩子涂鸦中封闭式的圆形出现是有关的。儿童绘画作为人类早期的生命现象，应该给予尊重。我在法国、德国考察时看到，一、二年级孩子更多的是自我表达，老师在其中给以鼓励与暗示，而不是说教。当孩子问我"谢老师，我该怎么画"的时候，我会回答："你错了，应该是你觉得我可以这样画，也可以那样画，谢老师说的与我关系不大，老师给的只是鼓励。"因此，教师要加强自己对各个方面的学习，这样才能真正地教好学生。

邵任斯：通过"不教而教"，孩子是否可以顺利地通过转型期？

谢丽芳：其中仍会存在个体差异。早期生命是相对封闭的阶段，如原始非洲或澳大利亚的土著，越是封闭的族群，他们的图示就越具特征。现代社会多媒体的发展，生活、经济水平不断提升，孩子封闭的阶段越来越短，转型期也越来越快。从艺术或是美术教育的角度来讲，应该顺势，而不是强扭。以线造型，更早地让孩子接触设计，这对于孩子来说就是创造。其实每个人的心里都有一个创造女神，虽然我60岁了，但心里同样也住着创造女神，即使80岁、90岁也依旧如此。我与孩子进行线的游戏时说："一条线，两端没有终止，可以无限，两条线，则可以变化，当第三条出现时，我也可以创造世界。"我给予孩子的是创造的理念，当孩子有100条线的时候，他们创造出来的东西是不一样的，他们的创造也同样指导着我在前进。

邵任斯：如何理解儿童美术的"独立性"？

谢丽芳：相对于成人的艺术教育、艺术创作，儿童美术是具有独立性的。就如一株植物，在成长的过程中，会开花、结果，每个阶段都是一个独立的形态。再如蝴蝶，起初它只是一只幼虫的形态，当它化蝶的时候，则以另外的生命形态出现。我现在是老年，就应该具有老年的生命形态，李老师是中年，你们是青年，各个阶段生命形态各不相同，需要自然也不同。儿童在儿童时期就有他的形态，儿童绘画是一个独立的可研究的阶段。

邵任斯：艺术创作的过程与儿童美术创作的过程有何相似之处或差异性？

谢丽芳：毕加索说："我花费了这一生的精力，向孩子学习。"孩子的创造更多是无意识的，他并不把绘画当作创造艺术品的过程，而成人则更多把它作为艺术品来创造。绘画是艺术家生命力的呈现与象征，而儿童画是儿童成长过程中进行宣泄的一种方式。尽管有很多人认为儿童的绘画不是作品，但客观地看，它同样是艺术品，是儿童的创造。儿童没有成人的创作意识，创作目的显得更为单纯与直接。绘画是儿童的第二语言，那些他们曾经用画笔说过的"话"在成长的过程中可能被逐渐遗忘，但是儿童美术的独立价值、生命价值、文化价值仍然是存在的。

邵任斯：儿童为什么会绘画？

谢丽芳：儿童绘画是生命成长的需要。人类最初通过唱歌、舞蹈来缓解内心深层的恐惧感，这是自我保护的需要；美术也同样如此，更多源自生命的需要。孩子在母亲的子宫里得到了保护，当来到世界后就会感到恐惧，他需要母亲的喂养，在与母亲20厘米的距离中，他牢牢记住的就是母亲。孩子在画画的时候，一直在寻找这样的感觉。我认为，涂鸦后出现的封闭的圆，很可能就是母亲的脸。孩子通过画画得到自我安慰，他们在画的时候特别安静。儿童时期的美术教育对孩子心理的成长起到非常大的作用。

邵任斯：如何看待早期的儿童美术教育？它是"儿童早期的智力启蒙"吗？

谢丽芳：这样的提法不妥，也是不全面的。幼儿的美术教育如果仅限于智力启蒙，则忽略了最大源起——生命的需要。美术教育是功利的，但一定要利于孩子的生长。儿童时期是对创造能力、审美能力的培养，之后，如果这些孩子走上艺术的道路，又会有专业的发展。当孩子能够很好地表达自己，并在老师的启发与暗示中做到位，绘画技法则会自然而然地生成。老师要保护孩子自己的原创力和感受力。人是自然的一分子，始终生活在大循环之中。在后天的学习中，一种是顺势而教，另一种则是扭曲式的。儿童教育也是一个完整的生态系统，顺势发展则是呵护、保护儿童，一旦扭曲，则就伤害了儿童的发展。

邵任斯：您是如何理解"创造力"的？

谢丽芳：人只要有想法就可以创造世界。只要老师不断地鼓励孩子，外界给孩子不断地呵护，孩子会自己滋润自己、解放自己。

邵任斯：在画面中是如何体现创造力的？

谢丽芳：比如说画一个人驾车的场景，有的孩子画了像乌龟一样的马，拉着秦始皇那个时代的车，里面有人，后面还有马。有的孩子画了一个大象拖着像坦克一样的车，坐着狮子王造型的怪物。30个孩子可以画出30个不同的车子和人来。再如画鱼，我给孩子呈现一条鱼之后，30个孩子画出的是30条不同的鱼。有的孩子关注的是嘴，有的关注鳞片，有的关注尾鳍，每个人的关注点不同，在绘画时就会有不同的重点。孩子和大人的观察方式不相同，往往大人看过就遗忘了，而孩子则会表达得很精彩。人的视觉记忆就如虚拟的信息，我此时看见了你，我可以记住，但却无法画出来，慢慢地视觉记忆就模糊了。我认为，孩子在儿童期的视觉记忆要比成人的强。

邵任斯："能力"可以理解为"潜能的开发"吗？

谢丽芳：不能用"开发"这个词，"开发"是一种外力，我们应该做的是保护，让孩子自己去释放。"开发"显得教师有一种居高临下的威慑力，如果你能蹲下来，与孩子一般高，就更有利于孩子自己去学会思考和解决问题。

邵任斯：从儿童期到成人期，孩子可以永存的是什么，慢慢消失的又会是什么？

谢丽芳：孩子通过这么多年的学习，能力、生命得到了成长，并且学会处理与分析问题。除此之外，艺术教育给人更多的是心灵的安慰。当面对困难的时候，心灵是宁静的，这才能够很好地处理问题。孩子的综合素质发展就体现为能力的发展。

我希望艺术教育能够培养具有综合素质的人。当家长把孩子交付给我的时候，我要认真地面对他，不欺负他，为他将来的成长负责。学习是人们通过其形形色色的不同的经验表露自己的创造力、学会交流、对世界质疑以及成为自己的一个过程。这是一个很难实现的目标，人们更多将目光放在眼前利益上。就如考级，我们可以愤怒、吵闹，但是仍旧照考不误，因此孩子要学会质疑。

邵任斯：《失语与关爱》中提出的"孩子说话的权利"，该如何理解？

谢丽芳：联合国教科文组织关于保护儿童的公约里提出，孩子有说话的权利。引申到美术教育上来，把儿童美术教育作为产业化的、赚钱的机器，就是忽略了儿童说话的权利。绘画是儿童的第二语言，绘画对儿童的重要性是不能回避的。强迫孩子像成人那样去做的时候，实际上就没有了儿童。无论是什么，都应该将儿童摆在第一位。当植物发出与果子完全不相干的香味的时候，这其实是它的成长过程，不能只为收获果实而歧视成长过程中的花朵与香味。

邵任斯：您在《透过游戏——有关少儿美育的一点思考》中所提出的观点是否基于一定的理论基础？

谢丽芳：我当时看了许多书，是在自己理解的基础上提出来的。儿童心理结构和意识的建构过程是内心世界与外界相互作用的过程，是在对客体图式刺激同化和顺应中完成的。任何人在现代社会中都不是单独的，我曾在广州美术馆做过"互动中的艺术教育"展览，强调师生间的互动与交流。人是在互动中成长与老去的。天人合一、矛和盾，是同样的道理。（访问者：课堂中给孩子一个图，这个图要与孩子内心的经验发生连接，这种连接就是一种互动与促进。）比如说前面提到的车子，十个同学有十个不同的画面，当我给孩子看十个不同的画面时，他们会思考、联想，再画出的东西就不像是这十个孩子画的了。

邵任斯：艺术教育给儿童提供的"刺激"应该是什么？

谢丽芳：我认为"刺激"就是创造一个环境。老师为儿童创造一个适宜年龄生长的环境，这也是课程设计。我在法国考察一个鱼岛的时候，他们三个月上的都是关于"鱼"的课，缸里养了鱼，历史课上的是有关鱼的历史，甚至请艺术家过来教画鱼。他们创造的就是适宜的环境"刺激"孩子去主动学习。幼儿阶段以启发为主，随着年龄的增长，可以将经典的艺术给孩子欣赏，看到更多的表现手法，他的眼界就高了。老师该如何选择好的、适合孩子的经典作品，体现了老师的能力。

邵任斯："向大师学习"学的是什么？

谢丽芳：孩子的涂鸦同大师的作品一样，十分迷人。像毕加索、马蒂斯，他们的绘画是生命意识的表现，孩子也同样如此，应该得到尊重。

邵任斯：您是如何看待向大师学习绘画技巧的？

谢丽芳：儿童时期的绘画作品中可以发现某些孩子会出现像梵高作品一样的笔触。我认为，在转型期以后，可以有意识地加强对梵高、马蒂斯、达利的欣赏，艺术的多元对孩子的成长是有帮助的。

邵任斯：如何理解"游戏"的重要性？

谢丽芳：绘画是游戏的一种，孩子离不开游戏。在游戏中学习面对问题、处理问题的能力，创造性地游戏，对将来的成长都是很重要的。很多科学家、心理学家认为中国的孩子缺乏游戏的阶段。我曾看过一个国外的研究，四岁的孩子学爬梯子，一个孩子不去爬，而另一个拼命地往上爬，等他们长大后，当初不学的孩子也能爬得很好。这个研究表明，在孩子的某个成长阶段可能不去做某事，因为还没有这样的需要，当他成长到一定阶段后，这些能力会随之慢慢增长。

有时候孩子不需要，老师或家长不要强迫，应尽可能让孩子在游戏的、自主的氛围中去学习。当然，游戏既可以是老师设定的，也可以是自发的，只要孩子能在游戏中放松自己就行。

邵任斯：孩子在做陶泥的时候，如何保留这种单纯的对泥的感受？

谢丽芳：陶艺是儿童绘画的立体表现。首先，手要掌握泥的特性。我带孩子去湘西、潼关工厂里学习陶艺，第一、二天是对泥的掌握，孩子们在玩乐中自然地熟悉了泥性。其次，引导孩子开始陶艺创作。刚开始他们会搓圆、线，和画画相似，就是将平面的东西立体化。学习陶艺更加贴近儿童的心理，因为他始终在动在玩。其间，我们会请当地的陶工或者民间艺人来告诉孩子在技法上如何去处理，比如掏空手法的运用等，否则在烧制的时候就会爆炸。

邵任斯：在欣赏儿童作品的时候，您是将其视为艺术品还是从心理学的角度来看它呢？

谢丽芳：我认为两者要结合。我本身是一个艺术家，也是教育家。我看见孩子画的优秀的作品会兴奋不已，会想一想他们为什么会这样画。当然，艺术的这一部分也是需要老师去特别注意的，老师自身的素质起到了非常重要的影响作用。

邵任斯：儿童时期往往是画自己知道的，而不是画自己看见的，这该如何理解？

谢丽芳：我认为这就如同"先有鸡还是先有蛋"的问题。孩子在涂鸦期的作品也不是"鸡"也不是"蛋"。在他成长的过程中还是要告诉孩子仔细去观察，当老师给他一个"蛋"的时候，还是要让孩子想一想画的是什么。幼儿园阶段还是应顺应自然，引导孩子慢慢涂鸦。

邵任斯：如何培养观察力？

谢丽芳：不同年龄有不同的方法。孩子在成长，不可能一直涂鸦，他们需要仔细观察，从细节处看。之后让孩子整体地看，不能只看细节。

邵任斯：孩子在写生之后，一旦离开对象是否就不会画了？

谢丽芳：不要过早地去让孩子写生，儿童更多的是去想象，尤其不能过早地接触素描，等到11或12岁去画才合适。随着年龄的增长，学会分析，在发现的基础上想象。

邵任斯：水墨教学应该保留的是什么？

谢丽芳：我也在画水墨画，对水墨画、书法还是有必要去传承的。水墨与其他绘画相比只是工具材料的不同，但水墨在表达上有其特征。我认为可以从低龄段就涉及水墨，但一定要顺应儿童的天性，尝试用水墨表达心境。在玩乐的过程中孩子自然会知道如何用水墨来造型。传统的《芥子园画谱》，在描摹的过程中"走进去"，但不一定能"出得来"。孩子不通过这样的渠道，也可以表达。如果能尝试让孩子"进去"再"出来"也未尝不可，不要把问题看死了。

邵任斯：色彩对于孩子有什么样的意义？

谢丽芳：上世纪80年代末90年代初亚运会的时候，我在北京带40个孩子做了一个展览。孩子们的作品就像表现主义的色彩一般，给人很强烈的视觉感受，并且尤为自由放松。近期我也在做有关色彩的研究。由于水粉在画的过程中不能发生太多的变化，因此我更多使用水彩来绘制，引导孩子在画的过程中寻找颜色的变化。虽然当年孩子的水粉画取得了很好的效果，但现在我仍然在不断地反思，寻找更多的新方法，以让孩子更自由地去表达他对颜色的感觉。从美术教育发展的角度来讲，老师要不断地探索，寻找新的方法。

邵任斯：线描教学是让孩子"填充画面"吗？

谢丽芳：不能用"填充"这个词，孩子应该画具体结构的东西。现在很多画册中出现的画面就是因为老师没有明白，而是不断地让孩子去填充，孩子画得累，我们看得也累。

邵任斯：构图的问题如何处理？

谢丽芳：在画面中适当提示，而不会刻意去讲构图是什么。有些孩子性格特别内向，画得很小，而有的孩子会画满整个黑板。对于放不开画的孩子，教师要特别引导他放开画，这对他以后做人做事都是有影响的。真正画画的孩子很沉稳，他不慢也不快，很到位。

邵任斯：如何理解"型"与"形"的区别？

谢丽芳："造型"还是比较学术的名词，"形状"的"形"指具体的物。跟孩子讲还是用"形"。

邵任斯：请谈谈您的儿童美术教育的经历。

谢丽芳：我在铁路的幼师班教过，1987年调到妇女儿童活动中心，1988年开始从事儿童美术教育工作。之后一直在思考，边做边学边看，就比如之前所谈到的色彩问题，我要重新做实验，继而调整，这对于老师或者研究者来说都是必然的，往后我还会去质疑、思考。

邵任斯：哪些人曾对你的思想产生过影响？

谢丽芳：杨景芝老师，中央美院邵大箴先生，龙年南，殷双喜，邹跃进，翟墨，杨永青，何韵兰，乔晓光，尹少淳。我深感自己的幸运，有一个很大的团队与我一起研究，如邓平祥、李力加、陈卫和、朱凡、徐淳等。做美术教育的这一波人特别善良，爱孩子，很单纯。

邵任斯：您的教育思想与您小时候的生长环境也有关系吧？

谢丽芳：我曾写过《生命有灵》这篇文章，我从小就在岳麓山长大，整天在山洞里攀爬，对种菜、昆虫都十分感兴趣。直到现在，我看到老人过马路，我一定会去搀扶，这可能是天生的。我的父亲是大学老师，他在家里就一直看书；所以在我从小的印象里，人的一辈子就是看书学习的。

邵任斯：是什么支撑着您为美术教育事业不断地耕耘着？

谢丽芳：我感兴趣的东西很多，我既然做了，就较为认真地追求与思考。我的动力就是兴趣。我还在做文化保护、女子监狱等项目。我会很认真地对待儿童，但他不是我的唯一所爱。

邵任斯：非常感谢您接受我们的采访。

（二）"蒲公英行动"向前进

受访者：谢丽芳（中国美术家协会少儿艺委会副主任，湖南省美术家协会副主任、"蒲公英行动"项目主持人，湖南省妇女儿童活动中心研究员）
访谈者：郑大奇（浙江师范大学美术学院研究生）
　　　　　李力加（浙江师范大学美术学院教授、硕士研究生导师）
访谈时间：2009年5月4日
访谈地点：湖南省长沙市谢丽芳先生住所

编者的话："蒲公英行动"美术教育专项课题，是由教育部艺术教育委员会和中国美术家协会少儿美术艺术委员会主办的"成就未来"工程之一，2002年在湖南湘西土家族苗族自治州凤凰县拉尔山希望小学播下第一颗种子。课题研究基于儿童对民间美术知觉、体验、对话、认同、传承的目标，推进民间美术在美术教育中的传承，从情感、态度的认同方面引导学生主动认识民间美术与祖国的文化传统，在体验中逐步理解民间美术蕴含的价值，在与民间传统文化的对话中产生强烈的民族自豪感。经过六年艰苦不懈的积极工作，课题研究先后在贵州、云南、陕西、湖南、江苏、吉林等十个省份由点到面逐渐推广。"蒲公英行动"的种子随着国家基础教育课程改革的不断深入，探索出一种可在全国农村与少数民族地区实施的模式，以争取让更多的儿童获得美术教育的机会，更好地开发民间美术等地方文化课程资源，使民族多样性文化得以延续，为当地培养一支具有创新精神的骨干美术教师队伍。课题研究得到美国福特基金的资助。

日前，"蒲公英行动"美术教育专项课题第二期研究先后在陕西省、湖南省进行结题，课题已进入第三、四期的深入研究与推进阶段。在湖南省项目结题期间，就"蒲公英行动"美术教育专项课题，浙江师范大学美术学院研究生郑大奇及美术学院教授李力加对项目负责人谢丽芳研究员进行了专题访谈，以下为访谈的记录及访谈者的思考。

郑大奇："蒲公英行动"开始于2002年，您对蒲公英行动的整体思考是什么？

谢丽芳：经过这些年的努力，"蒲公英行动"的课题研究从不成熟慢慢地走向成熟。课题研究的目标是：一、教育公平，争取让每一个孩子都能享受美术教育，特别是边远农村的孩子，"蒲公英行动"的课题目标是让更多的孩子获得美术教育的机会；二、对民族文化遗产进行保护，也就是让民间美术进课堂。我们所做的，是一个长远的美术教育目标。从近期来讲，我们的工作都在努力实现这两个目标。

郑大奇："蒲公英行动"的目标之一是追求教育公平，让所有的孩子享受到美术教育，之二是民间美术进入学校美术课堂。是否可以这样理解：这个项目是以民间美术为切入点，去寻找民族地区、农村学校孩子美术教育的公平？

谢丽芳：作为民间美术本身，纳入基础美术教育的课堂教学还是不成熟的，过去并没有现成的模式。特别是在农村学校里，民间美术资源、教学设备、师资等，各方面的条件都比较差，如果按照城市学校的教学方式，它不可能实施。但是，在农村学校里，民间美术的资源是随手可得的东西。这对于孩子们来讲，有着极强的亲和力，孩子们不会觉得离自己的生活很远很难，资源就在他们身边。

郑大奇：课题研究是怎样把这些乡土材料、资源转化为孩子们的美术作品的呢？

谢丽芳：这个转化过程，是通过培训的方式。一个是培训老师（美术教师、兼职教师），第二个很重要，是培训学校校长，因为，校长如果能够理解美术课是在做什么，他们会支持这个美术课。还有，需要各学科的老师配合，我们可以在各个方面，包括能力等各个方面的培养，要求他们能接受并按照"蒲公英行动"的课题目标进行实施。所以，在"蒲公英行动"课题研究的目标中间有一项，就是培养一支具有创新精神的骨干教师队伍。这批队伍，他们对自己的民族、民间美术文化含有很深厚的感情。通过两期的课题推进与项目研究，具有创新精神的骨干教师队伍已经建立起来。

郑大奇：校长是和老师一起培训还是分开培训？

谢丽芳：有些是一起的，有些是对校长单独进行培训的。培训是面对面的，包括对培训者的培训，他们是在一条战线上的，他们都是"蒲公英行动"的参与者；因此，培训是参与式的，项目所强调的也是参与式的，通过各方人士的参与推动这个行动。

郑大奇：这个行动项目前两期研究取得了很多成果。请问："蒲公英行动"所取得的突出的成果是什么？

谢丽芳：最突出的一个成果，是各实验区本地的、民族地区的老师们和孩子们的民族自尊心增强了。这个很重要，也正如李力加教授在结题报告中所论述的：通过"蒲公英行动"的课题研究，当孩子们在对美术教师所引导的民间美术文化主题呈现出的内容进行感知、体验、创作、反思的时候，当各地的美术教师们在教学过程里不断观察孩子们行为的时候，就会发现，儿童们对传统文化的知觉心理意识已经变样了。当面对自己身边熟悉的民间美术资源时，美术教师们旧有的记忆在"蒲公英行动"课题研究及实施中被"民间美术"这个现实文化的存在，被充满了地方美术文化的课堂教学现场情境，被丰富的教学主题中地方文化元素所唤起，美术教师们所采取的一切行动（教学引导与演示）正好参与了儿童们文化体验的知觉意识转变的过程。此刻，美术教师们对民间美术文化的知觉意识水平也伴随着孩子们的变化图式发生了新的知觉变化。

我们的课题目标是民间文化、民间美术进学校。在进课堂这个层面上，我认为我们做得还不是很够；但是为了达到"蒲公英行动"这个目标，我们所做的工作已经增强了当地老师们的民族自尊心和自豪感，他们已经有了这种创造意识。例如，对新课程的开发，他们知道在自己的生活周围哪些是可以利用的课程资源，能够通过怎样的方法把它给开发出来，并把它引进学校、引进课堂。课题研究在教师成长方面起到了推动作用。我们编的教育部"2+1项目"教材《民间美术》，上面的课例、作品、设计全都是各门课的老师做的，是课题基地学校的孩子们完成的。

郑大奇：首都师范大学美术学院尹少淳老师提出"走向文化的美术课程"观点，"蒲公英行动"课题实施对当地美术课的挖掘是怎样走向多元文化的？

谢丽芳：美术教育是走向文化的。美术是文化中的一个部分，美术与文化应该是相辅相成的。美术课并不是单纯地画一把凳子，画一把椅子，美术课程应该在文化里面，一个是走进，一个是索取，我们是取其中一个部分，然后进入课堂，"蒲公英行动"所推进的与所取得的是民间（美术）文化这一块。

郑大奇：这次结题中，听您说，课题实施与研究当中遇到了很多困难和挫折。您可以具体地谈一下吗？

谢丽芳：现在我感觉到的不管是困难也好还是挫折也好，我们面对的一个主要问题是"蒲公英行动"怎么能更深入地进课堂；因为现在我们很多基地的实验还是课外活动，还是一种艺术的综合课程。当然，其中的困难是少数民族、边远农村学校的条件限制了其进入课堂教学，更多的教学是以综合实践活动课的性质、课外艺术小组的形式等等进行实施的。更换一种概念，从课程的角度讲，我认为不一定四十分钟就是课，把四个课时集中起来一起上，它还是课，是课程整体的东西。课程这个东西不是一下子就做完的，现在一个困难是，在少数民族地区、贫困农村学校里，还有相当多学校班额比较大，如果要在一堂课内完成一个主题的美术创作并呈现出作品来还比较困难。我在思考，怎么更深入地进课堂，至少是能够让这个学校的全体孩子而不是部分学生，得到普及性的全面的美术学习，这是我们所要解决的一个难题。所以说，面向每个学校的每一个孩子而不是部分，是我现在也是"蒲公英行动"下一期推进过程所要面临的一个最大的难题。也就是说，在做研究与教学推进的时候，项目进了基层学校，怎么样更深入地进课堂，教学方式要考虑。民间美术进入课堂教学是一种推进方式，进入学校也是一种方式，但这种方式必须面对每一个孩子。

郑大奇：这就是说，"蒲公英行动"美术教育专项课题，最终还是要让民间美术走到孩子的心灵深处，还全体孩子一个接受美术教育的公平。

谢丽芳：对，现在我考虑最多的就是这个，因为这个东西很具体。现在国家要求，必须足时足量地开足艺术课，而美术课是其中的一个部分；但是实际上，在基层学校里，特别在少数民族及边远农村学校里它是受到影响的。

郑大奇：会议中采访了凤凰县教育局的姚副局长，他说，"蒲公英行动"美术教育专项课题实施以来，所取得的成果助推基层学校里的美术课开起来并开足。

谢丽芳：对，现在我觉得这方面还是需要做得更好。

郑大奇：也就是开足美术课。

谢丽芳：对。我本身是一个搞艺术的，所以，在这一方面，我觉得整个社会背景下推进美术教育的难度还比较大。怎么样让美术教育真正地走向每一个孩子，是我们最需要考虑的问题。这个问题教育部也在考虑，就像教育部推进体育、艺术教育的"2+1项目"，很多东西说到了，也提出了要求，但基层很难完成，推广不下去的原因是多方面的。这是教育理想化的、有前瞻性的好项目，但国家整体艺术教育的现实就这样，它的推进有难度。所以，"蒲公英行动"第三期，要把这两块结合在一起推进。

郑大奇：您对"蒲公英行动"未来的发展是怎样规划的？

谢丽芳：未来还是边深入，边推广，因为现在不是一定成熟了才推广，而是在这个过程中间不断地推广，在摸索中推广。现在的工作可以分为三大块：一是由尹少淳博士以及李力加教授这些全国知名的专家进行教学建模；二是在课程的基础上建立模式，要继续深入推进课题的发展，推进教学课题真正意义上的进课堂；三是把"蒲公英行动"这些年研究推进的全部过程，也可以说实践过程，通过一个可视的形象，在中国美术馆进行展览。把整个过程展示出来，让大家来参与，通过看展览来了解这个行动，这也是一种推动。2月，中国美术馆美术教育部派人参与了陕西省的项目结题。还有，通过中国美术馆进行培训，对校长、老师、教育行政部门的官员进行培训，这也是一种推动吧，一种整体的推动。我们未来的工作还是很艰苦的。

李力加：谢老师，你有没有想到再开辟新的实验区？

谢丽芳：没有，我还是只想把现有的这一些实验基地（学校）做好。我们现在已经把汶川地震受灾地区——都江堰地区纳入进来了，"蒲公英行动"还是倾向于关注边远地区，关注那些困难的孩子。如果在这个课题推进期间不把汶川地震受灾地区学校请进来，行动是不完整的。"蒲公英行动"面向更多的少数民族地区，但也有城市是做比较研究的。在农村，做的是推动民间美术的发展;在城市,也做这个,因为城市离民间美术更远,城市里孩子更需要一个对自己文化的认同过程。在珠江三角洲,我们在民工子弟学校做研究,所以,这也是我面临的一个困难吧,摊子较大。有一点很好,这不是我一个人在做,它是一个团队,各个方面都在支持。

(访谈是在谢丽芳老师的画室里进行的。采访中我们看到,工作头绪这样多、任务如此重的谢老师一直坚持作画。谈到绘画创作与"蒲公英行动"的关系时,谢老师体会很深。)

谢丽芳:一画起画来,就特别想画了。

李力加:而且刹不住车,有想画的冲动。

谢丽芳:对!通过画画对问题的看法也更深刻了。所以,对美术老师来说,还是要坚持动笔,因为你是在教美术,有很多东西,有很多思考,就像我现在做"蒲公英行动"课题,画的东西都在里面。当你在看学生的东西或老师的东西的时候,你有这种体验,这是你对艺术创作的体验。要把这种体验带到教学中去,要不然的话,格调上不去。现在有些美术老师自己不能画画了,那你怎么去教孩子,那么你的感受、鉴赏能力如何提升⋯⋯这些很重要。

李力加:举一个例子,当一个比较明白的研究者看了一些儿童画后,会说,这是老师的东西啊,这个美术老师只是在用孩子的手去反映他自己的想法。你对这个评价有什么看法?

谢丽芳:今天上午我们省版画艺委会在开会,搞版画创作的其实还是在孩子身上得到了很多启发,比如学生的表现方法,可能有些小孩子他们自己不明白,但老师是明白的,我就跟他们谈这个问题,我们要肯定孩子身上这些可贵的东西,我们应该向学生学习,尤其是大学生,有些东西是很可贵的,要保持这种特点。从我身上来讲,我不是直接从孩子身上拿过来,其实我已经内化了。我把民间艺术、原始艺术、儿童艺术,还有女子监狱的美术创作，全部内化了，然后再画出来；所以，我在画画的时候就不用稿子了。

李力加：儿童画，如果它太受老师思想影响的话，会产生什么样的后果？

谢丽芳：如果是很小的孩子，幼儿那个阶段，我觉得老师没有必要去影响他，应该让他自由成长，这个过程是很正常的，是他生命的一种需求。我觉得你不要去影响孩子，那样的艺术学习其实是拔苗助长，应该让孩子自由成长，让他尽情地去表达自己。小孩子这个时候，绘画对他并不是很重要，而重要的是他在美术活动中的这个思维过程，在他自由自在的绘画表现的过程中间，有些东西不是大人所有的。所以毕加索说，他花一辈子的时间都是在向小孩子学习，像小孩子一样能够自由自在地去表达。我觉得现在我在画画的时候，还是寻求一种亲身体验，还有的是一种内心的表达吧。

李力加：在"蒲公英行动"中，我们的老师带着民间艺术的东西给孩子的时候，在这个过程中，学生在理解民间美术、理解和认识老师引导方向的时候，有一个转达的过程，又有一个内化的过程。关于这个过程，你的认识是什么？应该达到一个什么样的境界？怎么样能够让孩子们的作品更棒？

谢丽芳：我觉得这个方面还是要注意。孩子毕竟是孩子，孩子和大人是不同的，你看有些孩子在使用技法，那是什么东西啊，他表达得不得了；但这对他未来的发展是不好的，因为他的心灵被扭曲了。我觉得还是要给孩子自由，多给他空间，我还是强调这个，但我会做一些什么样的引导呢，比方说在设计上，还是一个创新能力的培养、创造性的培养，但表达方法是孩子自己的，就是说，你不要像我的，我觉得没有必要像老师，即便是一个大学生，他的画如果太像老师，他也是失败的。

我认为孩子是老师，小孩子自由，老师的教学方法也应该是自由的，教师应该是尊重孩子的。

小孩子有自己的表达方式，我们应该很好地去引导他们、保护他们。我始终觉得我们应该保护儿童的天性。

思考：

"蒲公英行动"美术教育专项课题的研究与实施，已经彰显出其综合价值与深刻的教育意义。

1. 民间美术与文化自觉

"蒲公英行动"的实验证明，民间美术与儿童美术的整合，学生所达到的文化自觉是：生活在一定文化中的儿童对民间美术文化有"自知之明"，学生通过这样的美术学习，明白它的来历、形成过程、所具有的特色和发展的去向。

2. 促进课程教学研究中学科的交叉发展

民间美术、儿童美术均属于社会人文学科。在整合的过程中，产生了研究对象范围模糊的现象，使研究对象（儿童）、研究方法（美术学科教学）等方面呈现出一致性和趋同性。学生在这样的整合过程中，对文化的理解是全方位的。

3. 校本课程与经验课程的整合

"蒲公英行动"对于提高美术教师的专业化素质、职业实践能力及形成课题研究的内在动力具有重要作用。最原始的、最基本的教材来自于两个方面：一是民间美术的丰富资源；二是学生的生活经验。教学最好的方式就是从实地实物的观察入手，把乡土文化、民间美术、学校周围的事物及生活等充实到课堂上，使其与孩子们的生活联系起来，使孩子们对课程内容进行重新建构。

4. 促进儿童知觉体验的发展与表达

知觉体验对于美术课堂来说，是学生一切行为得以展开的基础，是行为的前提。"蒲公英行动"所带来的开放性，将民间美术和地方文化资源融入美术课堂教学，这是一个独特的文化环境，是研究者的一切想象与一切鲜明立场得以产生的场，儿童在学习中对民间民族文化认同的心理知觉一直在发生着量变。

结语：

"蒲公英行动"探索了民间美术与学校课堂美术教育的指导策略，开发、丰富了学校及生活里的美术教育课程资源，为全国各地美术新课程课堂教学改革的深入推进提供了很好的理论与实践指导，对我国目前85%以上的农村中小学校、75%的农村中小学生生存状态和艺术教育状况改善具有积极的推动作用，促进了儿童审美素质和人文精神的发展及教师的专业成长。同时，不断推进的第三期课题及研究成果必将超越儿童美术教育的领域，对儿童与民族传统文化、儿童成长与祖国的发展这一更高的教育目标的实现有着不可估量的影响。

5

主题：
视觉文化背景下的儿童美术教育问题

受访者：李于昆（广州外语外贸大学艺术学院院长、教授，广东省高校美术与设计专业委员会理事，广东省基础教育学科中小学艺术教学指导委员会专家）

访谈者：丁志超、姜哲娴、黄聪丽（浙江师范大学美术学院研究生，以下简称"记者"）

李力加（浙江师范大学美术学院教授、硕士研究生导师）

访谈时间：2013年6月30日

访谈地点：广州外语外贸大学艺术学院院长办公室

记者：李院长您好，非常高兴能对您进行一次采访。我了解到您出过一些西方美术欣赏、现代艺术欣赏及当代艺术范畴的书，您对视觉文化比较关注，所以想请您从视觉文化和图像文化的角度谈一谈美术教育。

李于昆：我觉得图像文化和视觉文化实际上跟工业文明和信息技术分不开。如果我们从作为人的存在、作为视觉存在的角度来看，图像本身就存在，但这个图像的存在是自然的，不是人造的。你刚才提到的图像、视觉，更多的是从人工创造、制造的图像的角度来提问的。

记者：现在我们处在图像时代，以前我们看的美术作品可能是经典作品，但是由于时代的变化，我们现在能看到的东西很多。在美术教育中，如何引导学生进行欣赏？

李于昆：当然，这就是图像本身的意义，或者说是美术课程本身的视觉的意义。因为人类本身经历了这样几个时代——语言交流的时代，文字产生的时代，图像的视觉的时代。这个时代为什么称为图像的时代呢？我想还是跟工业文明和信息技术是分不开的。在19世纪摄影技术没有发明以前，艺术家有一个很重要的任务就是通过绘画记录历史，记录人物和自然。所以这个时期艺术家肯定是从写实的角度，如实地、客观地描绘和记录这个时代的形象。19世纪以后，摄影摄像出现了，记录生活、记录社会事件的写实功能，对艺术家而言弱化了。因为有摄影摄像这样的新的科学技术代替它。到了今天这个信息时代，我们在任何一个地方看到的都是图像，这个图像是通过信息技术记录、传播的。因此，这个时代被称为图像时代。我们这个时代图像无处不在，它扩大了我们的视觉经验和视觉范围。我们未曾见过的，不用亲自跑到那个地方去看了，我们可以通过图像的形式看到。这个时代对美术教育来说，当然就有其存在的理由，即图像时代中图像无处不在。对于图像的解读、认知、感受，就成了我们这个时代中青少年的一种基本的素养和能力，我们的学校教育应以此作为培养目标。打个比方，如果我们在大街上看到红色底上的黄色M，我们就知道它是麦当劳。一是它的图像解读比之于文字的认知，其信息的反射更加便捷、快速。有专家做过统计，在获得这种信息的情况下，阅读文字是15%，通过交谈可以获得30%，还有剩下的60%左右是可以很快通过图像接受的。图像的力量是非常强大的。所以，回到刚才说的话题，对图像的认知、解读就成为现代青少年的一种基本的素质、素养和现代美术课堂中不可或缺的内容。当然，对图像的解读、认知有一个培养或体验的过程。假设一个农村的孩子到城里看到麦当劳的标志，他没有任何的经验积累，他就不知道这是什么东西。但是，在我们这个图像时代，由于传播便捷快速，他即使不到城里来，也可以通过电视、网络等其他渠道获得这样的信息。这个例子就说明图像在这个时代的重要性，同时也就是说，它在培养、塑造人的素质和能力上扩大了美术教育的重要性，跟传统美术教育仅仅当作是审美或者"双基"不可同日而语。

记者：现在，图像充斥在我们的生活中，但每个人都有自己的价值观或个人观念。在美术教育中，从教育出发，给予这么多的图像，是否会有一个选择或导向的问题？

李于昆：在这个图像时代，出现了一个现象——图像泛滥，而图像的泛滥跟市场、经济有关；因此，我们所接触到的图像，多是一种流行的、通俗的、快捷的，就像我们吃方便面，吃的时候很爽但不会留下太多的韵味。在图像时代，很多古典的、经典的东西在消失，而流行的、大众的、跟商业紧密相关的在盛行。同时，对青少年儿童来说，卡通、动漫在图像中非常快速地占据了很大份额。这就是你说到的怎么样选择的问题。在这个选择过程中就显现出美术教育工作者的责任来了。作为学校教育工作者，在这个图像时代里面、在这样一条人类历史长河里面应该去选取最优秀最经典的，当然也包括当代（流行的也不一定意味着不好）能够适应青少年的资源，把它们整合起来，有意识地引导，设置一门课程并教育我们的青少年。这恰恰就是我们要考虑的。

记者：现在高校里开设的课程，特别是美术史的课程，针对当代艺术方面的是比较欠缺的。我们之前有"新媒体艺术"课，它只是一种泛读和大致了解，对于这些方面我们还比较欠缺。那么，作为一个教育工作者，应该充实哪些方面的知识？对于学生来讲，应该给他们什么样的东西？

李于昆：按我的理解，你的问题实际上是如何协调传统与当代、经典与流行的关系。首先，史论中谈到的经典、传统是不是真正的传统和经典？在西方美术史中，我们对希伯来文、希腊神话、《圣经》也没有完全读懂或理解有欠缺，但是西方文化的源头跟希腊神话和《圣经》是紧密相关的，它们有些原版原文是用拉丁文、希腊文写的，但今天能够理解这些文字的人已经非常少了；所以，在这方面我们对传统已经打了折扣。实际上对经典的理解仍然需要加强。回过头来，对传统对经典我们本身是否吃透了、理解透了，这是第一个问题。其次，对当代艺术和流行的东西我们要去了解，因为我们身处其中，不可回避。作为高校的老师你不能回避，你必须阐释和解读它。因此在这个解读、阐释的过程里面，老师本身要对经典、传统有一个比较好的把握，而不是泛泛而谈或人云亦云，对这一块要追根溯源。第二个观点，回到当下。你只有把握了传统、理解了传统、解读了经典，你在对当下的文化现象、艺术创作和一些流行的东西进行横向纵向比较的过程中，才会发现当下文化的价值和意义；否则，无从谈起。对当代的东西，也不是持一种完全批判的态度，也不是持完全肯定的态度，我想这种文化文明的产生和发展，一定是有它的因果关系。在这个问题上，更应该把握好传统与当代的关系，才能更好地解读当代艺术。当代艺术本身是动态的，它不是定论的。在我们这里，是站在视觉艺术前沿不定期地请国内外当代艺术家做讲座，以补充艺术史或者设计史的前沿知识。

记者：您觉得当代美术是否适合运用到少儿美术中，或者说应选择什么样的当代作品提供给少儿欣赏？对于这些方面，请您给一些建议。

李于昆：我觉得，当代艺术最重要的一方面就是突破传统，即强调了个人（主体性）的创造力，不设置任何条条框框。在当代艺术层面，我们要选择一个点切入的话，我认为就是当代艺术给我们以这样的启示。至于具体的作品，不好去谈。当代艺术里面突破传统，不设置条条框框，发挥、尊重学生主体、个体的创造性这方面的优势，我觉得这些可以为当代儿童美术教育提供借鉴。

记者：您能否针对当代的儿童美术教育谈一谈看法？

李于昆：我本身对这个方面的研究不太多，但确实很关注，也去广州少年儿童活动中心做过评委，也做过讲座。儿童美术我看来很有意思，没有儿童音乐、儿童文学。儿童文学不是儿童自己写的，是成人写给孩子的。儿童音乐也有这个说法，但它实际上是作曲家专门设置年龄段而创作的乐曲、歌曲，朗朗上口，比如《我爱北京天安门》，但绝对不是儿童自己写的歌曲。唯独儿童美术，创作者是儿童。这就值得我们考虑了，我们说的儿童美术是以什么样的身份、视角来切入儿童美术的，我们往往是从自己的视角来谈儿童美术的。比如中国美术家协会下辖的少儿艺委会，全国的少年宫数量非常庞大，校外的儿童美术学校从城市到乡村多如牛毛，中国的少儿美术现象在全世界都没有第二个例子，即有一套完整的学术机构、培训机构，有无数的教育机构等，标榜为儿童美术（教育）家。所以我们说的儿童美术带有半官方的色彩，可能更多地是从这个角度说的。我昨天打开邮箱看到，《美术观察》第六期专门组织了一个专题就是谈少儿美术，包括尹少淳、钱初熹等专家，还有古月美术活动培训中心，上面都有文章。它已经成为一种学术层面，可以跟其他的门类平起平坐了。从现象学角度来说，对儿童美术的研究、培训、关注，中国在世界上都独一无二。从这个角度来说，关注儿童美术教育，应该是一个令人兴奋的事情。我就在思考为什么会带来儿童美术繁盛的局面，除了中国是一个人口大国以外，就当下来看，90年代以后的人，他们大都是独生子女，按照中国传统说法是望子成龙、望女成凤。首先是家长，他们希望自己的孩子受到全面的、完整的教育。这个教育里面，就包括让自己的孩子有一技之长，如学习陶艺、绘画、书法等。因此，我周围很多人，孩子很小就开始为他设计人生之路。其中很重要的一个内容就是学习绘画，家长首先就自觉不自觉地设定了这样一个前提。从美术教育来说，它实际上就拓展、扩大了美术教育的范畴。所以中国形成了金字塔式的从低到高的发展链，这条链的形成标志就是作为基础的校外儿童美术的兴盛。我觉得其中有一个原因就是独生子女，如果不是独生子女，我们那个年代你自己想干嘛就干嘛，家长不会为你设计道路的。这就是第一个情况，社会导致了儿童美术的兴起。第二个情况是市场化运作浪潮的兴起，很多美术教育工作者看到了里面的商机。我看到李力加老师的博客，他直言不讳地说，这里面是有利益的。从正面来说，它形成了一种市场运作的机制，即由一个培训班形成了一个品牌。我觉得这应该是好事，从市场机制上产生了竞争。除了政府官办的少儿活动中心、少年宫的存在之外，还有很多非官方的、民间的少儿培训班产生。它们也确确实实为推动少儿美术的繁荣做出了很大贡献。我从正面来看这个市场机制。第三点，它也导致了高校里面的专家把眼光自觉不自觉地投向了这一块。尹少淳、钱初熹等，包括你们导师李力加，他们是从实践中做出来的，是实践和理论结合的很好的老师，同时也是很理性的老师。这样一批专家把他们的目光投向了美术教育。形成了这样一条自下而上的教育链之后，在研究和关注的度上面，自下而上的、由上至下的共同推动了中国儿童美术教育的发展。这是我要说的第一个意思。第二个意思，当代儿童美术教育的发展，对儿童美术教育的评价，对儿童美术教育方向的把握，尤其是评价这一块，是以我们成人的、专家的眼光来进行的。这些孩子在作画过程中是怎么想的，我们较少关注，往往关注的是他们作品的结果。我也当过儿童画的评委，我觉得他们之间没有太大的差别，最后一定要找出差异，完全是以我们成人的专家的身份评判的，某作品的构图、色彩、表现力、造型，完全是以个人的、成年人的、专家的眼光来评判的。这就要引起我们的警醒，专家过度地参与以及过多的声音，在儿童画发展到一定阶段后不见得有利。因此这些专家要适可而止。同样的，包括我自己也在说，马蒂斯、毕加索、米罗等等，他们的绘画表现了儿童的天真、童心。恰恰是这个东西告诉我们，人随着年龄增长在变异，变得越来越不像儿童。反过来，我们常常以一个成年人的身份去指手画脚。所以，这个关系这个度要把握好，尤其在这个普天之下呈现出儿童绘画的灿烂景象的时候，我们要有这样一个反思。我也仔细看过米罗的绘画，你如果粗粗一看，它就是儿童画。但你仔细看，它绝不是儿童画，它是艺术家长年累月积累到一定的时候，那种经过深思熟虑喷发而出以后，所创造的给我们带来惊奇的、在视觉上耳目一新的作品。你看米罗绘画很讲究，他的线不是儿童随便乱画的。儿童画不出这样的画。儿童画永远是儿童画，艺术家创作的就是艺术家的。那么怎么样借鉴儿童画里面永远保持着的一种天真，这是我们要关注的。所以，儿童画充其量就是儿童自己表达自己的一种感受，就像用通用语言说话一样，我们不要把这个东西吹到天上去。要不然，我们把我们的身份降低了，儿童画这么不得了了，你学院训练出来的人干嘛还在这里"混"呢？因此，我觉得当代儿童画，提供了儿童通过绘画等媒介来塑造、表达自己内心的欢快、喜悦、幸福、悲哀等内心感受的语言。一个儿童他多了这样一种表达渠道，对他的人生成长、经历，一定会带来成功感。再回到学术一点的说法，较之于没有学习过绘画、没有学习过造型的人，学过美术的孩子对于这个世界的感受、了解应该会深刻一些。所以，既要赞赏儿童绘画百花盛开的局面，同时也要警惕儿童绘画里过度的评价，还有就是家长对独生子女的强迫。我们见到的去少年宫的大部分还是城里的、有条件的，我们是不是也要关注没有条件的、农村的，没条件接触这些的孩子怎么办？所以，儿童美术折射、反映了一个社会的政治、经济、文化的转折和变革。也就是说，我们现在关注这一块不是说关注儿童画本身的画面，而是它的社会价值。在这里面做一些反思，才是有价值有意义的。

记者：之前采访古方老师时他说到，曾邀请您参加儿童科幻画的评比。对现在社会上官办的及校外自己承办的多种儿童绘画比赛，您是如何看待的？

李于昆：我觉得在中国的国情下面，比赛不可没有，也不可太多。因为我们本身都是教育工作者，所以都知道，现在学生承受的压力很大。本来进少年宫、学前班是非常愉快的学习，突然来个比赛，孩子的心态就会不一样，一定要争第一。所以，比赛肯定需要但不要太多。跟比赛相对的，对儿童美术这一块，应该说儿童美术本身就是一种生活，美术本身也是生活，生活对儿童来说更重要。我举个例子，我到大英博物馆去，那里整天免费开放，因为是一个公益机构。为什么公益？因为博物馆里面集合了人类一些最好、最优秀的作品。我到博物馆看希腊的三女神雕像原作，我还以为会有很多的大专家大教授去看，结果都是一些英国的儿童在博物馆里看来看去。我当时觉得这才叫儿童美术，这才叫儿童美术教育。这些经典的传统的艺术成为一种常态，成为儿童生活的一部分。他自由自在地去观赏这些东西，他的眼界就提高了，他知道什么是好东西。我认为，这就是儿童美术，不一定要他拿着笔去画。比如，一个人在他七岁的时候，应该看到最好的东西而没看到，然后我们叫他去画画，这就是个遗憾。七岁时，你应该看到最好的东西且看到的时候，我觉得你画和不画对他的影响关系都不太大。说到儿童绘画的比赛，比什么？怎么比？儿童除了他的原创以外，他的眼界在什么地方？你不要一天到晚想着搞几个比赛，请几个专家，盖几个红头印。搞完以后家长儿童虽然很有成就感，但真正对他有多大帮助，我常常打问号。这是我对比赛的看法：一方面是肯定；另一方面是我个人的思考。同时谈到科幻画，我觉得这是很好的，通过绘画让学生去关注、了解科学对人类文明的推动作用。我觉得最重要的意义在于使学生自觉地关注、了解科学。当然，在科幻画里面，也显露出老师意在辅导孩子的想象力。我把它分了一下类：一种是关注城市生态的；第二个是关注孩子本身健康和科学的关系的；第三块就是无中生有，想象人类一下子跑到外太空。这三大块构成了科幻儿童美术的主要题材。儿童关注自己生活里面的细节不够，而一味关注那些很大的东西，这是否跟老师的引导有关，跟社会的信息传播有关？我认为，这些孩子应该在关注这三个题材的情况下，把自己的目光收回来，关注生活里面的一些细节，这些细节或许也跟科幻有关。我发现标题命名也有江郎才尽的感觉，像"奇妙的×××""神奇的×××""万能的×××""未来的×××"等。这些标题怎么这么相近呢？所以在指导儿童画科幻画时，老师本身就要有奇思妙想。回过头来，我们就要从生活中的细微之处着手。培养学生细微的观察力和分析能力也是一种科学。你不要认为，科学永远是那种无边无际的题材，或者就是毫无边际的想象，要回到我们的生活状态里面来。

李力加：谈到视觉图像，我让他们（研究生）在义乌的幼儿园做了一个研究：这个研究从三岁的幼儿开始，用多种美术作品，包括西方的和中国的民间美术，由他们（研究生）去试教，从改变幼儿感官入手。前几天他们在华东师大举办了论坛，获得了好评。从你研究图像、美术学的角度讲，这样的教学实验你感觉如何？从三岁的幼儿开始，教学以欣赏为主，有八九分钟的欣赏，之后进行表达。我们选择的作品以现代美术居多，写生基本上没有，是怕影响幼儿的视觉。中国民间美术包括民间剪纸和刺绣，我们是想激发幼儿眼睛观赏的潜质，整整十五周课程。

李于昆：这个应该说很有意义，从欣赏的角度让他们看到。我想你选择的作品应该是优秀的、经典的，而且是国内外各个不同时期的。让幼儿从三岁开始就看到这样一些在他小学、初中、高中甚至大学才能见到的作品，提早把这些东西介入到视觉阅读中来了，我想这个肯定是有意义的。就像我，年过半百，就开始回忆小时候的事情了。回头看的时候就发现能让我小时候留下印象的东西不多。我们那个时代信息很闭塞，能看的东西很少。我个人判断，你们的做法肯定是很有意义的。刚才我说到了，在你七岁的时候应该看到、玩到、吃到最好的东西。也许现在没有什么感觉，但是以后就会潜移默化。

记者：三岁的小孩是凭直觉来欣赏的，我们教给他的东西，就是让他直觉地欣赏和表达感受，进行体验。不知道这样实施下去，孩子究竟会有一个什么结果。

李于昆：要想实验验证的话就得跟踪，这是一个很漫长的过程。

李力加：现在是仅从教学本身来说的，这是他们做的课程实验。实验采用单元式，包括人与自然、人与社会、人与人的关系，根据这些设计课题。上课分为欣赏区和表现区，先在欣赏区，然后去表现区表现，它们（义乌宾王幼儿园）学的是张笑（珠海南色儿童美术基地）的布置方法。我们采用的是图像解构的方法。提问的语言也是儿童化的，比如"线宝宝……"。上课时间很短，一共只有20分钟。你根据这个再讲一讲。

李于昆：让孩子很早地接触形式感、画面的形式构成，在他们的心里会产生对这个世界的秩序、平衡、和谐的感受，他们会跟没有受过训练的不一样。例如，我批评设计的，你搞设计如果没有学习绘画是搞不好的，绘画是基础。绘画很重要的东西就是你在对点线面、形象、世界进行自然而然的感受、感知以后摆在画面上，你要很快地有一个整体感知。如果没有学习过绘画，完全从设计到设计，不知道这个东西怎么摆，就是支离破碎的，不会形成心向、形象和总体的构成。如果学习过，你对这个形象的把握是整体的，一下子就会知道这个东西怎么画，我觉得你们这样做的意义在这里。所以这种学习不分年龄段，三岁完全可以让他学。我们可以打个比方，就像音乐一样，为什么儿童学钢琴却没有儿童钢琴之说，因为钢琴是有规律的，符合人的知觉规律。绘画为什么有儿童绘画？这恰恰就是呈现了一个概念，即在形式的把握上面，儿童和成人是一致的。所以这就是为什么它是值得去教去学的。再说书法，孩子学书法的意义，我觉得不在于他把这个字写好，而在于他把这个字放在合理的位置上。中国的字就是结构，英文字没有构成。康德说过，最后的艺术要趋向音乐，最好的艺术是音乐。所以能够听音乐的人是一种很高级的人，是文明的人。在希腊"七艺"里面，有天文、数学、地理、哲学、音乐、诗歌等，但是没有美术；因为视觉是一个很低级的东西，让人引起一些不快的东西。但康德后来补充了，最好的艺术是中国的书法，远看龙飞凤舞，它有形式感，有结构，近看它有内容。所以我觉得这就是学习书法的意义，不见得你要写得像某个"体"，现在的失败就在于我们都去打电脑了，不写字了。实际上，我们就已经把对形式对结构的控制力毁掉了，这是这个时代的悲哀。

记者：非常感谢您！

6

主题：

校外美术教学的现状和发展趋势

受访者： 龙念南（中国美术家协会少儿美术艺委会常务副主任、秘书长）

访谈者： 邵任斯（浙江师范大学美术学院研究生）

李力加（浙江师范大学美术学院教授、硕士研究生导师）

访谈时间： 2012年11月24日

访谈地点： 北京中国儿童中心

邵任斯：龙老师您好！我是通过您的博客"我是真龙念南"了解您的。您在博客中谈到了对教育体制的想法，您的博客就像一个窗口，影响着我们。您是《少儿美术》的主编，也常在期刊上发表文章，您的每篇文章都传递着您的价值观，也引导着读者的价值观。您曾提到"半成品"的理念，能详细谈一下吗？

龙念南：现在我们的教学是在市场状况下运营的，不管是国家兴办的还是民办的儿童美术机构，都是如此。即便在学校体制下，美术教学也面临着一个考验：教学检查往往是用成品来检查。但是，完全由孩子，特别是让幼儿去完成一个成品，是违背教育学、心理学规律的，是不现实的。目前的体制、市场又要求我们这样做，于是我就提出一个中庸的对策：我们可以让步，但也要坚持自己必须坚持的东西，就用到了"半成品教学法"。如果一节课中，我必须坚持的教学目标是锻炼孩子运用色彩的能力，那么运用色彩之外的东西就可以妥协。用色彩涂一个抽象的东西不容易被接受，那就让他们涂在一个大众能接受的媒介上，也就是给他一个半成品，比方填色游戏、美化椅子等。尽管媒介在椅子上，我们关注的仍然是孩子运用了色彩这一教学重点。"半成品教学法"源自中国的古话"三分画，七分裱"，它虽然是"一半一半"的分法，在实际操作中是可以有所偏倚的，在目前做不到完全自主创作的情况下，这样就算比较科学了。

邵任斯：这是否可以理解为校外、校内教学的不同？

龙念南：也不完全是。校内的作业更注重怎么加工、怎么装裱，去应付检查；校外或幼儿园教学中，更多的是老师想好一个半成品，让学生继续完成，最后呈现出来的仍是完整的作品。比方说幼儿还只会涂抹颜色，如果涂在一张白纸上，家长们比较难以认同它的艺术性，如果让他们涂在一张苹果型的纸上，那效果就好得多了。

邵任斯：您曾经说校内教学"就低不就高"，校外教学要"就高不就低"，这是为什么呢？

龙念南：因为校内的美术教学需要完成的是审美教育，每个孩子不一定都能画得很好，但是他们都需要会看（审美）。我们通过教育影响了学生的眼睛，提升了审美能力，目的就算达到了。因此，校内美术教育应该是"就低不就高"。相反，校外的教学如果仅仅完成审美就不够了，还要有创意的因素，所以必须"就高"。但这个"高"也可以分层，比如我刚才在教学反馈中，有劝说家长不一定非要就读我的实验班的话语，要依据实际情况选择。校内美术教学则不然、不行，因为校内教育不许退学，不许落下每一个孩子，所以必须"就低"，那些吃不饱的学生可以到校外美术教学中继续提高。从前不存在这样的问题，传统的校外教育是选拔制的，在校外培训的肯定是"高"的学生，不必要提"就高、就低"的问题。现在不同了，学生常按兴趣来就读校外美术班，所以我们的要求也相应要降低些；但又不能降到和校内持平，否则就没有意义了，因此便需要分层、分班。

邵任斯：您参与编写过不少校内的教材，在这方面，您认为校内与校外有什么区别？

龙念南：校内教材首先要符合美术课程标准的要求，还要有可操作性。现在不少老师反映教材的可操作性太低。不过要在两页版面上体现可操作性，又要融入教育思想，而不至于变成技法书，这也确实有难度，只能靠教参和教辅来补充了。而在当前的制度下，教材是免费的，教参确是要卖钱的，许多地区因此不买教辅。校内教学必须按课标走，又得要做得活，很难。校外则不存在这样的问题，因为不需要统一的课标和教材，可以有规范和大纲；但在这范围内，每个老师又必须有自己的教学特点，否则校外校内一个样，校外教学也就没有必要开办了。尤其在十八大后，可能实行学区中心制，少年宫或许要转变成为学校服务的机构,同时也惠及"2+1"

机制（教育部的体艺"2+1"）。"2+1"规定，在义务制教学时间内，每位学生要掌握两门健身课程、一门艺术类课程，其中艺术类包括7项音乐类的、9项美术类的。学生任意选择喜欢的一项，在课余时间到少年宫进行学习，最后考核达标即可。这样情况就更严峻了，因为少年宫是国家投资的，实施的是和课程达标挂钩的课程，如果校外教育只是为了满足孩子的兴趣，家长们肯定不会再愿意掏钱去参加了。因此，仅限于满足孩子兴趣的校外教育将很快失去市场，校外教育只有做强、做出自己的特色才能发展。我之所以总是呼吁这一点，是看到了老师们的心态：在绩效工资的评定标准下，如果全身心地投入去完成一个精品课程，最后只能等于100个绩效中的1，那谁都愿凑合地完成那个100。这样的话，课程就不会再有提高了，教育水平没有提高，家长也就更不愿意来了。所以，"办个美术班就挣钱"的时代很快就要过去了，想要生存，必须做强。

邵任斯：那您觉得中国的美术教材和外国的有什么不一样呢？

龙念南：教材的概念有区域性，像欧美就没有教材，只有类似教参和行业规范的东西。他们的教参分为两类：一类是解决技巧问题的，另一类是纯粹为了满足兴趣而编的。没有一样规定了必须提高哪些素质和能力，因为它们不承担教育的功能。因此我要说，不要迷信外国的教材，在美术教育中，我们是领先的，虽然是被逼出来的。在亚洲文化圈内，就有一些教材了，但也不像中国的教材教育目的那么明确，只是较欧美稍微明确了些，日本、新加坡等都是这样的情况，有活的东西，也有技术技巧的含量。在我见过的国外的教材中，对我们更具参考价值的应该是周边国家的教材。在美术教材这一点上，我们是领先的。

邵任斯：请谈一下您的教育经历。

龙念南：因为"文革"的关系，我在1967年的1月份上学，在1978年1月工作。那时便在中国古巴友好小学任实习老师。没满一学年又考上了大学，1983年7月22日上午毕业，下午就来中国儿童中心报到上班了，一直待到现在。

邵任斯：能不能介绍一下您开展的亲子课程？

龙念南：当时我带着尹少淳老师的几个研究生一起做这个亲子课程的实验，实验结果归为三个模式。研究展现了一个观点：幼儿是不应该教的。真正要教的可能是家长，通过带着孩子玩乐，明白孩子为什么要这样玩，从而了解孩子。

邵任斯：相对于其他地方的家长，北京的家长素质是不是高一些？

龙念南：大城市的家长素质可能相应要高一些，但也不完全是。到北京发展的家长可能素质会高于纯北京土生土长的家长。从平均性来讲，不如沿海城市，比如深圳和厦门的家长就给我深刻的印象，整体素质要高。

邵任斯：中国儿童中心培养孩子的目标是什么？

龙念南：每个班不一样。有的老师侧重考学，我却一点不涉及。我从教30余年，强调教给孩子能力；因此我的学生长大后，真正从事美术的人不多，但承认从我这学到东西并帮助他成功的很多。

邵任斯：您的一句话写得特别好："使他们发现个人所长，最终成为更好的自己。"

龙念南：这是我根据我们这一位老师的话改的，很符合我的意愿。

邵任斯：您对美术学科本体与其他学科的关系提过自己的看法，是怎样的呢？

龙念南：这主要是针对课标里面"综合·探索"领域提出的，这个领域包括"小综合""大综合"。前者是将美术的各种要素集合起来做本学科内的综合，后者是以美术为主的、与其他学科联合的综合。"大综合"很容易把美术变成为其他东西服务的学科。比方在南京听的一堂关于建筑的课，一开始放影片，孩子们看得很投入，看完了就画，因为准备过所以画得不错，但那不是美术教育的成绩。美术课讲一大堆历史不体现自己学科要素，肯定是不妥的。

邵任斯：您所开设的动漫课程也可以体现这一点。

龙念南：是的，动漫是综合性内容。像电影一样，它包括了文学、戏剧、音乐等等因素，是一门独立的艺术。

邵任斯：那中国的动漫和日本的有关联或差异吗？

龙念南：关联肯定有，因为日韩动漫在动漫中的地位我们不能忽略。差异在于教学，日本的动漫制作过程也没有体现教育的目的，它有的是实践。动画工作者不需要特别去学习动漫，只要在实践的环境中，就能掌握。体现在教材上就是具体到一个部分怎么画、怎么做，而不是教育。日本动漫有它的长项也有不足，我们应该取长补短。

邵任斯：您在教授动漫时，是否有意地让学生们去了解体会中国特有的东西呢？

龙念南：那是必须做的，但文化的积淀需要时间。对于我目前教授的年龄段的孩子，文化的体现还有难度，好比给三岁孩子开国学课是开玩笑，孩子理解不了，所以我们只能潜移默化。过去时代《三字经》要学五年，为什么？正是因为它需要体会，需要实践，反观现在背完了就认为学完了的状况，简直就是开玩笑。现在重要的是通过各种方式让孩子体验里面中国的情感，再慢慢地融入文化。明年我将开一个课程，让孩子像研究生一样，单独去做有关中国文化的作品。

邵任斯：您还有一个纤维艺术的课程，是怎样的呢？

龙念南：纤维艺术是装置艺术的一种，大到铁丝、木条，甚至只要是这种概念的东西都算。简单地说，用条状的东西编制出来的都叫纤维艺术。它将装置艺术具体化，又和中国的纺织、印染等工艺都有密切的关系。在这门课里，孩子可以画，可以编，只要是体现这种概念的都可以。

邵任斯：纤维艺术课程能培养孩子的什么素质呢？

龙念南：我们开设的每一门课程都为孩子提供各种各样的动手动脑的条件，具体到每一门课程究竟能带来什么立竿见影的效果，不好说。笼统地说，可以增加动手的能力。另外，如果撇开承载的过多的教育责任，这门课还有一个经济用途，带动了市场。

邵任斯：您在课程中布置学生去参观世纪坛，拍下照片，学生在欣赏作品时是否会产生不理解的情况呢？

龙念南：肯定会有。因此在每个展览或任务落实之前，我会给出一个详尽的任务叙述，相当于一个导游来介绍，这在我的博客中能看到。比如这次要看的是美国当代具象的油画展，我会建议去看细节，画家是用什么笔法去表现的，因为看具象的作品最怕钻到这个"像"里面。另外一点建议与我的课有关，比如在画展里找到灵感或好的形象，就可以用在这次的创作上。上节课的内容是关注空间的应用，为了找到适合自己作品的空间构造，我让学生去看首都博物馆一位著名设计师工作室的展览，里面有许多场景模型，孩子们通过观察模型，找到合适的样板和角度，拍下来，自己就能拿来用。

邵任斯：您的学生需要完成的东西很多啊！

龙念南：是的，这都是大学课程的模式。年纪小的孩子不理解，但大一点的孩子能感受到。昨天就有一个家长将他和孩子的沟通情况告诉我：家长认为这个任务好像没这么难，孩子却立马反驳称"你不懂，这里头要我想的东西太多啦！我上当啦！"，这就要求孩子多动脑。

邵任斯：您怎么看待儿童的创作呢？您认为这是一个艺术的过程吗？

龙念南：开头和结果可能与艺术有关，过程却没有关系。原因是，如果他的创作是自发的，有自己的想法，自己找到的点就会很艺术。这个过程怎么去表现无所谓，但结果必须和初衷或相关或相反，或有些不同但仍能给人艺术的感受，那就又是艺术了。这就是我之所以说儿童可以产生艺术作品但绝不会成为艺术家的原因，因为艺术家是需要时间去积淀的，儿童没有这样的积淀。比方说一个大猩猩会拍照，它拍一万张一定能有一张比较艺术的。我们可以将这张作为一个艺术品来欣赏，但那是碰巧，绝不能说大猩猩是艺术家。一个艺术家在实践中总会有差的作品，有的是观念到了但效果没达到，那仅是艺术效果不好，并不妨碍实践的人仍是一位艺术家。儿童也是一样，他们作画更多的是一种冲动，而不是来源于艺术思考。艺术思考最早也只能发源于十五六岁，所以这个年龄能产生艺术家，但更多的是音乐上的，而不是造型艺术上的。这是因为音乐能更多地凭感觉来做，造型艺术对技术要求更高。以莫扎特为例子，其实他的东西听多了也不怎么样，只是他写出了同龄孩子写不出来的东西。如果你不喜欢莫扎特的艺术，会发现他的音乐几乎都是一个感觉的，这就是古典音乐的弊端，因为都很类似，人们只要听其中一个就行了。而当代艺术是五花八门的，如果当代艺术也都一样那就完蛋了。这就要考验艺术家的把握能力了。

邵任斯：您经常参与评价儿童绘画大赛的作品，在评选中，您更多的是看作品的艺术性还是看作品是否符合孩子的年龄特征呢？

龙念南：两者都要看，但首先要看画面是否打动人，也就是说是否具有艺术性。其次再与年龄关联起来看。我重视美术的视觉性，所以还是先看呈现再看教育。

邵任斯：对于现在的儿童绘画比赛您怎么看？国内国外的儿童画比赛有哪些不同？

龙念南：对于比赛，我强调，一定要和教育分开。参赛作品最重要的是看能否呈现一个有视觉特点的艺术作品，在保证符合年龄特征的前提下，允许教师参与创作。因为我不以典型的心理学图式去看，而是以艺术的图式看。我的博客也有这样的文章：一个六岁孩子画的线描作品，内容是一个张大嘴巴喝酒的人，即使带有一定符号性，也一看就知道是六岁左右孩子真实的呈现；但这幅画的背景是由深蓝、浅蓝构成的放射线，那就一定是成人想出来的。这样的背景很好地烘托了主体人物，作为一件参赛作品，它还是成功的。与此不同的是，欧美国家非常重视心理学图式，几乎不存在教师参与的成分，因此，即便十五六岁的孩子画了很幼稚的作品，他们也觉得很好。在亚洲文化圈内的日本就带有更多的模式性的东西，也有教师参与。与当代艺术一样，教师参与创作的前提不在于参与度的多与少，哪怕只是添了两根胡子，只要观念是新的，就是成功的。比如毕加索的《牛头》，现在就算用纯金再打造一个牛头，人家最多按金的价格收，而他的却能在二三十年代以36万美元的价格被古根海姆博物馆收藏，正是因为有新观念的体现。在教学过程中教师不能过多地参与，否则最终会导致孩子学不到东西。因此在我的班里，很少有特别漂亮的画——我从不插手。如果孩子碰到不会画的东西问我，我也只是告诉他方法而绝不动手，这样一来孩子的作品哪怕很幼稚也全是他自己的。

邵任斯：我发现您班上的孩子出现画错的线条后也不会去涂改，而是继续表现下去，是您要求的吗？

龙念南：是我要求的。难免还是有涂改的现象，但尽量不要涂改；因为准确度是由他把握的，不是我。

邵任斯：他们好像也很少说"老师，我不会画"之类的话，这也是要求的吗？

龙念南：是要求的，不过这也有一定的假象，有孩子不会画也不敢说。相对来说我更注意这一块儿的教育，让孩子不会轻易地说"不会"，而是要找到原因之后再说。

邵任斯：您带孩子出去上写生课，是怎样把写生作品转化成更成熟的画面的？

龙念南：我写生的要求首先是玩，其次才是画画。因为憋在教室里，练习居多，艺术的转换需要的情感在外面能收获得更多；所以我更多的是希望他们出去感受，先玩，高兴了就画张画，不高兴就接着玩，玩爽了为止。这样产生的作品，不需要我去教，反而更好，因为有情感。即使这次玩高兴了不想画也没关系，下次补回来，满足一学期的作业量就好。写生带回来的作品具体地如何转化为艺术品，得看每门课程每位老师的要求。但如果回到教室后是将原作品进行修改，这样的方法是最没有意义的，因为学生已经没有了情感。除非他是主动去改的，那说明他还保留情感，即便有另外的感觉重新将画改头换面了，我也支持，重要的是他的感觉。

邵任斯：如何让孩子产生情感呢？

龙念南：和谈恋爱一样，喜欢就产生情感了。

邵任斯：回到刚才关于欣赏的问题，欣赏的过程是否也是在对对象产生情感呢？

龙念南：是的。只不过我可能会根据不同的展览，给出不同的欣赏建议。这里我特别强调，我给出的都是"建议"，不是命令，也就是说，首先需要你思考，我这建议对还是不对，然后再决定接受不接受，而不是不管对错都必须接受。我会给他们一些捷径，但如果他们有自己的想法，那大可不必顾及我的建议。

邵任斯：在写生中您是如何引导学生进行观察的呢？

龙念南：首先，我要去踩点，在博客中提醒这个东西适合画什么，但都只是建议。在留作业时，我会根据我事先的建议去留，那学生自然会考虑我的建议。假使你有自己的想法，那就去试，就算没试出结果，有问题了，就来找我。我就是帮助学生解决问题的，我在这一天到处乱溜达没什么事，学生自己画得不错，说明他全掌握了，这也是我最得意的。一开始家长都不理解我怎么老是不辅导孩子，后来他们发现：如果我老盯着一个孩子，说明他的画可能有些问题；如果我不怎么管，但孩子最后能画成一张作品，这才是最好的。

邵任斯：您刚才提到"低段的孩子可以不用教"，这是不是谢丽芳老师的那个理念？

龙念南：理念上稍有不同，但用词是一样的。我提倡创设一个情境，"坑蒙拐骗"让学生投入进去。

邵任斯：那年龄大一点的学生呢？

龙念南：从心理学和教育学的角度讲，3岁一个阶段。

0—3岁是长身体的阶段。这时我们应更多地帮助呵护好孩子的身体成长，可以领着孩子多去感受；但我们什么都不教，也不需要他去做任何事。我们发现，3岁孩子的脑袋已经和6岁的孩子差不多大了，而6岁已经很接近成人了；所以在第一个阶段，孩子的任务就是把身体、脑袋长好就行了。

3—6岁是兴趣感受、社会感受的阶段。我们首先应该为他的未来培养浓厚的兴趣，这是在这个年龄段能做到的；第二，他需要感受社会，但又不能真的扔到社会里，因此需要我们去创设与社会一致的、适合他的情境，比方"过家家"，让他去感受。这时孩子可能会记住一些东西，但成人不应该要求他非要记住什么。换言之，那时教学不应该作为主产品。美术也是一样，通过感受，学生知道美术可以不止用一种方法表现，可以画，也可以做，就行了。

到小学低年级阶段，国外学校仍然保留着类似幼儿园的形式，但上课内容已很不一样，老师开始教了，但更多的也只是教观察，影响孩子的眼睛。这是为将来的表达做准备的，培养学生看的能力，之后学生表达的东西不是老师教的，而是在社会里看到的。上课不是老师教"太阳是一个圈，旁边五个道"，这样就完了。所谓的不教是什么样的呢？就是告诉学生，太阳从科学角度说是圆的，但在你现在的心情下，太阳或许是别的样子。我曾经上过一节课《我的太阳》，我认为这节课的关键词应是"我的"，而不是"太阳"，于是那节课孩子们画出了各种各样的太阳，像冰激凌太阳、一颗心的太阳等。画心的孩子说因为那天是他妈妈的生日，才画了心形。后来我又布置了作业，让学生们回去想一想，还能画出什么样的太阳。从此，这个从来不爱画画的班级爱上画画了，连校长都深受触动。因为画太阳时，我们不可能真的抬头去观察太阳，可一旦把重心转向"我的"，孩子的思路就打开了。这体现了一种吸收，吸收的不是老师教的东西，而是他自己观察到的。

到了小学中年级，就该开始去表达了。这时候的表达可能很粗浅，我们要教他表达的方法。此时最适合教授技艺，但不用教多，能够帮助他表达就够了。再高一点到10岁、11岁左右，开始有一些抽象、逻辑思维了，可以渗透构图、空间之类需要思维支持的技能。再往上可继续引导个性的表达等等。这个过程我称为"三六一十八"，就是说从1岁至18岁，每3岁一个阶段。

邵任斯：您提到，孩子需要记住他观察到的东西，可他现在画出来的往往还保留旧有的图式。那么，如何去训练孩子的记忆能力呢？

龙念南：这不需要训练，而需要宽容。问题在于我们的社会太不宽容了。孩子观察到的往往是我们成人不敢观察的。比如你看到我脸上有个疤你就不敢说，怕得罪我，因为你是成人，受社会影响；孩子可不管，他一看就说"哎，你脸上有个疤"，这恰恰是他需要观察的。如果我们宽容，就顺着他把观察记忆力培养起来了；如果第一次就制止他，那他以后再也不敢观察了。因此，对于老师和家长来说，重要的不在于教了孩子什么，而是给没给孩子一个宽容的环境，哪怕他看到的是令我们尴尬的东西，也应该更多地指导他去看。

邵任斯：您的博客上有许多精彩的绘本，您认为现在中国的绘本做得怎么样？

龙念南：可以肯定的是，我们的绘本正往越来越好的方向发展。我2005年开始收集绘本时，市场上很少，现在越来越多了。但我们目前的绘本还停留在比较低的阶段：我们只就内容去评价绘本，还没有往对美术有用的图式方面去转化、去评价。在国外，这点已经做到了。能看到，他们会针对美术史上最有名的技巧出绘本，给孩子一个欣赏高级作品的适应过程，这就是绘本在图式上的作用，这就是我们所欠缺的。台湾省比大陆做得好，日本和欧洲更好。

邵任斯：谢谢龙老师！

7

主题：
少年宫儿童美术教育与公民艺术教育

受访者：关小蕾（中国美术家协会少儿美术艺委会副主任，广东省特级教师，广州市少年宫常务副主任）

访谈者：黄聪丽、姜哲娴、丁志超（浙江师范大学美术学院研究生，以下简称"记者"）

李力加（浙江师范大学美术学院教授、硕士研究生导师）

笔录人：黄聪丽

访谈时间：2013年7月2日

访谈地点：广州市第二少年宫（天河）

记者：关老师，很荣幸能与您面对面地交流。您从一毕业就到少年宫工作，您觉得当时的少年宫美术教育是怎样的？和现在相比有什么不同？

关小蕾：我上世纪70年代就在少年宫学过画画，经历了几十年的少年宫教育，1984年毕业分配到少年宫工作。少年宫这种模式是从苏联借鉴过来的，因为中国也是社会主义国家，少年宫只有社会主义国家才有，现在的朝鲜也有。最初的时候，它的模式就是我们说的那种"门面"式的，所有精英的孩子都在少年宫里学习，现在的朝鲜也是一样的。

李力加：对，当时上海中国福利会少年宫都是精英儿童才能去的。

关小蕾：所以，当时我能来少年宫算是很牛的，那时候我已经上高中了，我知道他们在招生，我就来了。

李力加：你高中来的？

关小蕾：对，他们招生我就进来学了，当时是要经过层层选拔的，就是学校推荐到区"少年之家"，"少年之家"再推荐来到市少年宫，然后通过考试才能进来。

李力加：都是最优秀的孩子，都是精英孩子。

关小蕾：对，反正是很难进的，70年代到80年代初都是这种状况。到了"85新潮"之后，慢慢地这种模式就改变了。随着国门的开放，各种各样现代思潮进入以后，少年宫在这种大的社会背景下改变了。它原来的教学观念是那种精英式的教育。精英教育体现在两个方面：一个方面是它借鉴了苏联的那一套模式，就是按照成人的教育模式来教小孩子，比如我们很小就临摹石膏像，小学的时候就在临摹。上图画课就是按照一个模板来画画，我最会画天安门了，因为它就是一个符号，就是按照这个模板画出来的。另外一个就是"小画家"模式。所谓"小画家"模式，就是那个什么阿西之类的，不知道你有没有印象？

李力加：有，都有印象，广西的阿西画猫。

关小蕾：还有什么高山啊，反正广西有几个孩子。还有王娅妮画猴子，她是当时最出色的了。

李力加：中央新闻电影制片厂给她拍过片子。

关小蕾：对，就是这种类型的小画家，实际上是用中国国画来包装的。一直到1985年之前都是两种模式——一种是成人的模式，一种是"小画家"模式。后来由于各种各样的心理学、现代主义思想等的进入，就慢慢改变了。校外美术教育改变的比校内美术教育快一些，因为它自由度更大，不受美术教学大纲的约束。就我们少年宫来说，那个时候李正天是挺重要的一个人，因为他是首先引入这种思潮的人，他现在是广州美院的教授，当时是我们少年宫外聘的老师。他也来上课，我来这里就是他介绍的，他现在七十多岁了。他一直是一个敏感人物，他坐牢坐了二十多年，是我们美院体系里一个非常有远见的人物。

记者：您刚来的时候就从事儿童美术教育吗？

关小蕾：当时还是那种从小画石膏像的模式，反正小石膏像、大石膏像一直画下去。然后就做一些主题的创作，还是按照成人的模式来教的，基本上都是素描、色彩、创作。

记者：大概什么时候开始发生了巨大的改变呢？

关小蕾：应该是1985年以后，在美术的"85新潮"影响下开始的。我是1984年毕业工作的，对这段历史比较了解。有很多国外的思潮进来了，其实当时我们觉得很新鲜，什么"儿童自由画"，也就是齐泽克的自由画。齐泽克是捷克的一个画家，他在教小孩的过程中发现这个特别有意思，后来就有一种叫"自由画"的形式出现。我们那个时候就是按照他们的理念来进行教学的，慢慢就改变了以前的模式。按照儿童的心理、年龄发展的特点相应地去教学，比如说涂鸦期、图式期等等，一路过来，现在大家都接受了这些理念。在当时是比较前卫的，很多人不理解，尤其是家长；因为一般人都认为"素描是一切造型艺术的基础"，这句话一直影响了很多人，对孩子的培养也是按照这个观念来的。就我们的发展来说，大概到了1995年又有一个改变。一开始是以儿童为中心的，就是儿童有他们自己的表达，你作为教师就把他的潜能诱发出来，让他们自由地去发挥想象和创造。到了1995年、1996年以后，DBAE就慢慢进来了，美术教育以艺术史、艺术批评、美学和艺术创作为课程的内容，把美术欣赏这一块加入到了美术教育中，同时也将很多博物馆的资源等慢慢加入进去。以我的经历来说，大概到了2000年到2005年，就比较关注弱势群体了。特殊儿童教育这一领域我们1998年就开始做了。

记者：刚开始只有十几个人，也只有绘画这一块，而且是免费的。

关小蕾：特殊儿童一直到现在都是免费的，现在有1400多人。一个是我们原来的特殊儿童的班级，就是专门为他们设立的班级。2005年我们成立了特殊教育中心，这个班从原来的美术、音乐到后来增加了肢体等，还有家长互助、教师培训之类的，还有工作坊等。有专门的特殊教育中心去管理。我们除了在这里上课以外，还有送教下区的活动，像刚才我们看到的少教所，像重症病房，还有福利院等。还有一个领域是融合教育。我们这次展览最重要的理念是倡导融合教育，我们的几个讲座和工作坊都是围绕融合教育展开的。特殊儿童更加广义地去理解就是有特殊需要的儿童，其实也包括家庭有困难的，像一部分农民工子弟，也提供学位；还有一种就是正在康复的病人，我们也是免费的，不间断地去给他们上课。

李力加：实际上这对孩子们是一种很大的心灵上的关怀。

关小蕾：对。艺术可以做什么？我们不能说通过艺术来挽救一个生命，来起死回生，但是通过艺术可以给他们尊严，给他们快乐，给他们心灵上在平常得不到的满足。现在这个阶段我认为我们主要在做融合教育，开始在做一些班，经过这次展览积累了一些经验。以前我们会在一些活动里面做融合教育，比如说正常家庭的孩子和特殊孩子的家庭的融合，也有一些工作坊做得挺好的。我们有一些视频拍得挺好的，就是在工作坊里面，正常孩子和特殊孩子是怎么相处的，正常孩子是怎么理解这些特殊小孩的。刚才我给李老师的那本书里面有一个也是像工作坊、夏令营这种类型的，正常小孩和特殊小孩在一起上美术课。我们请的是台湾的"十大杰出青年"之一，患有脑瘫的黄美莲，她很震撼的，一站在那里就让人震撼，虽然她不会说话，还流口水，但她是加州大学的艺术博士，她挺牛的，正常人都自愧不如。她很著名的一句话就是："我不看我没有的，我只看我所拥有的。"她每一年都会过来跟我们做活动。后面想在正常的班级里面加入一些特殊孩子。我们请来台湾新竹教育大学的吴淑美教授。我们是看中央电视台《看见》栏目知道她的，她在台湾做的融合教育很成功。看到柴静采访她，后来我们就找到了这个人。

记者：是的，这一集讲的是一个智力有问题的少年，他妈妈带他去台湾接受融合教育。

关小蕾：对。这个小孩到台湾的融合班里去学习，这个班里正常孩子和特殊孩子是按照一定的人数比例来组合的。现在我们中国大陆做融合教育的其实很多都是形式上的融合。吴淑美教授办的这个融合教育学校一共有300多个学生，有三分之一是特殊小孩，也就是一百多人。柴静问她："让正常孩子和特殊孩子在一起，他们谁的受益更大？"她就说是正常孩子。

李力加：实际上是正常孩子受益大。

关小蕾：对。因为一个人最重要的品格可以通过融合教育来培养，比如说关心他人、体贴他人，还有感恩，所有这些都可以通过融合教育实现。我们想借鉴这样的融合教育。

记者：关老师，面对特殊孩子和普通孩子的时候，肯定要用不同的教学方法，您能具体来谈一谈吗？

关小蕾：对，教育方式肯定是不同的。我们接触了这么多孩子之后，觉得自闭症孩子的视觉表达很强。做肢体表达的孩子一般都患有"唐氏综合征"，也就是"世界脸"，在他们看来所有人都长得一样，这是先天性的，是因为染色体出了问题，他们的肢体做得特别好。目前来说，我们发现自闭症的小孩视觉语言特别丰富，比较适合上美术课。

记者：他们平时是怎么上课的呢？

关小蕾：我们是有针对性的，有时候是一些社会性的活动，比如说和他人交往，参加一些美术教学活动，有的是通过语言、肢体来讲故事，还有一些精细动作，像手工。总的来说，美术相对还是比较综合的。我们上课有小组课，一个班有五六个人。他们做的作品都很让人震惊，画得很好。还有一些班是大班，我们是按年龄来分班的，大班大概有十个小孩。基本上都有志愿者在旁边，大一点的孩子尽量让他们自己来。

记者：一个班大概十来个小孩子的话，会有多少个老师？

关小蕾：老师也是十来个，几乎是一对一的教学，整个教室都会坐得满满的。有一个主讲的老师，志愿者或者助教会在下面帮忙。

记者：您认为经过美术学习之后，他们改变最大的是哪一方面？

关小蕾：应该是他们的社会交往方面，还有自信心方面的改变是最大的。有些个别的就会把他们的潜能挖掘出来，有的真的画得很好。

记者：他们后来有一直从事美术方面工作的吗？

关小蕾：其实我们现在这个阶段有两个方面的工作：一个是融合教育，

另外一个是怎么融入到社会中去。他们的就业问题其实是我们下一步要做的事情。因为我们少年宫面对的对象到19岁就结束了，后续的工作我们没有再做。如何能以艺术的方式给他们提供生存的可能性，这是我们要继续探索的。另一方面，比如说卖一些东西，就是他们的一些产品。他们画了画我们想办法把这些东西卖出去，或者做一些慈善，反正通过各种方式去帮助他们。我们现在在红砖厂那里，类似于798艺术区。他们就找上门来一定要我们在那里办展览。我们就说在周末人比较多的时候给我们一个很小的摊位，让我们的特殊孩子在那里卖东西。接下来我们会在二宫门口专门做一个小时工，可以卖他们自己的作品，也可以卖一些好玩的东西，看看他们怎样去适应，看他们站在柜台里会怎样，让他们自己去跟别人交流，面对生活。这是很不容易的，因为中国的现状是不理解这些特殊的群体。比如有一个老师，他是一个作家，是我们外聘的作家，他在展场那里。他找我说："刚才有人进来看这个展览，说要告博物馆，说怎么会搞这样一个展览，这些都是没用的人，怎么会做他们的展览？"这把我们那个老师气得不行。所以说我们这个社会还是不够宽容。就像我们经常讲的：你在帮助别人的同时，其实也在帮助你自己。人很多时候是很无奈的，尽管你现在很风光，但你有可能一下子跌落到深渊，人的际遇是说不清楚的。一场地震多少人说没了就没了，变得家破人亡。如果社会有一个很好的机制，大家互相之间有一个共识——你的困难就是我的困难；那么面对困难的时候就很容易化解，而不是由一个人去承担。互相帮助不是说我看着你扛，而我给你一块钱或一百块钱我就做了慈善了，不是这样的，而是说每个人都可以设身处地去做，看到你有困难的时候就想到我也有需要帮助的时候。其实我们很多时候看到这些特殊孩子，他们的困难是写在脸上的。每个人都会有困难，你敢说你不需要别人的帮助吗？其实我们的内心可能是软弱的，但自己要硬撑着，不想让别人看到。我们经常说文明进步，到底什么叫"文明社会"？其实它是指弱者，哪怕一个多么卑微的人，都能够在这个社会里很有尊严地活着，这个社会就是文明社会。所以我们希望能够通过艺术这种途径去让他们获得尊严。有一次我去肿瘤医院，那是我们的一个点，有时候在那里会有活动。当我走在医院的走廊上，听到"呜呜"的哭声，是一个老太太在一个角落对着墙在哭。因为那里都是儿童病房，所以一看就知道肯定是孙子生病了。过了一段时间，大概一两个月，也是去做活动，我们一般是在节日的时候去做活动的。又见到这个老太太，她就说起她的孙女，把她两三岁时候的照片给我们看，水灵灵的，眼睛很大。她现在已经六岁了，小女孩很活泼，一边吊着针一边在玩，但是她的头发都掉了，跟照片相差很多，她也参加我们的美术课。后来再一次的时候就跟老太太熟一点了，她说很苦啊，其实我们家要什么有什么，儿子和媳妇都很好，是在新加坡做高新技术工作的。她说只要听说哪里有得治的，她都去跑过，全中国都跑过了，什么钱她都愿意花，她有钱，只要能治好她孙女的病，出多少钱她都愿意。后来再下一次去的时候，这位老太太唱歌给我们听。其实我觉得通过艺术的手段，可以让小女孩获得一些慰藉，但是到最后她还是去世了。我们那个周鲒在书里写道："这个孩子她资质挺不错，老天为什么这么不公平？走的时候才七岁，过完七岁生日才不久。"其实你看到这些人，他们平时很风光，突然间这样子，灾难到了谁都挡不住。如果社会有好的机制，人对人有一种怜悯关爱之心，我帮助你其实是在帮助我自己，那这个社会就会真正变成"和谐社会"。

还有一个领域我们做的是公民艺术，就是希望能够通过艺术的手段使儿童关心自己的生活环境，改变我们的生活环境。这不仅仅像以前我们说的那种天马行空的想象，当然幻想也是需要的，但是应设法把一种想象的东西跟我们的生活结合起来，进而去改变我们的生活。这就是说你在这个社会里面是一个公民，你有你的责任和权利。我们做的一些活动还是挺不错的，像刚才说的道路交通，我们把两个少年宫的孩子分成七个组，每个组大概十人左右。首先让那些专业的道路设计专家来告诉他们一些原则，就是设计道路交通的时候要遵循的八大原则。比如说人是放在第一位的，自行车是第二位的，公共交通是第三位的，最后才到小轿车。所有这些原则他们都知道了以后就去考察。两个少年宫的孩子去不同的地方考察，一个是在老城区，一个在新城区。通过考察让他们发现问题，比如说哪里的红绿灯时间太短了，大人走得很急，以小孩子的步伐要多长时间才能过马路，然后提出自己的方案，怎样去改善这种状况。专家会在他们做的时候进行指导，他们觉得这些孩子很厉害。我们那个研究所是很厉害的，他们在联合国获得过"灯塔奖"，做的那个BRT都是跟国外专家PK的。这种活动对老师的要求就特别高，要结合各种资源，要花很多的精力。这样的活动（夏令营、工作坊）对小孩的促进是挺大的。我觉得当前的美术课常常流于那种形式，要么是技术性的，要么只是一般的想象，很少去介入社会。我认为应该让他们能够真正地从自己的身边去了解自己的生活环境，通过美术的方式改变生活环境。

李力加：就是解决问题的能力以及对社会与生活的体验。

关小蕾：对。

记者：关老师，现在您的特殊教育中心已经达到了一定的规模，刚开始做的时候肯定遇到过很多困难，您能谈一谈主要有哪些方面吗？

关小蕾：其实一开始是一帮热血青年在做这件事，我带着一帮年轻老师每个星期三去教一下。最早我们有一个特殊小孩叫陈元璞，八岁时就跟我学画画了，到了大概二十岁吧，他画得不错，我们就帮他出画册，后来就做了这个班。其实还有一件事让我萌生了做这个班的想法，就是我自己的女儿，她出生的时候颅内出血，重度窒息，一出生就下病危通知，后来就去求医，到处跑，在这个过程中接触到很多人和事。那时候我就想，如果真的有上帝，求你帮我，就许了一个愿，后来我女儿康复了，就觉得这个愿望实现了，就要做这个事情，有点像还愿。这两件事放在一起，我就做了这个班。一开始我们不是做特殊教育的，没有这方面的经验，对这个不懂。在做的过程中经常会向残联、医生等比较专业的人请教这方面的问题。做到后来觉得挺累的，也有一些老师走了，但还是一直在坚持。到2005年二宫成立了特殊教育中心，就有专人来做了。当时有三个人——一个是特殊教育专业的，一个音乐老师，一个美术老师，慢慢发展到现在的规模。所以很多事情是从很小的一点点做起，然后就坚持，就像吴淑美，坚持了二十四年，我们也是摇摇晃晃地坚持了十五年，许了一个愿然后就一直做到现在。

李力加：你还是有一种追求，不光是还愿的问题，还有一种责任。

关小蕾：一开始会觉得，我在帮这些人，我有多了不起，但是到最后你会发现你自己从中获得的东西更多。就像吴淑美说的，一个人最优秀的品质可能通过这样的方式都会表现出来。你会发现自己很卑微，生命非常脆弱，他们反过来会给你很多启示，也包括他们的那种单纯。在做一件事之前我们经常会想："这件事对我们有什么好处？"但是他们这种单纯会影响这种观念，帮助别人就是在帮助自己。看起来好像是你帮助别人多一点，实际上，这对你自己是一种洗礼。到后来各种资源都慢慢地介入，比如说我们走到十年的时候，我们这边的民政局有扶助资金，两年给我们190万，因为我们有很多免费学位。我们提供了远远超出他要求我们给的学位，他要求我们一周提供850个学位，但是我们提供了1400个学位。这就是我们经常会说的正能量，就是各种力量都愿意来帮助我们。比如说这次展览，很艰难。

李力加：你当时在北京办的时候也很艰难吧？

关小蕾：是的，那一次更难。当时为什么会做展览？因为去年是少年宫六十周年庆，我们就想以儿童美术教育做一个成果展，想去北京做，反正在这边该做的也做得很多了，当时想去国家博物馆。

李力加：这我都知道，当时不是在北京谈吗？周鲭也在那里，你们一起请尹老师吃饭。

关小蕾：没错，就是那次。

李力加：很不容易。

关小蕾：真的，我们很卑微，就跟蚂蚁一样。别人不理会我们，他们就是说你有钱就来，没钱就别来，知道你们有人，你们不错，但是没钱就什么都免谈。博物馆的人说四川赈灾，就有一个展览在那里举办，全国博物馆对他们都很有意见，说是免场租的，四川省政府在那边做，因为他们的展期挺长的，有一个多月的时间。到最后就在那里算，一个灯泡要多少钱，怎么怎么样，算到最后上千万，很恐怖的。我们就想算了，所以后来就到科技馆，他们一分钱的场租都没收。我们后来就找这里，他们觉得这种事情是有意义的，他们愿意投入的。包括省博物馆也是，但是布展的钱是我们自己想办法解决的，直到开展前十天我才筹够钱。我们做事情经常这样子，但是我们坚信到最后肯定会有的。省博物馆的大堂，用一次的标价是十万块钱。我记得最清楚的是去跟中国科技馆谈的时候，就拿一些我们的东西去。他说："是你们自己的成果展吗？那你们现在手头有多少钱？"我说现在手头大概有一百万。他说这些钱交场租都不够。但是最后感动了他们，他们一分都没收。前面清华大学刚办完一个展览，他说他们花了三百多万，他说仅是展览里面投入的就有三百多万，清华美院做的展览叫"艺术与科学"。虽然不收我们的场租，但是展厅有2300多平方，一百万连布置这个场地都不够。

李力加：关老师真是不容易，真的很伟大。

关小蕾：没有没有，我们很卑微的。

记者：关老师太谦虚了，您能影响这么多人去帮助您做这个事情，本身就很了不起！

关小蕾：还好，能感动那么多人愿意去投入做这个事情就挺好。上次我们去深圳，去给他们讲一次课，说是四川绵阳地区的事情。后来就放了一些我们的片子，就讲了一下这些事情。跟那边的老师说，我们都在想活动，做活动，怎么样做好活动，比如说去医院里面，怎样去教美术等。

记者：关老师，接下来我要问您关于《儿童美术启蒙》这本杂志的一些问题，不知道您对这本杂志还有没有印象？

关小蕾：我好像写过一些评论的文章发表在上面，这是很久之前的一本杂志。这本杂志在当时来说还是很新的，是1995年的时候出来的。

李力加：按说它其实对现在都有影响。

关小蕾：对，它的影响挺大的，但是后来这本杂志不知道为什么就不办了。它的主编江建文还在做吗？

记者：他现在转行了，只有一个编辑还在从事编辑工作。

关小蕾：这些都是我的学生画的作品。我在上面写的主要是怎样欣赏儿童画以及一些教学案例，图画都是我的学生画的。

记者：那您是怎么接触到世界各地的儿童画的呢？

关小蕾：1996年我出过一本《世界儿童画欣赏》，后来我一直想把这本书重新编辑，然后再版，但是拖了很多年一直没有做。当时我们在接触很多家长和老师的过程中，他们就问我们怎么不教素描，素描是一切造型艺术的基础，没有基础你怎么教画画。所以就有了这个想法，写一些文章讲解怎么解读儿童画，用一些浅显的语言，再结合心理学、教育学的观点去解读儿童画。还有比如说有一些欣赏课，包括世界名画怎么欣赏，我也写过一些，也都是针对家长和老师的，他们不懂就能看。像这种课程我觉得挺有意思，比如说视觉表达的时候，我们借用一些听觉、触觉来表现。

记者：孩子大概是几岁到几岁？

关小蕾：一般都不会教太大的，主要是小学四五年级以下的孩子。我们通常会给他们看一些世界名画，像米罗、毕加索的作品，他们看了之后会有一些感受。我们有时候会看到国外的一些教学，但并不是很明确。比如说你有时候看到他们的图，觉得这种感觉很好，就会想到要做一些这样的课。小孩子就像一张白纸，他有时候反过来也会启发你很多东西。我挺喜欢那种教学的状态，我不喜欢很有计划的课，如先列好课表，然后第一周、第二周上什么课都规定好了，就一成不变地按照这个计划进行。我比较喜欢生成的课。你跟学生互动以后，他会刺激你产生很多想法，很多都是即兴生成的，通过他对你的反应，你重新再反应，重新调整自己的教学，我上课一般都是这样。所以我的教学计划只是个大概，我不会说有很详细的东西，因为很多情况都是跟我们的预设不一样的。

视觉表达也好，听觉也好，这些都是人发自内在的一种体会，属于感受的东西，其实这样就可以把他的感官调动起来，把他感受到的诱发出来。

记者：当时上这样的课的时候，家长是怎么看的呢？

关小蕾：我上这些课的时候，家长已经很理解了，能接受这样的教学方法。其实我们中国人比较注重情节性、叙事性的东西。如果是一种抽象一点的，他不容易理解，可能和我们的文化有关系。现在的教育方式多种多样，而主导的还是西方的；所以这种类型的课需要调动很多感官。2000年我们去美国，接受DBAE的一个培训。我们有5个美术老师去，课是在博物馆里上的，跟外国老师一起上。他们分组，每一组给你一张图片，都是一些名画或者雕塑。我记得给我们的画是有情节的，其他很多都是抽象的。那我就知道这是他们对我们的认定，认为我们只能理解这种有情节的作品。他们给我们这张画的目的是让我们把这张画变成一个戏剧表演出来。这张画是美国的一个画家画的，是油画作品，画的是一个比较冷漠的人。然后我们就有情节地表演出来，有家庭，有老父亲等。我觉得美国人表演得挺别开生面的，比如说一个雕塑，就几个很突兀的东西，用钢铁做成的，他们就用肢体语言表达，一句话不说，演得很好。我们接受的教育可能跟苏联有关系，他们是叙事性的，我们都是接受这种教育的。所以一般这种抽象的，中国人不容易接受，但现在应该不一样了。

我们这次拍"我家的童年"，要求班里面每个小孩自己去找爸爸妈妈，最好是找上几代的，比如说祖父母，找他们的照片，让长辈跟你讲这个照片是什么时候照的，小时候是怎么样的。有一次我上课时候问："你们的爷爷是做什么的？"有一个小朋友就举手，说："我爷爷是做饭的！"后来问他家长："他爷爷是不是专门做饭的？"他说："不是，爷爷是很有名的医生。但是他退了休以后经常做饭。"我们想说一种家庭关系，其实是挺冷漠的。即便是整天带着他的爷爷，在小孩的眼里爷爷就只是一个做饭的，他就完全不知道爷爷曾经跟他一样，曾经有过童年。我们也是希望能够拉近家人之间的距离。

记者：关老师，您前面提到特殊教育中心开设的课程有绘画实验小组、手工活动，还有感官游戏、肢体的等很多，那你们在设置这个班的时候是出于什么样的考虑？我了解到有一个小孩对于画画是比较害怕的，一拿东西手就会抖，所以她没有画画，而是参加了肢体活动的班级。请问您为什么会开这种班？

关小蕾：你刚说的手工、画画、劳作主要是锻炼他们的这种精细的动作。有一些综合课程是锻炼感官，其实都是老师他们自己的想法。到最后有一些课程、班级我都没有太多精力去管。我们的老师都很优秀，不管是自己的老师还是外聘的老师。特殊教育这一块有几十个外聘的老师。

李力加：周鲒是你们少年宫的老师吗？

关小蕾：他不是，他是广州大学的，他可能会调到广州美院去。我们这边有很多外聘的老师，他们会想很多方式去教。周鲒带了一批研究生在做的"数字儿童"的项目，有点像我们说的动漫这一块，用最简单的方式，比如说用手机也好，是很普及的东西，让他们学会做动画，包括配音都有，每一个人都能做到。我们以前最早的时候做了一些，不是很切合实际，比如说做3D，做得很高端。后来发现这些不是很合适，因为我们还是要站在一个很普及的层面，让小孩随手就可以拿到他要表达的工具。其实他们都有这种愿望，因为你想想现在随便发个信息都很正常的。那么，怎么通过这些很简便的工具制作动画，怎么连续拍几个图片，怎么串起来，没有门槛。如果是我们以前的那种很高端的技术，它不能普及。

李力加：体现了"面向全体学生"的观点。

关小蕾：是的，这就是能让全体学生都参与的课程。比如说用火柴拼人，用石头做，用一些常见的材料做的动画。你只需教他一些技术上的东西，比如怎么串起来、动起来、配音等等。

记者：来这边上课的特殊儿童，他们是不是没有在学校里面上学？

关小蕾：有三种情况：有一种是不在学校上学，就自己在家里面。这里是他们唯一接触社会的窗口。第二种是在那种启智学校，这种一般都是相对比较严重一点，比如说自闭症、脑瘫、"唐氏综合征"。还有一种是在普通学校里随班就读，也就是融合班。融合教育这一块我们在前几年都给人大提过提案。我们做过一些调查，也做过一些比较好的尝试，给人大提出了我们的一些想法，后面会有改进。因为随班就读是国家的政策规定，学校一定要收一部分的特殊孩子，只要他有这个意愿，要就读的学校就不能拒绝，不能不收。但是对这些特殊小孩往往是一种冷漠的方式，把他扔在一边，随班就坐，根本就没读书，就坐在那里发呆。有一些孩子是影响课堂的，比如说患自闭症的，他一下子站起来把教室的灯关了。我们看到一个班里面有三个患自闭症的，课堂都不知道怎么控制的，老师都不知道怎么教。所以后来我们做了一些教师培训的工作，培养一些助教，对象是一些大学毕业的学生或者是师范专业的学生，他们可以跟着这个小孩去课堂里面，可以对他的学习进行管理，对他的课堂秩序进行控制。这种助教都是家长买单，三千多块钱一个月。我们免费培训，培训了之后有些家长愿意请，但是他必须要跟学校打招呼，达成共识，一般来说普遍是这样子。如果是自闭症的，他可能给你开这种门。如果说是脑瘫的话，孩子坐轮椅，他就不会给你这样的机会。因为脑瘫他不会影响别人，"唐氏综合征"也不会影响其他人，那就随他去。毕竟课堂里面多一个人就好像多一个监工，会觉得别扭。不过现在慢慢改进了。一般来我们这里的，即使他家里很穷，也是愿意花时间或者抽出时间配合的。更可怜的小孩是连这种机会都没有，家长根本没精力去顾及他。能够来我们这边的就很不错了，而且我们这边也是要排队才轮得到的，要去登记，我们还有考勤制度，几次不来就会被除名。

记者：我刚才在展览中看到一个患了癌症的小孩，周老师的夫人对她进行了持续一年的跟踪拍摄，虽然说不是每次都教她，但是让她通过画画的方式表达自己的心情或者是记录生活。我觉得这也是美术最根本的一些东西。是不是需要借助活动去影响一些人、发动一些人来做这件事情？因为我觉得不可能靠个人的力量去做这样的事情。

关小蕾：其实我们每个人的能力都是有限的，所以很希望能通过一些活动带动一些人来参与。我们这次展览也是希望自身一点小小的改变能使得他人发生改变。你刚才说的那个患癌症的女孩，也是很偶然。我们有个义工，每个星期去医院做活动，她就回来跟我说有个小孩是白血病，经过治疗有好转，但是他们家很穷，治疗到第二期的时候他们家里负担不起了，总共有六个疗程，他们借不到钱，打算回家。我们就想办法给他们募捐了一些钱，大概是十万块钱。后来她差不多好了就出院了，但是每个月还要定期回来复查。周老师就给她布置作业，回老家后每天要写日记、画画。她画得很有意思，鸡跟鸭打架。她没有经过什么训练，但是她画得很好，有点像丰子恺先生的味道，记录一点生活中的小细节，比如画个电饭煲。所以我觉得艺术就是通过这样的方式让她能够去表达她自己的感受，而且这种表达是非常独特的。她可能过一段时间也会过来。我记得有一次我们和癌症患儿家长一起做活动，在一个商业广场做宣传，就请这个小女孩来看演出。现代的戏剧表演做得是很丰富的，它就是可以让每个人都有互动。这个表演的团队事先和这个女孩是没有任何沟通的，就加上旁白，有四个人在台上表演，扮演这个女孩。她先出来讲自己的故事，讲自己是怎么样的，已经到了没钱的地步，就想着回家等死，到最后怎么样。她讲的时候倒还好，结果这几个人表演的时候，她在旁观，看的时候她自己在不停地流眼泪。每个表演者大概有六七种不同颜色的布条，有黑色、白色、黄色等，他们要表达一个情节的时候，比如说病魔正在折磨她，就用黑色的布条去捆她，会说出一些语言，跟她的经历很贴切。那种叫一人一故事，其实现在是挺流行的，反而我们美术还相对比较保守，其实它也是一种美术的运用。它是更加综合的一种表现形式，是一种视觉传达的方式。利用各种各样的彩带，用颜色代表不同的环境、不同的心情。当他们表演出来的时候，会做一些定格，像雕塑一样。表演完之后问那个女孩："这个表演符不符合你当时的心境？"她说挺符合的。这样的表演就是通过美术的一些元素来再现当时的情景。我觉得现在的美术教育还是有点保守，现在的戏剧讲故事这些形式挺有意思的，我挺想做一些尝试。它其实有治疗的作用，它等于是把她内心的垃圾倒出来。

记者：您对未来有什么样的希望或者说计划呢？

关小蕾：未来，好多希望。我刚才也提到了，做融合教育。还有就是通过各种各样的方式开展教育，而不只是传统的美术教育。当然，传统的也要保持，但是可以探索一些不一样的东西，跟现代的艺术表达方式更紧密地结合在一起。艺术可以给我们很多希望，不同的人群，不管是有特殊需要的还是普通人，都需要艺术。艺术可以对我们的生活产生影响。美术教育曾经有过的阶段我们也有过，我觉得走偏了，我们用大人的手去指挥小孩的手，用大人的口去干扰小孩的思维。我们很容易这样做，因为我们希望得到一个视觉上好的效果，会不自觉地把孩子的作品变成我们的装饰。我们中国美术教育现在的问题就在这里，而且很严重，是一个很大的误区。

我们都需要改变，我觉得我们有一点点小小的理想或者梦想，能够坚守并把它变成一个现实，这样是最好的。这个过程是最美妙的，虽然可能会有一些艰难，但是回过头再看的时候就会觉得值得。我前天看到在印度发起的一个项目，现在几十个国家都在做。我觉得这个项目很好，很简单明了。我们很多时候做事情，就停留在一个研讨的阶段，可不可行，理论上怎么样，到最后很少有很具体的、可操作的方式去实施并能给社会带来影响。它这个项目就做得很好，它问你：你的强项是什么？你个人的梦想是什么？最后它问的是：你最想改变什么？有的孩子就说，我最想改变的是我不想做这么多作业。那你这个改变是有依据的，你可以想办法去解决。比如说你想少做作业，那你就提出你的方案。这里引用了印度一个学校的例子：从他们学校出来有一道人行斑马线，孩子们觉得它太单调了，想把它变成有图案的斑马线。这个计划就指导他们怎么样去通过跟政府打交道，提出他们的建议、理由。到最后孩子们的这个愿望真的实现了，把这个斑马线变成花的图案，还变成当地的一个旅游景点。很多人来旅游的时候就说："就是这个地方，你看是这样子的。"所以说你的设计、你的想法、你的梦想通过这样的方式可以变成一个现实。我觉得这个项目很了不起，现在有四十多个国家在做，我们接下来也打算做这个。现在的小孩都很现实，大家都是看分数，我的分数比你高，我就了不起。但是到最后，一个人的成功并不是说完全靠你的分数，而是说你有一点点的梦想，你把你的梦想点燃了之后，你就一点点去做。上面说的那些小孩，他们提出方案，政府觉得可以接受，梦想就变成现实了。小孩子都有梦想，美术教育能够实现梦想的话，那不是很好吗？

记者：今天和关老师谈话真的受益良多，感谢关老师接受我们的采访！

8

主题：

南色儿童美术教育基地与儿童美术教育问题

受访者： 张笑（南色儿童美术教育基地创始人）

访谈者： 姜哲娴、丁志超、黄聪丽（浙江师范大学美术学院研究生，以下简称"记者"）

李力加（浙江师范大学美术学院教授、硕士研究生导师）

笔录人： 丁志超

访谈时间： 2013年7月3日

访谈地点： 广东珠海启雅幼儿园张笑老师工作室

记者：您不是珠海人，是什么原因让您来到这里？

张笑：偶然的原因。去海口、三亚找工作，发现那里不要老师，然后又来到广东。因为我自身没有学历，学校都不要，偶然的机会，留到了珠海。1993年恰巧珠海市政府正在筹备幼儿园，听朋友说招美术老师就来试一下，结果园长很有魄力地让我加入了。20年前，我长头发、陆战靴，就像流氓的造型，不可能招这样的老师进来。后来经过交流，问了很多专业知识以后，就决定要我了，是妇联管辖的，经过领导同意，最后终于到珠海来当幼儿园老师了，1993年一直到现在。

记者：您1998年开始创办"南色"，您创办的初衷是什么？

张笑：从1980年开始做美术老师，一直觉得我们的美术教育真的一直是专杀儿童想象力、创造力的一把刀子，梦寐以求想做一个如何帮助孩子发展想象力、创造力的平台，觉得应该给孩子成立一个自由的作坊，一个给孩子感受环境、感受材料、自由创作的一个地方。"南色"的初衷是这样。最早的宗旨是：创造心智的成长、潜能诱发的快乐开端。这个理念现在已经被很多地方借用了。

记者：当时你想要做这个，有没有一些人提出疑问或者说遇到什么问题？

张笑：那是肯定的。当时遇到的首要问题就是没有人来、交不起房租，我的一帮朋友都是义务帮忙的，感谢我的母亲给了我第一笔资金。我们当时都有工作，我们只是把"南色"当作业余时间的工作，比如说晚上、周末开放，就这样跌跌撞撞一路走来。确实有很多时候自己每个月工资倒贴800元甚至1500元，去补这个房租，就这样做下来。

记者：刚开始创办的时候，规模有多大？

张笑：刚开始创办的时候，也有300平方米，主要是观念。现在看来我们对美术教育的观念可能会超前一些。刚开始做的时候，我就跟朋友说，我们不被别人选择有两种可能：一种是我们太落后，还有一种是太超前。现在看来，我们是后者。现在慢慢地有些人会理解了。

记者：您开始这样做的时候，不管是环境还是宗旨，是自己的探索还是吸取了他人的经验？

张笑：应该算是原创。我给自己定位为艺术爱好者，考了四年美院都没有考上，我们是对美术融入热情的爱好者；所以，看成人的一些艺术作品的时候，一直在学习。还有就是凭自己创造与想象，应该是一个适合孩子的环境，材料的投放与陈列，从实践中得到的结论，这是我环境设计的来源。包括现在看到的这样，兴许下次来的时候就会变，艺术创造最重要的就是艺术永无止境。

记者：一路采访过来，很多美术教育工作者，有的是以艺术治疗为目的，有的是培养审美，还有的是培养创造力，您是否也有一个什么想法？

张笑：其实这些都涵盖了，我无法告诉你原因。我一直是一个实践者，包括你们。很多学科的专家们在研究这个东西，所以我觉得你说的项目我都涉猎，但是无法告诉你哪些涉猎得多，哪些涉猎得少。你说的想象力、创造力、专注力、习惯的培养与艺术治疗，我觉得所有你能想到的都有，它是一个多元的融合；但是我没有水平给你呈现，我也不习惯给你呈现，我的长项是实践。

记者：您在启雅幼儿园一直呆到现在？

张笑：其实我从1993年到1997年是在博爱幼儿园（当时的珠海市第五幼儿园），1997年以后是在启雅幼儿园（当时的珠海市第四幼儿园）。在珠海十几年一共呆过两个幼儿园。

记者：在网络上搜集到启雅的美术活动，您提出不追求一切有目的的结果，那儿童在过程中获得了些什么？

张笑：比如说融合多学科发展，对于孩子习惯的培养。现在教育最大的弊端在于：没有用教育育人。先育人，通过美术的学科帮助他们建立一个完整的人格与良好的行为习惯。比如说善于与人合作，在一个安静的环境中学会倾听，最直接的就是养成一个东西从哪里拿来、再放到哪里去的习惯。

这20多年，我在世界20多个国家参加过很多学术交流。我一直开玩笑说我们的教育是短命鬼的原因是：我们的教育已经没有了教的属性，不关注育人，只关注学科性知识。刚好我们在幼儿园，通过我的美术馆，孩子们会安安静静地做他们自己的事情，他们的自制力会得到长久的进步。齐白石说过："为人第一，为学第二，为艺第三。"我觉得教育应该把育人放在第一位。我在长时间的实践中，家长与我们沟通说：张老师，我的孩子能够坐得住了。坐得住的原因，我们的方式重过程而轻结果，而中国现在普遍状况不是这样。家长每次都要看到结果，而人的教育、艺术的教育特别是想象力与创造力的教育又怎么可能通过一节课就有了长足的进步呢？得转变家长的教育观念。

李力加教授带领你们做这个课题非常好，可能有很多你们不知道，特别需要各个领域的高级知识分子来总结。前些年风靡全世界的意大利的EJO教学，我亲自去意大利完全感受到。香港维多利亚教育机构的一个老板，在教师培训的时候看到我这儿。他要请我，给我出全程费用，他说我某种程度上比他做得好。他是以艺术课程为主导的数学、历史、科学、语言、自然、艺术的课程；我们是科学的、社会的、健康的，艺术的是放在最后的。余秋雨说，中国的教育是短命的，没有文化属性。所以，这个教育机构老板做的课程是涵盖在艺术下的，它有生命力。它有历史学家、哲学家、人文学家、心理学家、教育学家，全部来打造这个课程。前些年很风靡，很多人问我："张笑，你为什么不出书？"我说这不是我的长项，我的长项是实践。把这个实验田做好，我希望有更多的机会把我的东西全部无偿地给大家。

我为啥喜欢这个职业？因为我关注中国大教育。哈佛教育，哈佛精神，其精髓是人本教育和自由教育。我们完全是说教式和循规蹈矩的教育。当了这么多年的老师，自己越来越有使命感，其实自己改变不了，需要从根上改变，有相当一部分孩子已经没有良好的行为习惯与教育。

现在人们已经不会阅读了，其实我给孩子最好的影响，是以身作则、为人师表。我特别有感触，现在这样的老师越来越少了，现在的价值观本末倒置，没有盈利就无法进行了，想想很可怕。

记者：请具体谈一下"教与不教"的教学理念。

张笑：来自于"美术"两个字："美"，是意识；"术"，是技术。上周在珠海组织的全国研讨会上，我说，我做了30年的老师，才知道什么可以教给孩子，什么不应该教给孩子。现在仍有大多数人对这两个问题纠结与混淆。意识的问题猛灌输给孩子，技术的问题完全放任让孩子去创新，这不是大错特错了吗？意识的问题需要你去引领，达到意识方面的需求。技术方面的，如胶枪如何使用，不然会烫手呀，毛笔中锋、侧锋，你不去教他，他怎么会理解？他这都不会，你去叫他创新吗？这是最好的捷径。所以，能把这两个字理解清楚的话，就知道美术其实是在"教与不教"之间。

美术不只是技术，是技术一半、意识一半。一个成人艺术家，他终身追求的是缩短两个之间的距离。所以，我所指的美术教师必须明白，什么是必须教给学生的，什么不用教给学生。最重要的是影响，我在博客中曾写道，影响比教育更重要。我们刚才所讲的，一次肯定达不到效果，久而久之，就会达到效果。有个家长来了，他的孩子从四岁到小学四年级在我这儿，现在在温哥华国立艺术大学。这样的例子其实很多，我很庆幸在他小的时候把这颗种子种下去了，在我这里几年当中给他充分的阳光、雨露，让他健康成长，但是我不能保证他在各个年龄段都能遇到很好的养料。很多孩子长大后仍然能够想到儿时跟张老师在一起的东西。

记者：童年的东西让他们印象深刻。

张笑：这次采访回去，争取回到幼儿园看看你自己的老师，你绝对有另一番感受。

记者：教学模式与其他地方不一样，你说有时候一个孩子有三个老师，在这个时候老师扮演什么样的角色？

张笑：很简单，就是师傅带徒弟。刚才的几位老师也是我的徒弟。我们会跟小朋友在一块儿，我们叫作活动，别人叫作课。在"南色"这个培训的地方，我必须强调的是活动，不是课。活动课程与课完全是有本质区别的。

记者：孩子刚过来的时候，有些会不会不知所措？

张笑：之前有个孩子在别人班上都不愿意画画，但是来到这儿他就开始动手了，其实环境和材料做了第一老师，我退后了。现在中国儿童美术教育变化最大的就是环境，我觉得环境给孩子的作用是最大的，接下来就是材料。

现在成人艺术家对于材料的重视给了我们启示。路易威登的名牌、爱马仕的名牌都是，我们艺术家蔡国强、丁逸和日本的草间弥生也是。为什么慢慢地觉得架上绘画越来越少了？现在越来越多的是意识方面的东西，其中少儿美术这三十年变化和进步最大的是环境和材料。环境和材料能直接帮助受教育者满足想象与创作的欲望。

记者：这些进步了，教师却停滞不前。

张笑：你说得很对。师资很重要，愿意做这件事情的人会越来越少。现在我们基层的美术老师还在画素描和水粉，甚至是简笔画，根本就没有考虑过如何引领孩子们的想象力与创造力的问题。我就是一个很简单的例子。我考了四年美院没有考上，网上有人说张笑连素描、水粉都画不好，他怎么能够把孩子教好？这其实不矛盾，我会不会画跟会不会教之间不矛盾，但是意识境界必须在很高的地位。特别是一个学科多元的社会，意识上的丰富，对我起到很多的帮助，学习是多元的和综合的。

记者：是把最好的都给孩子。

张笑：对，在你的认知范围内。作为教师你要有一个很好的良知，要完全无保留地给他。

记者：幼儿园的学生上课的时候是报名吗？

张笑：对。我们有园本课程，有一个队伍，每学期很多时间我们都聚在这里，我们的名誉教授也在这里带领我们。下午中大班小朋友全都是活动课程，来这边活动40—50分钟。在幼儿园里面我们专业组共六个老师，分别为美术、舞蹈、声乐、小主持、体能、武术老师，下午就是我们六个老师的活动。六个活动共有九个活动室，美术就有三个，分别是绘画教室、泥塑教室、纸工教室，每个年级200多个孩子分别涌进各个教室。下午这段时间完全是个性化活动。

记者：一般一个区有多少个孩子？老师有多少个？

张笑：绘画有20个，泥塑20个左右。正式老师就我一个，但是我们有助理老师。工作比较忙，上午很多幼儿园环境整体设计都是我负责。我们的环境与别的幼儿园环境不同。

记者：每次活动时都有具体主题？

张笑：有的时候有，有时没有，结合节庆活动。没有主题的就延续上次活动的作业。在这儿不能闲逛，一定要有事情做。水墨、水粉、泥塑、架上绘画等，你必须有事情做。各种东西有些区域是自己拿，有些区是老师分发，后面写着名字。有时，我认为那里没有画完，有小朋友觉得画完了，那就换别的。

每周每个孩子轮流两次，16周就是32次。本来我们设计了14个项目，包括小厨房、木工、棋类、编织与刺绣等，最后因为场地的问题，没有实现，只开了9个项目。我在想，如果孩子们有一个多功能楼该有多好。大家都知道，幼儿园老师都有很多爱好，我们就自愿报名，爱好美术的报美术班，热爱舞蹈的报舞蹈班，可以让课堂老师配班，上午各个区域已经准备好，下午来辅助一下就可以了。通过这些活动，培养孩子的习惯。现在我们的教育反了，一味地教给孩子知识，习惯太重要，却没有养成良好的学习习惯。我们的教育输在哪里了？输在习惯上。所有的公共场合，吵吵闹闹，公民素养不好。中国足球输在教育上，缺那种吃苦耐劳的精神。

记者：就是相当于一个孩子有32次课，9个课堂他可以随意来上课。

张笑：很多人把"不教而教"与"放任自流"混淆了。如果这样，要老师做什么呢？还有家长来找我，我给他说，我们跟少年宫不一样，我们教育是服务的，告诉孩子从哪里拿放到哪里并告诉他材料的属性。少年宫是告诉孩子今天把坦克画出来，孩子画一个就算是学习了。家长就说，这样我可以在家里做。我说，那你在家做做试试看。最后家里试过后，说还是不行，因为家长不具备这种专业素养的知识。我投放的材料我知道如何用，方便快捷。

只是在体验的过程中去用就好了，在体验中这个方式更好用些。慢慢地一次又一次，基本上启雅的孩子到了小学以后，很多美术老师讲完主题后，38个孩子中最敢画的孩子就是启雅的孩子，就是张笑教过的孩子。孩子受到老师的表扬与鼓励，自信心得到极大的满足。其他孩子需要老师说开始画、你画对了，才敢画。其实，美术还有一个很大的作用，那就是对孩子自信心的建立。

记者：幼儿园小朋友比较多，有时两三个小朋友一起学，孩子之间有差距该怎么办？

张笑：比如说5个孩子听张老师讲课，5个孩子画出的作品都是不一样的。很简单，几个人同时听课，有的人能坐2分钟，有的人能坐10分钟，有的人能坐20分钟，你想那画面表达能一样吗？老师要做的工作就是让他不断地跟上。有个孩子慢些，就指导慢些的孩子如何向快点儿的孩子学习。

我们"南色"在外面办的时候，更多的是锻炼孩子的主动性，当然遇到活动的时候，也会邀请小朋友们一起制作大型的建筑。同伴之间的合作也需要。

记者：这边材料特别多，请谈一谈前段时间举办的"遇见材料，重塑想象"的展览。

张笑："六一"我们举办这个展览，题目是我起的。很凑巧珠海新来的妇联主席是从宣传部来的，正好管我们幼儿园，来我们美术室参观，还邀请市长来看展览。

我在深圳幼儿园也做过。在福田幼儿园，妇联主席看后说："张笑，我看过后才知道珠海与深圳的差别。"国家一级美术馆给了他们5天的时间免费展览，忙了一年，投资很大。40多家幼儿园，引起了很大的轰动，我只想打破只知道认识知识的那种观念。4800个纸盘放了不同的材料，你可以想象需要多大的地方。成人艺术家一看，对我们想象力、创造力的影响有多大。艺术真正的功能是培养孩子想象力、创造力。技术是后一步，就像学音乐一样，考了钢琴12级，却对音乐没有感觉，这多可怕。

我遇到一个音乐考过12级的孩子弹曲子，他没有任何感觉。我们的艺术教育确实把主要的和次要的分不清楚，有关这样的报道很多。

艺术活动是一个很丰富的东西，可是现在被艺术考级、范画搞得很写实，可是它不美了。幼儿园的作品家长看了说很漂亮，但是说不出为什么漂亮，其实用两个词可以概括：质朴、自然。毕加索追求的是终身向孩子学习。他追求的就是那种质朴自然。

记者："南色"是纯粹从孩子角度出发的，但是，很多外地老师却只学了一个表面，他们学不到根本的东西。

张笑：其实我觉得这样也蛮好的，至少30年来他们能够看到环境的变化，踏踏实实在做。我由衷地感受是每周最盼望周末在博物馆（"南色"基地之一）里吃个盒饭，特别香。我特别有感受，我觉得学没有问题，至少是一个进步，在我之前没有一个叫"张笑"的人让我学。

很多老师说要加盟，我说绝对不可以，但是你能拿去的尽管拿去，至少是在推动这件事情向前走。它一直被复制却无法被超越的原因是，我一直在学习、在进步，因为我把它当作终身的职责。有很多朋友很受感动，说认识我是最大的快乐，也是最大的痛苦。最大的快乐是希望做的事情有人在做，最大的痛苦是我已经做得那么好了，无法超越了。我觉得都无所谓，好东西应该与大家分享。假如你们有朋友，可以介绍过来，可以边批评，边学习，边借鉴。适合你的拿走，不适合你的留下。鲁迅先生以前不是也这样说过。先拿来，再改造，不能闭门造车，特别是艺术活动。大家应该有个开放的心态，开放了自己，整个事情才会对你开放。希望你们快点儿成长，把中国美术教育给延续下去。

记者：您接下去的计划是什么？

张笑：唯一的推动和贡献就是立足本土与当下，把自己的事情做好。我也在不断创造与改进，我也有很多需要进步的地方，比如说还有很多的展览要去看，很多活动要去参与。我们做了一个想象力与创造力的活动，它不应该有一个定式，我无法直接告诉你下一步我要做什么。

记者：这儿是孩子的天堂。现当代有很多儿童教育的地方，不管校内这是校外，其实都存在很多问题，针对这些现状您有什么指导性意见？

张笑：这个问题的解决需要掌管者不断提高自己修养和业务能力，还有一个就是老师要有足够的责任感与忧患意识。刚才我们讲了，如果老师的帽子扣在你头上，确实需要有很好的良知来对待你的职业。

我希望全中国一线的美术老师们重塑人生观、价值观。名和利先往后放一放，想想毛主席讲的忠诚于教育事业，就是忠诚于党的事业。还是比较庆幸，我们少儿美术30年，我也是一个亲历历史的走过者，跟李力加教授一样，我觉得还是非常喜悦的。当然一件事情从起步到发展到成长，过程中当然有很多利害因素，但是终究挡不住这些事物的发展脚步。

记者：您这么纯粹的人，您是如何培养老师的？

张笑：其实我们珠海，就像前段时间我们的"遇见材料，重塑想象"的这个活动，全国来了200多个老师，我问了很多老师对这个活动的感受。他们说震撼很大，其实我就是想给他们传递一个观念，给他们以震撼。在未来10年中肯定会出来第二个张笑，第二个李老师，第二个龙念南。肯定能够成长起来，我们当然希望更多的人来传承，就像我现在周围那些投师学艺的人来半个月，不管来自哪个幼儿园，我的培训方式很简单，除了休息时间都跟着我，很多人反映这种方式特别好，就像师傅带徒弟一样。因为我并不是专家，也不是教授，说实话"美术教师"都是他们加给我的，其实我就是一个跟孩子呆在一起的孩子王。很多人让我写书什么的，我说不行，因为那并不是我的强项，我做了会害人的。今天看来单单是美术作品要出一本画册，有几个出版商看中了，不要钱的。我愿意来做，把我们15年前的作品翻出来呈献给大家，理论的东西我不敢说，因为那并不是我的强项。希望全国各地的朋友能够拿走的拿走，能够借鉴的借鉴。我觉得现在这个效果基本上达到了，改变了人们对于美术的狭隘的理解，培养了孩子们的想象力与创造力。

少年儿童通过这个活动培养他的关注力、责任感，培养良好的行为习惯。我的成功最让我记忆犹新的是，幼儿园老师教导他东西从哪里拿出来放到哪里去。但是我们现在都是教技能，小班的把中班的学了，一年级的把二年级的学了，初中的把高中的学了，就出现了现在的孩子们高考完后撕书的现象。本来十七八岁正是学习的时候，他们却已经厌恶了学习，我们的教育专家们需要深入思考这些问题。现在的孩子很多都从高中就出国学习，这说明家长们也厌恶了这种教育。

李力加：昨天张思燕也谈到这些问题，现在少年宫的老师都把孩子偷偷带回家去教。

张笑：假如说你有良知也行，化整为零也可以，但是不能这样。希望你们赶紧树立正确的人生观、价值观，人一生当中只能定一个人生方向，假如你走错了，你只能一条黑道走下去。建议你们看一下张艺谋的东西，《张艺谋2008》记录了他的奥运会开幕式及闭幕式创作历程，我觉得从中可以学到很多东西，也很受鼓舞。现在热播的《中国合伙人》虽说是幽默调侃，但是很励志。我为什么一直在进步，是因为我一直在学习、进步，活到老学到老。

记者：非常感谢张老师！

主题：

儿童版画的发展历史及美术教育问题

采访者： 张桂林（中国美术家协会会员，著名版画家，儿童美术教育家）

访谈者： 陈亦飞、蒋露露（浙江师范大学美术学院研究生）

　　　　　李力加（浙江师范大学美术学院教授、硕士研究生导师）

访谈时间： 2015 年 1 月 12 日

访谈地点： 西安市中铁中学

李力加：张老师，2012年度教育部人文社会科学规划研究课题"当代中国儿童美术教育研究"，在首都师范大学尹少淳老师那里开题之后，对全国老一代著名的儿童美术教育家进行口述访谈，今年准备把这个宏大的口述历史做出来。尹老师看了以后，指示我专门来访问您，梳理全国范围内1978年到2016年的儿童美术教育家口述的历史。

张桂林：说起儿童美术教育，要从自己的爱好谈起，爱好是起点。我写了两篇文章，一篇是《我的生涯篇》，再一个是《教育访谈》。有些是我自己的感受，再一个是我看到年轻老师的成功和不足的地方。今天就从《我的生涯篇》开始谈。

陈亦飞：我从您的《我的生涯篇》里看到，您特别钟爱版画。您为什么这么喜欢版画呢？

张桂林：要从我上小学的时候说起。我的学历很低，上了5年小学，自幼在小学受到印讲义的水印方法的影响，13岁参加工作后学习刻钢板油印，对拓印很感兴趣，但当时还不知道什么是版画。当时有个老师教美术与英文两科，在我们班上有印讲义的方法。那个时候没有打字机，拿民间喝酒用的小酒杯配上两种颜色——洋紫和洋红，加点白饭就搅，不要太稠，找个写字好的，把讲义写（刻）出来。我们是在一个古庙里上课，古庙里都是一些青石板，就在那上面印，按今天的说法就是水印，脑子里就有这样一个种子了。

我13岁参加工作，当了警卫员，从早到晚什么事情都干，那个时候就刻钢板，有个5号教员，他字刻得很好，我非常感兴趣，他也教我。领导开会，我没事的时候就坐在屋子里一个人练习刻，刻完之后再印。到了铁路上之后，仍然是刻钢板，领导夸奖我是个人才，刻的版画非常漂亮。我们铁道部出了个60年的回忆录，还让我专门写了刻钢板的事情。我到了学校以后，校长也不嫌弃我文化程度低，那个时候只要有爱好就行。在我们工人队伍中间，我在兰州铁路时是很艰苦的，中铁要招两名老师，一名美术老师，一名音乐老师。那个时候我还不满18岁，"美术老师"就找到了我，我做梦都没有想到啊，我后来分到天水教美术。到了天水之后，我们学校里有位女老师，姓刘。她有个弟弟叫刘洪江，是天水美术家协会的会员，是搞木刻的。这个刘大姐，知道我喜欢刻刻画画，就介绍我和刘洪江认识了。刘洪江刻得都是装饰性版画，在《小朋友》杂志上发表过。在甘肃天水，我利用假期直接到天津找刘洪江，这算是个起步。

1954年，我被聘担任天水铁小美术教师，个人爱好得以发展。先是买到李桦先生编著的《木刻版画技法研究》，之后又买到古元先生的《古元木刻选集》，又加上把平日在报刊上见到的版画作品剪辑成册作为范本，便开始自学木刻。刻的第一幅木刻《光荣的铁路工人》把图形的反正关系都弄错了。

后来我由天水调到了兰州，我那个时候就是个爱好。晚上也听讲课、听讲座，印象最深的是西安美院毕业的学生，名字叫晓岗，他在甘肃省美术工作室搞美术创作。美术工作室的主任叫陈德喜，我第一次听鲁艺的美术创作过程就是陈德喜老师给讲的。后来接触了常书鸿先生，听他讲了创作的事情。

1956—1958年全民"大炼钢铁"，我搞木刻创作，还画了壁画。那个时候造型能力也不怎么样，就是初生牛犊不怕虎吧，就这样想了、画了、刻了。现在想起来，那个时候生活水平尽管看起来不怎么样，但是创作有感情。如果现在再做的话，就做不出来，因为没有那样的生活了。那个时候属于一个阶段，一个提高和走向社会的阶段，对我影响很大。当时还有个转折，甘肃省举办了美术作品展览，定位为甘肃省职工美术展览，我得了二等奖。我那个时候参加这个展览天不怕地不怕，漫画我也画，油画我也画，画了素描刘胡兰，木刻了兰花，都送去展览。大概是看我参加的作品多吧，给了我二等奖。奖了一本美术日记，我到现在都保存着，还有个徽章。

1956年，由天水铁小调到兰州铁小，在省会名师多，到处拜师求教，并首次参加省画展，同时在省报刊发表作品，获奖，学校领导也进一步支持我搞版画创作并辅导儿童进行版画创作。我现在保留的有1957年的儿童版画作品（"文革"期间毁了一部分）。当时在教学上有一个口号："要给学生一碗水，教师必须肚子里有一桶水。"在此情况下更奋发自学，节假日从不休息，学生美术组也逐渐扩大，师生版画创作比较活跃。

李力加：张老师，真不容易，我们都得向你们这些老前辈好好学习，因为您这一辈的美术教师是我们国家最最忠诚教育的一代人，现在都已经没法比了。听您娓娓道来，特别感慨。

张桂林：美展的时候，有个人叫赵艳吉，是甘肃省的作家，他写了篇文章，评甘肃省首届美术作品展览。文章中间说了一句话："张桂林木刻花卉给人以美感。"当时我们兰州学校的校长很激动，把这张报纸贴到了校园里，把这句话专门用红笔勾出来，对我来说也是巨大的鼓励。

李力加：那个时候的新闻媒体不得了！

张桂林：那个时候，如果你的一幅画发表在报纸上，那就不得了了！不像现在，满满的都是广告，不起眼了。后来，到了1958年、1959年，学校搬迁到了乌鲁木齐。

陈亦飞：您的职业生涯都是随着铁路大军前进的，他们走哪您走哪。

张桂林：在天水被聘为老师，这是个起步，是走上美术教育事业的起步，也是个人走上创作之路的开端。1959年到新疆之后，变化就大了。我首先拜访了老版画家牧歌，和他接触之后，我的版画有了大的飞跃。假期我基本上都和他在一起，我有一些画稿就请他来指导。

陈亦飞：你那时候个人创作多吧？

张桂林：多啊。

李力加：你那时候教学任务重不重？

张桂林：重啊，我最多一周要上26节课。

李力加：现在的中小学老师18节课就觉得要累死了。

张桂林：那就要探讨现在中小学教师的问题了。一般写写画画的事情他不做，只要有钱，商业广告一做就完了。那时候逢年过节，写字、剪字，全是美术老师做的。

李力加：对，美术老师是最忙和最辛苦的。

张桂林：美术不像搞舞蹈的，锣鼓一打，整个校园都知道了。美术老师是默默无闻的，其实干了很多活。那个时候学校事情多，一个星期六个晚上都要开会，就星期六可以回去。我的创作都是放在晚上九点钟以后，有些是一个晚上完成的。我现在也是对老伴愧疚，有时晚上九点钟之后我还留在学校的办公室里，让她一个人呆在家里。

我在新疆发表的作品比较多，当时先拜著名版画家牧歌为师，个人版画创作有了飞跃的发展。1964年，作品参加全国第五届版画展，此时个人还有许多版画在《新疆红旗》《新疆画报》《新疆日报》等报刊上发表，辅导儿童创作的版画也多次在新疆自治区参展、发表、获奖，还出国到阿富汗办画展。此间，我本人被吸收为中国美协新疆分会会员。这时为了更好地学习美术、版画，我一年内订了12种美术期刊，其中包括1956年上海人美出版的《版画》双月刊，共出23期，我至今完整地珍藏着。

有了这些基础后，牧歌老师，还有个老师名字叫熊喜业，引荐我加入美术家协会新疆分会，接触的人也就更多了。从1964年起，我的作品上升了一步，并多次参加全国展览。对我来说，这些都是极大的鼓励。通过书信，我认识了古元老师，他鼓励并指导我创作。学习老版画家的创作精神，而且特别强调的就是要配合政治运动进行创作。我的一些画当天晚上把它刻出来，第二天就贴出去了。对一些英雄人物，都把像刻出来贴到学校教室的黑板上，让学生对这些英雄人物心生敬仰之情。我觉得这是作为一个美术老师和一个版画家应尽的责任。

李力加：这种形式对于那个时代来说也是一种视觉文化，让学生们一下子看到了。

张桂林：由于我本人进行木刻练习，当时也带动了学生美术组的儿童练习刻版画，有用肥皂刻的，也有用泥版刻的等等。在此情况下，为了学习更多美术知识技能，我用仅有的月工资，订了很多带"美术"二字的期刊，首先是1954年元月创刊的《美术》杂志，至今还珍藏着1956年完整的《美术》合订本以及当年出版的木刻技法小册子。那个时候人民美术出版社出一本小册子，册子上写着"美术期刊介绍"，凡是美术爱好者每个月都会给你赠送一本。后因1966年"文化大革命"受批判，很多书都消失了。1971年到了西安，又提高了一些。

那个时候小孩子放学后都是看小人书，现在都是玩手机（张桂林先生笑着说道），时代不同，也不能责怪孩子们。

陈亦飞：您1959年到1971年都是在新疆吗？

张桂林：是的，都是在新疆。1956—1971年在新疆乌鲁木齐生活了13年，其间可以说是：平时尽全力学版画知识，刻版画作品。1995年之前是我版画创作的旺盛时期。再是利用假期到新疆有关地区写生收集创作素材。之后，由于历史的原因，至革命委员会成立，先是参加自治区毛泽东思想美术版画宣传队，刻了多幅毛泽东主席像，同时为当时的群众组织和有关大型建筑物画了多幅毛泽东主席油画像，最大的画像尺寸是6米2高、4米宽，还应邀到农村人民公社画了多幅壁画式的毛泽东主席像。在建筑物上写的毛主席语录不计其数。至今在我版画工作室挂着的毛泽东主席油画像，是我终生的纪念。

陈亦飞：您那时候都在乌鲁木齐吗？

张桂林：是的。我"文革"期间受到批判之后不甘心，也去了一些地方，都在北疆。西安这边发表的时候说我的作品是"丝绸之路"。我当时创作的时候没有这个概念。

1971年，学校又随局搬迁到西安，当时学校无校舍，分散在农村设教学点，同时也在帐篷和芦棚内上课。我个人1972年的版画作品以及当时辅导儿童创作的版画作品，就是在此环境中创作的。当时作品先后被《陕西日报》《陕西教育》和《辅导员》发表，引起中铁一局团委和铁道部团委的重视支持，之后被铁道部授予"西安儿童版画之花"。在此基础上又迎来了日、美、德、英、饿、加等国及港台地区著名美术教育家和版画家的来访，同时我辅导儿童版画的做法引起了我国老一辈版画家李桦、古元、彦涵、李平凡、修军、杨可杨诸位恩师的关注和鼎力支持，这一切在《我的生涯篇》中都有详细描述。

在兰州的时候是叫第一铁路工程局，后来一半留在新疆，一半留在兰州，留在兰州的成立了兰州铁路局，去新疆的那部分仍然保留第一铁路工程局的叫法。到了1971年往西安迁的时候，留了一半成立乌鲁木齐铁路局，另一部分到西安来，因为有西安铁路局，所以现在还叫中铁一局。

李力加：真不容易，您这一生都是跟随着铁路局走的。

张桂林：我曾经跟几个老同志说过，不会等着我两眼一闭的时候还穿着铁路服吧。（笑语）

在新疆我去的这些地方，刻了这些作品，到了敦煌有个插曲，这个插曲也是我很幸运的一件事。我知道常书鸿老先生在敦煌，牧歌老师的一个同学从事雕塑创作，他一直在敦煌。我说我要去敦煌画画去，牧歌老师给我写了一封个人介绍信，自治区也给我开了一个公函，我就去了。下火车坐汽车，本来三个小时就可以到敦煌县，但那个时候汽车不是烧汽油，是烧木炭的。走到半路上抛锚了，一直到晚上的一点多钟才到敦煌县城。坐在我隔壁的是矿业学院的一个学生，邀请我去他家。那个时候人都很单纯，讲诚信。我就跟他去了他家，他家外面有一个炕，我衣服也没脱，躺在上面一觉睡到天亮。早上我就到了县委招待所，招待所的同志说，你要去敦煌莫高窟，要住在这里，等到哪天有汽车把你送过去，我说要是我不等汽车呢，他说不等汽车你就从戈壁滩上过去，但是很危险。于是我就找了根棍子，背着行李从戈壁滩上走过去到了千佛洞。

记者：你走了几个小时？

张桂林：大概不到3个小时，我早上走，中午之前就到了。到了这个地方以后，千佛洞的人都去割麦子了，只留了两个职工。其中一个职工问我来干嘛，我把公函给他看了，他让我找另一个职工去说，我到了办公室把介绍信给那个同志看了，那位同志说："既然来了也不让你失望，你就在这里住上一天好好参观参观，我把钥匙都给你，你愿意看哪个洞就去看哪个洞。"她把千佛洞的一大串钥匙都给我了。我跟报社的人谈起这个事，他们说，除了张大千没有人有这个福分。

李力加：这是哪年的事？

张桂林：1962年。

李力加：那是三年自然灾害最苦的时候。

张桂林：我拿着钥匙去参观，感到遗憾的是没有电灯，我也没带手电筒，大洞里很黑，洞的深处我都不敢进，后来我在这里住了两天。这是去敦煌画画的经历，那个时候也没有太高的水平，只是开开眼界。我也不是去临摹壁画的，只是去画个风景，回来刻一幅敦煌千佛洞，其他的像《石河子》《葡萄沟》这些画也是后来陆续完成的。"文革"期间正是批判黄胄"驴贩子"的时候,刚好我也受这个影响。《葡萄沟》这个作品我画的也是毛驴，当时我遭到批判，批判我的罪行之一就是为什么不画拖拉机，不画先进的交通工具，而画毛驴。1966年6月1日我刻了一组儿童生活画，其中有一幅出自孩子们自己的语言"我们的向日葵长大了"，画的是孩子们抬头看着向日葵。后来批判我的罪状之一就是"向日葵不向着太阳意味着什么"。这都是我生活中的插曲，也是我高低不平的经历。

李力加：您到西安以后稳定了吗?

张桂林：稳定了，当时铁道系统开始重视儿童版画的发展。

李力加：你指导儿童版画最多的时候就是70年代，是吧?

张桂林：是的，首先是中铁一局团委抓少儿美育，引起了铁道部领导的重视。我这办公室也是那个时候的，我最早的时候是在楼下的厕所（间）辅导学生，我在那个厕所（间）辅导学生十年，铁道部教育局的领导检查工作，说把张老师安排在这个地方不合适。1983年陕西电视台拍纪录片，这个纪录片在中央电视台《新闻联播》播出，播了2分07秒，在全国影响很大。在这种情况下，铁道部的领导指示要给我换个办公室。

李力加：王澍就是这个学校的?

张桂林：是的，就是我的版画组的，他是1976年版画组成员。

李力加：他小时候有没有什么很过人的才华?

张桂林：这个孩子想象力很丰富，观察能力很强，他不太言语，勤于思考。

李力加：他获奖之后你和他见面是哪一年?

张桂林：我执教50年的时候，他把他写的书和给我写的一封长信寄给我，信上说："张老师，跟你学版画是我事业的开始，对我动手动脑能力有了提高。"版画现在来看，它对人的作用远远超过这个画种本身，这个意义很深远。我的版画组里除了王澍，还有很多。他获奖的时候我到他那里去，是因为报社知道王澍得奖了，而且知道他原来是我们学校的学生，就来采访教过他的老师，当时我觉得很突然，让我谈他从美术这个方面起步和成才的情况，我没有思想准备，只能说这个孩子很用功。后来《少儿美术》想发表一些王澍童年的东西，但是王澍不接待，他们就找到我让我去说说，于是我给王澍打了电话，王澍让我去了。我们就聊了聊童年的事情，我拿出他以前画的画，他很激动。

谈到事业的发展，1983年3月20日中央电视台在《新闻联播》中播出2分07秒儿童版画创作的消息，提到西安张桂林老师指导的事情，镜头有很多，这引起了全国的重视。当时全国搞版画的人不多，搞版画，特别是辅导儿童版画是一个体力活。那个时候都是木头板，一个班50个学生，老师要锯50块板子，还要磨50把刀子，那个时候的刀子品质不好，刻一刻就钝了。我在下课的时候统一给他们磨刀子，所以辅导儿童版画是很辛苦的。中央电视台发表我的儿童版画创作情况，影响了大家。比如东海的刘晓红老师，她是在江苏省最早开展儿童版画活动的；成都的徐家林老师和刘玉林老师都是典型，还有通辽的华维光等等，都是最早的一批人。接下来就一步一步地发展。1983年中央电视台《新闻联播》的报道，不仅促进了全国一些地方的美术老师开展版画活动，而且引起了李桦、王琦、古元、彦涵、李平凡、杨可扬诸位老师的关注和支持。他们都陆陆续续给我题词写信。他们认为中国儿童版画能发展起来是不得了的事，这样中国的版画事业就后继有人了。在这种情况下，我就直接大胆地和这几位老前辈联系。李桦老师给我的信最多，将近30封，报纸上有关这方面的东西他都剪了寄给我，这让我很感动。李桦老师去世的时候我专门去北京八宝山向他告别。

1982年，我到中央美术进修班去学习，我们班一共13个人，13个人中从事儿童美术教育、在学校当美术老师的就我1个，其他都是大学教授、报社的美术编辑等等。进修过程中，李桦老师经常讲课，很幸运，他教完这个学期后就退休了。退休前他举办了一个"李桦老师执教50年展览"，办展览的时候我给他寄了我这里出的儿童版画小画片，还有一封贺信，后来李桦老师在回信的时候说，他执教50年收到的贺信很多，但最高兴的就是我这个版画组里的这一封贺信。他把这些小孩子刻的儿童版画布置到他的大厅里，还把我给他发的电报放大贴到大厅里。这个事情进一步引起了铁道部领导的重视，铁道部写信给陕西美协的老版画家修军，让他一定要支持我开展儿童版画活动，因为在全国是第一的。接下来，李平凡老师也很支持这个事情。

1984年，铁道部团委把儿童版画教育又上升一个台阶。团中央指示，西安铁路小学儿童版画，一定要归纳起来拍成一个纪录片，作为全国儿童美育的内容，在全国开展这个活动。然后派了儿童电影制片厂导演和著名配音演员张桂兰到这里来，住了一个多月，组织儿童到兵马俑、乾陵等地拍外景，拍了一部电影《我们的儿童版画组》，后来到北京去合成这个片子，请李桦老师题写了片名，最后获得了全国唯一的一个金童奖。我去领奖是在1984年12月5日，这在中国版画史上也是一个重要的事情。老前辈对我的关怀和支持我都没有办法用语言来表达。

一直到现在，我还记得一件事。我到了西安以后，当时铁道部部长丁关根让我担任赴日本代表团团长，丁关根部长指示铁道部的官员不参加，全部让美术老师参与，这是1986年的事。到日本以后《东京新闻》《朝日新闻》《神奈川新闻》等媒体做了连续报道。到了1989年，又受到邀请，还让我担任团长。到了日本以后，在日本留学的齐凤阁教授跟我一起，他当翻译，到了日本很多地方去交流，这个在我版画人生之路上是永远忘不了的。这些离不开领导、版画界专家、基层单位领导和我家人对我的支持。

总体来讲，现在对于孩子们的感情我忘不了，前面提到王澍，他只是我的一个学生，他成为中国建筑界的大名人，还有许多不太起眼的名人和最普通的孩子。比如说，其中有一个孩子，他的小学文化课都不行，留了两级，他家长觉得没有希望，后来他也失去信心，小学毕业中学就没有考。后来他看到广告，西安市一个美术广场招人，我让他拿着他的版画作品去报名，结果他被录用了，后来他当了车间小组长，加入了共青团，最后他被选送到西安美院进修。后来我们在西安参加全国铁道部一个会议的时候，他的家长就在会上流着眼泪说，是张桂林老师把他的孩子救了。我说是孩子他有天赋、有爱好、有决心，能这样坚持下来。

后来事业一步一步发展，铁道部非常重视，在全国树立了"铁路美育三枝花"——柳州铁路局树立"儿童书画之花"，另一个是"儿童歌舞之花"，西安是"儿童版画之花"，让我在这里做辅导。当时铁道部系统的领导都很支持我，后来贾局长还给我来信，信写得很感人。当时他想跟中铁一局的领导反映要提拔我，但我不愿意，我还是想在教育一线当老师。以前牧歌老师给我提过三点建议：首先，坚守儿童版画教育的阵地，这是和其他从事版画创作的人不能比的，这是得天独厚的条件，搞创作要学习儿童版画的风格，向孩子们学习；第二，要写一篇分量比较重的文章，把儿童版画的发展过程介绍一下；第三，要学会一门外语。我把孩子们的作品全部保留了下来，我对孩子们的木刻版画难舍难分，拿起一块板子我就能知道是哪个孩子的作品，仿佛他就在我的眼前，一幅一幅作品就是一张一张孩子们的笑脸。人生总是有画句号的时候，将来的事业要靠年轻人去接。

李力加：大家都称您是儿童版画的最初实践者。当时，是什么让您产生了从事儿童版画教学的想法？

张桂林：东北画报社有一本《小学图画教学参考资料》，它只是提到版画，解释版画这个画种，没有让学生具体去制作版画，但是它有两幅老版画家的范画作品：一幅是古元刻的《祖国的早晨》，一幅是彦涵的作品《吃一个再走吧》。这两幅作品是用来欣赏的，除此之外再没有。后来我在天水怎么样让学生搞版画呢？那段时间说实在的它不是一个正规的版画组，我成立一个美术组，美术组里的小孩子就看到了我装在兜里的板子，他们就有了兴趣，小孩子本身就喜欢动手。小孩子当时不光是刻木头，石头他们也刻，砚台也刻，各种各样。他们不懂什么阴刻阳刻，反正想怎么刻就怎么刻，随心所欲。起步的状况就是这样的。1954年到1955年，我自己发展得好一些，学生的发展也就好一些。后来到了兰州，参加美术组的学生搞版画的就多了，我保存的最早的学生木刻作品是1957年的。我从事儿童版画教育，天水是起步，兰州是小发展，新疆是大发展，西安是更大的发展，到了顶峰。

这里面还要谈到中日交流的事，李桦老师起了很大作用。1931年8月17日，鲁迅先生邀请日本友人内山嘉吉来上海。内山嘉吉是小学美术老师，鲁迅先生知道他在东京教学生刻版画。内山嘉吉离开东京的时候给他的小孩子布置了一个作业——假期里刻的版画可以寄到中国来。鲁迅当时倡导中国的新兴版画，正发愁没有技法老师，就请内山嘉吉在上海的一个日语学校办学习班。这就是中国第一个木刻假期班，其中有13个学员。其中比较有代表性的一个是江丰，一个是张望，还有一个是陈烟桥。张望和陈烟桥就在重庆陶行知先生办的育才学校辅导学生做版画，当时他们两个在辅导儿童版画创作方面有代表性的学生是伍必端先生。伍必端、古元、李桦等老师给我写了很多信指导我，并且提到一个问题，儿童版画的学习目的是普及少儿美育，根据小孩子的特点培养孩子随心所欲的动手能力，也不排除这些孩子中间将来会出现艺术家。

我到了西安之后，和日本的接触是通过李桦老师介绍的，后来是李平凡老师介绍。李桦老师向日本的教育版画协会委员长大田耕士介绍我。后来大田耕士就直接给我来信。他在信中提到："1983年3月李桦老师来信介绍了你，我们的相识是建立在鲁迅精神基础上的。"所以，我们现在搞版画，不能忘记鲁迅倡导中国新兴版画的精神。现在我们和日本的友好交流已有数十年的历史，其间一件非常难忘的事情就是，1995年12月5日，日本前任首相村山富士给我们的小孩子来信，这封信写得非常感人。信中说："听说你们十几年来一直搞儿童版画方面的中日交流，我认为这是一件非常好的事情。"他们的会长还给我寄了很大的感谢状。总的来讲，中日儿童版画交流对我国的儿童版画发展是起到了推动作用的。（李力加：张老师在国内是最早开展儿童版画教学的，走在了全国前面。其实，日本整个教育界对版画的重视程度比我们早很多，也规范得多。）

还有一件事，日本版画界的这一帮子人，一直都是通过版画进行友好交流的。大田耕士给我的一封来信中提到，日本文部省教科书是胡说八道。日本的儿童版画作者，在老师的辅导下集体创作了"日中不再战，友好不息"的木刻组画，表达日本儿童的心声；所以中日儿童版画友好交流远景乐观。（李力加：张老师不容易，这么多年把学生作品保存得如此完好，对教学成果整理如此细致，很不容易。）

我18岁当老师，当时中铁局人事处发聘书，6个月如果合格就成为正式老师。

陈亦飞：您在教学中用的是哪种工具材料？

张桂林：木刻。

陈亦飞：您的教学工作和版画活动是如何安排的？

张桂林：这些年我带课最多的时候是每周24—26节，平时公开教学也多，1981年为铁道部领导举行观摩课曾一天举行低、中、高年级三节美术课及版画课（学生当堂画刻，完成小幅藏书票版画作业）。来西安之后我组织儿童版画创作，先是召集7—12岁的60多名儿童组成版画组。当时由于场地所限，采取化整为零的方式进行版画创作，其中包括如今我国的建筑大师王澍，当时主要以木刻为主，之后又逐步发展纸版画、胶版画和塑料版画等。1983年我把版画正式纳入美术课，当时的口号是版画进课堂，受到广大少年儿童的欢迎。此间，小班化当堂画刻完成，大件作品课余完成并课后集中拓印。

陈亦飞：当时的学生是什么样的情况？

张桂林：他们都是喜欢、爱好，这是一个共同的特点。一说要发木刻刀刻版画，高兴得不得了。（**李加加**：那时候是在兴趣小组？）不是，是在整个班作为美术作业来进行的。（**李加加**：时间怎么控制？）一开始就是小幅的版画。课堂上给学生讲，把板子发给他们，业余时间去刻，刻完之后把版交回来，印的时候集中印，采取的是这个办法。

陈亦飞：您觉得学习版画对儿童的成长有哪些帮助？

张桂林：爱画爱刻是儿童的天性，版画是图画和手工很好的结合，通过两者的工艺劳作，可培养儿童的观察能力、创作能力及想象能力。中国美术学院获得"建筑界诺贝尔奖"之称的普利兹克奖的王澍教授在给我的信中，谈到他童年跟我学版画的经历，认为学版画对人的素质培养意义重大。

李力加：您对现在儿童版画教学有什么看法？

张桂林：当代儿童版画的发展，一个是继承祖国的传统艺术，再一个是培养孩子们的动手、动脑的创作才干。现在从作品看有两种形式：一种是反映现实生活的，这种写实的东西富于感情，对为小孩子来讲应该是有感性的东西，可以流传后世。比如现在小孩子刻一幅作品，学习了其他方面的不同形式，若干年以后在人们脑子里都已经忘掉了。比如说祖国的大好河山、风土人情、好人好事等等，如果他反映出来，那么对他个人思想境界的提高是有好处的。如果说你只是追求形式的东西，就没有生命力。

关于材料问题，可以多种多样，应因地制宜。关键是创作的内容，怎么样去引导学生，让他往健康方面发展。祖国传统艺术要继承。

李力加：您如何看待当下很多的儿童版画比赛？

张桂林：大大小小不一样。有一些是诚心诚意为孩子们着想的，官方支持，老师卖力，这样就比较好。还有一些为了突出某一个地方张罗怎么样去办比赛，实际上内容比较空。过多的话也不见得好，应该扎实一些，有计划地安排内容主题。总而言之，作为美育手段对小孩子要有好处，要有童心童趣，不能搞成年人那一套。

李力加：谈谈您对儿童版画发展前景的看法。

张桂林：儿童学版画不是完全为了培养版画家，其目的：一是让儿童了解祖国传统的版画艺术并尝试版画创作，提升儿童的创作意识，提高艺术修养以及普及审美教育；二是培养儿童对版画的爱好。也许有的儿童长大之后，经过高一级的学校培养会成为优秀的版画家。

关于儿童版画的发展前景，我认为现在我国某些成人版画，其表现形式和内容已由鲁迅先生提倡的现实主义向西方的表现主义发展，有些作品实在让人看不懂。具有童心童趣、思路十分活跃的儿童版画，不仅表现出孩子日常生活中的所见多闻，而且还画出他们梦想的正能量事物；所以当前儿童版画和当前的某些成人版画相比，在民族性、时代性方面有较强的探索性和可塑性，是中国版画发展的希望。

习近平总书记近期在文艺工作座谈会上的讲话中强调："坚持以人民为中心的创作方向，创作更多无愧于时代的优秀作品。"根据少年儿童的年龄特点加大儿童版画的教育与创作引领，这也是义不容辞的方向。

陈亦飞：您已经退休很多年，但依然坚守在教育岗位上，是什么力量支持您这样做？

张桂林：我一进到这个屋子就像演员站上了舞台。尽管我的身体有一点欠佳，但是一进来（办公室）我就感觉浑身有劲，这就是一种感情、一种精神。我的做事思想是16个字：人生如戏，各唱一段，演出结束，圆满谢幕。就现在来讲，我在这个学校是义务做工作，校长给我钱我不要。

陈亦飞：您在从事版画教学的时候是如何开发学生思维的？怎么提高他们的创作能力？

张桂林：这要根据学生的不同年段来看，低年级要让他们随心所欲反映他们的童心，他们想的东西和更大的孩子不一样。小孩子的话不要过多地去干预他，让他把心里的想法能够画出来、刻出来。

陈亦飞：请谈一谈您对儿童美术教育的体会。

张桂林：就版画来讲，它的目的是教育人。作为一个老师，你要把学生教育好，从思想品德、美术知识技巧方面把他教育好。我后来在个人创作方面有些放弃，把精力转向儿童版画，我觉得我自己刻一幅画的作用比培养大批的学生刻版的作用要小得多。对小孩子来讲，美术教育就是培养真善美的东西，让他从思想上能够认识并能够渗透到其他学科。我经常观察，你教这个孩子学点美术，他在美术方面有了一定的修养，他做任何事情与不爱好美术的、没有受过美术教育的人相比不一样。比如数学课，学美术的、具有美感的，他的"="都画得要正一些。

　　我是一步一步在老前辈的教育培养下成长的，所以我知道感恩。我准备过几天身体好一点后刻一幅贺年卡，我每年都刻，今年要刻就是"感恩"两个字和一只小羊。

　　就是一句话：美术教育培养更多的人懂点美感，有审美修养。这就起到了应有的作用，这也是美术教师的一种责任。

　　陈亦飞：非常感谢张老师！

10

主题：

儿童美术教育问题

受访者：古方（全国"三十大"儿童美术教育精英之一，广州市儿童活动中心主任）

访谈者：丁志超、姜哲娴、黄聪丽（浙江师范大学美术学院研究生，以下简称"记者"）

李力加（浙江师范大学美术学院教授、硕士研究生导师）

笔录人：丁志超

访谈时间：2013年6月29日

访谈地点：广州市儿童活动中心

记者：古主任，您好！我们了解到您起初是在湖南从事美术教育工作的，曾任湖南美术家协会少儿艺委会秘书长，后来是怎样的契机让您来到广州的？

古方：说起来话长了。1998年的时候，广东有60个指标，遇到一个好的机遇，作为人才引进，1999年正式调入广东。广东人才引进过来很优惠，如职务安排、全家户口、给孩子安排学校，另外就是给一套住房。

记者：古主任很优秀。全国招募60人，您作为其中一人，当时在湖南出了很多成果。据我了解，其中有一套《童谣童画》您作为编委参与其中。请您说一下这本著作。

古方：可以说是我从事美术教育的一个起点。从很多同行与专家那里学到很多东西，特别是李力加老师。很多创意点都是从他们身上找到的，只不过长沙的儿童画作品从创作手段上融入了一些湖南特有的文化。比如说对色彩的理解与色块的分割、构图的一些要求，我还是融入很多湖湘文化中的基本审美元素，给人一种耳目一新的感觉。在儿童美术教学辅导中，南北方有些不同。南方有些秀，比较讲究细节；北方大气，气势蓬勃。弥补了各个地域文化差异，在绘画当中得到不同视觉效果，产生了一些不同的社会反响。

记者：您当时带领长沙的一些孩童，外出创作了一些绘画作品。

古方：长沙是一个文化底蕴比较丰富的地方，从汉文化开始，比较丰富。从中找到一些契合点，我做了些研究，但不成熟。我从官窑中找到一些汉文化中的图式，用孩子的眼光去发现，从中体会到美的感觉。我也很遗憾，工作还没有做完，就调走了。工作当中包括每学期两次我带孩子去马王堆博物馆，并不是去看汉尸，而是看那些图式。挖掘地也去看过，跟《长沙晚报》的同志一起，专程去看，领略到当时的历史状况，让孩子们反过来想象长沙那种君王的感觉，从这个角度让孩子回顾历史，感受现在与当时有什么不同，创作的灵感从这里产生，包括绘画的形式。

记者：当时有一本《儿童美术》教材，您在这一教材中始终贯穿的教学理念是什么？

古方：昨天还跟李老师讨论这个问题。现在从事校外美术教育的年轻老师，还有40%—50%仍把我们这个作为基本教材，我在少年宫系统里面工作，做过调查。包括天津（刚从那儿回来），他们美术教学运用的，比如说产生联想、故事导入（童谣导入），是我们15年之前所采用的教学理念，至今仍然觉得是对的，还是作为基本的教学元素，一直贯穿于整个少儿美术发展的走向，有一定的指导与定位。走来走去，反而走入瓶颈，很多老师都不知道该怎么去教了，很多专家们也在探讨如何转型。真正符合中国儿童美术转型的办法，目前我并没有看到。比如说转型教学中从二维空间到三维空间过渡，从无形到有形，或者借鉴大师作品，看能否走进一些孩子的空间，都是一种手段，整个教学理念还没有形成，还需要年轻一代继续努力。

记者：您说的《儿童美术》教材，它的重点是不是故事导入？

古方：最大亮点是摆正了教与学的关系。教，是给孩子多少东西；学，学生从中学习占了多少位置。这本教材提供了很大的平台，让孩子自我探索、自主学习能力有了一定提高。很大的贡献是，给孩子们自由发挥空间，明显优于其他教材。

记者：能否针对这个问题举个具体例子？

古方：比如说，要孩子创作一幅画，老师不会给孩子一个具体形象，而是一首歌谣："大头、大头，下雨不愁，人家有伞，我有大头。"把这些童谣加上，孩子会把外部情节和内在的东西融入到里面，作品的丰富度和想象力都会比原先孩子的表现好很多。我觉得这本书与之前书的不同之处，就在于给了孩子更大的空间。

记者：这套书在不同年龄段的孩子中，教法有什么变化？

古方：在教学过程中，不同年龄段有不同目标与要求。比如说在低幼儿童的导入过程中，可能注重的是情节，再大些更注重细节。在辅导低幼孩子中给他们的空间很大，铺的路是很平和的；年龄大些的孩子会更加注重细节，由一个问题出发，要解决一个教学目的。比如说，有个课题"给爸爸妈妈打电话"，年龄六七岁的孩子都会打电话，在这种情节当中，给了一个大空间，包括动作要求、环境，给一定场所，把细节强化了，孩子们在画的过程中会有一定的想法。我认为这套书直到现在，在校外儿童美术教材中，还是一套比较值得推荐的。

记者：您以前从事过很长时间的水墨画教学，您认为儿童水墨画学习应该如何去引导？

古方：我是学国画专业的，对国画方面还是有些心得。我觉得儿童对于水与墨溶解的过程特别感兴趣，他们对水与墨在水中、在宣纸中的溶解过程，要比拿起笔来画一笔更加关注。所以，我首先让他们接触的是水与墨这两种特定物质，刚开始教学的时候，我不让他们动笔去画，而是带盆子打清水，第一滴墨用竹签在水中画。让学生先观察墨在水中的溶解情况，前一两节课让孩子观察这个，特别是跟我上这课的孩子没有一个逃掉的。我说你们如果背得动，背洗脚盆来，有的孩子真的将特别大的盆让爸爸背过来，我就感觉这样的课程孩子很喜欢。先滴一滴墨，看有什么变化，然后再滴一滴墨看变化，滴完后形成变化后，我让孩子用宣纸吸出来。李老师以前看过一批我让孩子做的作品，全部是无笔水墨。我认为4岁、5岁的孩子这样教有效果，我发现11岁、12岁的孩子这样教也可以，不过目的不同。滴第一滴墨以后，让孩子再滴清水，看看有什么变化，然后再滴一滴墨，再把墨吸出来，看什么效果；大孩子会自己尝试，小孩子不会，他说赶快印一张。我就跟小朋友们说，当你们觉得它像什么的时候，你们就去印一张。出来的作品就是无笔水墨画，确实很受孩子们欢迎。

记者：小孩子接触了水墨之后，在基础教学的时候又有什么变化？

古方：在小孩子玩过几次这样的水墨游戏后，我会给他讲毛笔，讲作品。我会拿出很多画好了的作品，问水墨中能不能达到这种效果，他们说达不到，我说那就需要各种各样的笔。我就展示给他们看，这是斗笔、勾线笔等等一套东西，给他们简单介绍文房四宝。他们就要拿在手里看，我就分发给他们。一般我们准备四种笔，一般是大斗笔、小斗笔、勾线笔还有大白云，这四种笔在整个教学过程中基本够用。

记者：后期上课中，是如何进行引导的？

古方：总的来讲，老师示范时仅仅讲墨与墨之间、水与墨之间的关系，比如说70%的墨加30%的水是浓墨，90%的墨不加水当然是焦墨。在这种情况下，你要给孩子介绍清楚，不加水画上去会变成什么样，它不会渗透，这种墨是最浓最浓的墨了。加水30%或70%，有时候为了让孩子们更清楚，我让他们用滴管来把握，看我滴了3滴水和7滴墨，或者是各50%，让孩子画上去的时候看效果。我黑板上的宣纸全部是一块块墨的对比度，不是具体介绍形。还有破墨——浓破淡或者淡破浓、水多水少、墨多墨少，把这些东西在前面不断地介绍，以后才能让他们接受具体形体。

记者：这是每节课传授的目标？

古方：一定还是要传授信息。

记者：前期根据目的，不同课程是一样的，那在后期教学中有什么不同？

古方：比如说小学高段，对他们要求除了了解墨之外，必须还要了解形。中国传统还有形，形的构成还有线，有了线才能构成形。这样线围着包起来是圆形，直线包起来是方形。我提倡扩展式的思维训练，普通教育往往是大形变小形，一般孩子画完了大形再画小形。我教学中不一样，儿童美术当中局部到整体孩子还是能够接受的，整体到局部高年级的孩子才能接受。低年级孩子不太适应，可让孩子留心观察，这里有一片叶子长出来，那里有一片叶子长出来，孩子会根据联想给这片叶子加朵花，给那片叶子加朵花。完成后做个框架，这样做就会丰富，不会左右孩子思维的发散和延伸。高年龄段是组合训练：一组组局部训练，低年级单个训练，高年级这组当中的基本型是圆形、半圆形，你要找到里面有什么，正着、反着、正着，把它们组合在一块儿是一幅很好的儿童画。我一直主张绘画从局部到整体，素描也是，很多人不同意我这种观点。局部到整体不是每张画都这样做，孩子会很快接受这种方式的。

记者：很多人主张"素描是基础"，您是怎样看待的？

古方：这句话其实只是一个方面，不能笼统地说。很多国画大家学的是白描，学的是线，我认为线构成的符号才是基础。当然素描也有很多种，有线描，也有白描，很多种描法。我认为最主要的就是线，没有线就没有其他的图形。

记者：在日常教学中是欣赏名作还是别的什么方式？

古方：都有。像欣赏梵高的作品。把毕加索立体派当中看不到的东西画到能看到的东西，很多时候用这样的处理方式。比如说画侧面，只能看到一只眼睛，就采用立体的审美方式。像这种东西，确实需要引导孩子们学绘画的观察方法。

记者：那水墨画欣赏方面呢？

古方：也是打破一些常态的构图思维模式，比如说透视，喜欢用焦点透视，这是最准确规范的透视，成角透视是东西放得稳与不稳。在国画里面打破两种传统透视方法，转而用时空表现，最大特点是可以把不同地域的物象都搬到一幅画中来。这种方法在国画中运用，可从长江的源头画到入海口，沿途的主要景点都可以搬进来，如采用焦点透视或者成角透视是不可能完成的，中国审美的东西创造了人类伟大的视觉模式。

记者：对中国画中主题的设置是如何界定的？

古方：要根据孩子们心智的发展成熟度来设置。四五岁的孩子对人物造型能力等的了解要明显弱于小学中高段的学生，那就尽可能地让他们尝试画一些常见的东西，比如日常生活用品、植物花鸟。在低幼孩子当中，像静物花鸟画得比较多，到了小学高年级就会给故事。我曾经给高等教育出版社做了一个课题，主题叫"好汉歌"，我就把水浒传的108好汉做了一个延伸，用刘欢的《好汉歌》做了一个延伸。我让孩子先看电视剧，让他们对比电视剧里面的人物，让他们注意将喜欢的形象记录下来，我喜欢晁盖，他喜欢鲁智深，你可以喜欢一个人，也可以喜欢多个人，但是我要让他们定格几个形象。定格后，找一些其他的图形，比如连环画之类，让他们欣赏别人是怎么画宋江的，别人是怎么画鲁智深的。总共用了六次课完成这个课题，画出来的画是他们心目中的形象。这本书是北京高等教育出版社出版的。

记者：您授课教学一个班有多少学生？

古方：一般25人之内，我的教室都是爆满的，进我的教室都是批条的，进来的学生都很勤奋。现在做主任后基本上不上课了。

记者：小孩子从多大开始学中国画？

古方：从幼儿园开始，最小的四岁。握笔不会就教他，并不一定三指握笔，可以双手握笔，可以单手拿笔，不会刻意教他；但是在课堂中我会让他们观察我的握笔方式，看老师是怎样握笔的，是三指握笔，这样握笔的好处是手可以动，手腕动就会很舒服。握笔过程中，将废纸揉成一个小团，用后面的手指捏住，像握一把手枪一样，再把小纸团丢掉，这样小朋友学习的时候就会很自然。你不要批评他，要鼓励、引导他，基本上孩子都会很喜欢。

记者：中国画很讲究意境，在教学中您是如何做的？

古方：中国画的意境是大人给予的定位，我不主张。我们给孩子上课的时候，孩子开心并创作出原生态的作品是最好的，这是我的观点。很多人说要讲构图形式，我觉得不能讲，把孩子原生态的东西挖掘出来，这样就是最好的老师。

记者：在教学中，最需要关注的是与生活的关系？

古方：一个是与生活的关系，一个是情感的建立。与孩子的情感建立起来了，才能让孩子认可这个老师。很多中学生学业走到尽头的时候学习成绩变动很大，是因为他们不喜欢这个老师，他们烦了。我们首先应增强亲和力，进去以后笑着面对孩子们，不要给他们压力。我通常的做法是，进教室后在一个个孩子头上摸一遍，摸的过程就是一种交流——无声交流，特别是学龄前的儿童，他们很喜欢。

记者：您近期参与了"艺术家与留守儿童面对面""艺术支教"等活动，对此您有怎样的看法？

古方：这是我现在重点做的一些事情，现在正在做艺术调查，做羊城市场的调查。艺术教育在城市比较发达，在农村才达到12%，88%的孩子是接受不到艺术教育的。广州市的孩子是98.4%，农村仅12%，农村学校基本上没有开课，也没有老师。我们调查后首先从农村开了两个乡村活动中心，先在鳌头镇鳌头村办了一个，去年中央电视台和《人民日报》做了相关报道。我一年跟政府要10万块，当然这个钱是远远不够的，连老师的课时费都不够，就请我们这儿的专职老师和外聘志愿者团队。暑期15天老师、孩子都住在那儿，从书包到材料全由我们提供。在做完这个调查后，我们发现我们其实要给予他们更多。《南方日报》要组建一个艺术志愿者团队，专门把诗歌、音乐、绘画带下去。我们响应政府的号召，扶持"从化儿童中心"已经三年了，包括它的大剧场的装修、空调、音响，都是我们提供的，20多万元。

记者：对于现在日益火热的考级、考证现象您怎么看？

古方：我们单位和我们接触的孩子都是坚决抵触的。对孩子没有一点儿好处，都是大人赚小孩的钱。讲穿了，如艺术考试全免费，谁也不会搞。举个例子，钢琴考试每往上升一级加一百，弹完这个曲子就代表你是五级水平了吗？你画一幅画就能看出你是几级水平了吗？你有什么标准？都是经济驱动着一帮人在做，说实话就是误人子弟。

记者：您从湖南远道而来，在广东这边做了很多事情，应该也会遇到很多问题。您可以具体讲讲在广州的工作经历吗？

古方：广东这个地方的特征之一，是有知识、没文化。来广州的都是高学历的，起点是研究生，落户层面的至少也都是本科生、研究生。如此看来他们很有知识，但是广东人跟湖南人最大的不同在于，对孩子的教育采取的办法有很大差异。广东不太注重孩子整个培养的大计划，很注重孩子的眼前利益。给孩子讲要面临哪些知识点，大的方向他们没有。周一到周五的晚上他们没有课，你办培训也没有孩子来。在长沙的时候为什么我很累，我有1000多个学生，我从周一下午5：00—6：30开始，7：00—8：30继续上，回到家10点钟了，每天很疲惫，广州这边这样招生没有人来。

这两边的差距很大，是两个极端。政府部门高素质的人确实很忙，他们没时间管孩子。相对低素质的市民也不管孩子，宁可把孩子关在家里，他们不在乎钱的问题，关键在于理念。现在这些公务人员，在周六、周日会把孩子放出来，去少年宫、儿童中心。我们现在开始报名，为了一个学位需要排队7个小时；少年宫还离谱，第二天开始报名，提前一天晚上就有凳子排队。我上次去山东，天气很冷，但周一到周五的晚上家长还要送孩子过来。湖南也是一样，买个面包去上课，广东人不会这样做；所以，我来到广东后就有了"广东人有知识，没文化"的评价。

　　记者：您对于全国的少儿艺术培训，可以做一个评价吗？

　　古方：整个校外教育的少儿艺术培训走进了一个瓶颈，破掉这个瓶颈，说实话还需要更多人去实践，现在自主办学多了，公家的办学萎缩，私有的蓬勃发展，能够感受到无孔不入，只要那儿有个松动的感觉，他马上给你一个小班。当然这些人能够真正搞事业的不多，多是经济利益驱使。真正能够把这个作为事业去发展的，在全国我也没有发现几个。能做一些事情的人，现在儿童美术教育当中很少，我认为这是一种悲哀。在国外美术教育是一件很轻松的事情，去年我到了古巴、墨西哥，遥望美国，小孩下午三点后就没有课了，就去社区，什么都有玩的。画室就像木工厂，叫作视觉艺术工作室，什么加工设备都有，社区有一条龙的活动，想做平面就做平面，想做立体另一个角度做立体。这才叫作回归孩子本体。我回来后思考很深，很想改变一些东西，但是现状不是我能左右得了的。现在我在这个位置上，我要把美术室变成载体，通过载体来授课，你想手工就手工，不见得你画画就仅仅画画，什么都能做，把两间画室打通成一间画室。对于教室可以以这个领域中著名的人物命名，比如岭南画派是关山月，我就可以挂"关山月小画室"，孩子不一定是画画来的，我想创设一个载体工作室，在儿童画当中真正想走出困惑需要有一些规范。

　　第一，所有的儿童在接受艺术教育时要把中国传统艺术放在首位，其次引进多方位的艺术流派。我现在就是不喜欢去当评委，听别人说这是哪个大师的延伸、哪个大师的风格，好像你是毕加索的高徒、你是梵高的高徒、你是印象派的高徒一样，还写了很多这样的理论。

　　第二，从国家层面规范艺术教育的体系，杜绝比赛和评奖的泛滥。国家要整治并明确导向，教育部要有一个这样的平台。我们可以说是儿童视觉感受、动手能力的大比拼，不要是儿童绘画比赛，我们要分出来，儿童创意点好就够了。

我现在是儿童科幻画的总评委，为什么我把精力都放在科幻画上，是因为我们这里所有老师培训的都由我来承担。我想儿童画已经到了很难的地步，已经无法去拯救了，现在很多儿童创意画的点，可以去做。比如说一个孩子设计了一双鞋，他说鞋里面装了滑轮，累的时候可以把鞋里的滑轮取出来走，走草地的时候可以收起来。还有另一个例子是盲人音乐路，盲人去上学，把盲道上都设计成音乐符号，这样盲人上学也可以是带着音乐的节奏去行进的。它并不是一幅很好的作品，但是，这是一个很好的创意点，是把儿童画的领域引出一个导向。呼吁以后的展览当中，抵制高收费，一幅200多元，为什么画了画还要交评审费？科技创新大赛之所以能够坚持到28届，今年29届，除了全免费外，还有一个因素是教育局介入这项工作。我现在不是儿童画的专家而是科幻画的专家。现在省里面评选，都请我去。广东外语外贸大学的李于昆院长具体负责市里面的评选。

第三，现在要走出儿童画的瓶颈，除了政府干预以外，市场运作当中一定要出更好的教材来引导孩子们。我们儿童美术教材连续编下去的话，可能也有规范。少年宫规范了4—8岁这个年龄段，9岁到转型还没有，全部都是乱的，好像今天画速写就是转型考学校，二维向三维过渡，这都是一面之词，都是片面的。我现在在做全脑绘画实验，这个角度还没有完成、完善。左右脑同时进行对于大脑开发肯定有用的，可能我的左手是水笔，右手是毛笔，在画画当中左手画到白卡上，右手画在宣纸上面，这种训练模式我正在做实验。说实话想法很多，一直没有得到认证。

记者：针对儿童美术教育，您可以补充些建议吗？

古方：儿童美术教育，要持续健康地发展，应注意以下问题：

第一，建立完善体系。体系当中，国家层面应出版少儿美术教育纲目（不是大纲）。第二，要有一个师资培训计划。教育部是比较有权威的，个人办研讨会权威性不大，如果教育部官方组织，会比较好。当然也可以委托各省、市、自治区来办，能规范起来，就不会误人子弟。第三，要正规出版少儿美术教材。美术教材在有大纲的基础上，编纂地域性教材。现在往往是乡土教材吃香，广州刺绣、佛山石佛很多都快失传了。第四，市场运作尽量引导家长不要太多功利思维。别以为孩子获得一个金奖就是神童，其实那根本不算。

记者：非常感谢古主任！

11

主题：

杨之光美术中心的发展及儿童美术教育问题

受访者： 杨红（中国美术家协会会员，画家，杨之光美术中心主任）

访谈者： 姜哲娴、丁志超、黄聪丽（浙江师范大学美术学院研究生，以下简称"记者"）

李力加（浙江师范大学美术学院教授、硕士研究生导师）

笔录人： 刘疏影

访谈时间： 2013年7月1日

访谈地点： 广州市番禺杨之光美术中心

记者：杨老师，您好！很高兴今天我们能面对面地进行一次交流。我们了解到，您是一位大学教师，1988年的时候到美国去学习定居，2001年回国创办杨之光美术中心，成为一名少儿美术教育工作者。您从艺术家到少儿美术教育家之间有个身份的转变。当初是什么原因让您决定赴美学习的？

杨红：去美国很自然，20世纪80年代末有个出国潮，我就刚好赶上了那一批，基本上是以出国深造为目的。之前我就是美院师范系的老师，我自己认为，我是以一个成熟独立的教育工作者或艺术家的身份去留学的。我印象很深的是，到美国之后，除了一个留学生必须要经历的生活、工作之外，其实对我最大的影响是导师。我的导师当时看过我在申请学校时的作品，他说："你来美国留学？你画的东西比我画的好。"我那时候基本功很扎实，当时大学毕业之后能够留校的人基本功都是过硬的。导师看了之后觉得你画得太好了，那你为什来学习呢？我觉得这个问题问得特别好，让我更加深入地思考我未来的留学生涯，我究竟要学什么，我缺少的是什么。这个对我来讲是一个很重要的启发，我就开始思考：美术教育者的绘画水平跟他施教的身份究竟是一个什么样的关系？也就是之前我们一直说的画得好的人未必是一个好老师。之前我父亲就一直和我强调，教育家和画家完全不一样。教育家要寻求科学的规律性、教育的真谛，教育的真正意义是跟艺术创作不一样的。所以，我会如此在意导师的这个提问。我也发现，美国那边老师的作品不像我们作品的基本功那么过硬，但是他们教学的方法的确会使我们每一个学生有很大的震动，他们的教学模式和我们国内大学四年的授课方式完全不一样。他们是希望你通过自己的眼睛和思维去评判、去寻找，而不是老师告诉要怎么去做。不会说老师给出一个范本，告诉学生要达到这样的要求才是过关的，或是能够拿高分，拿优，得A。我们国内都是这样教学，大学一年级进来，对素描有个什么样的要求，接着老师给你个分数，然后这个分数还会影响到将来你的分配、你的工作、奖学金等等。但是美国的大学是不一样的，美国老师就是教你一个方法，懂得方法之后你去发现，然后你自己决定你要怎么去表达。这一点对我触动很大，我进而发现中美教育是两个完全不同的模式。

另外一个契机是，因为兼职的关系，我接触到少儿校外美术教育。之前我在这一方面接触得并不多。最早的一个经验是我在大学期间，带着同班同学到母校对面的一个小学开了一个假期兴趣班。整个班都被我带去了，我基本上也是按照那时候我们学画画的套路去教孩子。在美国的时候，我就发现不是那么教的。因为它的整个系统和我们的不一样，它是一脉相承，我们也是一脉相承，但是教法、手段、目的都不一样。它不是以技能作为美术作品的最终评判标准，这对我以前的认知是一个很大的颠覆。我们以前就是看效果，谁也不会问你这张画你为什么要这样画，也不会问你这个过程怎么样，没有这些说法。最后能代表你的就是这张画，这张画像大师就像大师，这张画震撼你就震撼你，就看结果。这张画若是基本功好、效果好，会得到很多的赞誉；但谁都不会去在意你这节课是怎么上的，这节课上说过了些什么。所以很多时候，我们一直陶醉在所谓的儿童大师作品中，仅仅满足了视觉美感的需要。在自我审美评判的作用下，我们不加思考地去教孩子。

美国人的做法不一样，他首先就没有告诉你什么样的结果是最好的。他要求的是通过这件事情，你能否有自己的态度，你能不能提出不一样的观点，甚至你能不能跟人家画的东西完全不一样。你跟人家想的点不一样、不沾边，那才是最好的。如果你跟人家有雷同的话，那就是一件很遗憾的事情，那是需要修正的。他是鼓励这方面的东西。所以我觉得自己以前受了那么多年的教育，然后又在美术教育系统做了那么多年老师，我的学生又是未来的美术老师，我们却完全没有去研究怎么去教美术。只是知道美术教育是美术学的一个缩小版，是一盒包含着国、油、版、雕、设计等美术学科的万金油，什么专业我们都能来一点，却从来没有思考通过美术这一学科究竟要对孩子们做什么，这些孩子通过美术学习将来能做什么。

这里面有一个很有趣的问题，是我后来才慢慢感悟出来的。美国没有像我们这样的一个特别强大的少儿美术的阵营，他们并没有一个这样的队伍。因为艺术学科对他们来说不是要一个人画得有多好，艺术学科最主要的是要解决一个视野和思维问题。对他们来说，十八般武艺，我懂哪样我就秀哪样给你看看，但是未必要学，关键是其中给我的导向、启发，这是能让我一辈子受用的，哪怕什么都没做，什么都没画。如果某种技能，比如水墨、素描等，老师不是那么会驾驭的话，都不会影响到他这节课的含金量或效果。所以这就导致了他们的系统并不是一个独立的美术教育的阵营，不像我们中国分得那么细，有校内、校外等等。在国外，真正的艺术教育已经融合在所有的学科里面。语、数、英、自然科学等，里面都有艺术。对我们来说，美术就是美术，它不太可能融合到其他学科里去。正是因为西方人把艺术学科作为创新思维的一个最重要的启迪，所以就把它用到其他学科里去了，比如数学也是让你画一个图，自然科学也是让你用美术的画来做。很多作业都是用美术来做的，他们完全不是把美术隔离开来作为一个技能的培训，我觉得这真是和我们完全不一样的地方。

另外，当学生觉得我喜欢美术，我想去学美术，那这就变成了一个工作方式，变成了一个技能的体验。这个技能体验可以很纯粹，就是玩上一把。比如说我去烧一下泥巴，体验一下某种媒材。这是一种工作方式，偶尔去体验一两次或是很短时间，它没有必要专门去搞一个美术班。这跟我们的现状完全不一样。

我在美国13年，回来之后，我发现，国内的状况和我走的时候还是差不多。整个的美术教育虽然说在运用媒材和媒介上丰富了很多，这个丰富只能说是艺术语言和表达的丰富；但从根本上的介入点，也就是就艺术教育的目的来说，还是没有什么改变。因为基本上这个目的，它还是仅仅在人的审美上。所谓的素质教育也只是说经过审美的熏陶，这个孩子可能将来有点跟别人不一样，局限在一个修养上面。上个世纪，我自己也是这么教育起来的：艺术是一种修养，是一种审美。但在国外完全不是这么说的，因为他首先就不先给你设定什么是美、什么是丑。但我们就不是，一定是先有美跟丑，先有对与错，你才去界定。而国外的艺术教育就认为你最珍贵的那一点就是你的独一无二，你的不可取代，没有对与错，也没有美与丑。目的的不同，导致了整个的系统、教学方法等都是完全不一样的。这样一来，我就觉得我很欠缺一样东西，回来之后我的这个感受更为明显。先不论美国教育制度的优劣，体制的东西我们也管不了，毕竟所有东西跟体制是有关系的；但是教育的根本目的如果不明确的话，就会影响教育的方法、课程的设置。如果我们是审美教育，或者是修养，那么我们最主要的是着眼于美术本身的这种媒材或是艺术语言的一种学习，那就会一直在我们原来的范围内转圈。如果我们将它调整到跟西方教育理念比较接轨的话，它是以一个人的创新思维的形成为最终目的，那么这时的美术教育就不是我们原来那样了。因此，我觉得我们所有的语、数、英这些义务教育的学科完全没有涉及创意，是一件很麻烦的事情。要知道我们的应试教育必然影响了我们小学、中学等重要的成长阶段。现在不要说小学了，连幼儿园都影响到了，幼儿园也要考小学，这就很可怕。从高考科目的设置这一连串下来，所有的课程都是标准化，不标准化它没法做下去。这个求同教育已经走到了极端。如果每个人都用一个模式去打造的话就很可怕，但是要求异的话又从何做起呢？因为无论怎样都无法撼动我们的应试教育。在体制改变不了的情况下，只有一个缺口，就是用艺术教育的手段和语言，可以在求同教育的边缘去做求异教育的一个弥补。艺术教育它相对允许你做这样一个求异教育的架构的设置。因为艺术作品相对来说没有对与错，我们不用一个固化标准来评判它，这就给了我们一个很大的空间。

但是，问题又来了。做这样的艺术教育，你是在校内做还是在校外做？校内的艺术教育现在就是在一个很尴尬的境地，我不说你也知道，因为在艺术教育的领域，不谈到升学就没作用。你不进入考试的话，就可有可无，这叫锦上添花。在国泰民安、丰衣足食的时候，大家会考虑的。但是在面对最残酷的竞争的时候，面对严峻形势的时候，这些都是不要的。那我们怎么办？所以就在扮演一个很尴尬的角色，因为艺术教育在中国就是可有可无的，随时可以去掉的，也随时会变成一个工具。这个工具就是作为一个意识形态，作为我们的一个方方面面都能够用得到的东西。这样一来，我们就没有做到真正的艺术教育要做的事情。

所以，我回国之后就觉得我有两条路：一个就是回美院当老师，这让我感到无能为力，我又回到十几年前一样的状态，因为不可能改变什么。美术教育工作还是以一个小美院的形式，每个专业都学一点。比我当年走的时候还多了电脑设计啊、产品设计啊什么的，现在什么都有了，比我那时候还丰富了。我那时候还仅限于造型与工艺、装饰方面等等。所以我只能用校外有限的阵地来做我们的课题研究，现在已经没有回头路了。你一旦踏入这样一个阵地的话，就像迈入了一艘船，这艘船他们就说是大师的航母。这艘航母很可怕，我们那天还在说：大家的目标是对面的彼岸，你开着航母，但另外还有小舢板等，什么都在上面航行，都要开往彼岸。大风大浪的时候，航母是安全的，但是你必须付出很多的能源、人力、物力，让它越来越强大，越来越稳，不怕风浪的侵袭。但是人家的小舢板也一样在前行。校外教育就是这样，到达彼岸都可以，就是看你驾驭什么样的工具。我们就在开玩笑，说大师的航母，有船长、大副、二副，什么都有。所有的工作人员是一个很庞大的队伍，你要不断地给他添油，增加动力，这是很有意义的一件事情。做这件事情如果是全部空白的，就做一点算一点，毕竟你不是在人家已经做过的基础上面仅仅把它当作一个经济来源，我觉得这样的事情对我来讲是没有意义的。我说实在话，教育的付出，这种投入和我们的回报完全不成比例，因为它付出真的是要掏心掏肺地全力地去付出，而你的回报最主要的是一种价值的肯定，这是最有意义的。

现在所有的民办培训，国家都规定是非盈利机构。当时我一回来就知道，非盈利机构我在国外时知道得非常明确，也就是所有的收益要用到这个机构上面，不能够用到别的地方去，这正是我想做的事情。你不挣钱或你挣钱都得用到这个地方，不挣钱的时候哪怕砸锅卖铁也要搞好它；当你挣了钱了，就得将它壮大做好，发展这个事业。你就不能把它当成一个上市的产业来做。在这一点上，我对我们中国的很多教育机构的上市是很有看法的。有很多客服类的项目都上市，而我们也有很多同行在追随这个目标，他们也在很短的时间内扩大自己的经营规模，希望能够像撒网一样，用产业的形式把教育做起来，做成上市公司。以融资的形式来做这个事情，我觉得很危险。我自己也有加盟的合作伙伴，但是我做得很保守。这个加盟，如果不能和我们同步的话，很容易出现偏差，教育和其他的事情也不一样。落实到每一个人、每一个老师，老师就是每一个机构的缩影。我跟每一个老师都说，你就是杨之光美术中心的唯一代表人。当你走到外面时就是这样的，人家会认为你一个老师就是全部的杨之光，你不是你自己。做教育真的是不一样，你不是一个公司，一个个体就是你的全部，你一个人就代表了全体。

这样做起来就特别地累，因为我给自己设置了一个很高的门槛，我的员工都是全职的，到现在一个兼职的都没有。所谓全职就是签合同、买社保，全部的时间要在学校，不能做别的。关于这一点，很多人都说是我自己跟自己过不去，甚至有很多的风投公司和想加盟的人，他们都觉得我的课程非常好，但是希望我改变模式，能够让更多的兼职老师迅速地把这个课程播撒出去。这是一个很美好的愿望，但是我觉得很难实现。因为我在打造这个私人队伍的时候，我真的是花了九牛二虎之力。有一段时间没有去抓紧的话，就出事了。我讲的出事就是说他的课上着上着就回去了。这个防止回去就是我现在要对抗的一个东西，就是习惯。人的习惯就是说他是一个美术老师，他因为受到这么多年的这样一个美术模式的教育，很容易将自己原有的习惯又带到课程里去。我好不容易将他打造出来，扭过来之后，过段时间他忽然间会把课给上回去了。同样一堂课，本来不是这样上的，他上着上着就忘记这堂课最终的目的是什么了。出来的作业差不多，但是他上课的方式完全变了，他回去了。有这样的现象，我就要去对抗。我就一直在和这种"求同"在对抗，包括我的师资，包括我的受教育的学生。既然选择了校外教育，我就必须持续不断地在"求同"和"求异"当中斗争，去和教育的惯性做对抗。这个很难。很多时候，你每天起床和你每天行走的路线、你生活的习惯、你思维的方式等都是固化的。要和这些东西做对抗是很难的。我必须保证这是一个全职的完整的团队，在这个团队中他们不断地脱胎换骨，不断地突破自己，能很清晰地知道自己的方向，知道现在在做什么。如果是兼职老师的话，就更难做到。周六、周日才来上课，或是晚上才来上课，他根本没有时间去储备，没有办法自我改造。这个就是最大的欠缺。我们自己在自我改造当中，在自己没有储备、没有提升的情况下，拿什么去教？但如果说我只是教画画，我原来有的东西就全部够用了。因为我科班出身，我怎么教都行。我不用备课，随时去教都能够胜任。这就是很大的问题，我要的教育就是从切入到引经据典、搜集的教材、给学生看的视频，都需要按照我们的课程去设置，哪怕出来的东西不是统一的。最终媒材每个老师都可以选自己的，你是比较偏向于造型的，比较偏向于立体的，比较偏向于多媒体的，你可以选择不同的艺术语言和媒材去上这个课题。

我现在做的就是课题。2009年，我就特别感激杨景芝老师。我在做这个实验的过程中，遇到了很大的困难。这个困难来自于我们国内，有很多的美术教育工作者，有很多的专家、很多的观点、很多的经验在这里起了很大的作用。当突然间我提出这样一个思路的时候，他们有很多疑问。特别是很多我尊敬的专家，他们也不知道我为什么这样去做，或者说我这样去做有什么价值。但是到2009年我们到北京展览的时候，我做的这件事情除了展出画，其实最重要的是想将我的教育理念用一个比较极端的疯狂的方法来放大。我把小孩子的草图，看上去是没有完成的、很没有视觉冲击力的一些皱巴巴的草图或白纸精裱起来放在墙面上。把通过草图做出来的成品让工厂加工，让工艺师们去做造型，让3D老师去做模型，花了很多钱，做了一批成品。其实我是想让大家知道中国设计和中国制造之间的关系，我用了视觉的方式来呈现。实际上，这也是我教育要做的东西。当时展出的时候，他们说你的画种太单一了，比如说把画做成木刻，各种刻，或是陶泥，各种泥，就是说我在美术作品用的材质方面展示得不够丰富。

这就很有意思，这是我成心的。当时我和我先生两个一起做，他作为艺术总监，在展示方面他是一个非常重要的主导人。这个展览如果仅仅是美术展览的话我就需要刚才说的那些，但如果这是一个教育的课程体系展览的话，我就不需要这些东西，甚至我要将这些东西淡化下去。我把很多的油画等看上去很精彩的东西全部收起来。特别是这次创意摇篮，两次展览我都彰显了：把美术作品这个框架先放下来，去关注你做的这个课题。这个是我所想的，所以我自己赌了一把。我就不希望你通过这个来看我们老师专业水平有多地高，因为我觉得不用专业方面的东西，也应该能够说明我这个课程是不是好课程。我希望知道我的课程如果今天拿到一个农村，拿到一个连笔都没有的地方，它是不是能够上。这就是我想做的。我一直强调说，再多的粉饰也遮掩不了一个愚蠢的创意。再简陋的作品，也不会掩盖掉其中一个伟大的创意，创意不会因为材质的简陋而被人忽略。

这件事情别人不一定愿意这样去做。特别是一些小孩子的很重要的手绘草图，他们在家里弄的一些东西，其实大家都认为是不能拿出来的。拿出来没人看，看不懂，这是第一。第二个，无意识的涂鸦跟课题的实施又是不同的。所以这里面又有一个问题，不教而教的同时，我就不用花那么多脑筋。不教而教，儿童天然涂鸦，这是天性。在天性释放、天性使然的时候，回归到自然本质的时候，我们谁都不要去发言，我们就很多余。但是你作为一个教育者，你就必须按照教育的规律去做课。因为你通过艺术教育去成就一个人的时候，是真的需要认真做的。涂鸦是一个人有限的东西，到一定时候这个东西就没了。但有些人一辈子走下去了，他就是个大师，不用教。我相信这个大家应该很有共识，艺术的天赋就是与生俱来的。但是我相信，艺术教育如果是用我现在这样的课程，是能够把创意的基因给改变的。修正固化，我这个课程是可以做到这一点的。持续做，不需要花很多时间，一个星期一次。不是说每天要画一张画，但是应按照这样的系统去一点点地练习，直至初中、高中。我相信很多人都不是学画画的，也不是艺术学科专业的，但是这个系统的课程比让学生每次来画画，每次画一张教材的东西要好。即使你不画画，但是你思考了东西，它在人生中是有轨迹可循的。画画有很多的体验是在此时此刻，那一刻，媒材给他的一种愉悦和心灵的碰撞，有的人可以留下一辈子的记忆，有的人是瞬间过去了，没有任何留下来的。但是思维的课程不是这样的。每次思维的转换对他的人生一定是留下轨迹的；所以我希望的课程是真正能够触及孩子思维的，而不仅仅是一个动手的过程。只是一个动手的过程的话，很多事情就这样过了。

我只能抓住这样一点去做；因为艺术太强大了，它可以是医生，它可以治病。很多人用艺术去治病，我们都知道艺术对自闭症等特殊儿童的作用，像关小蕾已经在这方面做了很多实验，非常伟大。我认为，在中国这样的人不多，而且恰恰她能够运用一个最好的平台，用少年宫这个平台来做一些很有价值的事情，而不是把少年宫做成自己的一个铁饭碗。公共艺术教育在中国是很薄弱的，要有信仰的人去做，我觉得小蕾就是这一种，她真的是有自己很强大的信仰。她认为在做的过程中她在获得，她获得的东西比她做的东西要多得多。她是这样一个人，所以她能够带着她的团队把少年宫这样的平台用起来，非常伟大。国内就她一个，但在国外很多，国外很多民间团体就有很好的机会，做得非常普及。

作为民办教育，你没有办法去把一件事情做得面面俱到，想要面面俱到的时候，你往往什么都做不成。因为有的学期是16次课，有的是15次，基本上把一个学期周末的课都占完了，国家的法定假日还得去掉。一个孩子，在这么多功课的安排下，能够挤出时间带着兴趣投奔你的时候，你给他什么东西了？这件事真的是一件非常严肃的事情。年复一年，一个学期又一个学期，大量的时间就晃掉了。但如果说我们只是拿来画画，在这个过程中玩上一把，这没什么错。我不认为这有什么问题，但是我觉得会把一些很重要的东西给浪费掉，因为中国孩子的时间实在太少了。还有一点，他们完全没有机会接触到其他方面——如有关创意基础知识的传输和教育，他们全日制的教育里面没有，完全是空白。所以你不利用校外的话，他们就没机会接触了，这就很可怜。

如果我用艺术学科的话，其实就很好办。我很多的课程，也是以项目的形式来做的。当然是按年龄段，如果是比较小的孩子，我不一定要求做一个很强大的项目。年龄稍微大一点的话，我就会尽量让他们体验这个合作的过程。小的孩子基本上是提出问题、解决问题。我每次都会和我的美术老师说，每一次课都提出一个问题，让下面的孩子去解决这个问题，你做到了吗？不管你今天是画花也好，画风景也好，你提出来的问题解决了没有？这是我对他们的基本要求。如果这一点没有做到，你一上来就教画画，这是不行的。我现在就定了这样的要求，教画画不要占用这16次课，这16次课要解决的问题是很明确的。既然学习了，学完之后，你要把这个课题做出来，你要用你的技能去做这个课题。比如做素描的练习、立体感、光影等等，学完之后，你做什么课题了？你解决了什么问题呢？因此，我的老师他们现在也是能够这样去备课了，这就比较接近我的愿望和理想。当然，并不是十全十美，还会经常跑题。

记者：每个老师一学期的16次课，之前要给他们进行课程体系的培训吗？

杨红：要培训。这个课程体系培训完之后，还要每个礼拜来回炉，定期给他们演示，你这个课怎么教。同样的课进行抽签演示，看看一样的课每一个人教出来是什么样的，大家来评判，大家来谈谈看法。每次我们都有一个教学大纲，在暑假班结束跟秋季班开学前，就是一年一次，我会把学校的老师全部召回总部，进行为期一周的集中培训。平时，也会派老师、教研团队的人去各个校区，去看他们的教学情况。另外，不定期地召一些老师过来，让他们侧重性地去培训。因为每个学期的侧重点不一样，还有就是弱跟强也不一样。比如哪个方面特别弱，特别容易出问题的，针对性地去解决它。现在每年都基本上按照这样的模式去做。

记者：您提到小的孩子基本上就是用提出问题、解决问题的方式来授课，能具体谈谈是怎么做的吗？

杨红：基本上从小到大，都以这个来作为主线，就是用新的方法来解决之前的老问题，用新的观点来回答之前的一些旧问题。任何一个课都是这样要求。"蝴蝶"是一个很典型的例子，在北京做展览的时候有一个蝴蝶主题。以前做的是一个从现实的蝴蝶到蝴蝶的装饰纹样再到蝴蝶穿上花衣服,我们的概念是从文学到视觉到艺术,蝴蝶都是有它的意义在的。所以,进一步的问题就是:这个蝴蝶到了桌上它还是不是蝴蝶?到了床上它还是不是蝴蝶?这个蝴蝶到任何一个改变了的环境之后,它能不能不是蝴蝶?其实当你的思路一拓开之后,蝴蝶的意义就不会局限于蝴蝶本身了。它就不仅仅是一个穿上花衣服会飞的一个昆虫、一个生物,而是具有蝴蝶特征的任何一样可能性的东西。它有可能是一个建筑,有可能是一个产品,有可能是任何一样东西。在这种前提下,老师在上课的时候,就不能够按照原来那种模式去说蝴蝶就是穿着花衣服的昆虫。当你给了孩子这个思路的时候,对他们的写作就很有帮助。再比如,如把桥作为一个课程的话,从那边到这边,它起的就是一个联系的作用。那么,当你从这边到那边,当这座桥既不是钢筋水泥也不是木头的时候,这是一个什么东西呢?这样一触动的话,孩子就会想到心灵的桥梁、友谊的桥梁。我们原来的文学里面就已经产生了这样一个联想式的创意。艺术就应该是这样一个思路,因为它可以对你思维的方向、思维的方式起作用。当你认为桥不是钢筋水泥,不是实体连结的东西,可以是任何一样东西的时候,桥的作用才凸显出来了。其实,这能够引发其他的一些方面,如文学方面、策划方面、科学发明方面。对发明创造,你在既定的一个标本上面不质疑,不去颠覆它,就没有创造存在了。所以,课题必须给孩子去破坏、质疑的机会。最难的就是你对自己原来最喜欢的东西提出疑问。

人敢于对经典提出挑战,这个也很难。还有一个就是,大家现在看到的都是潮流、偶像、伟人,你敢不敢去否定他们?如果你"假设""假如"的话,是没有错的,你不用去付这个责任,你在艺术上就可以做。现在,互联网造就了很多网友,互联网已经改变了人的思维。中国和西方人思维的模式很不同。我在美国呆久了,美国这个国家其实还是有很多问题的。比如说他们的基础教育不如我们的好,之前就有人提出这个问题,说他们的基础教育是失败的，还不如亚洲的一些国家。他们也看到自己的一些弱点，希望能够加强他们的基础教育。他们看清这一点，是很好的。但是有一点，他们的基础教育再怎么差却一点都没有影响到他们引领整个世界潮流，因为游戏规则就由他们定。他们的思维模式先于我们的这个固化模式，这点已经奠定了他们的制胜基础。哪怕我们的基础再怎么扎实，他们还是更有优势，这就是思维模式造成的。中国人的思维模式是改善型的，从我们老祖宗开始，点灯，用蜡油，你看我们的古装戏，十盏灯不够点一百盏，就是这样达到灯火通明。而爱迪生不一样了，发明了电灯，这就是思维模式的不一样。这可能就是由教育的最基础的模式引起的。创意的基因没有在我们国民的身体里面发酵。我经常跟周凤甫讨论这个问题，他是教研员。他现在已经非常紧迫地认为国民的性格里面，综合素质一定要产生变化。他真的觉得是基因的问题。你不通过教育去渗透，他们不会这样去想问题，也不会这样去做的。没有几个人是天才。我做了六年全职妈妈，我就是在边琢磨边看我的孩子的教育，他们的老师你看有多臃肿、多胖，画画有多么地不成样，但他们每一个都是艺术家，都很会教，他们会让每一个孩子回去之后都变得很神奇，能给家长很多意外的惊喜。他们一直是这样引导的，是基因在起作用。他们在玩也好，在回答问题也好，在做各种事情也好，就是不按照常理出牌。所以，他们的教育就是从小潜移默化。

我现在就是用这个艺术课程，其实时间很有限，一个星期一次。做什么呢？"摘标签"。因为孩子三岁时，妈妈就开始让他学了很多字。这个字带着图形，图形定下来之后，这个字就是一个标签。壶就是壶，杯就是杯，不会再想到别的事情了，那就糟了。沾上标签之后，你从此就不会有创意了。我要做的就是"摘标签"，我每个星期就给你摘一点。有的时候是这样，摘完之后，又被老师给贴回去，回来再摘。就是说在这么短的时间内，想办法去注入这种基因。应试教育这种强大的标准化，我们是没办法去改变的。比如我儿子，他是中方教育和英方教育同时进行的，这种中方教育他就很崩溃。同样的语文，差不多的答案，他问我说："妈妈，这个有错吗？老师说我错了。他说那句话应该是这么说。"我听起来是差不多的意思，但是如果你不是这样说，就扣分，已经僵化到这样的地步。那我就跟他说："没办法，现在改卷都是电脑改，你就是跟电脑人打交道，你就包涵点。"他就明白，因为电脑是程序，程序是死的。我只能跟他那么解释，因为现在改卷是电脑改。

记者：从2001年开始，您在做这些教育课程，一直做到现在。能介绍介绍孩子们的学习情况吗？

杨红：他们从小就来学，有些学到初中，最大的也就学到高一。大部分在初中的时候，爸爸妈妈就说，要学奥数、学英文，一点时间也没有了。但是很幸运在小学阶段，还是很用心在学的。这也可能跟他们的升学规划有关系，可能他们想选择艺术专业作为他们考试的一个方向。到了小学高年级就没有了一半人，到了中学就没有了三分之二，只有三分之一在坚持。

记者：这种课程的学习家长们接受吗？

杨红：这点我很欣慰，毕竟跟家长的年龄段很有关系。孩子的爷爷奶奶可能不接受，但是现在家长大部分都是70后、80后，非常乐意接受。他们还有一种焦虑，就是觉得自己没有机会学这种课程，希望小孩不要落下了。胡锦涛同志曾提出来2020年中国进入创新型国家行列。没有创新教育，哪来创新型国家？这是一个全民问题，一定是从小做起的。我们现在大学生也在积极创新，小学生真的没有涉及。我国好多城市搞了创意园，可是这些美好的蓝图没有孵化，没有教育支撑。所以，要不就成为艺术家工作室，要不就成为商业区，这样一来何谈教育？基础的东西就没有了，教育是本，但是现在没有。所以，我和我爸说："你一辈子，什么奖也拿了，最终这几年的贡献可能比你之前在美术学院、在艺术界的贡献还要大。因为摇着这么一面大旗，如果我们后面一代一代的人能够把这个事做下去的话，这个事情真的是功德无量。"我觉得，很难得的是我和他同时在美国居住了那么长时间，他也觉得这个事得做。他力不从心了，那大家得帮着做，做多少算多少。他现在所有的精力都这样付出，在北京搞一个展览，在广州搞一个展览，不是一般的开销。但凡能够变钱的东西，全部投到教育中去。

我觉得去年这个展览的创意比北京那次要好。据统计，参观者有三万多人，绝大部分跟专业一点关系都没有。全部是民众跟学校老师，他们是自己来的，自己到美院来看。我觉得这次做得比上次要好。当时进中国美术馆，是以一个画展的形式做的，也有很多的家庭和民众去美术馆看。后面的部分有特别多的孩子去看，观众留言留了三大本。他们都觉得这个事情很值得去做，这是很明显的回馈。这次展览更多的是体验，平面静态的东西也有。第三层楼我把课题做成了玩的东西。很多家长与孩子合影啊玩啊，把课题做成了游乐场所，让很多对美术没有兴趣的人对展览流连忘返。我觉得这和我的理想又靠近了一步。

我希望不要单单把它看成是画画的一件事情或者美术的一件事情，希望能以公共教育、公共展示等形式把这种信息传达出去，这是又进了一步。

上次我们围绕"2012年世界末日"的话题做了一个项目——诺亚方舟，一个大船，很震撼。该项目分了几个课题，思路是五个"W"一个"H"——为什么做诺亚方舟、谁做诺亚方舟、什么时候做、在哪里做、怎么做等等。在做的同时希望他们能植入跟儿童相关、跟家庭相关、跟社会相关的很多问题。比如说：谁能够上诺亚方舟？你要带什么东西上诺亚方舟？这个话题就要求他们在做课题的时候要注入自己的价值观——当你要离开地球的时候，什么东西是最宝贵的？这个家庭对你而言什么是最重要的？什么人是不能上的？什么人是能上的？你能不能作为法官制定一个游戏规则？这个船票，什么人能拿什么人不能拿？甚至你可以不用船票的形式，直接来回答问题，答对了就能上。任何形式都可以，很丰富。老师们都觉得这样做一个课题得到很大的收获，一个课题能引发这么多方面的思考，包括设计怎么做，诺亚方舟是有形的还是无形的，目的地在哪里，很多方面可以设计，就会很好玩。诺亚方舟那艘大船后来我们让家长参与，选择要带上的人从画板上剪下来，插到船上。一个课题就像一面镜子，能照出很多东西，能折射出很多东西。

还有一些很简单的主题叫"盘中餐"，这是一个可以照相的模板。把所有的课题做成展示模板，人们可以合影。

记者：展示的时候是这样，但平时做课题的时候呢？

杨红："盘中餐"做课题就有很多介入点。我现在有个教研团队，这方面有些人特别能进入状态，特别是有钻研精神的老师，很敢想，想出课题我们就来做。诺亚方舟这个项目每个年龄段都能介入，包括大人都能参加，特别好。

记者：给小孩子一个问题，让他自己来解决的时候，有些小孩子希望用不同的表现方式，这个时候老师该怎么做？

杨红：一定要让他用自己的表达方式。有的孩子没有发言，他的想法被别的人先说了，他就会特别懊恼特别沮丧，绞尽脑汁想别的表达方式。有一种氛围特别好，就是不希望他们有从众的心态。在一个班级里七八个人或者十来个人，哪怕有一点点与众不同，都足以被肯定。这一点，孩子们很明确。孩子们很知道根据你的导入马上发散出来。这一点显而易见，刚学的孩子和学很久的孩子有很大不同。刚学的小孩子你点拨半天他也只能发散出一点点，学很久的孩子很快。我们之前就用思维导图来上课。这是一种很容易让人掌握的思维发散的方式。小孩子已经知道通过一个点，去到一个面，通过分支发散出去，知道怎么去思考问题了。这个很重要，不管做什么事情不会盯着一个点，不会在一个角度上。

记者：抽象性思维是指什么？

杨红：我们通常是利用偶发的形体，没有具体的东西，通过这些形体来引发其他的思考。我们把装饰性思维也放到里面去上，毕竟有些构成啊，点线面啊，是在课题里让他们掌握到的。这次岭南艺术节，我们需要岭南元素。当我们用这些元素的时候，总有一些人希望把这些元素都整合到一张画板上面，通过我们讲的平面的构成，或者装饰性的形体，把他们要做的东西表现出来。不过这在我的模块里面占的比例很少，最多的是逆向思维和拓展思维，特别是逆向思维。因为逆向思维在16次课里至少占了三分之一。高年龄段，八岁以上的孩子，他们进入了叛逆期，主见特别强，用逆向思维给他们上课，他们特别来劲。因为满足了他们的一种破坏力。破坏力其实是创造力的前提。如果没有这种破坏力的话，没有这种胆识和机会的话，那一切都不用谈了。你不给他们这种想象的机会的话，这事就没戏了。你必须打开这种缺口，让他们破坏之后，再重新建立一次次序。这种次序建立之后就特别有意思。小孩子特别满足于这个过程。家长不明白。有一位家长很麻烦，把小孩一扔就走了。有的会明白，会很关注。

记者：到目前为止，您大概做了多少课题？一年大概做多少呢？

杨红：没有统计过，但一年大概会做几十个。有的课题会逐渐深化。比如七八年前、三四年前的课题又拿回来，我让他们炒冷饭，重新做，又不一样，而且做得特别好。重新把自己的想法或成功的案例，打破重新做一次，又是新的了。

记者：接下去的课题有什么新的计划？

杨红：计划是一定不要出现太大的偏差，希望这个思维体系能更加纯粹一点。这是我的想法，但是这个想法做起来很不容易。为什么不容易？因为这批老师是科班出身，有些东西改不了。我已经给他们做了很多"手术"了。我找了一些老师来给他们上课，非美术类的，只是思维类的、记忆类的。

他们都运用图形，说明图形在人的思维拓展跟思维培养方面占了很大的比例。图形能帮助人取得很多成就。怎么去运用这样的学科，这件事很重要。你不能老想着画画、美术，不能落到美术这个框架里。我在和很多家长沟通的时候，也会出现这种挣扎。他们给我的感受就是，他们完全不功利啊，觉得这些就是没那些好看。所以中西方人的评判标准真的跟教育背景有关系。我在美国跟很多家长沟通过，他们看美术馆，看现代艺术，看各种奇形怪状的东西，从来不会用一种标准去评判它们。教育的模式导致了评判标准是不一样的。标准化教育的结果，取决于我们受教育的程度。没办法的，这个东西改不了了。所以我们必须让小孩子知道，我即使这么做也没错。

记者：杨老师，做这个难在哪里呢？因为我们现在的大环境太糟糕了，学校教育帮你转过来，社会又帮你弄回去了。

杨红：就是在拔河。

记者：拔河这个比喻用得好，就是在来回转。

杨红：但是你必须抗衡，不然就一面倒了。

记者：杨老师很不容易，很累。这次采访就到这里吧，谢谢您！

12

主题:

（一）广州儿童美术教育的历史与现状

受访者： 张思燕（儿童美术教育家，原广州东山区少年宫主任，现广州美术学院岭南画派纪念馆策展人）

访谈者： 丁志超、姜哲娴、黄聪丽（浙江师范大学美术学院研究生，以下简称"记者"）

      李力加（浙江师范大学美术学院教授、硕士研究生导师）

笔录人： 姜哲娴

访谈时间： 2013年7月2日

访谈地点： 广州美术学院岭南画派纪念馆

记者：张老师您好，很高兴有这个机会能跟您交流。先请您讲一下从事儿童美术教育的经历吧。

张思燕：我是广州本土出生，从事儿童美术教育有20多年时间。在广州市东山区少年宫从事儿童美术教育之前，曾经教了6年的儿童书法。1989年我调到东山区少年宫，调来准备教书法的，但是那段时间我既教书法，也教美术。教书法一段时间之后发现，其实书法教学也有规律，也有那种就像儿童美术教育一样的问题。儿童美术教育的改革比较好推进，书法可能因为传统关系就比较难改。后来慢慢地我们少年宫的书法教育也改了。之前我还曾经在学校教过。

记者：小学还是中学？

张思燕：小学，教过两三年。可是学校不重视美术，不过我觉得，学校重不重视关键是老师，你自己得重视自己，重视你自己的学科，慢慢地学校也会重视你。学校比较特殊，广东很多体育运动员都在那个学校上课，经常跟他们沟通也蛮好的，很好玩。我教的时候不全按书本，可能书本这样讲，我会从另外一个角度切入。我主要是把课本的知识教到他们就行了，至于怎么教有很强的自主性。后来我就被调到少年宫，我记得当时那个主任还是看了我的书法，还想让我去教书法。到那里之后发现我教画画还是蛮好的。

记者：那时候在广州东山少年宫？

张思燕：当时叫东山区少年宫，现在已经成为历史了，因为并区。我走的时候还叫越秀区，我坚持叫越秀区东山少年宫。广州有两个老地方，一个是东山、一个是西关——"东山少爷，西关小姐"。当时我跟教育局说如果你们连东山这个名字都没有了，慢慢这个历史就没了。所以当时他们也同意，一个叫越秀少年宫，一个叫越秀区东山少年宫。我走之后，他们马上就改了。因为教育局面对两个少年宫比较麻烦，现在就只有一个越秀区少年宫了。

记者：还在原址吗？

张思燕：还在原址，原来越秀区东山那边是分校，现在成历史了，没有东山了。我印象最深的就是，教学如果像以前那样，老师弄个图像挂上去，挂什么学生就画什么，那是非常闷的。我记得有一天一个家长跟我说："张老师，你教我的小孩老是说他画得很好，但是他在幼儿园的作业不好。"我说："为什么？"她说："不及格。幼儿园老师给所有的孩子都九十分，他就不及格。"然后我说："没问题，你拿他不及格那张画给我看。"我一看，知道原因了，就是老师要求小朋友去画一个飞机，那个小朋友把飞机里面的人全画出来了。老师觉得他没有按照要求去画，就不及格了。我说："这画画得不错。"他妈妈问："那为什么不及格？"我那时候还是挺胆大，说："他画得比老师好。"（会心一笑）没按老师的要求，但是他有想象力。

记者：当时那个小孩是上幼儿园吧。

张思燕：当时是幼儿园，现在是香港科技大学的研究生。他是华师附中保送到复旦大学读本科的。这个小朋友好玩，但就是很调皮，每次出去写生，他的爸爸最后总找不到他，总是所有家长一起把他给找回来。一般每次上课后我会总结，总结的时候，那小孩总是从凳子上坐到桌子上去。那位家长就告诉我说："怪不得，我儿子也说他画得比老师好嘛。"我说："很有自信。"

记者：这是80年代的事情？

张思燕：1989年的时候，现在读研究生。

记者：他现在见到你还回忆这件事情吗？

张思燕：还回忆。我说："你现在大了，但是看到你还是像小孩，时不时伸舌头出来。"一个老师对学生的教育要有一个跟进，不是说你教完孩子这几年就算了。刚开始时，孩子不懂识字，我就让他们画日记画。他们画完了，我说："你们想写什么，告诉家长，让家长帮你写。"其实这也是一个亲子过程，主要是让家长了解孩子想什么，然后家长就帮他们写。到一年级会写拼音的时候，就让他们用拼音写。1989年的时候搞了一个日记画大赛，结果班里好多小朋友都获了一等奖。那时候很少有人这样画，而我们已经画了好几年了。后来我跟踪发现，孩子学画日记画还有一个好处，就是很多孩子写作文不用起稿。因为画画，他有一个观察事物和画的循序渐进的过程。比如先画哪里，再画哪里，他写文章的时候把这个思维转换成文字就可以了。我跟踪的好几个小孩，有一个到了澳洲，当时获得一个广东省比赛一等奖，还受到奖励免费到英国去看世界杯。我还出了一本儿童日记画的书，好像重印了五六次。后来，杨永青老师来到广州，他说对广州最深的印象是他在东方红幼儿园看到的日记画。那日记画本是这样的：这边是空的，右下角把一张小孩的画放在上面，再提一些问题。主要是小孩子经常会说不知道画什么。那就提醒一下："这个星期你喜欢做什么？跟妈妈去了哪些地方？哪些事情给你的印象最深？"其实就是提几个问题。我告诉家长，如果孩子问你，你不懂，孩子不知道画什么的时候，你不会教，读给他听，然后孩子就知道自己画什么了。通过这个，家长可以在家里辅导孩子画日记画。日记画既然这么好，我就有一个想法，不如把它铺开，给更多的小孩，于是就出了日记画本。

那段时间让我印象比较深的是，搞儿童画改革，必须得到很多支持。很多著名画家，如廖老，廖冰兄，还有林镛老师、陈永锵老师。当时我们有一个美术教育促进会，陈永锵是会长，他们是顾问。我们有什么事情，经常是他们在后面给予我们支持，小蕾（关小蕾）我们就一起往前走。当时是90年代初，我在锵哥（陈永锵）家里拿了一张支票，这是他给少儿促进会的第一笔钱。其实那笔钱是当时一个澳门人给他出画册的钱，当时他也非常需要这笔钱；但是他觉得这个促进会更需要这笔钱，就拿出来了。

没有他们，就没有我们后面的这些改革。到现在我还是很感激他们。

在少年宫开始的时候，我记得都是以自己的名字去招班，自己探索教学。我当时觉得艺术应该跟孩子的素质教育结合起来。那时候可能还算比较早，我记得1998年开了一个全国素质教育会议，我论文获得了一等奖，他们要我在大会上宣读。当时提出"素质教育"还比较早，侯令老师他们就接着我的话说："素质教育就像刚才张老师讲的，就那样。"其实这个东西是为了培养孩子良好的品德，不是说为了画画而画画。那时候的教学，所有的每一个材料种类，包括纸贴画，包括其他，都是因为有想法而去做，而不是说看到很多材料就拿出来给孩子做，更要有创意、想法。比如要解决发散性思维问题，怎么办呢？那时候有很多小朋友画错，有很多不要的纸，我就把那个纸收集起来，随便发你一张，上面是别人乱涂的画。我说："你把那张画根据你的发散性思维，把它变成一张自己认为好的画。"根据培养孩子的需要，产生一个画种出来，而不是为了给孩子一个新鲜感，又搞一个材料给他，这样就是表面的东西，没有深层的意义。比如，要培养孩子的一种创造力、想象力，那我就会随便拿一个水壶，甚至是饭盒，就拿这几样东西给他们。我说："就是由这个东西，你们展开想象把它变成另外的东西。但是外形的感觉，你还是要给我看到。"孩子的想象力真的很丰富，饭盒想象成灯，粉笔擦想象成加油桶，什么都有。每一个孩子出来的每一张作品都有不同的效果、不同的想象。

记者：全国的校外美术教学教研活动，张老师这边是比较领先的。

张思燕：对。那时候，我们就对老师进行培训，把我们的理念告诉老师们。另一个是听课，去听老师的课。当时第一次进课堂的时候，有些老师会有一点反感。为什么？就以为我们是来挑刺的。后来我跟老师说："如果我只指出你的缺点而不说别的，那就是挑刺。如果我指出你的缺点，再教你应该怎么去做，那是真正帮你。"后来很多老师都很愿意我们去听课。

1996年的时候，我们这个点是做得最早的。当时黄唯理（张思燕老师的先生，国家一级美术师）还在广州美术馆，他们搞了一个展览。黄唯理就跟我说："有一个这样的展览，给学生看一些传统的东西挺好的。"我一想，不单单是看传统的东西，其实是教育孩子的机会。于是先让老师们去参观，回来后对学生和家长进行培训，提出了"参观时必须安静"的要求。这样的要求应该不只是小朋友，我们每个人到美术馆参观都应该是保持安静的。1998年，当时我们去欧洲，看了一天的卢浮宫，看到里面有很多孩子在临摹。当时给我的触动很大，我说我们也可以做到，回来之后黄唯理就讲了这个事情，我们就办了。

记者：1998年的时候？

张思燕：对。后来就去美术馆看，当时还是全市第一个把那么多的孩子带去参观的，而且很安静。紧接着，1998年底搞了一个活动——写生大赛，1999年搞了个风筝大赛，其实是一个亲子活动。当时为了让孩子和家长沟通交流，就让他们去学做风筝。因为现在孩子都不动手了，我们就找老师去买竹篾，找纱纸来，还有其他一些材料。他们说，不会做。我说：第一，上网试一下，当时还很少上网的，上网查一下风筝有一些什么资料；第二，可以问问爷爷奶奶，他们应该懂得怎么做，当然，老师也会教他。结果，三、四年级那时候十九个班，全部都做了风筝，做完之后就在上面画，画完之后，就去广州植物园放。去广州植物园之前，也开了几次会。一个是老师的会，主要讲安全问题；一个会强调环保的问题，那么多人放完风筝之后，叫他们把垃圾捡好，走的时候干干净净。那次我觉得是对孩子和家长的一种教育。你在这样的一个环境里面，把垃圾都捡干净了，以后他到哪里去就慢慢形成习惯了，就不会随便扔东西。第二年，又搞了一个写生大赛，参赛的是从幼儿园一直到二年级的班。三、四年级孩子动手能力强一点，所以就做风筝。还买了一些白衣服，让他们用丙烯在上面作画，然后穿着自己画的衣服去放风筝。有一些班，每个班自己搞活动，甚至有些班女孩子就像模特一样在那里走，很好玩的。小的班，在中午的时候，让他们一组一组去烧烤、聚餐，全部是家长自己商量，拉近了亲子之间的距离。

我们有一个小孩，由于父母比较聪明，觉得孩子什么都不知道，爸爸老是骂她，所以性格变得比较孤僻、不自信。二年级的时候送到我这里，想请我帮忙改变一下。我说："那我试一下吧。"我首先跟她爸爸说："我帮你教这孩子没问题，但是，你不能再骂她一句，要尽量给她鼓励。"后来大概用了两年多的时间，她改变了，现在她还读美院。她不是特殊儿童，她很正常。虽相对来说她接受起来稍微慢一点，但是她接受了以后记得比较牢固。在这个过程里面经常跟她交流，还经常根据她的这个特点进行一些课程设计。

1998年、1999年的那两次活动（美术馆参观、风筝大赛）都是一千多人的活动，我们离开的时候两个地方全部是干净的。我们设计到美术馆的参观及其他活动，包括课程设计，都是有一个理念支撑着，而不是说为了这个课程而课程。现在我很反对那种随便拿一张纸，让学生一做就行了的做法；因为它没有这个过程，过程很重要。

记者：您刚才说了很多公共教育，能否具体展开来说一说？

张思燕：我是2006年调到岭南画派纪念馆的，因为我以前就是做儿童美术教育的，来到这里之后，第一我是先做策展，就是尽量做一些比较好的老师的作品展览，主要是让市民看到好的东西。我老是想尽量把好的东西呈现给大家，因为作为画家来说也是要养眼的，那作为学生、家长，包括美术爱好者也是需要养眼的。来之前，这里开始时很风光，因为那时候有关黎（关山月、黎雄才），他们是这里的董事长。他们走了之后，后面有一段时间沉寂了，所以调我过来其实是一个契机。当时我在少年宫是做副主任，管好多个项目。我跟小蕾他们不一样，他们分了几块。我们是一个管业务的，全部项目包括音乐、钢琴都要管。刚好这里展览缺人，我就随口一说："我过来帮你们吧。"一个月后就寄了一个商调函到少年宫。他们说，这一个月他们调查了，大家对你的印象还可以吧，就调吧。然后就来到这里，当时策了几个展览。吴山明说："你把中国人物画该请的人都请来了，包括何家英，全国各地的，都请来了。"在做那些名家展览的同时，我就觉得自己是搞少儿美术教育的。特别是第一次把少年宫的学生带到市美术馆去看展览，那次对我的影响很深。孩子在市美术馆里面得到的东西，画的东西、欣赏的东西得到了，同时画外的东西，他的行为习惯也得到了，这样的培养是比较好的。所以，我来到纪念馆之后，第一个想的就是怎么把我们的公共教育这块做起来，让美术馆真正起到引领孩子、家长的作用。当时就想：搞什么呢？有一次跟潘鹤老师聊起来，他也很喜欢孩子，也很有兴趣。你要选一些艺术家是孩子比较容易接受的，而且选的艺术家要在全国都是有影响的。这样的话，才能起到艺术大家引领小朋友大家的作用。我的"大家"是一语双关的。因为潘鹤老师是做雕塑的，就让孩子拿一些陶艺作品。当时他病了，很多人来看望他，大家知道他手痒痒，他喜欢捏小人，每个人来看望他都拿一块泥巴，然后他在床上就捏一个，结果捏了五十多个小人。布展的那天，这些雕塑都用上了。东山少年宫的学生过来看展览，潘鹤老师就坐在那里让孩子画他，他在那里讲他的故事。这个展览除了展示他的画，还展示他的少年日记。他的少年日记写得挺好的。同时也有一些潘鹤以前画的小水彩。很多人都知道他是搞雕塑的，其实他的小水彩画得特棒。什么小水彩呢？就烟盒这么大。"文革"时不准画画，他就把纸放在袋子里面，没人的时候就拿出来画，画完了就收起来。所以他的小水彩就这么小，很精致。当时也展了一些他的水彩画，而且在一个角落还展了他孙子和孙女的画。因为这样和小朋友也接近。二楼就展孩子的画、陶艺。那是第一次把孩子的东西引进美术馆。但是搞这个活动之前，有很多的流言飞语，说张思燕利用职权，把孩子的东西搞到美术学院去展出。后来我就问陈永锵老师，我们的馆长。我说："不知道我这个事情有没有做错。"他说："没有，我们美术馆最重要的一个功能就是公共教育功能。除了一般的市民、公共爱好者，更重要的是我们的孩子。他们没有看过优秀的孩子作品是什么样的，把它们拿进来，可能我们很多教授都会汗颜，都会为孩子叫好。"我说："行，锵哥你说了，没问题，我就搞。"之后，省委宣传部的领导来看了。美院开幕式的时候书记也来了，看了之后，觉得非常棒，马上就搞成品牌项目，现在就是我们馆的一个品牌项目了。开幕式以后，所有的流言飞语都没了。第一，自己的路没错，第二，问心无愧，是在为大家做事情。现在是做第四届了。这些就是我离开教育之后做的。（展示举办过的"大师画我也画"的每届成果画册）来了这里（广州美术学院岭南画派纪念馆）我就发现，其实美术馆、纪念馆，它们有一个公共教育功能，但公共教育功能以前很多人都把它忽视了。我自己搞这行的，就觉得应该把公共教育弄起来，美术馆它不是说展几张画就算了，应该在提高国民素质方面发挥作用。

记者：公民素养。

张思燕：对，让孩子从小就跟艺术家对话。第二届的时候，就尽量去想一些新的东西。如第二届就让陈永锵馆长和广州市的孩子一起画红棉。红棉是广州市的市花，第一让孩子知道，第二让他们通过画红棉跟陈老师进行一个交流。陈老师带着孩子去中山纪念堂写生红棉，教孩子怎样去画、怎样去表达红棉。之后孩子画红棉，然后我们选出来，在我们馆进行了一次展览。编书的时候，他问我怎么编，是不是要分开。我说不分开，既然大家是同行，就一页是艺术大家的作品，一页是孩子的作品，孩子跟艺术家是同等的，人格是平等的，让孩子觉得自己很棒。在编书时，我就用了这样的理念进行书的编排。当时也是有不同意见的，我找了我们馆长问了一下。馆长真是非常非常好，他对孩子真的是非常热爱，觉得他有这个责任去帮孩子，所以他说："没问题，就这样编。"第一届的时候时间急，没有做书。第二届的时候才开始做书。一页孩子的画、一页馆长的画，我说："孩子的画会不会影响你的画？"他说："没有，我还要学习呢。"

记者：请您再谈一下当下儿童美术教学的功利问题。

张思燕：过去我们大家去培训老师、培养孩子，没有拿过一分钱，以前根本就没有这样想过。你可不可以去这样赚钱，可以，但是作为一个艺术工作者，特别是孩子的老师，如果你太盯着钱的话，有很多东西你是不能这样做的。我觉得教孩子艺术，首先得教他做人。作为老师来说，首先你自己的人格、人品要做好，你才能把一些好的东西给孩子。以前，包括我们教老师，都不会这样做。但是现在，我刚才也说，太功利了。北大钱理群教授说："我们现在大学是在培养精致的利己主义者。"我觉得非常正确。这种人的危害比贪官危害更大；因为他懂得怎么样去用一些手段维护自己的利益，然后去损害国家的利益。我们的艺术要培养孩子的一种审美，培养一种美好的情操，包括他的做人、他的道德都是要美好的。这是我离开教育之后，再转头看教育的感受。

记者：您对于美术考级如何看待？

张思燕：我们是反对的。当时一个四川的老师打电话过来问，为什么我们反对。我告诉他："广州还是有很多老师不是这么看重钱，还是看重教育的。"他又说："一个考级下来，你们是不是能得到很多钱？大家都有利益，为什么你们不做？"就这样，打电话的时候骂了一通。现在考级还有，广州的一些地方也有。有一次我去那里，是熟人，他对我说："张老师，我们考级考得很好。"我说："你知不知道，我们十几年前就反对考级。"广州市旁边的那些城镇，顺德、中山这些县级市还存在考级。在广州，我跟小蕾还有一些人就制止了。大家都很团结，小蕾他们公益那块做得很好，我也很乐意帮她，这是一个旗帜，慢慢就没了。现在就剩下他们跟杨红了。

记者：那您对深圳杨梅红和童画这两家民营美术教育培训机构有什么看法？

张思燕：这两年我对他们不太了解，但给过我一个《童画》册子看。我认为，画家办艺术教育跟教育家办艺术教育是有区别的。画家办的艺术教育看上去可能容易抢人眼球，一看不错不错；但是深究内涵的东西，可能我倾向教育人办的艺术教育——从教育的层面出发，结合艺术教育去培养人的整体素质。

记者：感谢张老师。

（二）画家与儿童美术

受访者：黄唯理（中国美术家协会会员，国家一级美术师，广州画院画家，著名儿童美术教师）

访谈者：丁志超、姜哲娴、黄聪丽（浙江师范大学美术学院研究生，以下简称"记者"）

　　　　李力加（浙江师范大学美术学院教授、硕士研究生导师）

笔录人：姜哲娴

访谈时间：2013 年 7 月 2 日

访谈地点：广州美术学院岭南画派纪念馆

记者：黄老师是著名画家，但是黄老师有八年少年宫美术教师的经历。请您以画家的身份，谈一下对儿童美术教育的看法。您在学校呆了若干年，又在少年宫八年多，还出版过《儿童黑白画》等儿童美术著作。能否从这个线索开始谈一谈？

黄唯理：好的。《儿童黑白画》是20世纪80年代左右出版的。那个时候我已经在美术馆工作，总结自己的教学经历，整理了一本。后来还编了一本《现代儿童线描画》，由岭南美术出版社出版，一本《黑白画指导》，还跟张老师（张思燕）合作了一本《现代儿童色彩画指导》，后来还写了一本儿童版画方面的书。我对儿童美术教育确实也付出了不少，很投入。我是高一毕业先工作再读书的。当时我老爸去世了，我老爸是个教育家，他很期待我从事跟美术相关的工作。1979年，我高中毕业的时候，刚好那年他去世了。我妈妈也是希望我当教师，我原来有当画家的理想，后来去当了小学教师。我一边搞教学，一边坚持创作。倒不是我教育教学很有名才去的少年宫，我当时是在广州市的荔湾区，当时少年宫是很多小孩想去学艺术的地方，特别是那时候学校还没有办那些兴趣班。少年宫是比较精英式的，不一定是收学费的，学生由学校选派。每个学校选派有前途的老师来少年宫，当时对少年宫老师的要求比较严格。因为我的创作有点小名气，就调去了。我也是个有责任感的人，到少年宫后我得认真思考一下，怎么样搞教育。我记得是1984年左右到的少年宫。那时候少年宫不像现在这样资讯发达，那时候的教学就已经有一个初步的感觉，就是有点"土"。比如说教你画一个杯子，还是停留在调颜色那种"比较土"的阶段。不像现在的观念，像你们毕业以后，你们的起点就高了。当时我们当老师的起点不很高。后来我去美院读书，读完以后还回少年宫，还是觉得这个教法太土。我千方百计地搜集一些资料，包括日本的、美国的、国内比较好的。当时我还请李老师（李力加）指导。李老师那时候已经很有名了，当时我还在起步探索阶段。我搜集一些资料，觉得少年宫需要一套教材，当时我们还是比较空白。我们跟关小蕾起步时间差不多，她稍微早一两年。那时候还没有一个完整的校外教学体系。我其实跟关小蕾他们是第一批，包括张思燕，是最早一批探索少年宫课外教育教学体系的。那时候还没有一套很正规的教学体系，都靠我们各自去摸索。摸索了之后还要有一个评判标准。当时教育局还不错，要大家摸索一下校外美术教育的教法并统一这个教法。我后来参加了教材编写。全国当时不多，就几套美术教材，一个是岭南版的小学美术教材，一个是人美的沿海版。当时我参加了第一套沿海版的，后来改成岭南版。我还经常看几位比较好的专家的书。通过参加这几个活动，还有一些少年宫的交流，包括跟李老师的交流，观念马上就改变了，跟我在小学里面的教学不一样了。我小学也教过，中学也教过，华南文艺学院也教过。我就探索各个年龄阶段怎样衔接得好一点。当时我就放弃了我的画画。我在小学教的时候画得还不错，还画了一些连环画并获了一些奖。后来我就停下了我的美术创作，全心全意搞儿童美术教育，包括编教材。那个时候编教材真的很花时间，我们少年宫的教材是自己编的。省里头还组织我们几个教师，包括关小蕾等，编那个第一套的沿海版教材。从一年级到六年级小学教材，我负责编创色彩方面的内容。这个教材一直沿用到今天还在修改。前两年岭南出版社说，还在你们原来那套教材的基础上不断修改。那套基础架构还算是可以的。那时候我们确实很投入，当时觉得日本的教学比较好，日本美术教师对儿童心性的引导还是比较不错的。一个日本，还有一个我们台湾省的。我就千方百计搜集一些日本教材、台湾省的一些儿童画书，还有美国的。主要是日本的跟台湾省的两者比较，我看了一下，感觉不能够照搬。我觉得改革开放以后的儿童美术教育比以前要好多了。以前我们的教材我觉得还是一个字"土"。还是教怎么画，还是单纯教技法，没有心性的、审美方面的提升，或者说比重太低了。我编教材的时候就加重一个创作、一个引导审美，另外一个就是材料的发掘，我还是比较注重儿童的心性这个方面的。因为以前的教材我也看过一些，我们不可能一下子走日本跟我国台湾省那样的路，马上照搬一套是不行的，还是得结合一些材料、一些技法的小提示。那套教材就有这个特点，不脱离一些技法，但是很注重引导。结合中国国情，将我看到的比较好的东西融合到我们的教材中来。后来，我在少年宫大概呆了八年左右，加上学校有十多年的教龄。后来我读美院的教育系，是带着工龄去读的。因为当时领导不放我，怕我读完后溜了，还得要签合同。后来我调到美术馆，还延续了一段时间的教育，大概有五六年。现在转成画家也没有完全脱离，偶尔还会有一些朋友，知道我以前从事美术教育，有时候还送一些小孩过来。我传承我老师的做法，带学生但是不收费，延续我教育的梦想。虽然我当了专业画家，但是我偶尔一个月还有两三次的时间，延续教学的东西。教的不多，五六个，最多七八个，从三四年级学生到初中生、高中生都有。我也不想把自己以前花的心血全丢了。以前我各种年龄段都教过，所以现在我各种年龄段都教一点。

记者：对这些孩子具体教些什么？

黄唯理：小的孩子就按照我以前少年宫的那些教学内容，给他们一些创作启发。现在跟我以前在少年宫不一样了，以前在少年宫是大班教学，现在有几个教室。我就将各种资料给孩子们，给他们的资讯更丰富，根据现在的特点教学。以前的资讯没那么丰富，连打幻灯片开始的阶段都没有，都是自己找资料来教的。现在很方便，你在网上一搜索，什么都有。因为美术教学有一个特点，一定要重视视觉。你要讲一个什么课题，你只要以这个主题搜索一下就出来了。以前我们教学就靠自己找一些很有限的素材，主要是用画册，还有些要靠自己口头描述。现在可依靠多媒体及很多材料来实现我们的教学理念，方便很多。当时我们编一套教材确实不容易，现在容易了。我觉得现在的儿童教育，一个是起点高了，一个是理念得到了延续发展，包括创造力、审美教育、道德。没有审美就没有道德，审美是道德的起源。现代的教育更加多元，资讯更加丰富，孩子的受益面更广一点。不像以前，少年宫是精英教育，现在都普及了，有钱都可以进来，以前有钱也不一定进得来。我记得我小时候（上世纪70年代）很希望上少年宫，可是没机会。所以，我当少年宫老师是实现我的一个理想。当教师也是完成我的一个梦想，不让孩子觉得画画是个很难的事情。其实每个孩子都应该有一个这样的机会和途径。这个梦想现在还是实现了。学费也不太贵，大家都学得起。现在思考的是：如果我们的少儿教育能够跟考前教育衔接得更好的话，可能对我们这个社会、对以后大学生的培养、对我们教师理念的实现会更好。因为少儿教育其实到现在我还认为是很对的，一个是审美，将来长大了看什么事物，用美的眼光去判别。这样一个人，不会差到哪里，道德标准不会低。可是，他到了六年级以后，到了转折期以后，这个理念就打了很多折扣，到了大学以后的教育又再打折扣，所以才造成我们现在培养的大学生确实有缺失，没有实现我们当初的理想。还有一个值得思考的问题，现在美术教育，应试教育确实没办法改变。很多老师其实意识到了，但是改变不了。我很多同学现在是美院的教授，我跟他们说，你们现在衔接不了，他们也知道。他们说："没办法，现在考试就得要这么考，教学又得那样教。"只有现在中国美院跟中央美院稍微改变一些，考点传统文化，两者结合一下。现在其他大学都还没有改变这种观念。

　　记者：谢谢黄老师。

13

主题：

美术教师成长、高中美术课程改革
及儿童美术教育

受访者：房尚昆（广东省特级教师，深圳中学美术教研组组长，正高级教师）

第一次访谈：

访谈者：姜哲娴、丁志超（浙江师范大学美术学院研究生，以下简称"记者"）
李力加（浙江师范大学美术学院教授、硕士研究生导师）

笔录人：黄聪丽

时间：2013 年 7 月 4 日

地点：深圳中学

第二次访谈：

访谈者：伍翔南等（浙江师范大学美术学院研究生）
李力加（浙江师范大学美术学院教授、硕士研究生导师）

时间：2014 年 9 月 25 日

地点：浙江金华丹枫白露酒店

笔录人：黄聪丽

编者按：采访房尚昆老师共两次。2013年7月4日到深圳，房尚昆老师夫人因病住院，忙碌着在医院照顾夫人的他，还是抽时间来陪伴我们。文本记录是在房老师开车带我们去几所学校的途中，整理出的文本具有非常生动的现场感。2014年9月25日，邀请房尚昆老师为"浙江名师"班和国培计划示范性项目中学美术教师讲座，再次专题访谈。以下是两次访谈的整理稿。

第一次访谈：

记者：房老师，您是全国率先实行高中课程改革的，取得一定的成果。您在《转换课堂教学角色，展开美术鉴赏》一文中提出学生自主学习、自主探究的美术鉴赏模式，请再具体地谈一谈。

房尚昆：在课程改革之前做教研员的时候，我就在想：老师什么时候能让学生选他喜欢上的课，能教他喜欢教的课，能以工作室的模式、助班的模式来上美术课？我写过一篇关于美术教材的文章，就谈到希望能改变美术课做范画的模式，打破现在老师在课堂里转过来转过去这种教学模式。当时，有一个梦想。2002年来一个新校长，原来是北大附中的。我就提出几个方案：一个方案就是美术课分不同的方向，一个老师几个班；另一个方案就是成立工作室，老师固定，学生选课。我说美术没有高考的压力，能不能让我们先实行。2004年国家才开始高中课程改革，我们在2002年就提出了这样的改革方案。校长很支持，于是就开始实施。当时的想法是最好每个美术老师一个工作室，因为这一旦批准同意的话，要批很多教室给我们用，十个老师，至少要十个教室。每个老师可以开自己喜欢的课，比如说国画、油画、版画、素描、色彩等等。那时还没有模块的概念，于是我们就成立了各个工作室。学生可以选课，可以走读。

李力加：你现在是深圳中学艺术教研组的组长，音乐、美术都归你管，是吧？

房尚昆：对。我从1997年来深圳中学就一直是教研组组长，别的学科教研组都换过很多届组长了，但是我一直在这个位子上。校长还叫我继续当，我说还是让年轻人上来吧，我可以给他做顾问，但是他不让我退下来。我们所有科目的组长都换了一轮又一轮了，我已经做了16年的组长了。

2003年底的时候，教育部在广东省启动高中新课程改革。当时我到广州参加这个会议，提出模块制，回来之后就把原来的工作室变成模块，一下子把教育部设置的9个模块都开起来，每个老师承担2—3个模块。

李力加：你们实行模块教学比教育部提出要求还要早。

房尚昆：是的。尹老师写过一篇文章，叫作《先有鸡还是先有蛋的问题》，就是说到底课标在前还是在后，他说这是一拍即合、皆大欢喜。正好课标这样要求，我们也搞了这个。我之所以会搞工作室制，是因为我一直有这个愿望。原来在当教研员的时候就有这个梦，做一线教师就要实现我这个梦。

李力加：你从当教研员到做普通老师，有落差吗？

房尚昆：当时有落差。我在安徽当教研员的时候，也是当地美术家协会主席。美术教研员再加上艺术教育委员会办公室主任，有很大的权力，走到哪里都前呼后拥的。突然一下子到高中当一个普通老师，很多原来我不屑一顾的人都来指挥我，心里确实有很大的落差，甚至有过悄悄流眼泪的时候。哪像以前，我到哪个校区校长见了我都很尊敬，因为全市的艺术教育经费都在我手里，我能把学校搞得非常漂亮，但是到这里就当个一线老师。我离开马鞍山的时候我们局长都哭了，希望我留下来。那天副局长来我办公室，时间都很晚了，他眼睛里都有泪，舍不得我走。我那时候四十岁。我说："局长，你都要到人大去当人大主任了，如果你还在教育局，我就还给你干一年。你都不在教育局了，我不知道新的局长是怎么样的，是否会支持我的工作。"还有一个原因，当时我父母也支持我去深圳，他们对我说："当时你们兄弟几个，就因为你出来当员工，我们家后来才会从农村人变成城里人。"如果我没有走出去，那我们家就永远是农村人。我们家族在过去生活得比较艰苦，我们家就我一个人走出来了。

李力加：你当年在哪里学美术？

房尚昆：我刚开始是安徽大学淮南师专毕业的，是最早的一届，后来就到中央美院去。那时候不是下放吗？我高中一毕业就下放，到农村当知青，去科学种田，后来又调到公社里去做民办学校的教师。"文革"中1975年的时候，推荐我去上大学（工农兵学员），我没去。那时候书记说："你以后还会有机会，先把这一届的学生带好，等明年的机会。"当时要扎根农村，干一辈子革命，思想特别纯洁，就放弃了上大学。一直到1977年恢复高考，我才参加了考试。那时候我们不知道要填志愿，不像现在比如说第一志愿填中央美院，第二志愿再填别的学校。当时的招生其实就是师范类大学的招生，比如说我第一志愿填的是安徽师范大学，第二志愿填的淮南师院，那么就有可能被录取。后来大学录取之后，拿着通知单一看，我没填过这个大学，是什么安徽大学淮南师范专科学校。怎么会是这个学校呢？你不填志愿早就不知道把你放到哪里去了。我的分数那么高，系主任很得意地告诉大家我们招了一个高分的学生，然后辅导员就叫我当班长。那时候在大学里学习很勤奋，因为我是班长，所以要负责看管美术课需要的器材，我半夜两三点就起床去画室里画画，我要研究所有同学的作品，哪个画得比我好，为什么比我好，甚至还悄悄地临摹别人的作品，学得很用功。毕业的时候就分配到马鞍山四中当老师，初高中都有，教了不到两年。

我去的第一年，我们市有一个马鞍山教师画展，就把我的画拿去了，是版画作品，然后全市的人都知道马鞍山来了一个画得非常好的老师。那时候因为我的爱人在芜湖，所以我就要求把我调回芜湖去。教育局研究后把我留下来，把我调到市中心最好的三中，然后把我爱人调过来。在三中呆了一两年就把我调到了教育局，原来的教研员当教育局工会主席去了，这是1984年的事情。教研员我当了十几年，搞了很多活动。本来要提拔我当副局长的，但是我说，我还是喜欢搞专业，那时候我专业比较好。在教研室每年给我三个月创作假，让我写字画画。

李力加：像这种专职教研员，还得管教育经费。

房尚昆：对。我能够把所有教室里的所有石膏像、画笔等都配齐，每一个教室都发一个相机，每个办公室发一台音响，连一只毛笔都是我买。每年都会办全市的美术夏令营，每个学校的人都带过去，三四个学校的学生集中来一次。

李力加：实际上你走了以后对安徽的美术教育是一种损失。

房尚昆：安徽美协就说："你要是不走，你现在至少是安徽省美协副主席。"我那时候就已经是版画艺委会主任了。我现在思考我做得对还是不对，反正人生当中必须有那个阶段。

李力加：我觉得这个事不能用对或错来衡量。

房尚昆：对。有时候我会觉得不好意思回去，为什么呢？因为我们当时有一个美术老师，他到海南去，到海南美术出版社，很了不起，我挺羡慕他的。上次他回来，他说他的关系全都转到那边去了。我们总是问他："你为什么这样做？"他就一个一个解释，像祥林嫂一样，重复地回答别人的问题。别人总觉得他这个决定是失败的。我要是这时候回去，该怎么面对江东父老？他们会说：原来你这个人出去了就不行，还是只好回来。当时他们说，就算全市的人走完了，我都不会走。因为一个人很难达到我那时的高度，我当时是马鞍山美协主席。那时候美协办了一个印刷厂，每年给我十万块钱组织美协的活动。我搞了一个艺术学校，有一两千人，各个点全是统一教材，我们是开课的。教师拿多少钱，教研会拿多少钱。这个学校叫淮南师范青少年美术学校，很正规的，有学生证、校徽，还有财务处。后来突然决定要走了，谁也不知道，也没有任何征兆，就决定来深圳了。我经常有一些好朋友来找我玩，有的混得很不错，很有钱。一位朋友有天晚上到学校找我。他说他特别喜欢学校的氛围，说："我做生意其实很累的。你别看我表面风光，但我已经不是我，在社会上要变换各种各样的面孔，和不同的人打交道，在学校多好，单纯、轻松、自我，然后和一帮单纯的孩子打交道。"那天晚上他就舍不得走，就坐在那里看学生读书。现在命运已经选择这个环境了，或者你已经选择这个职业了，那你就把这个职业做好。我在和老师交流的时候也这样说，有很多老师抱怨教师这个职业，或者说对教师这个职业特别反感。我说你又没有很好的去处，如果你有很好的地方可以选择，那你可以去。你没有很好的去处，又不愿意把现在的这个职业做好，那你一辈子生活得肯定不快乐。既然你没有更好的选择，那你就好好把这个职业做好。

李力加：你来深圳以后，是哪年开始出成绩的？

房尚昆：也算不上什么成绩。我的梦想是，既然当了老师就把老师这个职业做好。我以前当教研员的时候，要求我们的老师应该这个、那个，提了很多要求。现在我当老师了，那我能不能像当教研员时要求别人做到的那样来要求自己。比如说教美术欣赏的时候，很辛苦，我把那本教材全部都扫描下来，做了20讲的PPT，写了27万字的教案，对每一课都认真研究。为了研究这些课，我把网上所有能下载的教案、文章都下载了，看看美术欣赏课到底该怎么教。我对我教的每个内容都很认真地在研究。

记者：您在进行模块教学的时候用的是什么教材呢？

房尚昆：我们用的是人美版高中教材，技法课用的是自己的教材。我上版画课，版画怎么教都是按照我自己的方法去教的，而不是按照教材来上；因为教材不一定适合我们的学生，或者说教材的思路不一定就适合他们用。我们的老师也不用教材。模块教学都是自己来上，比如教摄影，就按照自己的方式来上。

记者：学生是一学期就选一个模块还是可以选多个？

房尚昆：教育部规定高中阶段必须修满6个选修学分，美术有3个学分，那就要学3个模块。我们安排的美术欣赏是必修模块，其他模块可以选择。在这9个模块当中一个是必修，另外的是选修。

记者：您能具体地讲讲您做的那个"三位一体"工作室吗？

房尚昆：好的。"三位一体"是广东省成立的名师工作室，要各校推荐老师，各个地市有名额分配下去，还有指标。分下去以后再经过省里的命题答辩、专业考核，全广东省有90个，美术有3个，一个是我，一个是王鹏，还有一个东莞的老师。名师工作室主要承担教师培训工作。"三位一体"指的是全广东省要确定骨干教师，然后到大学里面培训一段时间，第三步是到县的学校里去。有三个体系来对这些老师进行培养。省里分配指标给我们以后，选拔一些老师跟我一起20天，在这段时间跟着我一起研究教材、研究教案、拟定课题、撰写论文、写工作笔记、上课等。实际上是为省教师培训设立的，是省教育厅任命的。"三位一体"是高校、名师工作室共同承担对老师的培训任务，经过一年的培训，他们要论文答辩，最后才能结业。我后来做了一个关于工作室的研究，深圳市一共有20个工作室。待会儿我带你们去四联小学看一下。他们有个工作室，因为我做名师工作室的专题研究，我就想去看一看，本来我打算在那里待20分钟，就拍些照片，结果去了之后让我震惊了，待了一个下午。他们学校搞得非常漂亮，是在一个小学里面，是在一个农村的地方，是龙岗区龙岗镇上的私立小学。里面装修得非常漂亮，有小桥流水，教室里有各种各样的鱼。他们的陶艺教室，是专门从景德镇买了一车的陶瓷来装饰的。

记者：谢谢房老师！

第二次访谈：

伍翔南：房老师，您说在深圳工作可能是命中注定的事，这怎么理解呢？

房尚昆：这个命怎么来的呢，明天我跟老师讲。先请大家帮我解决一个问题。前两天，有个朋友在微信上丢了一句话："尚昆兄，你应该是个画家，我不希望你做一个教育工作者。"我在内地当美术家协会主席的时候，他是副主席，我们是非常好的朋友。他现在画画得非常好，在上海很有名，他经营一个很大的画廊，很多画卖得非常好。那时候我还是他的偶像，所以看我在教育领域这么忙地干来干去，他就说了这一句话。如果换做你要给他回一句话，你会怎么回？

我跟他是这么说的，一个人的职业没有什么"高大上"。我觉得是这样的，如果你能把任何一件事做到极致，你在其中体会到快乐，你的人生就是完美的。不要因为你的职业而歧视别的职业，或者说你认为只有这个职业是最"高大上"的。其实不尽然，所有的事情只要你能把它做到极致，并且在这过程中体会到快乐，我觉得你就是成功者。所以我跟他这样说："每个人，都有他的职业安排。"

第一，我是在事业做得很兴旺的时候来深圳的。当时我在安徽省马鞍山市教育局里面担任教育局的美术教研员、艺术教育委员会办公室主任，再一个是我们这个城市的美术家协会主席，还担任省版画艺委会的副主任。在我的专业和事业很兴旺的时候，突然决定想换一种生活方式。刚好深圳的一个朋友在一所学校里，他曾是我一个办公室的数学教研员。深圳中学呢，刚好缺教师，他就跟校长说，有这么个教师，我希望能把他挖过来，然后他们校长就派他来给我做工作。当时对深圳有一种神秘感，就是说我换一个城市可能挺好，就试试看吧。我记得是坐公交大巴去的，来到这所学校，开始了我的教师生涯。我以前在内地的时候，很有钱，又很有权，能指挥千军万马，到哪儿去都前呼后拥的，然而到学校里，一下子当了一个老师，很多人都在指挥我，那时候的我非常伤心，就是说我觉得我怎么堕落到这样的一个地步。我经常会把我的房间灯关掉，一个人偷偷地抹眼泪，当时我想回去又不能回去，所有人都注视着你，拎着包英勇地走了，最后你像逃兵一样，破烂不堪地回来了，我以后在这个城市里怎么生活。所有人都相信，会相信他走了，英雄般地走了。所以有些人当时说，即使我们马鞍山市所有人都走完了，他也不会走；因为一个人走到那种境界，是很难的。一开始我是非常难受的，不适应这种生活，在很长的一段时间内，我很累，在帮着做一些布置展览之类的杂事，然后很迷茫，经常跑到楼顶上，看着远方家乡的星星啊，很想家。有一天，在深圳做生意的一个朋友来学校看我，我们俩就在校园里树荫下面聊天。到很晚的时候，我说你回去吧，他说"让我多坐一会儿吧"，我问为什么，他说："你别看我现在做得很风光吧，有很多的资财，但是我不知道我是谁，我在社会上每天都在变换着不同的角色，跟形形色色的人打交道，最后失去了我，完全变成了一个挣钱机器。在校园里很好，我往校园里一坐，我感受到了校园的美丽，跟一帮很单纯的孩子在一起，做一些很单纯的事情，我们互相不设防，很简单，很快乐地在一起生活。"教室里，晚自习的灯都亮着，学校里非常安静，我们在那里散步，他觉得找到了原先的自己，找到了人性。他走了以后，我当时思考了很久。我在思考：人生当中有很多种职业，现在命运把我安排到教师的岗位上，我生活在一个纯洁无瑕的环境里，所有的孩子对老师都很尊重，他们都很尊重你，他们对你也不设防，对你比对父母亲还亲。既然我在这个环境里，为什么不享受这个环境带来的快乐呢？就是说，你被安排到一个职业当中去以后，你一定要找到这个职业的快乐点，你就会觉得这个职业对你来说是很有意义的。当时他的一番话让我想了很久。我原来在中央美院，我送一个老师回北京的时候，遇到他的一个学生，是油画系的，很有名。他触动了我，他说现在不怎么画画了，现在经商。他说："中国不缺少画家，让他们去画吧，我把我学美术的智慧运用到经商上面。"他已经在北京开了7家意大利首饰店，做得非常红火，我想这也是一个明智的选择。就是说现在有很多的职业，只要一个人找到他喜欢的职业，我觉得他就可以了。当时我就说，中国不缺少画家，但是缺少一个优秀的美术教师，需要有一大批很优秀的教师才能够撑起中国美术教育这片天地。后来我就决定，我来做教师吧。我从我课堂上开始抓起，我要开始研究我的课。当时我带一堂美术欣赏课，我就下决心，把一本美术欣赏课的书全部扫描到电脑上去，然后把里面一张张图片全部抠出来。因为我要做PPT，当时一张张PPT在做，然后很认真地写教案。后来我数了一下，这个教案就写了27万多字，就一课一课地写，20课的教案我就写了这么多。

伍翔南：您花了多长时间？

房尚昆：花的时间并不是很长，因为很多资料，比如说一幅画，可以通过历史上的资料构成教学设计，所以文字的部分不多，但是就知道有一点，我在用心地做事，就在做这个事情。当你用心的时候，你就会感觉到幸福。有一天，我在一个老师家里玩，他的小孩突然从房间里窜出来，跟他妈妈说了一句话："妈妈，明天我们班里有一堂语文课！"这是很平常的一句话，但是对我当时很震动。一个孩子把他明天的快乐寄托在语文课上，那么这个老师一定很优秀。后来我就打听这个老师到底是谁，原来是我们学校的一个语文老师，确实很优秀，但没有多久，他被调到深圳教育局当团委书记去了。然后没多久，就到区里当宣传部部长去了，现在又当了区的副区长，就是这个老师很有魅力。我当时想，有一天，我的学生会跑到他的爸爸妈妈面前说："明天有一堂美术课。"很渴望一堂美术课的到来，你这个教师就有魅力。所以很简单的一句话，做教师是需要用心的，就是你要用心体会你身边所有的东西，你才能找到一个做事的感觉，找到一个做好事情、把这个事情做好的感觉。有的时候我会问学生："你希望上美术课吗？"他说："老师，太希望了。"这段时间我已经不在学校了（退休），我的学生就给我发信息说："房老师，深中没有你的时代，就没有阳光了。"我的学校每年会评"十佳优秀教师""最受欢迎的老师"，每年我都是，连续十年排在第一名，我们学生都会感动。我记得我们学校评"感谢有你，为深中做过贡献的人"，当时一共评了四个老师：有个老师患病去世了，有个老师退休了，还有一个老师是我们开创国际部的一个主任，然后就是我。一共在全市选了11个人，那天颁奖大会上搞了一个隆重的"深中人物"颁奖欢迎仪式。当我一上去的时候，全校的学生全部站起来鼓掌。校长一下就惊呆了，他没想到学生会这样，后来我拍拍校长的肩膀说："这是美术老师的魅力。"我计划写100个我和学生之间的故事，已在博客上写了50个。

伍翔南：您会不会出版？

房尚昆：本来我是想出版的，后来发生了很多很多故事。举个简单的例子，在哈佛大学参观，一帮人看哈佛大学风光，我突然被后面的一个人抱住，抱得紧紧的，我想哈佛大学还有打劫的，当时很紧张。后来我就回头看，那个是我的学生，抱着我激动得语无伦次："房子、房子，怎么是你啊？你怎么来了？"他现在在哈佛大学读研究生，可见学生和我们教师之间建立的感情。后来晚上，旁边还有麻省理工，还有一些我们的学生在那里，我说把他们都叫来，晚上我请你们吃饭，坐一坐，然后我们的学生都来了，我跟他们进行了交流。我在深中所有的学生都把我当成他们的主心骨。一个美术教师在这样一个省重点中学里，他照样能够大放异彩，使他的职业精神和职业习惯彰显魅力。像广东省中小学，以前不设正高级职称，就是教授级，后来国家教育部在广东省试点，全省被评上正高级的唯一教师就是我。我们学校按道理来说是藏龙卧虎的，各个学科都有著名教师；但是只要一有荣誉，所有人的眼光是看着我的。上一次报"全国五一劳动奖"，我坚决不报，所有荣誉不要，我也不想把自己压得那么多，后来学校就报了其他人到教育厅，教育厅就很生气，说为什么不报房尚昆，校长说他不愿意报。还有很多类似的故事。

2005年，我体检时医生说我这个人命大，一划划到膀胱这个地方，他说我长了一个肿瘤。当时我很着急，说还要上课，医生派了个护士把我带到隔壁的人民医院检查。膀胱癌当时很辛苦的，我住三天，就到课堂里去了。我在课堂里上课的时候，这边身上还化着疗，所有学生都不知道，连老师都不知道。我知道跟他们没关系，这是我对这个职业的忠诚与热爱，我觉得这比什么都重要。那时候很痛苦的，有时候发起烧来很难受。有一个美术老师看到我裹着被单躲在沙发里面，说不能这样，校长说这样上课不行的，要是再这样就停我的课。书记讲："你的工作我们会找人代替，但是你的身体谁也代替不了。"我说："其实你们不知道，上课其实对我来说是治病，因为在孩子们面前能得到很多快乐。"在课堂上我是忘掉一切的，我觉得我很快乐。在任何时候，我都可以站在讲台上面做我自己，有很多很多不为人知的事情。我在讲我的梦想，我要找到美术教育的价值和意义。我要让我的学生在我的教育下，一生能富有情感地生活，能养成一个良好的习惯。审美很重要，任何一个东西离不开美。不管他日后从事哪一个职业，他上街选个衣服、买个杯子都与审美有关系；所以，我希望我的学生得到这样一种教育，我要用我的精神和我的职业修养，使美术学科、美术教师在学校有一种尊严。这个学科在很多学校没有尊严，老师也没有尊严，我要用我的坚韧和我的实力让这个学科和美术教师在学校里能有尊严。这是我对美术教育的一个理解。尊严对一个学科的存在和发展非常重要。我教育学生，美术教师站在那里就是尊严，他就是一座山。我的办公室经常会有学生跑来，学生连失恋了都会跑进来抱着我哭。有一天有一个男孩一把抱着我，我说怎么了，他说失恋了，我就笑起来了，我跟他握握手，说："祝贺你！一辈子不经过几次失恋你会长大吗？这才是第一次，你还有，继续来，还有第二次、第三次，这是很正常的，是人生命当中的一种经历。"我来之前还有学生，他要出国，找我写推荐信。

伍翔南：他不找班主任，不找主课老师，不找教导主任什么的？

房尚昆：这是我的职责，我就要为美术学科和美术教师在学校能有尊严地存在和发展而努力。

伍翔南：可不可以理解为，您对自己有一个超越美术老师的要求？

房尚昆：其实，任何一个学科，如果你把它仅仅作为教技术、教知识，这个学科是很狭隘的。你要教思想、教方法、教做人，这个是最重要的。如果我们只把美术学科作为一个知识传授给学生，我们这些知识很快就会淘汰掉。知识的责任是最高的，记住这句话。现在世界是一个什么时代呢？它在发展，它在变化，我们教很多知识给孩子，其实过了几年就没了。一个学科的老师，他只把教知识作为唯一的职责的话，这个老师是一个很肤浅的老师。

伍翔南：这个学科的寿命也不会长。

房尚昆：我的意思就是说，一个老师啊，他要把思想、习惯、做人的一些基本准则教给学生。我跟学生说："很多知识若干年以后你都会忘记，但是我给你的知识是你骨子里的东西，会影响你一辈子。你可能不记得我，但是我曾经给你的东西是在的。"当他们长大了，运用我曾经给他们的东西，我的生命价值就体现了。你比方说李教授在带你们这些孩子一样，他把很多思想带给你们，然后你们在所有的教育当中，在承传他的东西，在不断地继承、发展他的东西，那么他的生命就始终存在。

伍翔南：在延续。

房尚昆：我一直在想，一个人的生命真正在延续，就是他给别人留下了什么。我不需要他记得，但他的习惯、他的细胞里融入了我曾经给他的东西。我想，现在派我做教师，如果现在派我做一个扫垃圾的，我也会成为最好的扫垃圾的。为什么呢？我会研究风向。我曾经跟别人打过赌，我说我们俩每个人怀揣500块钱，在北京消失，一年以后我们再见面，看谁做得好，不允许动不动拿教授牌子，我们就是一个普普通通的人。我们俩就讨论、计划。我说没什么，就是重新过一个人的生活，做一个普通的人我们能不能生活下去，能不能生活好，对能力是一种检验。

伍翔南：等于其他的东西都是身外之物。

房尚昆：就是一种体验。为什么很多人很辛苦地去旅游，很辛苦地去爬山，他的目的是要体验，体验一种不一样的感觉。人要有很多体验，你的生命才有价值。我现在对生命的理解比以前多多了。

伍翔南：您原来不是从事教师这个行业的，应该像您那位崇拜您的粉丝一样，您会成为一个很有名的画家。那您是怎么慢慢地对教育产生了认识？对学生的无私和对教育的忠诚，是怎么形成的？

房尚昆：一种是命运把我安排的。其实我一直没有离开教育这个岗位，从小上学，高中毕业，下放，接受贫下中农再教育，到民办中学当老师，然后考大学又在学校里面，分配后基本上跟教育有牵连，没有离开过教师，只是其他的职业是我兼职的，教师以外的兼职。像李教授现在有很多社会工作，是兼职，他有情结。第二个就是说，那种环境突然把我扔到一个学校去。如果一开始把我扔到深圳画院去，这是一种机遇，可能我会认真地成为一个画家。我知道我能画得好，在美术中最起码比现在有成就。我1993年就是中国美术家协会会员，我参加过很多次的全国美展，我可以成为一个画家；但是命运安排我当了教师。人啊，有很多的选择，如果命运把你安排到这个位置上，就证明你在这个位置上能做事，或者说你就只配在这个位置上去做事，那就心安理得地接受命运的安排吧。

伍翔南：您有一种既来之则安之的勇气。

房尚昆：因为我不需要转换我的职业：第一点，我对未来的职业不把握，我不知道我能不能做好，我对教育太熟悉了；第二点，为了转换这个职业可能要花很多的精力，去找人、求人呐，要做很多东西，我觉得也没有必要。我从来没觉得教师这个职业地位是很低下的，我觉得是一个很好的很体面的职业。不管什么事情你只要全身心投入，做到最后的时候忘掉自己了，始终在奉献，为别人的幸福而快乐；你就做到极致了，而且你会享受到快乐。我站在讲台上我就很快乐，看到这些孩子我觉得很新鲜。我不认为教师职业有多崇高，但是也不认为它不崇高。

伍翔南：你最初把自己锁在房间里暗自伤心，后来经过这样的一个转变，对人生的看法有了质的提升。

房尚昆：我当时也没想，就觉得带着一种好玩、探险的一种心态，当时经济条件还不好，坐着大巴、公交车两天两夜来到深圳。只拿着包，就让我设计一个深圳中学建校50周年活动，我当时就开始设计了。

伍翔南：当时你绘画方面已经达到很高的一个造诣。

房尚昆：没有，是"造旨"。（笑语）

伍翔南："造旨"？

房尚昆：我经常和学生开玩笑，学生一说话，我说不要把我弄得这么"监介"，学生说："老师啊，不是'监介'，是'尴尬'。""我知道你们很有'造旨'。""老师，不是'造旨'，是'造诣'。"老师有时候要增加一些幽默的方法，它会让课堂充满生气。比如明天下午我讲个剪纸课，那剪纸都会剪，优秀教师和一般教师区别在哪里？方式和交流。一个好老师上课需要技能，教师某种意义上是个技术活。有些老师站在那里就让人感觉很亲切，有些老师就控制不了这种场面，有些老师会把课讲得很深入，有些老师会令学生上课打哈欠，这些说明教师是有水平高低之分的。经常有老师网上问我："明天我上公开课了，怎么上才好？"我就会说很简单，问题一讨论，问题二讨论，问题三讨论。怎么和学生讨论互动很重要。

一个好的教师最高的品质是什么？就是对课堂的驾驭能力，他知道怎么给，给多少，用什么方式给学生最能接受。技术在于传授中的技能和技巧，有的传授学生根本就不接受你的，但是有的传授学生就很乐于接受。

伍翔南：请您谈谈当时课改的教育背景、想法以及遇到的困难？

房尚昆：课改是这样的：在1986年的时候我是美术教研员，那时我就写过一篇文章——《美术课改纵横谈》，对美术教育就有很多梦想。我觉得一个人要研究性地学习，这是一个做学问的渠道，不要在本学科里转来转去，那样产生不了更广的思路。举个简单的例子，那个年代，上海青浦县顾泠沅教学课改，在全国非常有名。我们在本学科里找，但是找不出来，后来我把顾泠沅整个课改的思路换成美术，让美术一下子就开朗多了，有了思维的开拓；所以说，如果想创新就关注一下其他学科，从旁观者的角度产生的想法会扩充我们的思路。课改在2001年的时候，我们学校来了个校长，原先是北大附中的校长，他提出课改。当时我就提出艺术课改的方案，让学生到美术室来上，像大学里一样，学生有个导师工作室，有自己的画室，学生选择他感兴趣的课程。

美术课程没有高考的压力，我们先试试看，它不怕失败，学校也很支持。

这样，我们每个老师都有个工作室，开始了选课制，每个学生选自己喜欢的课，这样教很专业，保证了教学质量。像我版画专业的，我会放到很高的一个高度去教。像以前的教师是什么都教，这种教法在基础上是可以的，但是高中的时候要让他相应地提高到一定的阶段。如果这个老师在这个专业上很钻研，有自己独到之处，专业水平很高的话，相对应地，其学生的水平也会很高。比如没有学过国画专业的，硬要他去教国画，那教出来的高度达不到。学生特别高兴，因为以前什么都要学，现在学生可以选择着学，选老师，选课程，选时段。他们来到这个工作室，一切条件是为这个课程设置的，所以上起来也会很轻松。工作室为课表的存在提供了证据，2002年我们进行了课程改革，2004年出了课表。后来慢慢完善了，学生会很幸福地学习。我们开了9门课，学生可以选择3门课来上。当时我们也经过了一个时期，学生喜欢一个老师的课，一个班就有几十个人，像我的班我就会招50—60个人，而有些班报的人只有一个、两个。我们就想了个对策，控制时间，"先到先得"，这次如果选不进，可以下次再选。

伍翔南：那是不是有很大的成就感？

房尚昆：没有。这是学生对我的信任，如果一个教师没有和学生感情交流，那说明这个教师很失败。这个课改能成功，主要是有个契机，有校长的支持。学生有买材料的问题，学校就拨了六万块钱给学生买材料。我提了关于美术教育未来发展的几点想法：第一点，美术作业作品化。美术作业现在变质，老师教得不认真，学生也只是敷衍。每张作业是作品，要有创意有想法，要表现。第二点，课堂作坊化。让学生尽情地去玩，发挥自己的创意想法。第三点，课程活动化。如去外面参观、画家来讲课、去采风，当做课程去做。如果美术教育未来发展到这样的境界，就非常有利于学生的发展。

我到德国、美国考察，他们非常了不起。我写了《美术教育是国家通往现代化的桥梁》。德国是二战后崛起的国家，他的民族审美修养是很高的，美术教育给他们带来很多的变化。比如一堂课，让每个孩子写上自己的名字，在自己的名字上画线，学生会觉得很好玩。老师提问了："你们发现了什么？"学生会说："这有点像马，这个有点像……"有些学生说什么都不像，老师就说继续画，找感觉。那学生就会想着把画完成，让其成为一幅作品。教师要让美术课堂增加附加值，训练孩子也是这样，让他去发现，不管将来从事什么职业，这是每个教师应该给孩子的品格。我在2002年《中国美术教育》上发表了一篇文章，分专题介绍了德国人是怎样画线条的、怎么画色彩的、怎么做陶艺的……如色彩课，德国是把三原色放在水里，自由流淌，看三个色彩融在一起，让同学们去添加鼻子、眼睛，看起来像怪物，变成很快乐的事情。一个国家富强不富强看美术教育！为什么呢？比如说我们讲到古罗马、古希腊，当时繁荣的时候多厉害，经济一旦衰败艺术就没落下来了。实际上美术教育和这个国家的文化紧密相关，是这个国家经济的晴雨表。一个国家发展，美术教育业就崛起。2003年在广州开了个关于广东课程改革的会议，艺术和物理、化学、地理、政治一样都有六个学分，我看到这个的时候，当时感动得就要流泪。我心里想，这个国家有救了，一个国家能够把艺术放在和其他几个同等的地位，表示这个国家强大的开始。所以上次在北京搞一个远程教育录像课程的时候，课程简报上有一张我的照片，我摆了个"兰花指"。

后来来了个校长，以抓高考升学率为主，要砍课，要空出时间来上文化课。我说："如果把我的一节课给砍了，我直接拿着课表到省教育厅，到国家教育部。"1986年我当美术教研员的时候就有让学生学好艺术、上好美术课这个梦，而且圆了这个梦，我们学生连续四届参加了国家的艺术展演。

伍翔南：请您系统地谈谈当代美术教育的现状和您的看法。

房尚昆：第一个要解决的大问题是，提高对美术教育的认识，认识到它的人文性的价值。第二个，课程内容比以前更丰富了，就是说我们的课程以前都是一本教材打天下，教学模式很简单，课程设置也很简单，但课改给我们带来的变化是课程内容更加丰富了，地方的、校本的、国家的、教师自编的教材，呈现多种模式。第三点很重要，就是课程教学的模式有了新的变化。以前美术教师教学模式很单一，老师手一背说："同学们开始画吧！"我最讨厌这样上课，一讲课就在黑板上标1、2、3，就让学生画，老师没事干，一种八股式的教学。现在我们有一批老师课堂的教学有了很大的变化，多模式、多形式、多角度的课丰富多彩，我们老师在研究课堂。第四点就是教师积极投入课堂，很多老师能够自觉研究教学。不管是美术教育理论还是课堂教学反思等方面，出现了前所未有的热情和成果，以前我们老师不太反思或者说对课程不太关注。第五点，最大的变化是，老师在教学方式上比以前更注重研究了。往往由一个课题反复深入去研究，教学研究、教学方法的改革有非常大的变化。

存在的问题是：第一个是美术教师的知识储备不够，适应不了这种课程改革。有些老师还是用老一套来上课，这种现象有两个原因：一是这些教师本身知识量就不够；第二是这些教师没有责任感。第二个问题是美术教师的地位还有待提高。现在我们的美术教师在学校中的地位普遍不高，有的老师是校领导的花瓶，需要的时候觉得你很重要，不需要的时候不管不问。我有个朋友在高中当校长，我建议他把艺术教育搞一搞，他说："我在学校这么久了，美术、音乐课的老师有几个人、长什么样我都不知道，平常我都没管过这些，都去管其他学科去了。"艺术学科在学校的地位还是有限的。第三个问题是我们的教学环境，美术教育是要依附于一定的条件的，就像学乐器的没有乐器就无法学，美术离开工具和条件是做不好的。很多学校的美术老师因环境条件的限制而开展不了活动，往往有热情没有条件。这个是摆在我们面前很重要的问题，美术教学环境有待改善。第四个问题，我们的课程架构包括设置还需要更加合理化。现在我们一些老师不知道创造性地使用教材，有的就是按教材顺序一课一课上，有些老师对教材理解不深，上得不够深入。这次针对教材存在的问题我给人民美术出版社写了一篇很长的文章。原本他们的教材很厚，18节课也讲不完，后来他们就减少了内容。课程的组织者还需要给老师提供一种更有效的更合理的课程体系，让我们的老师拿到教材能教会教，并把它教好。教材的问题还要进一步研究，教材要适应于老师。还有个问题就是经费。有一天，我在农村小学听到一个老师说："今天校长很好，给我批了200元买材料。"我听了心里很难过。有一次我给全山东实验学校的校长做报告："如果我是校长，这个学科一学期或者一年花个几万元就能让全校的孩子非常好地学美术，我何乐而不为呢？我别的地方稍微省一点，花一两万就能支撑一个学科而且能让它开展得非常好，为什么不去做呢？"现在有很多老师因为经费问题交流活动都不能去。这几个方面都是目前存在的阻碍美术教育发展的问题，有些是来自领导层面的，有些是来自教师本身的，还有些来自课程设置。

伍翔南：这五大问题急需解决的是哪个？

房尚昆：我觉得最需要解决的是教师自身的问题。我曾经和老师打赌，我去条件最艰苦的地方当美术教师照样能当得很好。比如我把泥巴糊在墙上，让学生用树枝画画，他们照样能够得到教育。我也可以用稻草、锅灰、纸盒等等，作为美术元素来进行教学，学生也可以享受到美术课堂的乐趣。教师在顺境和逆境中都要有一种教学生的责任感和素质，这是最重要的。从自身来讲你做了多少事，有为才有位，你有了作为学校会给你位置，有了位置就可以做更多的事。

伍翔南：顺着这个话题，请您给我们这些还在成长的美术教师一些建议。

房尚昆：第一点，对职业要忠诚和喜爱。如果将来从事教育职业，不喜欢它或者你不打算去做一个教师，那么趁早改行，否则你一辈子是痛苦的。假如命运安排你成为一个教师，你就应该在这个岗位上享受这个位置给你带来的快乐。你在教师这个岗位上，教育职业给你带来了快乐、自豪，但也有痛苦、烦恼，任何职业都会有的。要热爱尊重这个职业，任何职业你只要做了，它就会给你带来很多东西——快乐、幸福感、痛苦、彷徨、劳累。第二点，知识储备。等你强大了，你走上讲台就不一样了。知识储备对于未来发展是非常重要的。第三点，有好习惯。我的学生毕业之前我给他们题字："学会做人，学会做事。"我经常做事，不说反倒引起别人的尊重。我的小孩所有好的方面都是由于我给他养成的好习惯，习惯左右人的一生，好的习惯非常重要。

伍翔南：最后一个问题是儿童美术教育，请就这个问题谈谈您的见解。

房尚昆：儿童美术教育是我一直比较关注的，最近我关注得更多。我曾经在暑假花了两个月的时间浏览了中外众多关于儿童美术的书，也买了许多书，还到网上下载资料。我通过网络和现场考察了解很多儿童美术教育的情况。我也研究它，假如我做这件事，我会把德国的、美国的、日本的、法国的、澳大利亚、中国等国家的关于美术教育的经典的话提炼出来，以国际的视野研究我们应该走一条什么路。我觉得儿童美术非常重要的一点是，培养儿童感知能力，他知道哪个美、哪个不美，关注到什么美、什么不美。第二点，体会绘画的快乐。我们不要一开始就把他局限到一个专业的枯燥的训练当中，要体验绘画的快乐。第三点，允许他们去想象、创造。我们不应该用我们的逻辑方式去限定他们，要允许他们有自己心目中的东西，允许他们展现创造力，这是非常重要的。一个儿童画的老师最重要的不是教他们去画什么而是教他们在画的过程中体验到什么，感知美术，再联想创作。因此在这一块我提出四点要求。我教三岁的孩子时，第一个是感知点线面、创造点线面、联想点线面，对每个段都提出要求，本体的东西要考虑到。第二个，技能技法，工具材料的使用。比如国画、油画，这些本体的东西也要教他们。第三个，创意联想。很小的孩子有他的创意思维，创作不出来没关系，但要具备这种素养。第四个，审美素养。我做了一课给他们看，做了小孩三岁开始学的第一课，画点的课。怎么让孩子来体验点？我当时就设计了这样的课堂：有实心点和空心点，老师穿的衣服花点点，自然界的很多花——花点点，我们晚上看星空——星点点，点在我们生活中到处都有，画家梵高画的《星夜》让人有很多点的感觉。我们来试试怎么画点，用手指蘸颜色点，这是实心点，这是一种点法。拿笔蘸颜料来点，感受工具的用法。再让他们用水彩笔点在宣纸上，点自然化开形成点的痕迹，水多水少点的效果不同。这是让孩子感受点的过程。然后让孩子欣赏很多画点的画，让孩子知道点可以画成很多画，包括儿童画和大师的画。我会在最后布置一个作业，并通过家长学堂告诉家长这堂课用料是什么、要达到一个什么目标。最后是课后拓展，希望家长和孩子一起观察自然生活中还有哪些点，希望他们找到工具把它们表现出来。通过课后拓展达到创意联想，让家长和孩子一起去想还有什么更好的表现点的方式。就是这四点，我在课堂上让他们作为主线去研究。儿童美术教育对孩子的未来是非常重要的，是其他学科取代不了的；所以关于美术学科的影响和地位我们一定要探讨。一个有责任感的老师要看到这一学科的价值。

李力加：感谢房老师，非常感谢！

任翔南：非常感谢！

14

主题：

儿童版画教育问题

受访者： 牛桂生（中国美术家协会少儿美术艺委会委员，江苏省特级教师）

访谈者： 邵任斯、丁志超（浙江师范大学美术学院研究生，以下简称"记者"）

李力加（浙江师范大学美术学院教授、硕士研究生导师）

访谈时间： 2012 年 11 月 4 日，

访谈地点： 浙江金华宾虹小学标点儿童美术工作室

记者：牛老师您好，请问您从教是不是有四十年了？

牛桂生：四十多年了，将近五十年。

记者：请您简单谈一下您从教的经历。

牛桂生：我是高中毕业生，1965年高中毕业之后就到小学从教了。在整个小学教学过程中，所有门类我全部涉及过。语文、数学、音乐、美术，所有学科，包括总务、门卫、校长等，全部都干过。

李力加：干了几年校长？

牛桂生：那是在"文化大革命"时期，任学校革委会主任。从社会经历上讲，经历了"文化大革命"整个全过程。"文革"前，高三的时候，当时班级里就有造反的，就和老师面对面辩论，谈教育、学术上的问题。现在回忆起来，我们可以说是"文革"前完完整整的高中毕业生，硬邦邦的。那时候的高中毕业生和现在的高中毕业生、"文革"中的高中毕业生是不同的。那时候从学术上、教育上都比较系统、扎实。老师非常敬业，教学与现在相比确实有差距，也可能是社会发展了，要求不一样。我到小学从教以后，历经"文革"，涉及各个学科，自己提升很多，特别是美术。

李力加：确定下来干美术是哪一年？

牛桂生：在工作十几年之后才确定的，原来并不是教美术的。从我个人发展来看，可以说人的一生中，有很多潜能，在很多地方不一定能发挥出来，但以后遇到恰当的机遇，他内在的东西就会体现出来。所以，我现在对孩子的美术教育，特别注重发掘和培养孩子的一种潜能。要谈学术上的经历的话，这个潜能，我也有感觉。小时候对艺术、美术特别感兴趣，虽然不会画，但是很关注。"文革"期间有需要，比如要搞大字报、出海报，感觉到美术非常重要。在我所教的任何一个科目里，都感到美术非常重要。我教数学，我必须画；我教语文，也必须在黑板上画简单的示范图；学校搞一些宣传活动，也必须亲自动手去画。这个对我的触动很大。我在自己的经历中遇到过挫折，我请人家（美术老师）给我画，人家不愿意。那怎么办呢？我就只能自己干。所以，后来就逐渐从主课语文、数学转到音体美，最后确定了美术，那是在1970年。

牛桂生：我50岁才进大专，没有进过本科院校学习。我从学校高中毕业到小学当老师，后来考大学，没考取。我们当年报的是文科的外语系，结果没上。1965年，南京文科的外语一个都没有上，可能和"文革"有关系。我有同学考文科的，也是一个都没有上。最后没有办法，整个那一年65届高中毕业生，大批的没有工作。南京市教育局就出台政策，从那年的高中毕业生中物色人选，大批地充实到教育第一线。南京的教育在20年之后，局长、校长都是我们那批毕业的。但我什么也没有，最后回归课堂。

选择美术，是自己的爱好。高中三年，当时没有钱。举个最简单的例子，何占豪的小提琴协奏曲《梁祝》，俞丽拿演奏的，到南京演出，我花了7毛钱，买了一张甲等票到前排去听。凡是外国代表团到南京演出，我都会去看，美术馆也经常去看。从那个时候起积淀了艺术素养，对美术很感兴趣。在"文革"期间又体会到，求人不如求己。所有的美术科目从素描、色彩、造型做起。因为我教美术，必须都要会。我从儿童画教学开始学习，慢慢地走上了美术专业的道路。在这个过程中还要进修，因为没有文凭就拿不到职称，逼得必须学。当时南京市组织了自学考试，我就报名了，所以说50岁才进大学。我记得周总理当时给体育健儿写的一段话，对我激励特别大。于是就决心，在十年之内要把所有东西都拿到。经过这么多年的努力，可以讲确实付出很多，走的路确实是坎坷的，挫折很多。当美术老师以后，我发现领导的认识并不是那么高，很多人都不理解。那时不像现在要培养全面发展的人，而仅仅是注重文化知识，忽视艺术。

李力加：您哪一年评的特级？

牛桂生：1997年。在整个教学过程中，换了三所学校，毕业以后在一所学校待了一年，然后调到另一所新建的小学。在那个地方干了十年，之后调到了另一所学校，一直到1984年，做美术在南京可以说小有名气了。中间遇到几个好的校长和教育局局长，对我帮助很大。1984年想把我调到少年宫，已经定了，但是当时的校长不放。那一年正好带学生到青岛写生，回来以后校长说把我调到石鼓路小学，没去少年宫，不让去，石鼓路小学的校长要我。那是在南京市的主城区，我从1965年工作到后来调来调去全部在城外学校。

我几次和家长讨论这个问题：不要以为孩子现在画了一张画就是一个画家了，不是，他现在只是有这个兴趣，但他对艺术的爱好，他积淀下来的东西，走下去之后说不定哪一天能走上正轨，这是因人而异的，必须挖掘孩子内在的一种潜能。我培养出来的学生不一定做一个艺术家，但一定要成为有用的人，就是对生活、对环境、对家庭有一种美的感悟，从内心出发，做什么事都有意识要唯美，做任何事有自己的主张。不一定要当美术家，我与家长开玩笑讲："大家都当美术家，孩子都是神笔马良，没有面包了就在墙上画一个出来，这是不可能的。"大家都是美术家了，你吃什么？终归是要干各种各样的职业。孩子毕业以后可能会走上各种各样的岗位。我也不是美术家，我也没有学历，就是个普普通通的老师。勤奋才能出成绩。

不管干什么事情，说到我自己，可能还要有一点悟性，就是偷学。把人家的东西学过来，通过自身的消化、揣摩，变成自己的东西，这个很重要。像我到黄丕谟老师家学习，他是大师，他演示的水印木刻，对我的影响太大了。我自己有力量发展，但必须靠社会各界的支持，包括领导。可能有时候遇到好的领导，能够发挥自己的能力；遇到不好的领导，他有太多自己的想法，会给你制造一些障碍。一旦你选定了这个行当，就必须有突破。我干，这是我的事，别人阻挡不了。一些老师经常埋怨，经常被调课或被派去做其他事情。不管怎样，我坚持做的事，我自己走下去。十多年走下来，我的成绩出来了。这个只有自己经历过才会有感受，我在自己的一生中经历了很多这种事，也遇到过几个好的知音。

从社会的大角度来说，我在上个世纪70年代末80年代初就已经涉及少儿美术这一块，这得力于南京市当时的两朵花：一朵是儿童美术，一朵是小红花艺术团。当时的文化局局长、南京市少年儿童书法会的领导，包括政治部、宣传部部长退休后也是主管少儿美术这块儿。每年春节带孩子到江苏很有名的老先生家里去拜访，包括宋文治、钱松岩等老前辈。林散之当场就写书法，钱松岩当着孩子们的面就画小松树，那老辣的笔法，漂亮得不得了。带孩子拜访名家的过程，对我自己也是一种提高。一次带着孩子去青岛写生，刚好碰到刘海粟大师，学生去拜访他。其他人他一概不接见，就只见我们这些孩子们。

李力加：当时带了多少小孩？

牛桂生：在暑假里带了30多个孩子，一般都是少儿书画会组织的，带着孩子到处去写生。那几年就跟小龙（龙念南）接触了。80年代，我们到北京去办南京市少儿书画会的少儿美术作品展览，那时候就熟识了。1983年，在北京办的第一届进京展览，在官园。

少儿美术书画会也有机会和日本交流，每年送100幅作品和日本名古屋进行城市交流。作品要经过文化局、教育局层层筛选，要求比较高。跟新疆乌鲁木齐的文化馆联谊，搞儿童美术作品展览。学校里也给了很多的支持。从1981年到1984年，我接触了很多人，如版画家虞建，是我的启蒙老师，现在已经退休了。搞版画以后，我就带着孩子做。版画就是培养动手能力，培养孩子的创造思维、创新能力、动手能力。我们那个时候的美术在南京是相当有名的。一个中学、一个小学，再加一个幼儿园，应该是一条龙服务，打破这种招生的概念，那就要超过现在的宁海中学。我们那时候起步比它还早。中学虞建，小学是我，小学里我还物色了几个老师，形成团队一起研究。当时教育局重视，1984年，儿童版画进入到我们的美术课堂中去了，这在全国来讲是最早的。

李力加：比张桂林老师他们还早多少？

牛桂生：进课堂可能我是第一位。张桂林老师的少儿版画，起步比我还早，也是在80年代左右，但是他没有进课堂。进课堂我是第一。《中国美术教育》主编陈通顺先生，你们有机会去采访他，他亲自听我的这堂课，他听完40分钟以后，极力赞赏。当时是11月26号，当时的报纸我还有，发了一个新闻，就是他写的一个报道，版画进课堂。陈通顺先生当时的编辑部在南师大，他听完课以后，40多个孩子，一堂课下来没有一个雷同的版画。全部是纸版画，纸版印的，当堂剪，当堂设计，当堂制作。最后下课的时候，满墙贴的全部是孩子的作品，每个人一幅。他把这一批作品全都拿走，展览，贴到他的编辑部，逢人来就介绍。所以，这样子一来，从1984年开始，第一个吃螃蟹，第一个进美术课堂，这在历史上有记载。1984年版画进课堂引来社会上很多的议论，大多是好的，有一些是不好的。1984年以后又发展了，进课堂得到承认以后，就得到逐步的推广，形成石鼓路小学少儿版画的一个特色。进了课堂以后，随着课堂走出课外。从课堂教学到课外活动进行创造，形成了一条活动链，从课堂学到知识，到课外去发展。从课外发展再走向社会，我们的儿童版画走进医院，走进社区，走进教育局大楼。凡是新建的地方，都有我们的儿童版画。影响非常大，一下子就扩展出去了。另外一个，就是扩展到家庭。现在家里装修，孩子做一张版画往墙上一挂，这是孩子的作品。一个家长有一个很生动的例子。他说，我的同事结婚了，送钱吧，太多，我拿不起，送少了，人家看不上。干脆，我叫我女儿给他画了一张，然后拿去做镜框的地方装裱一下，送给他，非常珍贵。作为一个礼物，接受的那个新郎就把画挂在他的新房里去。

从学校走向社会，对我的影响是非常大的。

再者，得到江苏版画家们的支持。著名的水印木刻家黄丕谟，我去了以后，他当场印画，他不回避我的，因为他对我的儿童版画非常重视。80年代就跟北京的小龙结合起来。江苏著名的版画家，包括北京的李桦先生、王琦、彦涵，都从80年代开始接触。1986年，李桦、王琦、彦涵、张作良，还有莫测，都到我们学校来了。写了很多的字，是一笔非常宝贵的财富。没有任何一个小学能够有这么多老前辈的字画，我走后就全部转给学校了。跟这些老先生接触以来，我有一个感悟——这些老前辈对人是非常真诚的。特别是对像我们这样的小学美术老师，他们并不把这看成一个很低的职位，反而觉得你是在做一件非常重要的事，是他们没有做到的，就是培养下一代。得益于这些老先生的支持，那时候我只要搞活动，一请吴俊发、黄丕谟，那是必到的。包括现在，我每年都去拜访，关系非常好。我从他们这些老先生的身上也学到好多好多东西，就是做人，在自己的事业上要尽力。作为个人来讲，要勤奋，要有一个灵活的头脑。你必须从他们身上感悟一些东西，然后融到你自己的身体里面去，形成你的东西。我得益于黄老先生的教诲。他并不是跟我谈大道理，就是这样子做。我到他家里去，他就印画给我看，他印他的，我看我的。我看了以后就有感悟，我说："黄老师，这个灯光怎么这么黄啊？需要套一块版吗？"他说："不需要，我就用颜色稍微填一填就行了。"黄丕谟一生办了二十多次个人画展，日本专门请他开了三次讲座。因为日本人想从他身上得到一些东西，但是没办法，有些东西就是天生的。就是告诉你了，你也做不出来。日本那个套色版画只要作品上有一套颜色，他就必须有一块板子，而我们黄老他只有两块板子。一个是正版，一个是副版，不同颜色上，正反两块三夹板。两块板，他印出来水印木刻，最多三块板。所以很多的技巧，它都是在柔和的过程中、创造的过程中自己摸索出来的。我现在也搞水印，我把它转化为泡沫版水印或者其他版的水印，精髓是从他那里得来的。就按照他那个水印操作的方法，包括我现在对版画的认识，还有这种看法，版画只是一种载体，只是一种表现形式，不是最高的目标。最高的目标是通过作画陶冶自己的心灵，产生一种美的感受。我并不是为了一张画，卖点钱。培养孩子也是，不要以为你画一张画，就成了小画家，没用的。以后你怎么走路还是你自己去走。这个美，它是潜移默化的，逐步渗透人的心灵。这样子出来的孩子，以后必定会有用。有一个孩子，小学跟我学画。他毕业以后给我寄来一张教师节贺卡，写了几句话。他说："我在小学一到六年级跟您学习美术，我长大后对数学很感兴趣，大学毕业以后出国读研，攻读学位。"他来的信跟我谈了一个很简单的道理："由于小学学了美术，我现在讲话、做事，给人感觉到有气质，跟别的孩子不一样。"从这点上我就感觉到我培养了孩子的审美情趣。另外，还得到了一些老先生的爱护。像李桦先生，他1986年到南京来，我1987年有100幅作品进军中国美术馆。1986年在南京搞的展览，1984年进课堂。1986年在南京展览一百幅儿童版画，程大羽、黄宾虹老先生都去了，包括南京军区的首长。1987年就进军中国美术馆。我们当时去了一个团队，政府区长带队，包括南京报社记者、电视台记者，全部跟踪报道，拍了很多的片子。1987年8月1号，正好是中国建军五十年，十点钟开幕，儿童版画展是九点半在中国美术馆三楼先开幕。那些中央的领导，还有一些画家，都来看，全部把儿童版画看了一下，影响非常大。南北"两朵小花"，在中央电视台、北京电视台、中国日报（海外版）、人民日报（海外版），全部报道了。

李力加：北方是华维光。

牛桂生：在通辽，明仁小学。人各有志，但是那段历史是肯定的。在这个开幕式之前，李桦先生把他心爱的一套木刻刀全部拿出来，一分为二，一半给他，一半给我，这是历史文物了。他跟我讲了一个很简单的道理：

版画为什么能够发展，就是宣传性，动作比较快。铁钉的头磨一磨就能刻，刻了以后就用。彦涵先生抗战时出了好多画，李桦先生推崇这样的青年版画家。他给我写了两幅字："园丁，辛苦了。""继承鲁迅遗教，发扬版画优良传统。"送我一套亲手打造的刀，他等于把一套武器交给我，把枪给我了，这意义很深刻。他给我以后，我也是按照老先生的方法，传授给我的下一辈。现在我到全国去开讲座，讲出来的方法、教授的东西一定有实用价值，一定符合教学规律。不只是追求学院派，追求一种贪大的表面的一种设备，印刷机也有，大的丝网印的机器也有，这些有什么用呢？我搞了四十多年的版画，从来不用机器印任何一张。为什么呢？因为你只有在手感的过程中，才能感受到画面的肌理。你用上机器以后，那就变成一种附庸品了。直接机器出来，版画就没有用了。对孩子的教学来讲，小学六年就走了，他能发展就发展，不能发展也无所谓。他偶尔之间做一点小东西，或者画一个小插图、小动漫，用版画的形式表现一下，不是也很好吗？干嘛非要成为版画家呢？像深圳，搞那么多工具，领导高兴，钱拨下来，用很大的版画印刷机，有气派。我讲句实在话，表面上有用，给领导脸上贴花，老师可以操作。有没有好处呢？有好处。一个是显示自己的经济实力，二是展示学校的设备。从超前发展来看，确实也需要，但是务实一点，我觉得有跟没有差不多，没有你同样也能出作品。你只是通过版画培养孩子的创新能力，一种创造的思维。把他的思想、思考和他眼中的世界通过他的手转换，用版画的形式表现出来。版画的制作过程，不像蜡笔画、水彩画，画完就一张，它这个里面是有复制品的，而且在复制的过程中随机性非常强，能服务孩子好玩好动的心理。孩子只要一上版画课就兴奋得不得了，因为它不可预测。孩子迫不及待地想印，印出来看到底是什么样。哪怕印得一团糟，也很高兴。

李力加：所以，版画必须让孩子亲自印，我也倡导这个东西。

牛桂生：我给美术教师们讲，不管你水平有多高，让你亲身体验一下，有的人能讲很多，但不一定能操作。你操作不了，回去怎么带孩子操作？印版画，你有没有实践过？你有没有感悟到印出来的效果好不好？没有，你就必须自己去实践，这样才能去辅导孩子，才有针对性。从事小学美术教育必须注意这一块，必须自己亲自去实践，而且从中感受一些东西出来，这就是你教学的本钱，这样才能把孩子教好。不然你空口瞎说，那只能完全按照孩子的悟性，他自己怎么感觉就怎么出来了，并不是你老师教出来的。

在对孩子辅导的过程中间，我还有一个想法，就是说，孩子是要老师去辅导的，问题是老师辅导过以后不能流露你老师的笔痕。你怎么转化东西让孩子感受出来。老师一代笔，我们做评委，一看就看出来了。有些是老师手把着手，有一些干脆是老师画，包括版画也是这样子。做出那么多精彩的版画，回过头来，有人评价我说，牛老师教学什么都有，遗憾的是没有你自己的作品。我又不好反驳人家，我不是画家。我经常参加全国的评选，看这些版画作品，我就很怀疑是不是孩子的作品。怎么有说服力呢？我就亲身去实验。我这么多年的积淀，从孩子的身上，我悟了很多东西，有很多的造型都在我的手里，我把它转化一下就变成我自己的作品。在做作品的过程中，也尝试一下一张画分解它的创作过程，然后再去评价这些画。我肯定不是孩子做的，是你老师做的，我就有说服力了。我做一张版画，前年参加第十一届全国美展版画展，画了整整一个暑假。整天扑在上面，套了七个颜色，最后出来一张绝版套色，入选美展。我那张画入选以后，他们开玩笑说一张画一鸣惊人。你不要看我平时不画，这四十年的积淀，我有这么一种艺术的细胞在。我只要一直认真下去，出来的东西就是我的。所以，对孩子来讲，走到版画这条路上来，版画只是一种载体，只是一种手段，并不是追求的一种目的。小孩子会有千条路，走哪条路不是确定的，只不过是有这种氛围，让孩子感知这种美。而且，版画可以把儿童美术的各个门类全综合到一块儿去进行创作。我在课外辅导的时候，版画里的素材全部来自于各个画种。比如刚刚看的那个线的造型，实际上就是一种线描，用版画就能呈现。再如漫画，它的造型也是用线来打造的。我把它这个制作的造型转化成用版画的形式表现，用黑白的，用油印的，用套色的，用水印的，给它转化出来，那就丰富多彩了。因此，培养孩子的辅导班，也不是单一的。儿童画、色彩画、水粉画，什么画都画，画到最后以写生为主打，借鉴其他的画，融合到孩子的创作中去。包括自己搞创作，也是这样。这个是怎么得来的呢？我也是从老先生那里得来的。他们搞一张创作，除掉去写生，去深入生活，还画了很多的素描稿摆在那儿。在自己画草图的时候，这里拿一点，那里拿一点，把人家的闪光点学过来，变成自己的一种表现手法。一张画的创作就是这样。我现在辅导学生去做的时候，如果没有写生、感受、体验，就画不出生动的线条。那么，转回来，要想成为一张作品，还要吸收同行的一些精华。这两个方面结合起来以后，就形成了自己的一种风格。包括教师听任何一节课，哪怕那节课上得一塌糊涂，它总有一个闪光点，一定要学到。你只要把那么一点学到了，你就成功了。焦裕禄有一句名言"被人嚼过的馍没有味道"，走人家的路是没用的。不管你是搞创作也好，搞教学也好，必须有自己的个性，要有自己的特色。个性和特色你必须自己去揣摩，不能一味地去模仿人家，一味地好高骛远，要踏踏实实地、一步一个脚印地去走。这个走的过程就是你自己揣摩和积淀的过程。

记者：您是什么时候开始搞校外儿童美术教育的？

牛桂生：80年代初期。

记者：那时候小孩子多吗？

牛桂生：我这个校外美术并不是到少年宫去搞，而是我学生的课外活动，是在学校里面。

记者：是他们自己报名？

牛桂生：学生自己报名，还有的是学校里推荐的。我们那个美术班里面孩子的很多作品初稿，来自于他的课堂作业。

李力加：课是你教的吗？

牛桂生：课是我教的，但这里面对美术也有一定的感悟。你们到任何一个地方去，要善于发现这张画它最精华的地方，要会看画，而且要有一种感悟。我经常到幼儿园去辅导孩子创作，他们老是拿来一大堆画，这里面有好多好画，他们老师都看不出来，看不懂。看画的时候，一个是抓第一感觉，第二个是抓住其中最精华的部分，然后把它放大、添加，就出来了。搞儿童美术创作，辅导孩子创作，凭空是想不出来的。你给小孩那么多画册，包括成人的画册，包括一些孩子的画册，给他看了，看了后觉得哪些画比较好，其中最精华的部分把它拎出来，拎出来再重新加工，重新再让他去做，重新再做的过程就要融入他自己的感悟。

记者：孩子进您的画班之后不是一开始就学习版画，而是要先进行写生，还有线描练习，这是要经过一个过程的。请简要介绍一下这个过程。

牛桂生：这个过程很简单。第一，起步是造型，在造型过程中，我不许孩子用铅笔，杜绝孩子用铅笔橡皮，就用记号笔，用大纸。第二，画大画，不要画小画，画小画会小气。第三，造型要奇怪，不要太拘谨，你不要受那种具象的限制，要夸张。

从儿童画开始，儿童画起步最多一年，有的社会办学把孩子框到里面，一直从幼儿园到小学，实际上是非常错误的。儿童画只是孩子一种兴趣的培养，一种造型能力的训练，并不是一种发展方向。儿童画搞得再好毕竟还是儿童画，不能成为一张成熟的画，我是这样看的。国外孩子出来的东西为什么能够获奖，能够展览？国外注重孩子天性比较纯真，作品造型比较夸张，比较奇特，是孩子个性的自我展示。中国孩子受教师的影响，作品拘谨，严谨，色彩漂亮。到展厅一看最养眼的画，最好看的画肯定是中国孩子的。这是一个最大的误区，是一种教育的失败。我们要强调过程，而且给孩子很多的材料和方法，让孩子自己去发挥，老师只是在过程中掌控一下度，让他不要太过，而且尽量保持孩子内心的东西。有了好作品之后，不是说只为了搞一个展览，而是画好了以后感觉非常高兴。这就是一种作画过程中成功的喜悦，孩子自己内心的愉悦。

第二年就从儿童画退过来，加上蜡笔、水彩颜料、水粉画颜料，填色涂底色，把它们融进去。第三个阶段，把粉印版画给融进去。融进去以后干什么呢？就是从蜡笔这类工具退出来以后，用水粉画颜料、水彩颜料融进去。在这个过程中，引导学生把红黄蓝白四种颜色、三原色等调成复色，各种各样的颜色千变万化，在粉印版画学习中把色彩这一关过了。孩子学习粉印版画的目的并不仅仅是促进粉印版画，而是进行色彩画的训练，把色彩知识都融到里面去。干湿枯也全都融到里面去，包括洗笔、用笔、不洗笔、不用笔，都在这里面体现出来。在这个过程中，如果有条件的话，可以写生静物，这是专业美术了。在儿童画学习的过程中，带孩子去大自然写生，包括一些民宅、花卉、景物，都可以用儿童画的方法去画，不是用正规写生的方法。像徐家林、刘玉林他们都用这个方法。在线造型这个过程中，从简单的用点线面来表现，或用客观规律来表现他的造型，画出来很多线描作品。在这个基础上，绘画技能逐渐走向成熟，也就可以定向培养了。然后再转为初级素描，画结构素描，画静物，画色彩，画花卉，画风景，画写生，还是用线描去画。线描画完以后如果有条件的话，可以把这些东西一下子就转换成版画，就变成作品出来了。

在这个过程中，从简单的初级素描，逐步转化为正规的石膏像几何体培训。我参加社会办学或者搞培训班，去少年宫任课等，基本上就是按照这个思路去走，这么多年下来都有成效。我送出去的孩子再经过高手的培养，进美院是没问题的，出来当研究生也没问题。我学生中有个孩子，他小学毕业以后跟我学了六年。当时他择校到南京五中，大概要交两万块钱。家长一核算，两万块钱毕竟太多了，十几年前两万块不容易。后来他说不上了，来征求我的意见。我说，你就到一般的中学上。因为我个人就没有上过重点学校，也没有上过专业美术院校，当时是我自己出来的。你们说我是美术家也好，是教育家也好，我不管，反正我自己走我的路。走过来了以后，从80年代搞到90年代，基本上就是结硕果的时候。1993年被南京市政府命名为中青年拔尖人才，1995年评上江苏省优秀教师，1997年被评为江苏省特级教师，1998年获高级职称，我全都拿到了。那些同道的人都有公司，我没有，什么都没有，我还是小学老师。社会办学我也兼过课，我就按这个路子去走。比如前面提到的那个孩子，后来就到了一般中学的快班，之后所有的老师都培养他。要是到重点学校，一平摊十个班，你分数搭不上去或者在尾巴处，就没人管。结果经过初中三年，我再跟他讲："你到外面再找一个老师，高中三年到人家家里面去上课，毕业以后考南师大美术系专攻油画。"四年以后，他的画参加江苏省油画展，毕业后留校当教师，专攻油画研究。中央美院、中国美院、天津美院都有我的学生，我虽然没有最后冲刺教学，但是我在小学给他们打下了坚实基础，出去以后很顺利地就上去了。作为小学老师就是打基础，你不要把自己看成是一个专业画家去培养孩子，不要以为我培养出来的孩子可以考美院，做不到的，你的能力达不到。我给他在小学六年，哪怕在初中再有三年，我给他做一个很简单的铺垫，对他今后的发展可能会有非常大的好处。

记者：是否会有孩子遇到很希望写实的转型期，这时要怎么去处理呢？

牛桂生：这个问题我倒还不一定有。没有到了小学三年级、五年级要转型的，只是在线描的创造过程中，已经把他给转过来了。往往最出成果的是小学一年级、幼儿园大班，那些孩子的画确实漂亮。此刻如果再让他学儿童画，以后就是害死人的"简笔画"，孩子一个模子出来，同一个老师教出来的都是圆圆的脑袋、圆圆的身体、圆不溜丢的眼睛，"简笔画"画出来的东西确实是害人。在孩子转变的过程中，我也知道让孩子搞创作是非常难的，但是还要有意识地让他去创作。实在不行，你就画你自己，你关了门在家里，把自己画出来。随着孩子年龄的增长，他有一些想法，特别对人物的造型，他的理解和不理解交杂在一块，如果你单纯去搞这个转型，我觉得比较麻烦。我的办法一个是通过版画创作来扭转，另外一个就是通过线描的创作来扭转。

记者：您提到了写生，在写生时，您如何教孩子们去观察呢？

牛桂生：我说的写生不一定非要到五六年级，四五年级，有时候幼儿园就开始叫他写生了。实际上就跟我刚才讲的色彩的观点一样，就是把近大远小和透视的概念放在写生的过程中，让他们去感悟。不是用学院派的那种方法去教，教他画比例、画透视。我不用这种方法去教，因为孩子心理上达不到这样的认识。至于一年级、二年级甚至幼儿园大班的很多孩子被家长送去画素描的情况，我就跟家长讲："你们把孩子送去不是虐待孩子吗？不是惩罚孩子吗？"放假没事，在家里面弄一块画板，弄一只铅笔，去画热水瓶，家长能不能画出来？画不出来。他们画不出来却让五六岁的小孩坐在那里画，那不是在让孩子受刑吗？

记者：小孩子的画在透视上会跟科学中的不一样，如果碰到这样的情况，是给予引导纠正还是保留？

牛桂生：不要纠正。孩子的天性千万不要纠正，最可贵的就是他们稚拙的一种表现手法。我们就从他这种灵动的、率真的线条中来感悟一些孩子的东西，然后再有意识地用在我们的创作上面，同时也指导孩子应用到他自己的作品中间去。

李力加：你对当下全国儿童的版画红红火火的态势有什么看法？

牛桂生：我觉得作为一个一线老师，应该冷静地坐下来思考一下路要怎么去走。有些领导为了邀功有名气，投资了一些东西，抓到一些老师，必须把作品做出来。可孩子们的能力达不到，老师们只能自己去做，这是一种急功近利的表现。从全国的少儿版画评审来看，我觉得以两种方法为主：其一，太好的画最好不要送，送上去以后肯定枪毙，不会给你评大奖的；因为评出来以后进行展出，人家就会说你这个评委怎么当的，明明不是孩子的你把它评了一等奖、特等奖。其二，首先造型要有孩子的形，另外还要思考我究竟教孩子以后干什么，就是培养方向问题。

记者：版画在表现上最重要的是不是黑白灰？

牛桂生：黑白版画，那是强调黑白灰的。

记者：孩子从粉印版画开始体验色彩，他从什么时候可以开始学习版画最主要的核心语言？

牛桂生：我觉得作为一般老师来讲，可能对版画的概念都不是很清楚。首先，你的教学对象是学生。其次，版画教学只是作为一个载体，并不是作为版画艺术，以版画的各种表现手段来教育学生。作为一个美术教师，如果把培养孩子当作学院派去对待，这条路是死路，设备再好也没有用。从全国少儿版画作品来讲，需要解决一个问题，就是一定要凸显版画的趣味性，一定要印。你这张画出来以后必须有印的感觉，至于你用什么手段去印那不管。版画刻了以后必须印，这个过程是绝对不能少的。现在很多老师、学校在探索版画的一些新技法、新的表现手段。我也不否认，但是从传统的版画来讲，还是必须有制版、印版的过程。至于黑白灰，是黑白版画，线描也是黑白灰，从美术语言上来讲都是一样的。从版画表现形式上来讲，有很多种，有丝网版画、绝版套色版画、水印版画、铜版画、石版画。万变不离其宗，还是一个造型问题。你把造型问题解决了，或者把表现手段融到里面去，出来以后就是一张版画作品，有版画的语言在里头。

李力加：对东海版画的发展有什么看法？

牛桂生：东海最可贵的地方就是政府投资。在江苏是我在操作，我借东海政府投资的钱和刘晓红少儿版画研究中心这个平台，已经搞了两届（现在是第三届了），跟中国美协签了四年的协议。如果政府不出钱，就一届也办不起来。这就是借助政府的平台，我认为对全国的少儿版画也是一种推广。小学里面版画进课堂作为一种教学手段，可以培养孩子的动手、创新、造型能力，包括艺术表现力，更重要的是版画可以作为一种校园文化上墙，而且它不容易变色。例如，市妇幼保健医院要了一批在他们那里出生的孩子后来做的版画，陈列在医院里。看起来并不是那种很成熟很成功的作品，就是孩子的版画，用版画的元素，刻印、黑白、凹凸，其中最精华的部分就是凹凸版。丝网版也是的，它就凹凸，看凹进去的层次多或者凸出来的层次多。保留的线条留着，不保留的印完之后把它刻掉，再刻，刻了再印。最后印完画了，板子也没有了，就是这样。回过头来，还是一句话：要自己去揣摩。

记者：您说最重要的就是刻的过程，现在很多学校已经提倡用KT板和橡胶板，那以前您教的孩子是直接在木板上刻还是借助其他的材料？

牛桂生：这个呢，我有一个想法，就是说作为小学低年级阶段，还是应该用纸板、泡沫这些最简单的板材，用最简单的方法去操作。在高年级阶段，可以适当增加一点木板。木板进课堂教学难度非常大：第一是安全问题，第二是小孩子力度的问题。那些大型的版画，整排的水印版画，包括半开的木版画，小孩子能刻吗？我自己手上都刻毛了，老茧都刻出来了，才刻了一张画。

版画是一种非常好的表现形式。学习版画利于孩子综合素质的培养。刚才讲的一个是展览，一个是校园文化，对孩子美术上的一些专业知识的融合，都非常好。像校园文化，用版画去装饰一下就很好。像这些原版，都可以直接装裱在学校里面。第一届已经有原版展出了，后来第二届就提出来最好不要用。毕竟还是正规的展览，用印出来的比较好。另外还有一个呢，就是多种材料的综合运用。刚刚讲的KT板、海绵板、胶皮、陕西瓦片，还有一些底板等，就是材料问题，都好办。只要能给它刻出凹面来，就行了。或者用贴的办法，贴出凸面。刻凹下去它不就凸出来了吗？可运用一些综合的材料再把它贴上去，手段无所谓，表现形式也无所谓，版画最根本的东西是培养孩子的动手能力。出作品，也是对的，老师在里面插手，那就绝对错了，不要一味地去追求作品。

记者：您之前提到，要挖掘孩子的潜能，在版画的学习过程中慢慢地渗透、发展一种美的眼光。这种审美的眼光应该如何去培养呢？

牛桂生：这就看你老师有没有本领了。像我那个学生，他家长不会教美术。这个小孩一年级来了以后，我从他的作业就看出来了，小孩蛮有灵气的，问家长能不能给他上美术班。家长同意后，上了一两年，作品就出来了。这就在于你老师的水平，看老师怎么去发掘。看孩子的作业，要能感觉到这个孩子有没有发展潜力。另外，还有技能在里面，就是在美术课堂作业里，杜绝用铅笔来勾草图。

李力加：牛老师这个观点我赞成！

牛桂生：孩子有一个怪癖，他一旦用铅笔了，就擦，甚至纸擦破了他还在擦。我就叫他用记号笔去画，画在那儿就擦不了了。第一，造型要比较夸张；第二，要大气；第三，在大气的构成当中，也要有细节，要注意观察一些细节上的东西。对孩子来讲，搞创作也好，写生也好，应该从整体上去观察。通过自己的感觉和悟性，或者用自己喜欢表现的一种线条，把它画出来，就行了。你不要用成人的标准或者一种专业的标准去判断这个地方准，那个地方不准，这个地方好，那个地方不好。你讲多了讲专了，孩子就没有了兴趣。如果你慢慢去跟孩子谈，他肯定会有一些收获。

李力加：美的眼光，是慢慢自己内化的。

牛桂生：老师有时候需要帮学生的忙。有时候帮学生带上一笔，这个也无妨，你毕竟是老师嘛，你要教学生。关键问题是，你教了学生以后，不能让人家看见你老师的痕迹在上面。

记者：那哪些是能教的，哪些是不能教的，需要自己去探索吗？

牛桂生：这个问题是个人的素养问题。当美术教师之前，要跟我一样，花钱去看高端的艺术、高端的展览，开阔自己的眼界。中央电视台的相关专业的大型的节目，只要有空，我必看。特别是青年歌手大奖赛，我是每一场都要看。为什么？看了以后，我从中感受一种线的体系，包括那些舞台、灯光、背景，包括那些变幻莫测的电脑的技巧，我不会操作，但是我会看。在看的过程当中，可增加我内在的元素、气质和品位。这个品位是别人代替不了的，你必须自己去看，自己去感悟。

李力加：体验是第一位的。

牛桂生：只有这样子，你才能够成功。能够看一张好画或其他好的东西，那就是水到渠成的问题，就是有眼光了。

记者：您是如何理解创意的呢？在学生作品中，您是如何挖掘他的创造潜能的？

牛桂生：关于创造潜能，以辅导孩子画画为例，我首先要确定这张画的主题。主题出来以后，我跟孩子讲好，围绕这个主题，把主体形象固定下来，比如这个主体形象在画面的哪个位置上，是前景、中景还是远景。定下了这个位置后，就先把主体画出来。画完了再添加周围的一些环境和背景，借鉴一些东西放到里面去。比如他画了爸爸妈妈带着他到商场里面去逛，或者到公园里面去逛。他的主体形象是他和他的爸爸妈妈，先把主体形象画好。画完了主体形象之后，如果前景要画一些东西的话，可以不画下半段，把前景画起来。然后插上一些中景，当然中景也不影响主体形象。如果前景没有，那么可以把主体形象都画完。画好以后，再添加周边的背景。在添加的过程当中，老师去指导，告诉他这个位置可以画什么，那个位置可以画什么。至于他怎么画，就让他自己去画。在这个画的过程当中，他可以借鉴一些别人的东西，将一些好的闪光点融到他这张作品里面去。包括青年教师，你去听人家的课，听完以后，你不要一味去模仿人家的课，要从中吸收好的东西融到你自己的课里。导入、新授、操作、最后结尾、点评和拓展，这条线你不能错。这个必须串好，而且时间的分段你都要把它规范了。至于在这个里面怎么转换，那就是你的本事。你听人家一节课，也是从这个主线过来的，它的导入部分好不好，精彩不精彩，记下来。他怎么通过他的一种表现形式，通过他的一些手段，来达到他的教学目标，来传授给孩子，最后在学生操作的过程中间来反馈，你都要用心揣摩。学生在作画的过程中能不能达到老师预定的目标，就可以借鉴别的老师最成功的一些地方。在点评的过程中间，老师他有没有发挥一些自由度，有没有多元化的评价扩展到教学过程中间去。最后一个拓展部分，有没有给到一些余量让孩子课后去发展。从这几个方面去听课，你就会知道，这个老师哪一点是最突出、最好的。你把它记录下来，在你的教学过程和设计过程中间，把它运用进去，然后再不断地充实和提高，就能够备好课、上好课了。

记者：小孩子自己的东西，他有自己的观点，他也可以借鉴别人的。那在制作版画的过程中，要不要给他看一些别人的作品？

牛桂生：要看的。

记者：看哪一类的？

牛桂生：什么都可以看。

记者：牛老师，您有没有上过那种单纯欣赏的版画课？

牛桂生：这种欣赏课，是把每一个班都带到展厅里面去。我现在不敢带，在80年代，我胆子比较大。我一个人，能包大班车，带四五十个学生一起出去，从来没有出安全问题。家长对小孩子不要过分地溺爱。我在美术班上课，我看到家长过分地疼爱孩子，我非常反感。因为老师在教，你家长走过来，让孩子喝水、上厕所……我觉得对孩子太溺爱了，这样反而坏事。你有条件，可以多出去写生，多出去参观，多出去看。现在家长不是条件很好吗？手机、摄像机什么都有，你把孩子带到外面去玩就是了。玩了以后就把它拍下来，拍了以后就让孩子看，把它打印出来让孩子看。没办法去写生，你把它拍出来，放在电脑里面，让孩子对着电脑画出来。

总之，艺术，它是人的一种气质，不是一下子能说完的，它贯穿于一个人的一生。要分不同年龄段，给孩子一定的营养，一定的东西。孩子是一块海绵，他从小到大不断地去吸收，吸收的东西越多，他自身的营养就越足，他的兴趣就越浓。你给他正了，就是正了；给他歪了，就是歪了。

李力加：真是精彩极了！谢谢牛老师！

记者：谢谢牛老师！

15

主题：

美术教师专业成长与美术教学研究

受访者：魏瑞江（天津市特级教师，天津河西区美术教研员，中国美术家协会少儿美术艺委会委员，天津市"未来教育家"培养对象）

访谈者：邵任斯（浙江师范大学美术学院研究生）

李力加（浙江师范大学美术学院教授、硕士研究生导师）

访谈时间：2012年11月8日

访谈地点：浙江金华四季风尚宾馆

邵任斯：魏老师您好！首先请您谈一下您的教育思想。

魏瑞江：思想范围很大，涉及方方面面。实际上，工作若干年的老师，包括你们研究生，都有思想。思想需要梳理、提炼，特别是对工作已经有了一些经验的老师，可能对有些问题已经有了一定的意识，如果大家有了思想这个概念，做起事来就能更得心应手。

实际上我这么多年一直在寻找这个东西，但干多了实践，想从里面提炼一个词汇来代表思想，又是非常困难的事情。我经过了这么多实践和探索，在2011年最后梳理出来了，就是创意式教学这样的思想。创意现在的使用率非常高，如果从美术的角度来看，把创意应用到课堂中去，成系统化的东西，还做得远远不够。所以我想通过创意式教学的方法，形成一定的思想。创意式教学可以归结成一个创意的教育模式，更多的是一个教学方法，它背后就是一个思想了。

邵任斯：我从您的文章《美术创意教学激发幼儿与生俱来的潜能》中了解了这个模式。您提出观察联想、形成意象、创意表达、展示、拓展几个方面。我的问题是："观察联想"和"形成意象"是如何贯穿起来的？

魏瑞江：观察是学科中最主要的，新课标修订之后，特别倡导视觉，其实就是观察。观察是美术教学中最核心的东西，比其他学科更为突出。人在观察过程中会在大脑中形成对物体形象的感知的东西，自然就形成了意象。这种意象会跟经验、观察当时发生的事产生联系。如果在我们的引导下，每个孩子在观察中能快速地产生这种意象的话，对他们来说，美术的空间、形象思维的拓展就有很大的意义。特别是我们在引导中，注意引导孩子去观察事物、去感受事物，再将意象在头脑中形成的话，对后面的创造学习会有非常大的帮助。意象是每个人潜能中都有的，中国人的形象思维本身就具有丰富性，特别是儿童。

邵任斯：那如何引导学生去观察呢？

魏瑞江：当老师提出一些内容或者是引导学生观察一些东西的时候，一般情况下，习惯让大家猜一猜、看一看，这就是直觉的表达，也就是感知事物的特征。教师在无意中引导了，比如有时候我们从整体上去把握事物，有时候又可以从局部去观察和感受。如果我们能在课堂中积极引导，他能感受到观察事物的方式方法；如不积极引导，那学生的观察很可能是散的。举个例子，我们假期去垂钓螃蟹，一个初中的孩子怎么都钓不上，但一个四五岁的孩子却一下子就能钓上一个。这小孩子告诉我，他发现只要垂钓的绳子一倾斜，螃蟹很快就要上钩了。中学的孩子，他找不到这个感觉，他总在移动。这说明一个小孩子如平时注意引导他，或者这个孩子本身就具有先天意识的话，就很能注意这些，这就是观察力的体现。初中的孩子可能在他的学习当中，没有人给他梳理，还没有掌握观察的方法。所以，美术的观察非常重要，是核心的能力。这种观察是抛开表层的，逐渐向内在深层去引导的。比如像教授课文《风来了》，很多老师把重点放在"风"上，并给出一些符号性的斜线，这些都几乎是约定俗成的。一旦学生记住了这些符号式的东西，那孩子对风的生命、风的概念就没有了。有的时候我们常常给概念，而不是引导去观察，其实学生能够感受到甚至触摸到。这节课不是研究风，是从美术的角度去感受风，看看画家怎么借助风去表达自然界中的景物。我们应该从艺术的角度去理解、观察，去表达，这是我们这个学科应该做的。可是大部分老师都去研究风的起源等问题，这和我们学科需要的观察就相背离了。如果给了学生一定的方式方法，那再小的孩子也能体会到观察的意义并可以产生意象。

邵任斯：我想起您在"国培"时上《挑战书包》一课，也是从整体到局部引导观察的，甚至从书包又引申到了其他方面。这可以理解为一种提升吗？

魏瑞江：可以这样理解。因为人的观察有时候是有意识的，有时是无意识的，在特定的情况下可以去刺激这种观察在很短的时间内形成。人观察感知的潜能是与生俱来的。孩子在非常小的时候对事物的观察，对看到的可视物象是有印象的，因此他拿起笔来就能表达一些东西。孩子的想象来自哪里？就来自于眼睛，而不是先知先觉的。在《书包》这节课中，特别是在很短的时间内，让学生的感官充分调动起来。平时教学中我们缺乏这种调动的策略，所以学生的观察是散的。当学生的注意力真集中的时候，可能这个机会已经过去了。可是恰恰在快速的模式下，在目标的驱动下，他们的这种观察能力就不一样了。比如我们要看一个展览，给你半天时间，有效的观察时间可能就一个小时，剩下的时间可能都在很涣散的情况下去感受。如果我们只剩下10分钟，那么我们的主动性、感受性在时间驱使下会增强，从而驱动我们的观察力增强。当然，不是说我们每节课都给学生这样的强刺激，但是我们可以在平时生活中，一学期中有一次这样的刺激。一旦这种刺激形成，那他的观察将是非常敏锐的。举一个简单的例子，我们曾经让学前的孩子去表达"新娘"主题，孩子们都很喜欢。在这个主题里，大部分孩子表现的是婚车、两个人拉着手等。这些大都来自他的生活，但更多是成人给予的。

在这些画中，有一幅非常不一般的画，画了一个刚刚成型的人，画了表示两行热泪的两条线。当你问他时，孩子说，他小姨出嫁的时候流了眼泪。当我们在评价的时候，肯定会说前面的画表现得很好，但真正了解儿童之后，会感到不一样，我给这幅画起名叫《流泪的新娘》。他用他的眼睛，抓住了新娘最美丽的时刻。可能他也不懂这是最美的，但是他抓住了别人没有发现的地方。可能每一个做过新娘的人，在离开家的那一刻都会流泪，毕竟要离开生她养她这么多年的地方。从这一点来讲，可能每个孩子心智成长都不一样，但我们可以在平时教学中这样去引导他们。如果这个孩子长期训练关注力的话，他要是成为一个记者，那么很有可能他捕捉的瞬间是别人捕捉不到的。可见，观察是非常有意义的。我们不能仅仅局限在美术方面，每个人跟社会和自然都有联系，美术恰恰培养了每一个孩子独到的观察力。

邵任斯：刚才您是从创意式教学模式来谈的，请您再具体谈一下您对"创造力"这个词的理解。

魏瑞江：创造力是人天生的能力。当下我们花很多时间去培养创造力，可是培养了半天，这种创造力却离我们的要求越来越远，什么原因呢？可能就是因为我们在选用教学方法、方式、内容时背离了创造力，使得人本来具备的创造力被屏蔽了。在前段时间的"国培"中，也有很多老师提出，为了培养创造力，应反对孩子临摹。但我想，一个教师如果没有创造的意识，即便他画印象画也培养不出想象力和创造力。从教师来讲，应该具备想象和创造的意识，当他们具备了这种意识，那么就算临摹也能出创造性。从创造力来讲，艺术学科与其他学科有着特殊的差别。每个人本身都是独立的个体，那就决定了他有独特的创造力；每个人对事物都有独到的观察、理解和表现方式，这本身也是创造力。但往往在我们教授和培养的过程中，把这种创造力拉齐了，这样就看不到孩子的个性差异。实际上每个孩子的个性差异就是他的创造力。我们往往为了达到创造这个目标，而忽略了形成过程中每个孩子独到的理解。当我们有了这种意识，孩子的创造力自然而然能够生成。当然创造力的培养并不是一蹴而就的，它是一个人在长期的文化和环境中慢慢形成的。古代人一直在发明创造，就是从日常生活中来的，而当我们把它变成课堂指标的时候，反而出不来。这是需要一个过程的。也许今天他仅仅创造一点点，那明天他就能创造得更多。有时候我们为创造而创造就停不下来了。我们的期望值太高了，忘了创造力的培养需要一个过程。美术老师作为教育工作者，在平时应该注意和关注这些，那就不一样了。

我曾经给幼儿园老师做示范，讲授花如何表现。有一个孩子不从花的中心开始画，而是从周围的叶子开始画的，正好被一位老师看见，她马上就指出来了："你这个不对，没按老师示范的去做。"我阻止了这位老师。结果这个孩子画出花来了，而且比其他孩子的都好，这是他自己的创造力。如果我们在教学中忽略了这一个小点，有可能他刚开启的创造力又封闭了。如果不断重复，那就越来越封闭了。所以，在教学中一要有这样的意识，也要有这种等待的心态。就像我们关注诺贝尔奖，一个国家盼了多少年，其实不用盼，在等待的过程中，今年就有了。一个民族要发展，一个国家要有创造力，就需要有耐心，等待创造力的爆发。

邵任斯：您的创意式教学模式的创意核心在哪里呢？

魏瑞江：这个模式首先承认每个孩子都具有创造力，但我们所用的方法不一定适合所有孩子。我在课堂中提出，不管这个学生有没有绘画的基础，只要进到我的创意式课堂里，就"提起笔来能画，执起笔来能写，动起手来能做，张开嘴了能评"，这在实际中都做到了。不管是在偏远山村还是城市，每个孩子都能做到。经常有老师做课的时候要选班，动不动就说"这个班不是我教的""这个班基础差""这个学生怎么怎么样"等等，甚至为了达到某种效果，不惜提前去培训学生。而我正相反，因为对自己的教育有自信，对所有学生有信心。当我们每一个教师对自己眼前所有的学生都有信心的时候，何谈没有创造性呢？前段时间我拍了一个现场上课的教学片。这个班也仅是在拍摄前被告知有这件事。编导们有经验，往往一节课至少要花半天时间来录，但我们当时就用了简简单单的一节课，没有补拍镜头，就跟正常上课一样。后来编导说了一句话："魏老师，您的教学成功来自于您对所有的学生都信任，所以所有的学生都能出来效果。"

邵任斯：谈谈您的"老魏信箱"。

魏瑞江："老魏信箱"，首先要有个"老魏"的称谓。这是我2000年参加教育部培训后发生的事情。过去我个人是向着画家的方向去努力的，但在那个培训中，我感受到"教育的空间那么大，需要那么多人去做"。

到了学校之后，我带了实验班。我计划用六年的时间，把这个班一直带到小学六年级。当学生们被带到第三年的时候，他们和我已经非常熟悉了。有一次我进到教室，学生无意之中喊了我一句"老魏"。喊完之后，我马上有一种本能的反应，教师的这种自尊受到了挑战。这就和你们上课喊李教授"老李"一样，我想对教授是挑战，对你们也是挑战。孩子有顽皮的一面，我当初就没把面孔绷起来。我笑了，一笑之后所有学生都喊了。我就喊"起立""同学们好"，学生就有一半喊"老魏你好！"。这一喊我又觉得接受不了，但我还是微笑着说："同学们好。"连续说了三次之后，所有的学生都喊"老魏你好！"。就是这样，"老魏"在课堂当中诞生了。如果从诞生规律的角度说，它也是自然而然形成的。于是我就跟学生们约定，只能在教室里面喊，只能在我们班喊，出了教室，谁也不许喊。但学生哪里会听，越是人多的时候越是要喊。最难以容忍的是什么呢？体育课时候，他们站得很整齐，我从他们面前经过，他们就喊"老魏"。放学的时候，我推着自行车在家长当中穿行，然后学生说："看，老魏！"这时家长会说出一句让我恨不得找一个地缝钻进去的话："不许没大没小。"从另一个角度看，家长说的就是老师没有做好榜样。慢慢地，在学校的任何场合，学生们都会喊。从这个班到另一个班，学生也都会这样喊你。在这一点上，我感到我的自尊受到了挑战。我想把它收回来的时候，学生们已经习惯了，想收回来也很难了。

有一次上课的经历让我突然有所改变。我在一个班上课的时候，忽然没有一个学生喊我老魏了。这节课上下来，我一点感觉、一点激情都没有，就感觉这个课堂失去了灵魂一样。我感到这样的课堂非常可怕，每一个孩子都发生了变化。于是我就反思："为什么他们谁也不喊我老魏了呢？"

下课的时候，我就问学生，他们告诉我了："魏老师，你不讲信用。我们今天开了班会，班主任说我们不懂礼貌，对着老师直接叫老魏，并且告诉我们以后不许这样叫。"原来学生都认定是我出卖了他们。教他们的班主任年纪很轻，大概是刚刚从学校里毕业的样子。我去找这个班主任的时候说："你能不能收回这些？"班主任怎么也不肯，她说："我就不理解，我都接受不了。"我说："不管你接受不接受，你就把话收回就可以了。"就这样，我和学生的融洽感觉又慢慢回来了。从那之后，我就感觉到，我从内心深处真正地接纳了"老魏"这个称呼。现在，"老魏"已经成为了一个符号。所以说，学生的成长在助推我们的方方面面，就像你们，一批一批的研究生，实际上是在助推李教授。我觉得这是教师这个行业最有意义的地方。它是非常有创造性的，我们不可能把我们过去的东西再复制给下一批学生，我们肯定得在这个过程中去创造。在很多地方做讲座的时候，我都要说："我感激最初那一批叫我'老魏'的孩子。""老魏"得名之后，他们已经上四年级了，我就让他们给我设计一个信箱，要有我自己的特点，还要有一个属于我的名称，为的是师生能够更好地进行交流。没想到这些孩子设计完之后，大部分取的名称都是"老魏信箱"。其实，我最初的想法是把最好的方案设计出来，设计应用就应该达到应用的效果。但我却始终没有把它设计出来，因为一旦设计出来，它就仅仅是一个形式，而真正的"老魏信箱"已经根植于学生的心里了。后来我出的那本书，就叫《老魏信箱》，本书的编辑们都觉得非常有特点。2006年的时候，《少儿美术》杂志开办了"老魏信箱"这样一个栏目。就像李教授总结的那样，课程改革之后，"老魏信箱"影响了很多人，而且"老魏"也因此而得名。从这个角度来讲，我无论到哪个地方去做讲座，可能大家都会淡忘我讲的内容，但唯独不会淡忘的就是"老魏"这个称谓。它确确实实已经成为一个符号性的东西，有很多思想性的东西在里面。这批孩子长大之后，他们的行为里面，对美术，对文化，也会有这样的一些独到的理解。

邵任斯：您提出"回报社会，走百校，上百课"的活动，您是怎么想到这个活动的呢？

魏瑞江：我在北京曾经参加过一个学习培训，这个培训确实触动了我的灵魂。过去我们干教育，也没有把教育想得那么高尚，但是通过这么一个培训，它确确实实地在我的心灵里产生了作用。这个作用还产生得非常深远，我想抛弃它去做点其他的事都不可能。因为这种教育已经为我注入了一种精神。教我们的这些导师不求任何回报，我认为我要学着他们的方式去回报更多的人。

在2009年的时候，天津市搞了一个"未来教育家"工程，我很有幸，作为美术学科唯一的一个老师入选去学习。整个学习过程都是政府买单。要有活动，甚至不需要有假条，只需跟领导打一个招呼，他们就会全程地支持你；而且在这个过程中，那么多的导师、专家，都帮我去梳理教学成果。包括我的"创意教学"，也是这些导师帮我梳理的结果。他们为什么这么无私地去帮助你呢？目的就是带动更多老师的进步。所以我在搞教育思想推荐会的时候，也是怀着一种感恩的心情。我就想我要用五年的时间上一百节课，我要回报社会。在这个推荐会之前，我已经到一些学校去上课了。我发现很多老师跟进我的课，他们都会去听。我是教研员，老师们去听，可能碍于面子，给你捧场，当然也有真心去学的。如果我是重复的课堂，他会碍于面子去听，那么也就是说听了一节重复的课。后来我想，这一百节课得是一百节不重复的美术课。从这点来讲，也可以体现出我的"创意教学"当中独到的东西。首先就是对自己的挑战。从另一个角度说，我既然已经形成了"创意教学"法、"创意教学"的思想，它适不适合所有的学生呢？如果它适合所有的学生，那么说明这个方法是可行的。如果仅仅是适合我教过的学生，或者是适合城市中的学生，那说明这个方法是不可行的，受益的只是一部分学生。所以，我就到一些边远的农村，到任何一个地方去，结果都是有所受益的，每一个孩子都感到了自己的变化，而且学校里其他学科的老师也去听课。

我前段时间上了关于绳子的一节课，是"综合·探索"领域的。实际上在我们小时候，对绳子是很有记忆的；但是现在的家庭当中，甚至找不到一根草绳。其实绳子跟整个人类的发展史有很多关联，可是慢慢地这些文化都丢失了。所以说我们要寻找的就是绳子所连接着的那些精神性的东西。我是在一个很普通的学校上的这节课，这些孩子对绳子的理解，包括绘画上的这种表达，令所有的老师都很惊讶。他们通过对绳子的认识与理解，写出了生动的文字。这些文字连语文老师都互相传看。在语文课上，同样的孩子写不出这些深刻的文字，为什么在美术课上就写出来了呢？因为艺术触碰了孩子的心灵，艺术的伟大就在于此。其实艺术的灵性，孩子们都具备，关键是看我们怎么去引导。

从另一个角度来说，我这一百节课，它不局限在美术这个学科。我有的时候去一个县里，给这个县里面的语数外老师讲"创意教学"。在听讲的过程中，他们会感到，他们对学生某种不恰当的评价扼杀了那么多通过美术培养起来的有个性的学生。这样一来，他们就懂得包容了。比如我们的孩子在语文书上画两笔来表达一些东西，从语文老师的角度就不允许。但当语文老师具备艺术家的眼光的时候，他就会欣赏："哎呀，这一幅画画得多美呀！如果我给你一张纸，你可能画得更好。"这就是一种积极的引导。所以创造力的培养，其实不仅仅是美术老师的责任和义务，是社会上所有的人都需要关注和培养的。可是有的时候，我们总说家长不支持美术教学、学校不支持美术教学，那这些人都是谁培养的？经过我们的美术老师培养的。我们今天的美术老师，应该把学生当作未来的家长、未来的公民、未来城市的市长、未来学校的校长、未来学校的美术老师和其他老师等来看待。如果这样的话，那美术这个学科还需要说谁重视、谁不重视吗？从我们手里没有培养出真正懂得艺术的人，所以家长用他们的那种眼光来看待他们的孩子和我们的美术教学。所以说，教育需要先哲。

"走百校，上百课"的活动实际上也在磨炼我自己。首先是不同的学校、不同的年级，我都要去教。另外一个要放下自己。因为我是特级教师，很多取得这样职称、荣誉的老师，就不敢再去上课、搞活动了。我有一段时间也有这样的想法，后来我想必须把这层面纱撕破。因为获得这个职称可能是我教育生涯的刚刚开始。为什么很多优秀的老师后来又回到原点上去了呢？因为他好不容易迈到一个更高的台阶的时候，却不再实践，不再思考，所以又回到原点上去了。于是我干脆就进入到课堂中去，我这样一做，影响了很多人。我说我的教学其实非常简单，这种简单就在于真实。这也是我"创意教学"当中最核心的东西。因为真实让世界变得简单，让课堂也变得简单。我宁可要真实的失败，也不追求虚假的成功。教育如果走到了这样的真，那么它的善、美就随之凸显了。现在我们已经形成了这样的一个团队，大家上真课，讲真话。学生在这样的环境当中也变得自由了。我曾经讲过一个笑话：我进教室的时候，特别是六年级的教室，进去后碰到的第一件事情就是学生会举手告诉我他们想去厕所。因为学生在一种应试的情况下，连休息的时间都没有，这种本能的东西也丢失了。我进来之后，他们的本能释放了，生理需求也变得自然了，因为他们放松了。所以说，教育是什么？教育不就是让人变得更加自然吗？

邵任斯：这可以理解为您所倡导的美术教育的目的吗？您可以再谈一下您心目中的美术教育吗？

魏瑞江：实际上，我在反思的就是我们教育过于功利的东西。比如说你作为一个语文老师，你肯定会说，我要培养我的学生具备文学素养，甚至要成为作家。这是一个老师最本能的、最朴素的理想。到了美术，也是这样，我要把学生都培养成画家，这也是我最初的想法。但是后来我们发现，文学家也没出来，数学家也没出来，美术家也没出来。我们都是给他们最理想的教育，但是我们忽略了一点，我们把学生当作一个标本，把我们的想法都强加在他们身上。教育的目的是什么？就是叫他成为他自己。我们给他的美术，要融入他的生命，而不是生硬地塞给他。在他的生活、学习当中慢慢地融入，这样的教育才是真的教育，这样教育出来的人才是能够在自然界中、在社会中自由行走的人。

举一个简单的例子：我们有一批尖子生，组织起来到美国去学习。美国的老师给他们上课，提出让他们去旅游并且要设计一个可行的旅游方案，比如说目的地在哪儿、带什么东西、怎么组织、坐什么样的车等等。所有的这些尖子生，他们做不出这样的作业。这是什么原因呢？因为这样的作业是综合的，而我们缺乏的就是综合运用的能力。我们现在都是单一的学科，学科之间缺乏联系，所以我们要更多地去建立这种学科之间的联系。现在我们也搞了一些学科教师牵手的活动，就是把学科之间的这种文化牵连起来。只有这样，我们的学生才是最受益的。尹少淳教授说："我们需要牵手。"美术想要做得全面，就应该走到学校的核心文化中去。如果一个美术老师仅仅局限在课堂上，他就做不到这一点。但是一个老师不在课堂上，那他什么也做不出来，就是看谁的圆心能不断地扩大。只有这样，回过头来，圆心中的那个点才能越做越精；因此我们要学会广泛地涉猎。

邵任斯：您在天津市大港上古林小学授课时，提到了对示范教学的一些理解。您说："示范不仅是教会学生绘画的方法，更主要的是能够跟学生已有的经验都建立联系。它不是对思维的禁锢，而是对思维散发的心灵的开启。"请您谈谈关于示范教学的问题。

魏瑞江：课程改革之后，我们特别强调探究性的学习，而且特别强调创造性。创造性的起源是什么呢？它必须有一个台阶，一定要有依据。在美术学习当中，很多人都回避示范。其实很多的绘画内容都是通过示范表达出来的；但是很多老师为了说明我的学生是有创造性的，他会把这些示范的内容删去，不把它呈现出来。我要强化示范。实际上，每一个教师都不应回避这个问题。关键是示范的方法，示范是为了唤起学生新旧知识的联系，演示新问题的解决方法。在这个课当中我就有示范，刻意让老师看一看一定要有这样的东西。如果没有这样的东西，学生的基础哪来，技能哪来？

李教授在去年为我们上了一节"综合·探索"课，在这节课中不停地引导学生参与自己的示范。我想这些孩子若干年后都能回忆起这节课。我本来想写点东西，但这节课里边文化的渊源太深了，我们一线教师想上出这样的课都很难。"综合·探索"领域现在始终没有这种特别好的案例。我在这次国培中讲"综合·探索"特意把李教授的课整个梳理了下来，给很多老师讲了之后，他们觉得确确实实找到了"综合·探索"领域教学的一个方式方法。很多老师习惯于抛出一个概念性或结果性的东西，从"综合·探索"的角度讲，这些需要教师自己不断地跟进，不断地提出有效的问题并去探索。

回到示范，前一段跟尹老师交流，我们谈到怎么看待临摹的问题。任何学习都是从模仿开始的，任何的学科都不会排除这些。临摹本身是一个进入的方式，在临摹的过程中会形成方法，然后才能够再去拓展。反过来，尹教授也讲了每一个民族都有自己的图式文化，如果我们抛开一个图式文化，凭空去塑造一个东西的话，就可能形成一个断层，而且不同的国家对图像和形象的理解都有它历史形成的东西在里面。比如说我们中国的水墨，即使国外最优秀的学生来学，也不如我们基础最差的学生对笔墨的感觉好，反过来，我们去学西洋的绘画，我们最好的学生也很可能比不上他们一般的学生，因为文化本身就在血液当中。我们不要限定学生必须怎么去做，方法是活的，有可能他学到了这些，有可能他学到了那些，最后通过梳理，形成他自己的。艺术有技术的东西，技术最代表思想，技艺的最深处就是思想。我们为什么喜欢画画？还不是因为最初教我们画画的人，他的几笔表现一下子让我们有了这种崇拜。我觉得这样的学科仍然有他技术的东西，这是美术教学中不可丢的。

从基础的角度来说就回到了美术的"双基"——基础知识、基本技能。如果没有了这些，学科也就不存在了，我们并不是为了这个基础知识、基本技能而去怎么样。什么是最好的方法呢？就是给了他，他创造出来了，对他不束缚。如果说这个方法很适合你，它就长在你的身上，你不需要记，学过来就会了。

讲一个小故事：一个三四岁的学生在画画，具体在画什么她未必知道，但是她很投入，她的快乐就在玩耍当中。那就是艺术或者说是艺术行为，而我们非得把她上升到很唯美的一个东西，等你明白了，等她明白了，她也不再画了。所以，我有的时候跟学生对话，画树的时候经常想象，树干可以画成其他颜色，可以跟真实的不一样。现在学生不一样了，他会画生活当中的树。过去的学生绝对不会这样。我们今年在区里做了一个"我是一个小小鸟"的主题创意教学活动。开学初就布置，现在很多老师都在组织学生去画，都是想象的多种多样的小鸟。你在反思的时候会忽然发现：这些小鸟离真实的鸟越来越遥远了，是我们美术老师和孩子共同营造出来的一个符号，谁也不去观察千姿百态、有生命、有颜色、有灵性的鸟了，因为大家都是为了想象而想象。艺术回到生活是什么呢？不就是对自然的观察、感悟吗？当我们为了想象而想象，可能我们就离生活越来越遥远了。现在很多老师，还在这个误区当中，还在想象。有的老师找了很多的鸟，而且每一种鸟的造型都不一样。老师抓到了这个核心的东西，跟生活联系起来，学生画出的鸟会给人一些震撼，当然它们有儿童的特征在里面，有更接近生命的东西。但是有些老师就去教这些教材的东西，他不知道跟生活建立联系，为教教材而教教材。其实，教材只是给我们一个参照，教学时应考虑怎么跟实际生活建立联系。

邵任斯：您在一篇文章中提到，教师在教学中只有把孩子整个身心都激发起来，课堂才能变得好玩又有意思。怎样才能把孩子整个身心都激发起来呢？

魏瑞江：首先说内容，内容要让学生产生兴趣。创意教学它好在哪里？好在一个普通的东西就是一条线也会变得好玩，也会变得有意思，当这个有意思的东西能把学生全身心调动起来的时候，当所有孩子玩起来的时候，他们每一个都是艺术家。关键是你也应该跟他们玩起来。有一个老师说，他是让学生玩起来了，都乱了。因为什么呢？他没有融入，说明他跟孩子还有距离，他还没达到艺术家的那种境界。玩起来的孩子都了不得，都具有创造力。比如说我让学生每个人在黑板上画一条线，比一比谁的线最长。有的学生凭借身高就能画到黑板最上面；有的学生画下来连到地上突破黑板了；有的学生点了一个点说这个最长，因为他这个是线的切面，它无限长；有的画了两个箭头，写了"上面到天堂，下面到地狱。"这样的内容我们玩了一节课。在玩的过程中忽然我改变了，问学生："如果你的人生是一条线的话，这条线有多长，是一条什么样的线？"所有的学生都要去梳理："我的人生是一条直线，因为从小到大我都很顺畅。""我的人生是一条曲线，因为曲线的人生是最美的，我可能在哪个时候会有一个转折。"他们通过线跟人生联系起来了。有的时候我上课，同样画几条线，我在这里面出几个词汇让你们去找，能找到吗？能找到。比如说思想，有的能找到连环的线；思想可不可以用直线呢，学生开始否定，后来肯定了，因为有人的思想是直线的，想问题就朝着一个方向去，所以他不一样。我觉得教师得有孩子天性的这种东西，尤其做儿童的教师，如果你不把自己变成一个孩子的话，你的课堂永远不会成为孩子的天堂。

邵任斯：我觉得您充满了正能量。那么您身为一个画家，对您的儿童教育、教学方面有没有影响呢？

魏瑞江：有，影响非常大。我们经常说让老师重视专业，实际是重视一个画家对艺术的感觉。如果一个画家的感觉没有了，或一个教师对艺术的这种感觉没有了，那么他很有可能在教学中就把握不到这些了，所以我说，必须经常去实践。然而，很多老师都觉得教儿童很简单，随便拿一个内容就能教他们，实际上不是这样的，儿童教育、教学甚至比培养专业的人还要难。我觉得在这一点上，更需要教师去不断地实践，因为在实践的过程中，你会发现问题，当你发现问题的时候，你就把问题转化成解决的方法。我平时跟我们的老师常说一句话：平时画会画，谁来都不怕。实际上"画"代表两层意思，除了"画画"的意思之外，还有"制作"，你制作得娴熟，那你就是理解得好。我们现在很多老师总说学生不行，因为什么呢？你画的东西是一套，纸张、笔是一套，学生用的是另一套，它怎么能吻合呢？有的学生可能就需要一点方法，但你可能点拨不到，你没有意识到要教会他方法，包括对工具的需求。

前两天我上了一节水墨意象课，表现荷塘的意象。我用的是十年前的宣纸，因为它的性能非常好，都是长条的，很适合学生表现。在天津市如果有这么一所学校，六年下来，每个学生都享用"红星"牌最好的宣纸，那你学校的艺术教育就是做得最好的，因为中国文化当中的纸文化是非常重要的。

邵任斯：您的"魏瑞江工作室"主要从事一些什么工作呢？

魏瑞江：工作室是以教师名字命名的，每位老师都有为期三年的任务。

在这三年中有一些量化的目标，目的是使这些老师能够快速地成长起来。这种工作室的模式不仅能够激励老师有所发展，同时更多的意义是带动所有的老师进步，这是它最核心的东西，也是我们做的很有特色的一点。后来我启动了"魏瑞江工作室套餐计划"，这带有商业的用意，因为要做一些联盟从而把它的利益最大化。我们工作室本身就是一种文化，我们把这种文化也扩大化，要求工作室成员，包括其他的中心组成员，也要成立一个有特色的工作室。他们一边在这里接受学习，一边履行他们的义务，也就是带动更多的老师参与进来。我们现在形成了七个特色工作室、一个特殊团队，即"80后"自主教研团队。我们发现"80后"的教师跟我们这些教师在思考问题上是不一样的。你们都属于"80后"，也许你们讲的东西我们听不明白，可能恰恰就是它的创造性所在。后来我们干脆放手让他们自己去做。他们就做了一些自主教研的活动，从第一场，到第二场、第三场……连续地做。每一次活动都令我很震撼，确确实实这些"80后"老师都是很有想法的。有的时候我们总是用我们的一些经验去干扰他们，有可能就阻碍了他们的发展。我们更多的是给他们以学术的支撑，所以他们自己给老师拍专题片、做访谈，做得也非常好。这些工作室都各有特色，比如说我们有"美术关注"工作室，这是用美术老师的眼睛，关注学校、关注学生、表现学生，跟画家不同，我们表现的是孩子。这样，教师的专业特质就有了，而且职业的这种特征也有了。还有剪纸工作室以及国画特色的花鸟画工作室。结果他们一组织起来，立即就不一样了，老师缺乏的是引导。有的时候我们说专业发展，当教师的专业发展了，学校特色也就有了。我经常说一句话：如果一个学校要有特色，首先教师要有专长，教师的专长能够变成学生的专长，只有学生有了特长，学校才能形成特色。

邵任斯：您有没有从事过校外美术教育呢？

魏瑞江：早些年的时候一直在校外兼课，后来没时间就不做了。但是我依然很关注校外美术教育，也经常带老师去参观少年宫。一个优秀的教师如果仅仅局限在学校的话，他是不会成功的。校外老师的教学不受教材的约束。在课程改革初期是校内的老师领先，因为有这些新理念的影响，校外的老师跟不上。但是近几年校外的美术教育又走在学校教育的前面，这种文化促成它发展得更快，如果校内的老师关注一下会更好。我现在把所有优秀的老师都推荐到少年宫里面去，我们和当地少年宫有一个协议，必须是我们推荐的才能聘用。这样做的目的是借助少年宫这个平台，一方面让他们发挥作用；另一方面在这个平台上激发他们的创造性。少年宫的教育是要有目标的，在家长的期望下，作为教师得负责任，在这个过程中就得努力去学习，那学习的东西又回到学校来，变得非常有意思。

邵任斯：您觉得儿童的作品是艺术品吗？您如何评判儿童的作品？

魏瑞江：首先，儿童本身就是艺术家，他本身随意的画都称作艺术品。然而，他的艺术品跟我们理解的艺术家的艺术品是有区别的，如果说儿童画它能够达到这样的价值，那是不可能的。但是，我们既然承认儿童是天生的艺术家，那我们就应该像看待艺术家那样看待每一个孩子的作品。儿童在每一个作品中都有他对世界的认识，如果站在这样的角度看问题，儿童的作品依然有社会的价值。从另一个角度说，儿童的作品仅仅产生于在儿童时期，是一个特定的时期，不可能再复制。从这个角度讲，儿童的作品依然有它珍贵的社会价值，对这种价值的认可，需要整个社会提高对人、对艺术的理解和认识，但在目前情况下还做不到这一点。

当这些孩子长大的时候，我们再将他们儿童时期的作品转给他们，可能儿童艺术作品的价值才能真正地显现出来。我有个学生在英国读研究生，他拿了很多他小时候的画，一位在英国很有名的评论家给他的画写了一个评论：天生的艺术家。他现在反思：我都不知道我小时候是那么能想象，画得那么好。这是他长大之后对自己的认可。可是当他毕业的时候，我们给他这些作品时他还是很轻视的。艺术教育工作者非常有意义的事是保留，我觉得这些就是财富，当把这些东西还给孩子的时候，它会变得很有意义。我有一个幻想，在我退休的时候把我珍存的学生作业搞一个展览，如果这个展览哪天真有学生拿回去，我想这是最成功的。儿童的作品依然有它的价值，因为它承载了童年的一个符号，在座的各位，如果我手里有你童年的作品，你是不是今天就是花钱也要把它买回去，是不是这样？孩子逐渐长大，我们身边小小的道具还在。你现在无所谓，到未来的某个时候，你忽然感觉到要找回去。为什么70年代、80年代等那些物品那么流行，就是因为大家要找回那段情感的寄托。哪怕那些物品不是你用过的，你也要把它们买回来。因为有你成长的故事在里面，所以应该珍存。

邵任斯：谢谢魏老师。

16

主题：

（一）校长与美术教师专业成长、基础美术教育

受访者： 章献明（浙江省特级教师，杭州西湖小学教育集团总校长）

访谈者： 徐秋子、郑大奇、徐美容（浙江师范大学美术学院研究生，以下简称"记者"）

李力加（浙江师范大学美术学院教授、硕士研究生导师）

访谈时间： 2009年5月24日

访谈地点： 杭州西湖小学教育集团府苑小学

　　记者：作为一名美术教师出身的校长，您怎样看待美术课程在小学教育中的作用和地位？

　　章献明：这个问题可以从老师的角度回答，也可以从校长的角度回答。关于美术课程在小学教育中的地位和作用，书上都写得很清楚了。我到 2009 年 7 月份已经有 22 年的美术教龄，以前最多的时候一周有二十几节课，那时是五天半工作日。然而，那个时候的美术课经常被别的老师或者其他教育行政官员说成是图画课，美术老师也被称为图画老师。那个时候我做的大量工作就是画黑板报、写横幅、装饰舞台、给学生化妆、给学生做道具，还给别的学科的老师做教学挂图，在他们看来这些都是美术老师该做的，这个状态我经历了很多年。

　　那个时候的美术课是很边缘的学科，一到学期末复习的时候美术课就没有了。语文、数学老师为了班上学生的成绩考得好，就把美术老师的课全都瓜分掉了，而且不跟美术老师商量。当我拿着教材教具去上课的时候，走到教室门口，数学老师就说这堂课是数学课。那时候，其他学科的老师不尊重美术老师，他们认为语文、数学重要，当时这些已经是成为习惯的东西。走到今天这个时代，且不说别的，能让一个美术老师当校长，这是以前没有的，就相当于让一个图画老师当了校长，而且管理一个不小的学校。

　　我刚刚当校长的时候，学校里突然有个语文老师兼班主任生病了，学校经过讨论工作、排课，就让我的一个徒弟（也是我工作室的成员，他是以美术专职教师的身份招进来的）去当语文老师兼班主任。因为在我的眼中，美术跟语文比较，当然是语文重要得多，到现在我还是这样认为的。因为美术和语文的学科性质不一样，家长的关注程度不一样。在学校中还存在着学科地位的问题，不过现在的美术课、音乐课有大量的比赛与活动，大大地促进了艺术学科地位的自然提升。

现在学校里艺术类学科，更多的是一种"弥散性"的学科。在学校中，美术课并不是说每节课都要上。我带的班级有时候一周可以上四节课或五节课，有时候一周可以不上课，但是不会因为一周没上美术课就减弱对美术学习的兴趣和学生能力的增长。因为，美术课不会像那些必须考试的文化课那样一节一节的连贯性很强。从我参加工作到现在，我没有一学期是从头到尾把一本教材按照一课两课这样顺序上完的。编教材的人是从编教材的角度思考问题，我拿到教材后是按照自己的思路，根据我的学生情况去上课，有时候是完全超越教材的。例如，有段时间我给学生讲民间工艺，有以剪纸为主的，还有以雕刻为主的，我就用两个月、八周时间上这个内容。我现在带的班级，一个学期的美术课就有三分之一的时间都在写生，这些内容教材上都是没有的。

在一个校长的眼里，美术学科当然是非常重要的，不管是像我这样美术教师出身的校长，还是其他学科出身的校长，大家都这样认为。但是，这种重要的关注程度也是不一样的，在脑子当中对美术学科认识的根深蒂固的程度也是不一样的。这种东西跟校长本身的学科经历、管理经历以及他的艺术修养是有关系的，有的校长对艺术是不感兴趣的，甚至他可能没有最基本的感受能力。如果他思想上重视美术教育，他就会去学习，会去关心最近艺术的老师在做些什么，也会去关注学生在绘画比赛中的成绩如何。有的校长且不说他对艺术的感知能力或者参与能力有多强，单说他对艺术的重要性的认识就是不够的。所以，我一直在呼吁要加强管理人员的艺术修养，有艺术修养的人与他交往起来是很有感觉的。从一个校长的角度来说，学科性质、艺术教育的重要性，我们已经很明了，但是如何去落实，每个学校校长的角度、力度是不一样的。

在我们集团，为什么这么多老师羡慕我们学校的美术老师或者艺术老师呢？因为我自己是一个搞艺术教育的人，这么多年来我一直在帮老师们建立一个艺术成分的一种结构，就像我们去搭一座房子一样，艺术类的学科就像水泥一样，有渗透弥散的作用，这种感觉是很难说清楚的。例如，招聘教师时，有些学生坐在我面前，跟他一说话我就能感受出，就能知道他能不能当好一个老师，客观的说是这个人有没有一种教师感。但是，有些优秀毕业生还达不到这样。每次招聘，我都会问他们一遍，有时候我们的想法是惊人的一致。这就是说教师在教育当中要有艺术修养。我最近两年在做一个叫做"咱俩"系列的教师培训。艺术修养是一个非常重要的内容，我请了很多"家"，可能他们不能称得上是"家"，只是他们爱好艺术，爱好到疯狂的那些人来给我们的老师讲课。听课的老师包括全体教师以及刚进来的和快退休的老教师。一开始的时候，他们还觉得奇怪，说："这个你们美术老师听听就好了嘛！为什么要我们来听这个？"我就觉得完全不是这么回事，所以我就给我的老师大量地做这类的培训活动。上个星期我们全体老师听音乐的欣赏，有个培训老师讲得非常好，他说你的生命当中如果没有艺术，那你只有50%的生命。

如果说我跟其他的校长有什么区别的话，就在于我在努力推动培养老师的艺术修养，这件事情。我希望我的老师走出去都是有修养的。什么是有修养？最表层的是老师要站得直，说话要有力气，讲话要有表情，上课要投入，跟孩子要有手势、肢体动作以及眼神的表达，这些就是艺术感。一个没有艺术修养的人，这个方面是很弱的，是很呆板的。

记者：请您谈一下杭州地区小学美术教育的现状。

章献明：从历史进程的角度来看，美术教育的进步程度是很大的，但是从理想的状态、国家美术课程标准的要求、教育目标来看，还是有很大差距的。这种差距是现在的教师，有可能在用二十年前的观念在教现在的学生。这种现象，是师资队伍的问题。新美术教师，他们在教学方法和策略上还没有很多的东西要学习，他们面临一个最大的难题就是如何把自己脑子里的东西或者手上的技法，用最简单、有效的方法传达给学生。比方说有个新老师，是学美术创作的，在他们的心中，其心理定位首先不是个老师，而是个画家，或是半个画家。他们认为创作是第一位的，教学是次要的，这就有问题了。

在杭州包括其他地区都存在着校内美术教育和校外美术教育的比例问题。相对于校内美术教育，校外的美术教育比重是很大的，这由于市场的需要，家长和各个年龄段的孩子的需求。今天的基础美术教育，需要平衡好二者的关系。

总体来说，杭州的美术教育状态是非常好的，我很有信心。我参加工作的时候，大概在1987或1988年，我们区里没有教研员，很多学校要么没有美术老师，有也只是一个或两个，像我所在的学校是最好的了，有三个美术教师，那好像是全区有美术老师最多的学校。那个时候，没有美术教育研讨更没有什么教研活动，没有人听课，我就"瞎胡闹"了好几年。但现在，一个区的中小学美术老师就有150多人，都能坐满一个小礼堂了。他们的专业背景都很好，应该说这是非常好的发展基础。

记者：您在课堂上遇到不配合的或者难控制的学生怎么办？

章献明：有个孩子其他学科的成绩都不好，父母也不管，但我发现，他在我的美术课上的表现非常好。我拿着他在全体学生中并不是很好的作品告诉那些老师，这个孩子今天画的画是班中最好的作品之一，并让他们帮我表扬一下这个孩子。我慢慢建立在这个孩子心中的威信。这个孩子在其他学科当中经常受到冷落，这种冷落有时候不是老师们故意的，因为老师们要忙于完成教学任务，不可能为了照顾他一个而浪费四十多个孩子的时间。但我的课是可以做到的，作品都是个人的。

有一天上课画人像，要观察五官，用自己的方式表达出来并且投入情感。有的孩子说他今天心情不好不想画，我说："可以啊！我心情不好的时候不仅不想画，有时还想干点坏事！"我当然不是鼓励孩子去做坏事，我只是希望他们在美术课上有感情的宣泄，他反而会觉得这个老师真亲切，他就马上跟我有了共鸣，这就是课堂上师生的交流，这种交流完全是平等的。但我有时也会严厉，批评那些明知故犯的学生。如果学生仅仅喜欢你这个人是不够的，更要喜欢你的课，这样你才是成功的。小学生也知道这个老师很幽默，讲课很生动，懂的知识很多，所以从课堂来说，这个是需要修炼的。

记者：一个新美术教师是如何成长的？怎样才能成长为一个比较好的美术老师？

章献明：沙宝亮有首歌叫做《暗香》，歌词中有一句"在灰烬里重生"，我给年轻老师的建议就是"死去才能活来"。比如说你上一堂课，你就得花10到15倍的精力去备课，如果你有这样的精力并且持之以恒，只要两到三年时间，你就会成为一个很专注、很会课前想办法的老师。很多年轻教师一看教材，就去上课去了，长此以往他就形成习惯，看见内容就是课，上课是不能这样的，他觉得自己在大学里学的教学技法随便就可以糊弄小孩子。其实他在大学里学的和要传授给孩子的东西是两码事，要有教育学和心理学的知识做基础，没有这个东西则是无本之木，这些是第一步；然后是教师之间大量的交流。我在学校提倡的是挂牌上课。比如，明天我章献明要上一堂什么课，会广而告之并欢迎各位老师去听课、指导。然后就要抓住机会推销自己，活动都是自己报名的，不报名的老师永远没机会。我倡导的就是这样的，只有你自己想做，才有可能成功；态度加上自己的基础再加上智慧，才是走向成功的路径。年轻教师的成长轨迹非常简单，就是两个字"严管"。

对于年轻教师工作的境界，我把它分成三个层次：第一个层次叫做认真。认真工作你可以得到一份薪水，你可以完成你的教学任务。第二个层次叫做勤奋。在认真的基础上你比别人多付出，你就可能比别人进步得更快一些。最高境界的也是最理想的就是刻苦。只要刻苦，就一定能让你成为一个成功者，这是规律。举一个很简单的例子，我这个人无论是学美术、当老师，还是学语言表达，都是很愚笨的。我是一个标准的色弱，我在读师范的时候都不想学画了，但是老师说只要好好学，你就会成功。所以，我就很认真地画，虽然我也没有画得最好，但是我和他们的差距就减小了很多。后来我参加工作是这样，当校长也是这样。当时我是最小的、最年轻的一个校长，我就坐在那里不断地听、不断地学，直到有一天我发现有人认可我。所以，认真、勤奋、刻苦这三个都具备的话，你一定能成为一个成功的人。

记者：省特级教师章献明工作室，为中小学美术教育做了些什么贡献？

章献明：办这个网上的工作室有几个目的：第一，让我的老师知道我在想什么，或者每天每个时段在想什么。你可以看我的时间，我的工作比较忙，我写作一般都是下班或者半夜的时间写的。第二，把我的思维轨迹记录下来，包括我的行动轨迹也记录下来，虽然这都是个人的，但都是有意义的。第三，我相信在这文字、图片中有我所需要的，或者是别人所需要的，对他有启发的东西。

所以，我每天坚持写文章，我用我的实际行动告诉老师们，什么是持之以恒。有的老师说我写的文章不错，我就告诉他们，我以前写东西也是狗屁不通，我现在之所以会写一点了就是因为我经常写。在我们的论文交流系统上，我写了六个字：因为写，才会写。只要你坚持每天写，你就能有所收获。

记者：美术老师的每节课是否都要像公开课那样准备？

章献明：假如你可以做到，每节课都像公开课那样，那么你了不起，我佩服你；假如做不到，退而求其次；还不行的话就再退而求其次，但是有一条基本的原则，要对得起学生。一个课堂里四五十个孩子，40分钟交给你，就你一个老师，如何组织、如何学习，只有美术教师自己心里最清楚。这堂课是否对得起学生，这是底线，所以老师的工作就是良心的工作。

记者：感谢章校长。

（二）校外儿童美术教育

受访者：章献明（浙江省特级教师，曾任杭州西湖小学教育集团总校长、杭州三墩小学校长，现任杭州市少年宫主任助理）

访谈者：陈亦飞、俞晶晶等（浙江师范大学美术学院研究生，以下简称"记者"）

佟蒙、房斐（首都师范大学美术学院研究生）

李力加（浙江师范大学美术学院教授、硕士研究生导师）

访谈时间：2015 年 5 月 18 日

访谈地点：杭州金川宾馆

记者：校内与校外的美术教育区别在哪里？

章献明：我从事校内美术教学近30年，校外部分接触不多，刚刚才开始了解了一下。从我接触的状况来看，我觉得目前校内与校外美术教育正在越来越成熟，这个成熟主要指由过去美术教学的不完整，甚至片面，到新课程改革，尤其是课程标准出来之后，它就越来越完整、越来越完善了，这个完整和完善标准只有一个，就是人的成长和发展。一个孩子从接触身边的事物开始，到基础教育阶段以及后面的人生阶段，在这个过程中，美术教育或者美术素养已经成为他身心健康成长不可缺少的一部分。过去人们却不是这样认为的——以前的老师包括绝大部分的家长都认为美术可有可无，仅仅是一种爱好对得高分、升学没有好处。然而，现在几乎所有的教师、绝大部分的家长都认为，美术、音乐这类艺术素养在人的发展当中是绝对不能缺少的。我们发现，不仅老师重视了，家长也很重视，他们会经常和老师交流，询问孩子的美术、音乐的学习情况。对于教师来说这是一件非常好的事，因为有很多人来关心美术教育，孩子在这方面会发展得会更好，大家重视了孩子自己也会重视。另外一个角度，就是从教学本身来说，过去美术教师被叫做图画老师，学校里有美术老师就去上两节，没有美术老师就让别的学科老师去代课。那时老师会事先在小黑板上画一个东西（图形）挂起来，甚至小黑板上画的东西还是请其他老师代画的。从没有老师和非常好的课程，到后来的美术课程标准的实施，变化是很大的。大量的专业美术教育的师资被培训出来，将美术素养是人类发展中不可缺少的部分这样一种理念传递到老师的思想中，美术教师自己也觉得是学校当中不可缺少的一部分。学校少了一个语文老师家长要提意见，少了美术老师也不行。大家形成了这样一种共识，学校教育本身就完整了。第三个角度是美术学科自身也在越来越完整。原来我们只要是会涂涂画画的就可以去当美术老师了，现在却对美术教师有了更科学、更正确、更清晰的认识。美术教师要有良好的专业素养、职业素养。所谓专业素养指的是教师要有最起码的美术素养，比如对美术的认知、艺术的表达以及一些绘画的技能，因为美术不单是绘画，还有手工艺、雕塑等部分。我们后来称之为"造型·表现"领域，后面还有"设计·应用""综合·探索"等。在这些大量的内容完善了美术课程之后，美术教师自身对课程的要求就高了。经过大量的美术教学实践、课题的研究，尤其是校本培训和大量的教研组培训。同一个教研组的老师天天见面、天天上课，大家不断地交流，只要有个好的带头人，这个学校的校本教研就会做得非常好。第四个角度是师资方面的问题。首先，现在专职的美术教师越来越多；其次，即便是兼职美术教师，大家对这个课程重视之后，兼职教师会有一种角色感，比方说今天我是别的学科的老师，明天我去上美术课的时候，我就会用美术课程的思维来上美术课，这也是非常好的一种现象。所以，我们有段时间对大量的兼职老师进行培训，教他们用美术思维上美术课。在一些小学师资力量不是很好的学校，美术老师比较多的是其他学科教师的兼职，这种培训对于他们来说就非常有效。因此，专职的老师重视自己的学科，重视孩子的发展，兼职的老师也一样。第五个方面是美术课程相关过程的完善。不仅合理的课程标准、优秀的教材、强大的师资力量是做好美术教育教学不可缺少的因素，良好的校园文化也是非常重要的。一个孩子从幼儿园开始，他在学校这样一个场所中学习，他能够看到的所有物象都含有美术的元素，包括色彩、造型，还有我们专门举办的作品展览，甚至老师、同学们的服饰。有的孩子不喜欢穿校服，因为他觉得校服难看，这说明孩子对服装是有审美要求的，这就是美术的素养，当然这是需要引导的。大量的跟美术学习有关的信息、素养慢慢完善以后，美术教育也就越来越完整了。

校外美术教育，我的感触是多数孩子在兴趣爱好的基础上寻求美术特长的发展。校内美术教育是必修课，每个孩子都要学，其中有大量的孩子喜欢美术，尤其是小学阶段，这和学生的年龄特点有关，因为美术是直观的表达，这种直观的表达比起同样是艺术的音乐要方便得多，受欢迎得多。音乐有专门的乐器，需要专门去学习。美术是从幼儿在墙上涂鸦开始，就已经进入了美术创作过程，无非是从开始创作的无意识，经过教师的引导慢慢变为有意识。校外发展美术特长是非常需要的，很多的校外培训机构也提供了这样的可能。总体来讲，至少在杭州，我们看到的美术教育还是非常健康的在发展，应该说是领先的在发展，因为杭州有个中国美术学院，我们大量的老师在这里受到了专业的培训，还有很多相关的师范类院校的美术专业也开得非常好。因此，我们的美术教师的资源非常多，在职教师有很多可以学习的东西，可以参观工作室，去高校听课或与高校的教授、老师们交流等，大环境总体来说非常好。

记者：您来少年宫两个月了，您对校外美术教育有什么感觉?

章献明：我原来以为校外美术就是培训班之类的，然而事实却不是那样简单。从我最近了解的情况来看，校外美术教师不仅专业，而且他们的追求也很高尚。比如画画，有的老师画国画，他不仅自己画得好，也希望他教的孩子也画得好。当教师与学生的兴趣指向一致的时候，这个力量是很大的，这也是让我感觉很强烈的东西。有时候下课了，老师在给学生做指导，家长也很乐意在旁边听，这是一种很好的状态。另外，我看到校外美术教育正在迅速形成自己独有的体系。比如我在杭州青少年活动中心看到他们将美术教育体系融入一张进度表、一个教案乃至整个课程，比校内要做的专业得多、完善得多。以上是第一点感觉。第二点，我觉得校外美术教育的天地非常广阔。简单地从两个方面来讲：第一个方面就是，我刚刚讲的课程与教学，校外美术教育现在有场地、有时间、有要求，可发展余地很大。第二个方面，以前我们有种误解，高师毕业的学生都想去有编制的公办学校，只有这样才有铁饭碗，而现在不是，国家的政策、方针改了之后，同工同酬这个趋势已经越来越明显，其实像少年宫也是事业编制，即便是企业编制的教师，他的待遇与事业编制也是一样的。校外教育我目前了解到的不多，但是我还是非常看好的，它可以在某种程度上引领美术教育往顶端发展，它和校内美术教育共同发展，可以比喻为和中国建筑榫卯结构一样，契合得非常完美。校外教育不仅是校内教育的衍生和补充，如果校外教育做好了，它还可以从一定程度上引领校内教育更加专业、更加完善地发展。校外教育也要向校内教育学习，因为校内教育课堂研究更加完整，它引入了大量的教育学、心理学这些原理，我当校长这么多年来一直研究的就是这些原理，校外教育缺少的也是这些。校内教育比较严谨，因为它更注重人的心理、认知、心智的成长。校外教育比较注重专业和技能。所以，只有将这两条腿摆在一起，才能走得更好。

记者：您到了少年宫以后，许多校内美术教育的业内人士都很惋惜，感觉这是浙江乃至全国的校内美术教育的损失，对此您怎么看？

章献明：没有损失这一说吧。假如我们每个人都是这个社会的组成部分的话，每个人都有每个人的岗位，当你在这个岗位上发挥自己的作用的时候，他就有这部分的作用。我们发挥作用体现的是社会价值，不是单一价值。从我个人的认识来讲，无论校内、校外做教育是一样的，人的发展是一样的，没有什么损失这一说。

记者：如何将微课、翻转课堂等新的教学方法运用到美术教学之中呢？

章献明：我上过很多这类的课，我觉得作为一个新媒体或者新技术，这些以前没有运用过的方法，只要有利于孩子学习和成长发展的我都愿意尝试。如果一定要给某种方法下一个定义，我觉得不妥，另外，没有经过时间检验的东西不能轻易地肯定它、也不能轻易地去否定它，比如翻转课堂。我第一次听说是美国人搞的，后来我去台湾，台湾人大规模地在搞翻转课堂，我还买了一些他们的书回来。在我看了很多这方面的资料，也听了很多这方面的课以后，我才在自己的学校里面开始实施。从美术学科本身来说，任何方法都是可行的。翻转课堂不是一种课堂形态，而是一种教学方式，教和学的方式。我们一方面要正确地理解它；另一方面我们鼓励所有的老师去尝试，只要有助于孩子学习，我们也不给它贴标签。现代化的媒体发展是不可限量的，我学校（三墩小学）的老师全部用手机在上课，有的学校规定手机不能带进课堂，怕影响上课，而我们是拿它来教学的。这里有三方面的认识和影响：第一，手机不仅是玩具，也是学习的工具。以前我做过的一个课题就是如何将平板电脑变为学具，同时引导孩子把它当成学具。很多孩子从幼儿开始就认为手机是玩具，我们要用教学方法告诉他，手机、平板电脑也可以用来学习。所以，我们的老师用手机、平板电脑来上课，出了很多的成果。第二，告诉孩子这是必不可少的学习途径。我鼓励老师在课堂上面运用新技术。只有老师用了，学生才知道原来我们的世界是可以用这样的方式去沟通与联系。这是一种非常重要的技能，不仅指美术学科，而且所有学科以及将来人的生活都是非常需要的。社会已经进入数字化时代，我们运用数字化技术搞了很多的远程课堂，效果非常好。第三，人的思维方式在发生结构性改变。这种改变不是简单的变化，比如说我们的老一辈，子女们要结婚了，就会想要办酒席、要买各种东西，要去酒店订桌，等等。这个过程要策划、实施很久才能完成。现在可以用两小时把刚才说的所有事情给搞定，购物——网上购，预定酒店——网上订。这样看来，我们生命的价值是不是在扩展？你现在就可以用剩下的大量时间来做别的事情，这就是我刚才说的思维的结构性改变，它不是简单的改变。我的母亲大字不识几个，我每次回家的时候，她都让我帮她看看东西的价格，我拿手机一翻，她就会说，这个好，要买这个！她都知道网购，因为这个社会的生活状态已经完全改变了。当然购物和消费只是其中的一个方面，事实上我们在学习、工作以及搞研发，甚至现在医院的手术都可以远程会诊，高科技连影响到人的生命的问题都可以做，我们的教育怎么能不跟着改变呢？

现在的老师，首先要敢于、善于接触各种新事物；其次是过滤、筛选信息；第三是整合做到为我所用；最后是实践于课堂。在不同的课堂中找到不同孩子的实践方法，最好的方法是适合个体本身发展的，比如"你要做套衣服，你肯定会找裁缝给你量身定制"，教育也是这样。我为什么这么多年还是喜欢教育，教育最大的魅力在于，我们每天面对的孩子都是新的，昨天他是"那样"想的，今天他又变成"那样+1"，甚至"+2"。我们面对的几十个、几百个学生，每天都很鲜活地在你课堂里的时候，人的生命和价值的交流可以说是非常高端和无价的，因为人的学习是在整体生命的顶端，而我们也是在研究最高级的东西。

佟蒙：新入职的老师，他们在实现课标的时候，最依靠的是教材。您觉得教材在实现课标的时候，还有哪些做得不足的地方吗？

章献明：教材只是个"例子"。哪怕是课程标准也可能会有这样或那样的问题，因为课程标准是一个时期的产物，根据已有的经验和教训以及可能发展的未来制定的，这只是历史长河中一个点而已。随着时间的推移，这把尺子再去量未来的时候，它不一定会准确了，或者发生变化了，所以课标经过一定的时间段就需要修订——与时俱进，教材更是这样。我们国家实行一纲多本，意思就是一个课程标准，下面可以有很多版本的教材，这个教材只要经过国家教材委员会的审定，可以在全国范围内推广使用。既然教材是合法合理的，或者是相对合理的，我们就可以用它，选哪个版本的教材都可以。当我们的老师特别是新入职的老师，拿到一个教参之后，往往会产生一些问题：就是从具体的教材入手，如果只是从教材入手还好办了，但是新入职的老师往往是始于教材、止于教材，简言之就是"教书"。教材无非是个例子，你只教会了一个例子，那如何教人思考呢？教会孩子思考、生活和学习，不只是教会他做一件事情。人的思维有连接性、有迁移能力，这是人作为高等动物的重要特征之一。教材也是这样，不能只能看到教材，你要知道教材背后有一个庞大的知识体系作支撑，反过来你在教这个例子的时候也要感觉到，因为你是经过大量培训的。对于新入职的老师来说要尽量减少一些失误，比如"断章取义"之类的低级错误等。有一些课看上去可能搞得很热闹，但是孩子究竟学会了多少？有些课看起来很"土"，但可能是一节高级的课，形式并不重要。透过现象看本质，本质就是我们的孩子在课堂上学到了多少。课堂不是教师个人能力的演绎，即便你再能干，你是全世界顶级最会讲的老师，如果孩子们学到的东西等于零，那就等于你浪费了孩子们的时间；如果你这个老师不善于表达，但只要你组织得得当，点评和引导到位就可以了，因为孩子好胜心是真正的内驱力。

佟蒙：我之前一直在对教材和课表之间的关系有疑惑，您刚才的话就是全新的思路，教材只是一个现象，我们要透过现象实现课标提出的要求。

章献明：以前的教师搞评比的时候，不上教材里的课是很叛逆的行为。因为"教书"就是"教这一本书"，当然这个"教书"概念被异化了。现在我们是知道了，"例子"可以拿来用，也可以不用，用好了"例子"就是一个典型的切入口，用不好可能是个反面的东西——教坏了。

房斐：现在，校外这一拨人在搞群课、评比等，看起来学习劲头完全不输于校内老师搞的美术教研。当然，校外的老师可能有商业的考虑，能提高实力、招到更多的学生，有更好的经济回报。您已经正式由校内教育转到校外教育，我想听听您对这一问题的看法。

章献明：我觉得你特别会思考，你抓住了一个重要的话题，我是这样认为的：要激发人的内驱力，内驱力是由价值观引导的，价值观引导我们每天干什么，一种行为习惯的养成或遵守某种行为公德，付诸我们每一次行动当中，这是我们称之为修养的东西。从你刚才举的校内、校外美术老师现状来讲，这是我们国家长期以来体制和机制造成的一个弊端，校内教师是有保障的，至少是收入保障，只要是完成教学、质量不太差，一般情况下不会找你麻烦，这相当于"全保"。然而，这很容易出现问题：一方面，这些老师满足于不被批评、不被扣钱的现状；另一方面，看到别人生活比我富裕，精神状态比我好，别人写本书，他的水平比我高，内心的需要是满足的，而物质的需求又是不满足的，这是一种冲突，并且表现在绝大部分老师身上，甚至演化成"骂街"等不是正能量的行为。

校外的老师他们为什么这么激进，要拼命地做学术研究，为什么？因为校外机构没有全保机制，明天吃什么，后天吃什么要取决于他们今天干得怎么样。从物质的角度上我们会说他们"很势利"，但是，在制度体系上正好大大地激发了人的内在需求。我觉得人的最高境界是当精神需求和物质需求高度一致的时候，因为人是一种有需要的动物，个人觉得适度的保障是需要的，然后再激发人趋利的、正能量的价值观，如果能把这两个完美地结合起来的话，我们的教育会发展得特别好。所以，现在校内做得挺好的就是绩效考核，不再吃大锅饭了，你干得好可能有比较多的奖励，包括精神奖励和物质奖励，干得不好就会被批评还会被扣钱。校外现在在做保障，原来是自己找食的，现在有了基本的保障——养老保险、社保、医保等。这是一个社会机构或者组织应尽的职责，你没有这个能力就不要办这个事情。现在不取决于起点在哪里，而是看你能跑多快，并且能够持续地跑多快，这就是我们这个社会所追求的，在自己的每一个特定的阶段都要为社会做贡献，直到做不动了，社会会通过养老保险等方式回报你。你只有年轻时的付出才会有晚年的幸福安康，这是人类追求的整体价值观。

房斐：您说这个体制不仅仅是教育体制的问题，在整个国民经济里面其份量也是很重的。

章献明：其实教育在整个国民经济当中是消费的体系，它不是具体的产出，是更大范围的产出。我们这个社会从来不是让人自生自灭的，绝对会有主流价值观引领的，比方说校内教育，我的老师们的价值观和我们的价值观就会不一样，现在更年轻的一代也不一样，甚至我们的同事之间对工作的理解和对教育的理解也是不一样的。但是，基本的教育理念是统一的，比如在学校工作要遵守学校的规章制度，这个规章制度就是一个主流价值观的引导，可能取决于校长或者他的团队能够起到发挥主张的作用。

社会教育也是教育的一种形态，校外和校内就是人的两条腿。现在社会上有大量的儿童活动的场所。我举个例子，我们去肯德基，稍微有点规模的肯德基店里都会有一个儿童游乐区，免费的并且还会安排两个服务员在那儿服务；那我们的馒头小吃店有没有儿童的游乐场所？没有。这就是对儿童的重视程度不同。为什么说卢梭伟大，是因为他定义了什么叫儿童，什么叫成年人。我们之前认为儿童是成年人的缩小版，这是对儿童教育认识的偏差。

记者：非常感谢章老师！

17

主题：

关于校外儿童美术教育的探索

受访者：朱国华（浙江省美术特级教师，全国优秀美术教师，中国美协少儿艺委会委员，"创意派"教学开创者，主持"朱红色"杭州现代儿童美术教育研究名师工作室、"创意派儿童美术教学的流派形成与发展研究"朱国华名师智慧空间站）

访谈者：俞晶晶、蒋露露、陈亦飞、周灿、张馨、俞晶晶（浙江师范大学美术学院研究生）

参访人员：李力加（浙江师范大学美术学院教授、硕士研究生导师）

佟蒙、房斐（首都师范大学研究生）

访谈时间：2015年5月20日

访谈地点：杭州最艺术画馆

俞晶晶：朱老师，很高兴见到您。今天，我们想聆听您对儿童美术教育方面的见解。在今天下午的"千课万人"活动中，再次看到您和朱敬东老师的一个"珠联璧合"。上次，我们看到的是"又见山水"，这次是"国色天香"。看完之后，大家都很震撼，来上课的孩子们很难忘，我们也是很难忘。请您谈一下和朱敬东老师关于本主题教学设计的想法、创意来源是什么，或者说和上一次的"又见山水"那节课相比，教学方法上又有怎样的改进？

朱国华：我们也一直在思考。对于我和朱敬东老师来说，像我们这个年纪、这样一种经历，一直在考虑一个问题，能够给现在的老师们带来一些什么东西。首先，觉得我们两个之间找到了一些共同点，这些共同点就是你刚才问的，对于现在儿童美术教育的一些看法和一些思考，而且，这些共同点还使我们发现两个人都有各自的长处。敬东老师对于课的研究比较细致，也比较典雅，通过一种链接的方式，把教学的知识点、教学的逻辑关系连结起来，既找到一个很好的内容体系，也能很好得将一个集中的点做出一个很宏大的维度。我呢，相对来说，可能上课更加随意一点，更加强调宏观、整体，更多的是捕捉一节课的主题，那种美术意味性，或者说教学成长性。在教学手段和方式上，我和朱敬东相比，我会更加浪漫一些，更加随意一些。

我们两个人有一些共同点，也有一些差异性。上次我们在研究那节课的时候，从艺术表现上是想改变孩子看事物、看对象的方法。以前，孩子们在作画的时候，他们也许看不到笔墨，看不到意境，也看不到画面的形式美感，所以，可能老师的一节课上下来，孩子们没有理解美术语言、美术的意义。孩子们可能在看山的时候，它仅是山，他们可能看不到这座山从结构、脉理上一笔一笔连带之间、笔墨整体的那种关系，不会把山看成一种笔墨的韵味、一种笔墨的精神或者一种笔墨的思想。那节课，我们考虑更多的是训练孩子的这双眼睛，希望他看山的时候是清醒的，这种清醒是比较理智的。这个理智，可能需要他有艺术的观念、艺术的理解，有看东西的思维，这种从宏观到认识、理解、感受、升华。我们再让他画出来的时候，也希望他介于清醒与混沌之间，需要一些混沌，因为，从水墨表达的角度来说，如果把这座山画得清清楚楚、明明白白，树是树，云是云，雾是雾，那就没意思了。比如，烟雨蒙蒙的感觉，山色苍茫，一层层远去，人进入到这样一种山水当中，见到这样一片山水的时候，能够和我们中国传统的水墨精神、思想浑然一体，再生发出一个图像。这个时候的图像可能已经不是原来那个图像了，他这个图像其实是一层一层、升华了好几次的。也许是升华了笔墨的语言，也许那是升华了笔墨的理解，甚至带有创造的成分。所以，上次更多的是以这样一种考虑来架构那两节课的。我觉得让孩子们经历这样一次活动过程，他们这辈子都不会忘记，这也正是我们美术教育所需要的。

俞晶晶：从学生的角度出发，您觉得今后的儿童水墨画教学该往哪个方向发展？

朱国华：从国家的整个课程来说，尤其是在教材的呈现上，相对来说还是比较保守的。抽象水墨的课程比较少，类似吴冠中的作品会有一点，但是总体上还是比较谨慎的。我们在选用的时候，尽量选择将经得起历史检验的作品、观念放到课堂当中，让学生去学。相对比较超前的、现代的水墨作品也有，但呈现的确实比较少。所以，我在编入美教材的时候，我选择的课程内容相对来说还是比较稳的，每一个图例的选择，尽量让它立得住。

至于中国儿童水墨画教学今后往哪里走，我认为让孩子学的东西，尽量从传承的角度考虑，这样比较纯正。比如说，让孩子去理解中国传统水墨画，它的笔墨结构、笔墨精神，特别重要。什么叫笔墨结构、笔墨精神？

就是说每一笔、每一块的墨色在整个画面体系当中，它的存在意义非常重要。这一笔为什么枯，它旁边那一笔为什么润，这是一种笔墨的变化、是一种笔墨的对比。再比如说，这一笔是这样起的，那一笔是那样收的，它可能是笔墨书写的前后呼应，就像我们说的"一笔下去，往而不复"，这种纯正性，要让孩子学到。从传承的角度来说，我们远远没做好，山水、花鸟、人物是写意还是兼工带写？这里面我觉得有非常非常好的东西，让孩子深入地去理解，去学习。

孩子的水墨学习，我觉得还是要结合孩子自身的特点，包括他们的认知特点、能力特点。对于每个孩子来说，他们有个性上的差异，如果孩子的水墨学习脱离了孩子的能力、性格等特点，或者不适合他们的年龄阶段，那你这个教学就没有效果。很多老师可能会反复临摹，表面上看起来还不错，但是其负面作用是很明显的，临了之后僵化了，不是扬长避短了而是个性磨灭了。一个特定的技法一定是适合特定的年龄特征的，教师的教学完全可以找到一个特别合适的内容，定位一个合适的技法，然后让孩子们来学习。这样，渐进性、体系性和有效性就会加强。

未来方向我觉得更多的还是创造性。这个创造性，倒不是说一定要画出什么想象、构思、技巧，孩子不一定能玩到这个层面上。这种创造性，可以说，小到孩子看到这个东西，他能够在教师的启发、引导之下创造出一种笔墨语言，甚至他能领悟出，这根线怎么一波三折、怎么书写、怎么空灵、怎么变化。在用色的时候通过他的直觉，通过他那种天生的敏锐性，一下子抓住本质特征，然后巧妙地转化成他的笔墨语言、笔墨理解，甚至也能够形成一个过程性的笔墨呈现，这就是一个很好的创造性。每一种笔墨语言，用他生命的智慧和个性特质和对象交流互动之后，自己慢慢会生发出来，这个层面的创造性是特别重要的。

俞晶晶：这本身就是孩子内化的过程。

朱国华：对。当然这种内化，没有老师帮助他思维架构，他是出不来的，偶然几次有可能，不可能次次出来的，对吧？你让他自己出来，还是要看老师水平的。我举的这个创造性的层面还是很有意义的。第二个创造性的层面是艺术创造，艺术创造是可以有思想、有观念、有境界的。我们在孩子的整个水墨学习当中，给了他们许多水墨的观念，比如说，比较写实的、抽象的，甚至比较意象的。有很多艺术家个性的风格、个性的思想，他的灵感、艺术借鉴不是来自于水墨表达，有可能是从西方那里吸收过来的，或者从民间美术那里吸收过来，或者从工艺美术那吸收过来。最后，他只需把这个东西用这个工具以及水墨的语言表达得更有力度、有思想、有精神,这个层面的创造性也是非常重要的。孩子的水墨学习,必须得做好，没有这个基础，弄成一个"四不像"，也不行。

俞晶晶：您的工作室内有很多水墨画，您能否谈一谈校外的工作室机构与校内儿童美术教育有什么区别？您是如何看待的?

朱国华：总体上说，各有优势。校内的优势，是在于我们有一个很好的课程标准，有一个相比较可以执行的教材和教参，相对来说，校内的老师有一个很好的培训体系，有一个比较趋大同的目标方向，它也会往这上面去走，这是它的一个优势，"歪门邪道"相对比较少。

俞晶晶：比较正统。

朱国华：对。校外的优势也许在于没有课程目标，没有课程标准。因为艺术有时是向老师学的，在校外如果碰到一个好老师，可能要比校内教育好十倍。为什么？因为你跟了一个好老师，这个老师可能已经有自己的课程体系，已经有很好的教学经验，再加上校外教育它的灵活性这些因素都能促进你的艺术特长长足发展。再说，校外有很多学习方式，出去写生、看着实物画、临高仿的美术作品、把真正的水墨画家请进来教学等，这是校外的长处。

俞晶晶：就是比较灵活。

朱国华：对，校外相对来说比较活。我们来讲讲不足，校外教育最大的弊端、最大的毛病就在于没有一个很好的课程体系，没有教材、没有教参、也没有材料。许多机构是"拍脑袋工程"，拉一个老师上课，这个老师来路也不清楚，老年大学毕业的都有，搞不好上的课都是重复的，这个问题就有待解决了。校内教育很明显的一个弱项是教学达成理想化特别难。其实那些老师都有理想，他理想有美术大教室，上课有助教，可以把资料都弄进去，他理想到想要什么有什么，但是他做不到。他要买东西，还要好几层的管理人员批条，所以，很多老师的生产力得不到解放，个人才华得不到发挥，而且他们的许多精力不是用在课堂上，而是用在搞特长班、写反思、搞课题、布置校园等方面，这样就会影响一个老师对专业的热爱程度和对专业的投入程度。所以，最后归纳起来，两者互补是最好的。校内外教育蓬勃发展，孩子学习校内外也得兼顾，校内外机构也要相互学习。这是我个人的想法。

俞晶晶：我在一个微信订阅号中，看到您3月份在深圳搞了一次课题讲座，反响特别好。想了解您从一开始办这个校外机构时，您是和其他校外机构的老师本质区别在哪里？您一开始定的目标是什么？

朱国华：这是我自己也要思考的问题，这个思考对我来说，特别重要。我的来路是很正的，根正苗红，一直跟着尹老师、李老师走着这条路。现在校外教育也在尝试，无论是我，还是我这个团队。我和团队里的人讲，我们始终做的是理想，做的是一种情怀。可能一般的校外机构，他的首位不是这个，首位是利益，就是商业利益，或者说是生存，他必须解决商业利益和生存问题。凭团队这些人的才华，只要按照我的理想去做，我深信生存不是问题，而且生存得挺不错，这点自信我们还是有的。作为对儿童美术教育的情怀，把我们在学校里不能达成的想法、创意、梦想，全部都放到这里来，而且放到这里可以快速实现。我自己出资制作书和画报，周末带他们进行水墨写生，开展大型的现场艺术展览和现场创作等。这种实现既是我们个人理想的实现，也是孩子们梦想的实现。两年后我们肯定会看到这批孩子会大大地高于在其他培训机构孩子的水平，那是学习的收获、艺术的体验、创作性的达成。所以说这种理想和情怀既需要自己有能力，还要有好的、纯粹的出发点不要只想到钱的事情。我们的定位是在一个高度上，比如说，我很想把中国校外美术教育4至14岁孩子的课程完整地做出来，这个课程我定位于中国校外课程，从教参配套、教材的呈现、课程目标以及课程的整个体系。为了老师拿到教材上好课，我会给他配教参、配视频等等。同时，我还想做出几个中端、高端的样本。这个样本是指导教师如何做教研，整个环境空间怎么来布置等。有老师来了，可以看到一些东西、学到一些东西，拿到一些基本模式，这样也许全国其他机构可以复制。我的定位是学术研究、课程开发、艺术沙龙、品牌推广，而不是培训机构。所以我的定位会相对综合一些。

俞晶晶：您说有很多家长的意识和传统已经不一样了，他们会放手让孩子进行创新。您觉得现在家长意识的改变对现在校外机构的创新是不是也是一个促进？

朱国华：这里面有三个层次的意思。一个层次，以前校外机构，它有一个不好的出发点就是迎合家长，以为家长都是很笨的，以为家长都需要一个好的作业效果。所以，就为了迎合家长，课就上得很简单，范画一挂，临摹一下作业当然是好的，或者说他不敢放开，只按照一个模本去教，把这个技法讲得很清楚。家长说喜欢卡通就教卡通，家长说喜欢素描，才二年级的孩子就让他去学素描了，这种迎合家长的行为是我最反感的。作为我来说，我们是很自信的，我们在教学过程当中和家长共同成长，比如说我带着孩子们出去写生，全部家长陪同，他们看着我的教学，看着孩子学习的过程，跟上几次他们就明白了，我们的这个体系给孩子带来的变化，是对的。所以不能刻意迎合家长，有时候是倒过来的。这一代的家长，跟上一代家长已经不一样了，这一代家长的观念已经基本上接近新课程了，他们已经有一定的美术学习经验了，所以他们对于孩子学美术，最起码他不是说一定为了让孩子当画家，学美术也一定不是为了考美院，这个观念也有了。他的基本概念可能是，孩子学美术是要培养创造性、兴趣，要展示自己的个性，要有自己的想法。让家长从孩子的变化当中来认可我们，这最要紧。

俞晶晶：非常感谢朱老师。请问两位博士还有什么问题？

佟蒙博士（左一）、李力加教授（中）、特级教师朱国华（右一）在一起交流

佟蒙：朱老师说的办学理念、定位，主要就是为了实现自己的理想，想做出一套校外美术课程的一个标准，应该算是一个标准、体系。

朱国华：我觉得每个人的价值取向不一样，如果说我为了活下去而干这个，我会很痛苦，那这个事情就一点意义都没有了。

俞晶晶：您说的这个乐趣，是不是对即将成为美术教师的我来说，在您这样的机构里面会觉得有乐趣，而在一个学校里，可能会不自在？

朱国华：学校有学校的优势，学校可能会给你一个集体的荣誉感，能入党，能进步，能提拨，他有很多手段会推着你往前走。

李力加：房斐博士家里也是做校外儿童美术教育的，他父亲很早就在山西太原办了儿童美术培训学校，他读研究生以后每个礼拜还得跑回家上课，让他说两句。

房斐：听您讲了校内、校外的优势、劣势，特别感同身受。校内，可能人家会组织一些教研活动，

房斐博士（右一）发表看法

出国交流，还有各种各样的评级评奖，但劣势也很明显，比如说，会受很多束缚。校外的优势就是我想实现什么东西，比如说我想买个3D打印机，或者我要买上一套什么设备，只要我准备好资金，第二天我就可以买了，不需要任何流程，更不需要层层审批。你有一个想法，马上就把它实现了，这个过程特别好。

俞晶晶：您可不可以透露一点现在觉得很苦恼的事情？

朱国华：最大的苦恼当然是身体了，因为生了一场大病，带来了很多很多的问题。对我来说，我要把我当下的时间珍惜一点。什么叫珍惜一点，就是做我想做的事情，过我想过的日子，我要追求自己的活法，这就是我要考虑的问题。相对来说，教育教学上的苦恼，我觉得，我这个人最大的苦恼就是不会说"不"，因为每天会接到无数的邀请，做个讲座、听一节课、做个评委等，在学校里老师也会经常来找你请教……这个下去、又来一个，每天都是这个状态。自己认为时间很珍贵，自己最想做的事情很清楚，但是在现实当中，总是不能说出一个"不"字。其实有的时候，好多时间

都让并不重要的事情占去了。再回到身体的话题，有得必有失，其实到了这个年龄最应该做的就是舍，全部舍掉最后才能把一样最重要的事情做好。有的时候同学也提醒，老婆也提醒，悠着点，这就是个比较困扰我的问题。

俞晶晶：今天来到这个工作室，最大的感受是您非常注重细节，一个局部您都会把它做得特别完美，那您是不是在教育教学的过程中也相当注重细节？

朱国华：这样注意细节既是一种品质也是一种病态。我有很多经历都告诉我，一件很宏大的事情，如果细节做不好、局部做不好是一定会失败的。局部没有把握好，最后整体不存在了，就像画一幅画这个地方搞得非常好，退远一看这张画完了、失败了，所以说，总体上来说我还算是一个粗中带细的人。我的长处是善于抓整体、把握宏观。我现在也慢慢开始注重细节，具体做一件事情的时候我还是很细巧、很务实的。我们这个空间站，在一些细节上有一些想法。孩子学习美术最好能看到真的东西，就是民间艺术类的，所以我想把中国经典的民间美术收集起来，比如明清家具啊、斗拱啊、面具啊、木雕啊、皮影啊，这些真的东西，我都想把它收齐了，然后在画馆里放起来，孩子上课的时候上到皮影，皮影拿出来；上到泥塑的，泥塑拿出来，用真的东西来上，这是我的理想，现在已经开始在收了。以后上课除了用高仿的图片，更多的还要用实物来上课，这样对孩子的艺术学习会更好一些。

18

主题：

教师专业成长与儿童版画教学

受访者：王鹏（广东省特级教师，深圳市园岭小学总务主任、工会主席、美术教师）

访谈者：姜哲娴、丁志超、黄聪丽（浙江师范大学美术学院研究生，以下简称"记者"）

李力加（浙江师范大学美术学院教授、硕士研究生导师）

笔录人：邵任斯

访谈时间：2013年7月4日

访谈地点：广东深圳市园岭小学

记者：请问您是哪年来深圳的？一直在这个学校吗？原来在哪里工作？

王鹏：1994年。一直在这个学校。原来在陕西宝鸡，在宝鸡也是当美术老师，是铁道部的学校。当时跑到深圳来看，和这里的美术教研员陶老师谈了谈，他很希望我留下来做少儿美术教育。然后参加了全国招聘考试，理论考试是一个卷子两个小时，上一节课，列出教学大纲、教学反思，画两幅画，写一幅书法，写美术字。面试下来是第一名。在这里先代课。我来后在学校辅导学生版画，拿了许多奖，在区里的影响都很大。少先队建队45周年，我给他们做了一个大翻板，局长说这个老师要重点培养。我在家乡教的是小学高年级和初中的课。来深圳那年我38岁。本来我在宝鸡做得挺好，不想来深圳，但是家里人支持。现在想，还是过来好，在宝鸡做不到这样的程度，也当不了省特级教师。

记者：你们学校是深圳最好的学校吗？

王鹏：在小学里是重点。进学校难，要市、区领导写条子。择校费不准收，就近入学。一个班50—60人，塞得满满的。

记者：您开始搞美术教育研究是在哪一年？

王鹏：1986年开始做少儿版画教育。1994年来到深圳，就组织儿童版画后备小组。在库房，带了十几个学生，利用周六的时间做纸版画，在区、市、省连续获奖。1998年艺术教育考察团来我们学校考察。中央电视台"大风车节目"专题报道，鞠萍姐姐都来了。首批艺术教育先进单位挂牌，我们学校就成了艺术教育特色学校了。

记者：当时你们学校有几个美术教师？

王鹏：三个，他们都比我年纪大。2002年3个校区合并之后，梅校长特别支持我。版画工作室有很强的优势，其他的工作室或项目都没有被批下来，而我的这个工作室很快就被批下来了。

记者：从2002年到工作室建立以前，这几年您都做了一些什么努力？

王鹏：2002年三校合并之后，梅校长提出"努力打造以儿童版画为龙头的特色学校"。2002年我们就举办了深圳市首届中小学儿童版画教学研讨会；2004年举办了全国少儿版画研讨会，是历史上最大规模的一次，是中国少儿版画的里程碑，推动了少儿版画的发展。全国有200到300人参与，会议进行了两天，举办了展览。广东的少儿版画就是从那个时候开始做的。我去东莞、中山做讲座已经不下五次了，他们的版画教学比深圳还厉害。2007年中国深圳第三届市文化产业博览会，学校中唯一进驻的就是我们小学。2007年还参加了上海文化博览会。2005年美国西雅图版画家两次来我们学校和学生交流，他们想以100美金一幅画的形式收藏学生的作品，但是校长认为我们是做教育的，还涉及版权问题，就没有给他们。

2008中国改革开放30周年、深圳特区建立28周年，由深圳市教育局主办，我们学校承办了"孩子眼中的深圳"版画展，150幅画都反映了深圳的"昨天、今天、明天"，在深圳市美术中心展览，影响很大。2010年加拿大代表团来访问，我们举办了"中加儿童版画展"，2011年又带了学生和家长来，我们和深圳市少年宫联合举办了活动。在关山月美术馆，由八个版画家和我们的儿童版画小作者一起，举办了美术联展。2012年，加拿大团第三次来访，我们组织了一次艺术周活动。

记者：您是怎么想到做这个课程的？

王鹏：全校普及。2002年深圳市"十五"重点课题，全市唯独只有我一个美术课题——"儿童版画提高的研究"。借着课题，我编了2004年的教材；2009年编了第二套教材；承接了两个国家级课题，2007年我自己申报了"国家十一五规划"课题——"儿童版画理念与模式的实验研究"。三个课题出成果之后，就编成教材了。我们出第一套教材的目的就在于让全校学生对版画有所了解。第二套教材的目的是在对版画了解的基础上，了解岭南文化，贴近民间美术，进行文化传承。美术教育的目标就在于文化传承、激发创意、发展创造能力。作为学校的特色不能只局限于辅导学生做出作品，特色教学一定要基于深层的文化教育，所以我们扎根于岭南文化的教育，这才是根源。全校30个班，每个学期4课时的版画教学是必须保证的，还没分校区之前是81个班，也都进行版画教学，有4300多名学生。每年我们都进行岭南文化知识竞赛。一年级从吹塑纸版画开始做，之后是印染纸，体验版画的印刷过程。

记者：常态下的美术课怎么教？

王鹏：我们已经把带孩子参展看得不重要了，那只是表面功夫。平时学生的作品都可以作为参赛作品来选送。我在儿童画欣赏上有这样的想法：第一是要有童趣性。点、线、面是内心的发现，是原创的东西，是根据自己的心理发展而产生的。第二是形式感。版画有自己的语言，突出自己的特色，形式语言要强。第三是主体性。表现的内容明确，但题目自己可以随意命名。孩子在学画的过程中，因为会受到老师、同学的影响，"原发性"已经很少了。

记者：比如说给孩子一个剪纸的主题，这些就是社会图像，包括阅读物，我把它叫作旧有的图式。

王鹏：不是他们原发的，是原来就形成的。这个现象很严重。画太阳、小草、大树，都已经形成固定的记忆模式了。要想发掘孩子的原发性是很困难的，辅导孩子的过程中就体会到很难发掘孩子的原发性。只要孩子出来的作品，就知道是模仿同学、老师或动漫等。因此，美术老师启发的方法很重要。我不希望学生的作品有太重的模仿痕迹，我告诉老师们，绝对不能帮孩子动笔、动刀，更不能帮着画，只是提示可以添加点什么，这里的刀法怎样可以更好。只要是带学生去写生画的，回来就会特别生动；只要是让孩子想象，就开始照搬。

记者：我们教学的时候孩子不是白纸一张，孩子生活在社会当中。请您再谈谈名师工作室的事情。

王鹏：自2001年园岭版画工作室成立以来，我当了十几年的总务主任。要知道，全区当总务主任的人不管教学。

记者：总务主任是个杂活，还能出这么多成果，不容易。

王鹏：总务主任的生活以休闲娱乐为主，但我不喜欢。教师是我一生追求的职业，总务主任只是我的工作。现在我刚来这个校区，已经把总务主任的工作辞掉了，在这边做工会主席。这个工作室是2008年挂的牌，"王鹏版画特级教师工作室"，这是区里的第一块牌，现在已经在全区扩展到73块了。特级教师工作室的资金有坚实的保证，一年有12万元，此外教学设备特级工作室还可以报10万元。摄像机2万、美国的音响、版画机等，资金是很充裕的。广东省跟岗学习的美术教师到我们这来，都是免费接待。他们的课程安排得很满，每个人要上课，此外，还有专题讲座，参观深圳有名的工作室和基地。他们最大的收获就是有一个星期的版画制作时间，他们很有兴趣，从早到晚不休息，拼命做。材料包括假塑料板、丝网版、假铜板、纸凹版、电路绝缘板。这些材料给版画制作带来了方便，老师们很容易上手。跟岗学习对这些老师来说影响很大，他们觉得大学里学的东西都没有在这里学得多。在大学里是学习教育专业，能够体验版画，但是没有产生兴趣，到我的工作室后，就好像激情被点燃一般，即使加班也不觉得累。教育局对我们的评价也很高，认为跟岗学习是历来培训中最好的形式。目前已经培养出7批老师，100余人，平时也会与一些老师互相联系，来我这待上一个礼拜，做一做版画就走了。付出就有回报，幸福伴随着快乐。

记者：王老师在中国美术教师中很有影响力，已经超过了许多浙江省的老师。

王鹏：人一定要扎扎实实做事情，不要先考虑到将来。感动深圳教育人物的提名奖30人中，就有我。我做总务主任的时候，加班从来不报加班费，这些都是我该做的事情，人们是能看到我做的事情的。

记者：在您的身上可以看见正能量。

王鹏：人一辈子要做自己喜欢的事，而且要做到最好。如果你不喜欢，现在社会的宽容度很大，改行就行了。梅校长把人分为四类，第一，把职业当做饭碗，为了生存才做事情；第二，对得起良心，尽责任；第三，想做好点的；第四类，把工作当作事业、生命的组成部分、生活方式，这是一种境界。在我们学校，美术科组的地位很高，每年带美术科组的老师去全国各地搞艺术考察，参加艺术活动，真是很幸福的事。校长说，只要像美术组这样，敢在全国争一席地位的，就支持。

记者：版画教学的形式是怎样的？

王鹏：我们在课堂普及版画教学，在课内提高版画教学。3个版画兴趣班，周六开展活动，两个小时。4个版画活动小组周四开展活动，属于第二课堂，40分钟上课时间。我们开设这两个班的目的是拔尖、培优，好的作品都是从这里出来的。所有材料费都学校出，不收一分钱。老师也没有过多的补贴。我们专门训练线条和黑白画、刻板画。写生之后回来变成黑白画，做版画。以前我们每周带学生一次，学生可开心了。现在我来这里了，只有一个兴趣班和两个版画工作小组。学生都是挑选过的，兴趣班只有20个人。连外校的孩子都想来。

记者：刚开始接触版画的孩子，上课会注意什么呢？

王鹏：强调安全，上版画课一定要注意行为习惯。左手压板，右手拿刀。场地也由学生清理。日本和德国是在学校开展版画教育最早的国家，他们养成了严谨的习惯。版画对少年儿童的行为迁移作用非常大，包括合作、自主探究、条理程序、动手动脑等行为的迁移。

上课时，大点的学生带小学生，六年级会带二年级，印画的时候都会帮忙，台面、手要干净，这是一个训练的过程，不是单纯做版画，对身心成长有好处。虽然班级有50来个孩子，但是他们的兴趣还是很高。让学生来主导课堂，老师只起点缀、引导的作用。

记者：颜色搭配怎么解决？

王鹏：我会问"你喜欢什么颜色"，如果完全按照孩子喜欢的色彩去搭配可能不好看，我就会建议他怎么搭配。

记者：美术欣赏是怎么做的？

王鹏：带兴趣班的孩子去看展览。现在我们的孩子有中央美院版画系研究生、广东美院版画系研究生、本科生，还有在法国读中学（法国在深圳选7个孩子，全免学费，有3个入选）的。

记者：非常感谢！

19

主题：
浙江省基础美术教育与美术教师成长

受访人： 胡延巨（浙江省特级教师，浙江金华金师附小教育集团美术教师）

访谈者： 吴允明、冯海超、万俐伶等（浙江师范大学美术学院研究生）

李力加（浙江师范大学美术学院教授、硕士研究生导师）

李启云（浙江省特级教师，浙江金华市美术教研员）

洪建军（浙江金华金师附小教育集团教务处副主任、美术教师）

访谈时间： 2011年10月

访谈地点： 浙江金华金师附小

吴允明：请先谈谈建国初期您从事美术教学时的大概情况。

胡延巨：我是1957年从金华师范毕业的。当时没有美术专职教师，我一边教语文，一边教美术。一共教12个班级，一周24节美术课，还带一个班的语文。

我从金华师范毕业，分配在金华，金师附小属于金华师范，是同一个单位的。我是普师生（普通师范学生），不是美术班的。因为喜欢美术，当了美术课外兴趣小组的组长。我的老师蛮好的，一位是赵宗藻，中国美院的副院长，善长版画。陈松平，善长国画，金华的文联主席，也是农工民主党的主席，当时的市劳模、市美术家协会的主席。他和吴茀之、张书建是同辈，是跟他们齐名的人。1955年，浙江省举办中国画比赛，他得了一等奖。所以，我的美术老师的水平相当不错，他们给我打下了比较扎实的基本功。

吴允明：据您了解，当时整个浙江省校外美术教学开展得怎么样？真正的校外美术教育，或是真正的少年宫系统有没有形成？

胡延巨：没有，都没有

李力加：杭州有吗？

胡延巨：也没有。我接触最早的一次是"文革"以后。那时我到杭州市少年宫，我当时作为金华城区少先队总部的辅导员之一，负责美术，我们到杭州去参观。

吴允明：你参观是哪一年？

胡延巨：应该是"文革"以后的事了。

吴允明：根据您的回忆，"文革"前这段时间浙江省校外美术教育是个空白了？

胡延巨：杭州我只能说不是太了解，金华起码是空白的。但是，金华有一个夏令营，夏令营中有一个美术班。我曾经当过三个夏令营中美术室的指导老师，这都"文革"前的事了。

吴允明：当时夏令营的美术班是谁组织的？它属于少工委还是团市委？

胡延巨：都不是。当时是教育行政性部门的，每个学校派十到二十个少先队员，分成多个组，我负责美术组。张禾（浙江师大美术学院教授、硕士研究生导师）当时也是夏令营的。

吴允明：她当时是夏令营的，你这张1959年的照片是在校内教学吗？

胡延巨：是校内的。自我参加工作校内的课外兴趣小组一直都在办。我们红旗大队要有一个典型材料，就是"红领巾美术兴趣组"。几十年如一日，从1957年起到90年代，坚持办课外兴趣小组。这个作为典型材料，评上第一批"全国红旗大队"。这个级别很高，是团中央委托市长来授旗的。

吴允明：第一批是哪年？1959年、1960年还是1962年？

胡延巨："文革"以后。

吴允明：那是七几年了？

胡延巨：应该是八几年。

李力加：在五几年到六几年。可以这样说，"文革"前真正性质上的校外美术教育是比较少的。

胡延巨：可以说基本没有。

吴允明：那个时期经济不太发达，社会进程也比较缓慢。

胡延巨：当时美育的范围还没有扩大，当时是德、智、体三块，是"三好"。美、劳是"文革"后才加上去的。为什么我们的兴趣小组一直坚持着呢？因为我的前任是一个相当出色的美术老师。

吴允明：你的前任是谁？

胡延巨：叫朱国雄。

吴允明：他是哪里人？

胡延巨：金华人。他当时是金华市的劳模。"文化大革命"时批斗他，因为当时的省委书记江华跟他碰过杯，就是跟走资派碰过杯呀，江华还曾称赞他是教育界的专家。他的美术、劳技教育是相当出色的，他是我的榜样。

吴允明：那是不是可以这样说，金师附小的美术教育最早是由他开创的？

胡延巨：对，对。解放初期，一直就是他在教学。我给你举个例子：他交给我的一个美术教室，当时叫劳技教室，里面有七八个柜子，每一个柜子里有五十几把剪刀、锯子、凿子、钻子……

李力加：锯、锤子、钻、刨子都有，这是真正的美劳，而且是"图画手工科"的手工。

胡延巨：对。他教学生做显微镜，我也教学生做过，难度是比较大的。

吴允明：显微镜是用什么材料做的？

胡延巨：镜筒是铁皮做的，架子是木头做的，玻璃珠是自己烧的，拿灯泡里面的那一点玻璃，放到酒精灯上去烧。现在我还会做。

吴允明：您毕业时是十几岁？

胡延巨：十九岁。朱国雄当时做得非常好，他是我的榜样，但是这个人我连面都没见过。

吴允明：为什么？

胡延巨：他退休两年了我才去的金师附小。一教就教了五十三年。

吴允明：是不是在"文革"前，当时对美术教育不是特别重视？

胡延巨：不是特别重视。

吴允明：真正重视还是"文革"后是吧？

胡延巨：对。

李力加：改革开放后的三十多年，整体发展得才比较快，可以这样说吧？

胡延巨：对。

吴允明：在"文革"与改革开放之间的那几年，金华有少年宫吗？

胡延巨：少年宫没有，夏令营有。少年宫、夏令营都是在"文革"以后才有的。

吴允明：你是哪一年到金华少年宫教学的？

胡延巨：1994年去的。但是1994年以前我已经在学校办了七、八年的校外美术班。先在市文化馆，后来在市图书馆，再后来在工人文化宫。

吴允明：那七八年间杭州的校外美术发展情况如何？

胡延巨：我当时办班，就是受到杭州的影响。

吴允明：杭州您是那一年去的？

胡延巨：1985年。我受了什么影响呢？第一个是参观了少年宫。我作为金华市少先队总部负责人参观少年宫。当时的情况跟我们夏令营差不多，它有航模、书法等。我们带来五十个少先队员到下城区少年宫参加夏令营。一天晚上，我偶然看到少年宫一间房间里亮着灯，一个老师在上课，旁边有的妈妈在打毛衣，有的在看报纸。当时我很疑惑这是怎么回事呢？我就跟她们聊了聊，她们告诉我一个学期多少学费，一个星期几个晚上上课。

吴允明：你当时看的是下城区少年宫，还不是市少年宫？

胡延巨：先看的是市少年宫，但是只有一个总体的印象，具体的还不知道是怎么回事。那个时候亲眼看到，就知道了。

吴允明：在你的印象当中，杭州当时有没有美术教学方面很有名的老师？

胡延巨：当时接触得很少，不太清楚了。

李力加：你是什么时候知道杨景芝的？

胡延巨：很早。我跟你说说是怎么认识杨景芝的。

吴允明：看教材？

胡延巨：对。我一直持有一个观念，要跟高人接触。在小学美术教材方面，谁是高人？是杨景芝。

吴允明：那是八几年的事情？

胡延巨：八几年的事。她主编小学美术教材第一版是1987年。我认识她应该是九十年代初。我的观念是要订全国最好、一流的杂志，要跟全国一流美术教师接触。让他们了解金华有一个胡延巨，你也要了解北京有一个尹少淳。所以我讲，我是喝"杨"奶长大的，第一个是杨永青（原中国美术家协会少儿艺委会主任，已故著名少儿图书出版人、画家），第二个是杨景芝。为什么说是喝"杨"（羊）奶长大的呢？我整个儿童画的观念是接触了杨永青和杨景芝之后才了解的。

吴允明：是什么时候接触杨永青、杨景芝的？

胡延巨：当时评全国优秀辅导员，杨景芝来金华了。在那之前我看了她编的一本书。她来后，我们把儿童画拿给她看，她给我们讲。她把多种儿童美术的书介绍给我，有谢丽芳的、关小蕾的、还有她自己的，都寄给我了。

吴允明：你觉得接触她的东西，包括谢丽芳、关小蕾她们，对你有什么影响？

胡延巨：影响大了呀！一是，我知道了儿童画是无法无天的；第二，儿童画是无对错可言的；第三，儿童画美在哪里。这三句话使儿童画有了根本。这三句话是杨永青说的，直到现在我还是把这三句话当经典。杨景芝给我寄来一本北京近几年来比赛的获奖作品集，我才知道原来这样的作品可以获奖。我按照他们的方法，立竿见影。有一次中南几省儿童美术比赛，我送了大概17幅。这是我第一次辅导的儿童作品参加儿童画比赛，两幅作品获奖，后来到中国驻南斯拉夫大使馆和驻巴基斯坦大使馆展出，还有《中国少年报》三十周年的纪念活动，也把这两幅画摆了进去，我才知道原来儿童画获奖不是很难，所以，我对其他年轻老师讲，你不要以为获奖很困难。

李力加：我一直认为，金华的儿童画教学在浙江省都是名列前茅的，甚至比杭州还好，这是什么原因？建国60多年来，杭州几乎找不出比较有名气的校外美术教师，这又是为什么？

胡延巨：我接触几个杭州的美术老师，最早是郑生林，当时杭州安吉路小学的校长，是美术老师做校长，是我们学校和杭州挂钩的学校。

吴允明：他是哪个年代的人？

胡延巨：70年代，早退休了，当校长是80年代的事。

吴允明：他们在校外教过课吗？

胡延巨：具体例子：第一次浙江省园丁奖，全省4个人以及徐悲鸿奖学金，全省27个，都有我。《浙江日报》头版报道，从这件事情就可以看出。第二，教育局委托我编教材，发给每个县，一年发两次，基层美术教师如获至宝。作为配套教材还印了这样一套东西，《儿童简笔画大全》。我的教学强调"导""放"结合，当时这是新华书店买不到的。

李力加：您送我的书是1996年的。

胡延巨：那是我从教50周年活动的书。我和杨景芝通五六封信。金华少年宫是在"文革"后很长时间才有的，市领导都来参加了，成立大会叫我写献词。最后一句话是"我们想要一个少年宫"，市府领导被触动了。

李启云：我们认识杨景芝老师前，只看到过她著的书和她编的教材，从教材当中，才有对教材编写这方面的认识，特别是李教授来浙江师大之后，把我们的眼界打得更开了，我们原本哪里知道尹少淳呢，现在真的开眼界了。我的运气比较好，我刚刚实习的时候胡老师就指导我。

李力加：你是1986年实习的？

李启云：是的。那时候胡老师对我们要求很严格。讲到实习这一点，就牵扯到金华师范学校了，金师附小是得天独厚的，最好的教师直接从金华师范过来。

胡延巨：当时讲了六个星期，每个星期两个小时，叫做美术教学法

吴允明：小学美术教学法。

洪建军：讲到这个还要提到李玉斌老师，他是浙江美院的高材生，他成份不好。他来到金华，没有那个艺术氛围，他就孤军奋战。他是上海人，见多识广，眼界很高。

李力加：他现在走了？

洪建军：没有，还在金华。

李力加：还在金华？

洪建军：还在金华。他现在只画画。 他的夫人是金师附小的老师，也退休了。

李力加：他当初在哪里啊？

洪建军：金华师范，美术老师；还在金师附小当老师。

李力加：哦，那么他一辈子就在金华了。

洪建军：朱国华就是他的学生，我也是他的学生。

李力加：那他对金华美术教育的影响太大了。

洪建军：很大，美术教育研究会会长他做了好多年。讲到金华的美术以及美术教育，可以从艾青讲起，艾青的弟弟就是金师的美术老师。

李力加：影响了整个浙江的美术教育，整个浙江的美术教育是由这几个人开拓之后引起的。那艾青弟弟的名字叫什么

李启云：蒋海济，草字头蒋，大海的海，救济的济。

李力加：那他就是艾青的弟弟？

李启云：艾青也是附小的学生。

李力加：那蒋海济也是金师的美术老师啊？

李启云：对。讲到金华的美术教育绝对不能离开金师。金师孕育了金

师附小。

李力加：这样，明年可以做一个东西、做个研究，做金华美术教育历史的研究，这个东西可有意思了，就是要采访这些人啊。

洪建军：金华这地方，以前是风水宝地。

李力加：有精力的时候给金华市搞一个重点研究，把金华的美术教育做一个研究，整理出来，出本书把这个历史记录下来。我去杭州以后，包括李方（杭州市美术教研员），她们感觉金华的美术教育力量强，杭州教育界到处都是金华人，教育部门当领导的都是金华人。

洪建军：他的书很多，他是研究型的。他当过环城小学校长，后一年在金师附小当校长。后来去杭州了。

李力加：这对杭州影响是很大的。

洪建军：客观地说，金华的美术教师还是比较善于吸收的。哪个地方有新东西，马上就会吸收的。

胡延巨：第一次美术教师培训就在富阳，我记得很清楚，那次去了好多人。我们金华也去了十来个，每个县都是代表去的，课内打基础，课外抓提高。第一，美术老师后面一定要有几个跟屁虫，要不然这个美术老师出成绩是出不了的。第二，课外带学生，我都带的，收费很低，我是只收20块钱，我培养的几个学生现在考上美院了。当时在我第二节互动的时候，有一个戴眼镜的刚从学校里出来的青年人，他说老师，我对你的讲法有意见，美术老师就是要课外带学生，而且你还是收钱的，如果一个美术老师掉进钱眼里去了，那就完了。我说，钱不是万能的，但是没有钱是不行的，我讲了这句话，全场都同意我的观点。

洪建军：所以，我们附小向来是能够接受先进教学思想的，那时候就这样上美术课了。

胡延巨：我带了好几个徒弟，第一次版画拿出去展的时候，少儿美术越来越发展，儿童可以搞版画，以前都是难以想象的。让我们去介绍，版画原来可以这样上，都是金华带动的。

李力加：为什么要研究校外美术教育呢？其实校外对校内的促进很大，全国范围校内的美术教育发展要依靠校外的刺激，不依靠校外的刺激，不可能这样发展下去。

胡延巨：你这句话讲得太好了！

李力加：要先把中国校外美术教育的东西拎起来，然后再回到校内。

胡延巨：课内打基础，课外抓提高，总有那么几个超长生，从家长到孩子都有这个要求，他们希望在美术这方面有所发展。我们的观念，课内要抓的是普及，课外抓提高，你要满足学生们这个强烈的要求。

洪建军：那时候我们金师附小的课外活动搞得有声有色。

胡延巨：全省的美术教育会长是浙江美院的，金华的老师当副会长。省里成立艺术教育委员会，金华去了两个，一个是浙师大的，小学的就是我，全省就一个小学老师。当时省教委领导是这么说的，那么多的美术老师像招女婿似的，这几个例子就说明问题了。

金华的美术教育对全省影响很大，我这个源头是对的，不能从杭州开始调研，从杭州开始查不到线索，先从这儿走，再跑省城，其他地方都晚。我举个例子，沈永正（浙江省特级教师，现浙江嘉兴秀洲区美术教研员，正高级美术教师）在儿童画中也取得了点小成绩，他出过很多书，也都给我了，但是他研究儿童画起步晚了很多年。再如，浙江省第一次儿童画比赛。

李力加：哪一年？

胡延巨：第一次很早，通过群艺馆送上去的。那时候儿童的中国画作品其他学校根本没有，浙江一共发表了四张作品，金华就占两张，沈永正得一等奖，我得二等奖，我的奖品是一套水彩笔，金华市有了第一套水彩笔。

李力加：那时候挺可怜啊，经济落后。

胡延巨：水彩笔现在叫蜡笔，比火柴大不了多少。有了一盒水彩笔，颜色那么鲜艳，品种又多，又不要墨水，又不会断掉，细细长长。后来去杭州出差，我又买了二十几盒，在校外慢慢地推荐。

李力加：那时候太穷了，物质极端贫乏。

胡延巨：颜料的源头就是这样来的，金华第一套水彩笔就是这样来的。

洪建军：教育部搞的那个三年轮换的比赛，论文、课堂教学、还有一个是基本功比赛，我们金华市在全省的成绩是最好的。三年一次轮换，浙江省一个中学、一个小学，小学连着几年了都是金华的获全国一等奖。朱国华、李启云、吴立文等都是一等奖。

李力加：是基本功比赛吧。

洪建军：对啊，都是金师毕业的。

胡延巨：都是金华去的。

李力加：从人才成长的硬指标上看，金华市的美术教师对浙江美术教育贡献很大。

20

主题：

校外儿童美术教育与教师的发展

受访者：徐家林（四川成都市少年宫高级教师）

访谈者：邵任斯、丁志超、姜哲娴等（浙江师范大学美术学院研究生，以下简称"记者"）

李力加（浙江师范大学美术学院教授、硕士研究生导师）

访谈时间：2012年11月12日

访谈地点：金华丹枫白鹭宾馆

记者：徐老师，您好，首先请谈一谈您的教育经历。

徐家林：我的教育经历很有趣，1960年西南师范学院（现西南大学）在成都选拔时，我有幸被保送入学，1965年毕业。当时早就知道自己出来是当老师的，至今我觉得自己的选择没有错，因为我喜欢美术，对教育又非常感兴趣，从幼儿园到考大学的学生我都教，感到很快乐。毕业后我首先分配到中学，正值"文革"开始，没有美术课；复课后也没有美术课，因为当时认为美术课是"封资修"的课程，即"封建主义""资本主义"和"修正主义"的。我们学校当时的两个美术老师都改行了，一个教了政治，我教了体育，一教就是十五年。我教体育还是很在行的，培养了不少运动员，有些还在国家队。我自己也是运动员，我曾经参加过全国高校田径运动会，获得过撑杆跳第二名和跨栏第四名。我喜欢体育，但是也从来没放弃过美术，平时一有空就画速写。大学期间的艺术实践，出去速写一个月要画好几本，所以现在画人物动态没有问题。另外我也经常参加成都、四川、全国的美术比赛；其他科目老师需要的时候我也很乐意帮他们画插图，期间也参加了许多美术类展览。因此，美术从来没有丢掉。

后来一个偶然的机会我转向了美术。那时，成都市青少年宫承办国际儿童画比赛时，我辅导一个同学的孩子作画，结果得奖了。青少年宫的老师由此想要见我一面，见面发现竟也是故人——我曾经辅导过他画飞机。能辅导画飞机，得益于我广泛的爱好，许多人到我家里看都大吃一惊——我家极像工厂，各种工具应有尽有，平时很喜欢自己动手制作工具。少年宫的那位老师就请我每个星期六去他那教课，教创作班的孩子，上一节课五毛钱。因为许多国际儿童画的比赛都把任务下到少年宫，我辅导的学生出了很多好作品，得了许多奖。少年宫的老师就希望我留下来，但是我们学校不放人，因为我在学校能抓第二课堂，带领学生们搞科技小制作，曾经自己制作了黑白电视机；我还喜欢做收音机，但因为收听了苏、美的广播被定为"坏分子"，停课一年。学校说我给学生讲"封资修"的艺术，说我给学生照资产阶级情调的照片，说我的办公桌玻璃下压着外国的裸体照片。我就搬出毛主席的文件，大致内容是：艺术院校为了艺术需要画裸体应该是允许的。我又质疑艺术类书刊大街上都能卖，为什么我们不能教呢。这在当时算很大胆，学校组织班上的学生批斗我这个班主任，高呼口号："打倒徐家林的嚣张气焰！"我乐了，我一点儿也不嚣张啊。要知道我刚进学校的时候和学生年龄差不多，和学生们打成一片，批斗会上学生没有吭声的，都是老师批判我。言归正传，少年宫老师认为我爱好广泛、思维活跃、动手能力强，正是少年宫需要的老师，就请我长期任教。应我原来所在学校的要求，从另一学校找了一位老师与我调换，顶上了我的岗位，于是我就去了少年宫，一待就是二十年。

在少年宫交流学习的机会很多，能去北京、广州、新疆等地进行交流和展览，接触了许多老师。1987年，张桂林老师在西安搞了中日儿童版画研讨会，我喜欢版画，就向张桂林要求参加这个会，并在这个会上做技法表演，通过那次表演让许多人认识了我。第二次在洛阳搞这个研讨会时，又将我请去了。我一直以来都喜欢动手，所以这次来（浙江师大）也带了动手制作的东西。在少年宫的二十年间，曾经带学生去汶川写生，在那里发现了一个非常有特色的寨子，都是石头垒的房子，就在那安营画画了。当地的小孩儿非常好奇地围观，我就说：不要着急，等我退休了就来教你们！2002年我退休了，每年都去汶川教那些小孩。我和当地一所小学的校长说好，不收孩子一分钱，不要他们的东西，只要学校给我提供两个教室就好了。我利用当地的美术资源，比如石头、树叶、树根、水果等来教小孩子们画画，出了很多有趣的作品。当时我还不懂行为艺术，却懵懵懂懂地实践了一次：那次我带孩子们将河边的大石头都画上各种各样的脸谱，集体站在石头上照相，场面很有趣。对于我那时下乡教画，我夫人说，你去有什么意思，我说就是好玩，我快乐，并把快乐带给他们。直到2008年地震，学生们转移到山西、北京、山东等地，有一批转到了成都。我得知后，就去找他们，在临时安置的学校里找到他们后，我发现那个学校没有美术老师，于是我向校长提议，由我来担任美术老师，校长同意了。我便每天骑着简易摩托车，经过20多公里到那个学校去上课。一年后，汶川重建好了，当地的学校恢复上课，孩子们就返回了家乡。我还让女儿从北京喊了些同学去给他们义教；我的夫人也很支持，请《成都商报》《南方周末》等赞助学校好多钱买学习用具。因为这层缘由，第二年纪念汶川地震周年时，推选我当了"荣誉市民"，待我像英雄似的给我发奖。

那段时间我也结识了许多人，但一直没有发现一个我认为真正用心学艺术的好苗子。地震那一年，我问汶川有没有考艺术院校的，到我这来我教，全免费。当时来了三个孩子，我给教了一个星期后，便让他们回家自学，我担当远程的辅导工作。不久发生了大地震，其中一个女孩儿从地震中心映秀镇独身跑出来，给我打了电话，告诉我她到成都来了。我惊讶地问，你来干什么？她回答说，我们学校没有了，家里房子也垮了，我来打工。我就鼓励她，这时候应该把自己的学业坚持下去。后来他们学校集体转移到山西，她也听了我的话，跟着当地的美术老师学习。高三那年重回成都时，我为她找了一个辅导老师，并要求那位老师照顾这位灾区的学生，别收钱或少收钱。她学了两个月后，考取了川师美术系。选专业时我为她选了版画系。因为我认为版画能非常好地培养动手能力，而且我发现，许多学版画的人将来转到其他行业也都能画得很好——这是由于版画对材料的讲究所奠定的基础。她考取后，我又鼓励她每周来我家免费学习，我为她提供吃住。她进步很大，今年就要毕业了。她在版画方面还可以，现在版画都卖钱了。

在这个过程中，我也经历了很多有趣的事。以前有一个校长告诉我，他学校里有一个学生成绩非常好，但是她没钱读书。我说要多少钱，他说一学期三百块，我就说，我来想办法。这个学生的名字很有趣，叫张红波，是个藏族的女孩。后来，她真的打来电话说，开学了，需要交钱了。于是我一直帮她交学费，直到她读高中。现在，她已经工作了。我跟汶川人结下了很多缘分，因为我每年春节、五一等节日都要到汶川去。地震的前三天，我还在汶川。樱桃熟的时候，正好五一节放假，我就到汶川去了。我在那儿一直待到9号，没想到我回来才两天就地震了。我想如果当时能继续留在那儿就好了，可以收集很多关于地震的资料，可以了解很多具体的东西。我从2002年退休以后就坚持每年去汶川，因为我对退休后的生活有个计划，那就是一定要把我教育学的理念总结和发挥出来。我给自己定下一个目标：在美术教学中专门研究技法和材料，特别是废物利用这一块。我在废物利用方面动了很多脑筋，想了很多办法，也做了很多东西。我认识一个很有趣的老师，他是哈尔滨军工大学毕业的。后来，他留在日本十几年，赚了很多钱。他是最先把日本美术作品材料介绍到中国的人。他回国后，就在全国各地办班，专门教幼儿园的老师。他发现中国幼师教育太差了，特别是在职教育，离开学校以后的这一块教育。他抓住这一点，在武汉、厦门、成都等地办了很多教学点，专门招收幼儿园老师来接受再教育。他想找一个人来教这些幼儿园老师，他曾在全国各地到处找老师。因为找一个合适的老师非常困难，因为他要求会画、会讲、会动手、会制作。后来他来少年宫，在对那里所有的老师进行了解之后，他觉得我比较合适，就选我来做这件事。我退休后，还每年去福建讲课，有时候一年要去好几次，专门讲材料和技法。我有一个观点，如果没有适当的材料和表现方法，就算你的想法再好也无法表现。随着现在美术的发展，有些题材非常简单，只要用很好的方法和技法把它表现出来，也是一件非常好的作品。每次我评画的时候，都要看两个含量：一个是技术含量，一个是艺术含量。有些老师受了点现代美术的影响，搞一些行为艺术，搞得非常凌乱，有趣味性但没有艺术含量。虽然孩子们长大之后不一定从事艺术工作，但是通过我们的培养，能提升他们的艺术素质。如果只追求热闹，最后什么也学不到。现在有些家长，也包括一些老师，他们教孩子的很多东西，我觉得都值得探讨。用我的话来说就是：玩学生，玩家长，玩自己。我教过很多孩子，虽然最后他们都没学美术专业，但是美术的学习过程对他们产生了深刻的影响。

我还有一个观点，美术学习的趣味性要放在首位，接下去是知识性，然后才是技术性，还有创造性。先吸引学生的兴趣，再教给他们知识。我在少年宫上课的时候，很多家长非常喜欢听我上课。他们说，听徐老师上课有一个好处——能学到很多画面上看不到的东西。其实，现在很多老师不太注重这个问题。什么叫画面上看不到的东西呢？就包括这个孩子自己动了多少脑筋，想了多少办法，用了些什么方法来完成他的作品。所以，我主张美术学习要重视过程，不要重结果。很多家长都太重视结果了，他只看到孩子作品表面上的完美，他不会想到这其中有老师、家长的参与。在这个过程中，如果老师、家长参与得过多，学生学到的东西就很少。过程包括学生自己动脑筋、动手，我就非常重视动手能力。我在参加中日版画研讨会的时候，一个日本老师说的一句话令我印象深刻，他说："一个人使用工具的能力，就是他的生存能力。"日本小朋友从小就喜欢用刀、剪、锤子等工具，但我们中国的家长就很害怕这些东西。后来我就和家长们开玩笑说："你们害怕孩子在用剪刀的时候把手剪到，你每天在切菜的时候是不是都会切到手？"其实，主要就是熟练与否的问题，你一旦熟练掌握了这些工具，就能够轻松地驾驭它们，利用它们制作很多的东西。我讲过一个故事，美国的特种兵把长刀和药插在靴子里面，直升飞机将他们运到原始森林里面，看谁能够最先回来。他们就靠一把刀来保卫自己、对付野兽、找食物和制造工具，所以工具在我们人的生活中具有非同一般的重要性。日本就非常重视孩子使用工具的能力，但是中国的很多孩子动手能力太差劲了。我在川音美院教了两年素描和版画的选修班，接触过很多大学生，他们中的很多人连削铅笔都不会。有时候看一个人画画得好不好，我看他削的铅笔就能大概知道。铅笔削不好的，画肯定也是画不好的，这是一种使用工具的能力。削铅笔有很多技巧，我每次教学生画素描的时候，还要专门教他们削铅笔的方法，比如怎么省力，怎么节约材料等等。有些学生削着削着，一只铅笔没画几笔就给削没了，或者是像削菜、削萝卜一样，这些都是不会动手的表现。明天我要上的第一节课，就是关于怎么使用材料的。我做过很多有趣的实验，比如说一张纸，无论是剪纸还是手撕，怎么把它用完，不丢一点垃圾？我退休以后花了很多精力来研究材料。请看，制作这些作品的材料就是易拉罐。在做的时候有一个难点——易拉罐片剪出来之后很难弄平，就算压上几天仍然是卷的，但是后来我发现了一个方法，很容易把它们弄平。我喜欢研究物理方面的东西，我经常和老师们讲，美术老师的知识面一定要广，因为你在教孩子的时候，很多东西是和物理、化学相关的，你不能一无所知。所以说，当一个好的美术老师难度很大。做易拉罐片的时候，你老是在一面刻肯定不行，你两面都得刻，这样它才能平整，效果也就出来了。而且我们要知道，易拉罐的材料有三种：铝、不锈钢和白铁，白铁是做罐头的材料。你看，这张就是铝片做的，但是现在已经没有这种铝的易拉罐了。因为铝吃多了人容易痴呆，所以现在铝锅也没有了。像这些内容都是与绘画无关的，但是学生可以通过这些学到一些知识。有时候我和学生开玩笑说，你们喝了一罐水，可是水还没有装水的盒子贵，我们得把盒子好好利用起来。我收集的材料很多，比如塑料瓶啊等等。我这次过来也带了很多新材料来，大多是你们平常生活中不太注意的一些东西。我经常和老师们开玩笑说，我每次进百货商店看商品，我并不是看它们本身的用途，我是在思考它们还可以做成其他的东西吗？培养学生的发散性思维非常重要，从一个点能想到另外一个点，学生的创造性也就容易发挥出来。我有很多学生画科幻画特别好，参加全国比赛的时候得了好多奖。我喜欢科技，我曾是成都市少儿科学院的老师。我喜欢给学生讲科幻画，给老师们讲发明创造。有一次我参加评科幻画的时候，我就讲了一些自己的看法，有些老师就和我说，让我干脆给他们讲发明创造好了。后来，每次组织全省老师学习的时候，我就专门去讲科幻、讲发明创造。我也喜欢幻想，我给幼儿园小朋友上课的时候，常常讲一些自己编的故事。而且这些故事可以无限制地编下去，就像郑渊洁一样。我有一个观点，每讲一个故事，就要让孩子学到点什么，要让他们得到点什么。

李力加：那就请讲一个吧。

徐家林：我就讲一个幻想故事吧：有一个孩子很喜欢吃糖，但是吃多了之后牙齿蛀了。于是他就去医院里看牙，医生和他说，他的牙已经被蛀虫蛀得布满了大大小小的窟窿，一定要把这些窟窿填上才行。可是孩子很怕痛，他躺在那儿，心里害怕极了。医生给他打了麻药，用工具在他口腔里面"嗞嗞嗞"地钻。回到家之后，他脑袋也昏，牙齿也痛。妈妈问他："以后还吃不吃糖了？"他气得大叫："我要吃糖，我就是要吃糖！糖好甜啊！"到了晚上，他躺在床上，梦见自己在飞，飞到了一个陌生的国度。一落到地上，遍地亮晶晶的，原来他到了一个糖的国家！他发现前面路上走着一个小朋友，于是上去和他说话："你到哪儿去呀？""我去上幼儿园。""我也是幼儿园的小朋友，我们一块儿去！""好！"于是他们结伴同行，来到了幼儿园。园长看见他，问他："你是从哪儿来的？"他回答说："我是从另外一个国家来的。我最喜欢吃糖，听说你们这儿是一个糖的国家，于是我到这儿来了。"幼儿园的老师对他说："这里的每一件东西都是糖做的。桌子是巧克力做的，板凳是巧克力做的，垫子是软糖做的……"孩子听了高兴极了。中午吃饭的时候，白米饭是甜的，菜是甜的，汤也是甜的。

午睡的时候，他拉过被子，发现是棉花糖，他兴奋地咬了几口："啊，好吃好吃！"一转身，枕头也是软糖做的："太好吃了！"午觉结束后，老师走过来："咦，你的枕头上怎么有洞？被子上怎么有个大缺口？"他说："老师，是我吃的！"老师笑着说："我们这儿都是糖做的，以后有你吃的，你不用着急，不用吃枕头和被子。"下午，天下雨了，他开心地跑出去，"啊，下的雨也是甜的。"过了一晚上，他起床刷牙的时候，发现牙膏是甜的，漱口水也是甜的。这样过了几天之后，他的牙又剧烈地疼了起来。他大叫道："我不吃糖了，我不吃糖了！"结果在大叫声中，他的梦醒了，"啊，原来是个梦！"

我经常给孩子编很多这样的故事，还有大人国、小人国的故事，让人的体型在故事中放大缩小，体味不一样的世界，孩子们都觉得很有趣。故事是这样的：有一个孩子，他喜欢每天放学趴在蚂蚁洞口看蚂蚁怎么搬食物，怎么进洞，看到蚂蚁把大的食物咬成一段一段，一块一块的分工搬到洞里。他就跟蚂蚁说："蚂蚁！蚂蚁！我好想到你的洞里面玩一下。"蚂蚁说："可以，你进来吧。"他说我这么大怎么进去，蚂蚁说这好办，蚂蚁去洞里取了一个宝珠，吃了就会变小，他果真变小了，跟蚂蚁进到洞里。他说："哎哟，里面怎么没路灯也没手电筒，我看不到路。"蚂蚁说："我们头上的角可以帮我们找路，你抓着我的屁股走。"小孩说："太黑了，我要回去。"蚂蚁说："你明天再回去吧。"结果他到洞里面一看有只很大的蚂蚁王，大家把蚂蚁王喂得胖胖的。他在洞里面觉得很不舒服，既没电视也没游戏机。蚂蚁说第二天就把他送出洞。第二天天亮，蚂蚁把他送出洞口，他突然发现外面的世界好大，好大的车，好高的楼。他说得先回家去，妈妈要找我了，他就沿着马路边走，一会自行车过去了，一会一个小孩跑过去了，脚掌像大山一样，原来回家只要五分钟，结果走了很久才到，但是还要爬五楼，他就从楼梯边爬了三个小时才到家门口，他就按电铃，爬到电铃前发现电铃这么大一个，使劲儿按也按不动，他就摔下来了，看到门缝，就从门缝里钻了过去，进去后发现妈妈在哭：我的孩子啊，昨天放学后到现在还没回来，到哪去了。他说：我在这，我在这。他妈妈根本听不见，因为他太小了，后来他就从床边爬到床上，然后就钻到妈妈耳朵里了，"妈妈我回来了。"妈妈说："你在哪，你在哪？"他说："我在你耳朵孔里。"他从耳朵孔跳到妈妈的手里，妈妈一看说："我家的豆豆这么小啊！"然后就哭了起来，眼泪把他身上全部打湿了，他说："妈妈你不要哭啊，你的眼泪好咸啊，把我的衣服全部打湿了，好凉啊，你快拿吹风来吹吧。"妈妈把电风扇一打开。这时候爸爸开门进来，看到夫人拿着电风扇吹桌子，爸爸问："你在干什么？"她说："儿子，儿子！"爸爸一看豆豆这么小。妈妈说："孩子你肚子饿没有？"豆豆说："我一天都没吃饭了。"妈妈就去给他煮鸡蛋、煮牛奶。他一看鸡蛋那么大，像一座大山一样。这个故事就可以带着学生想象，自己变小的时候，周围怎么变大。

李力加：徐老师讲的这两个故事都可以画出画来，全是形象思维。

徐家林：实际上就是让小孩理解大和小，设身处地想象，这很有趣。我还讲一些科学幻想，比如吃了一个药就看不见了，在大街上到处拿吃的吃，归根到底还是想象，别人看不见你了会是一个什么状态。我自己本身就爱幻想，有一年去九寨沟，别人走公路我走小路，结果在原始森林里迷了路，直到夜里两点才回去，大家都以为我回不去了。这是因为我看过很多书，包括野外生存，我学会了晚上找路的办法，我就利用这些知识找路回去了，我喜欢的和感兴趣的东西太多了。

我还善于观察，我认为这很重要，像今天在餐厅里面，我专门看屏风是用什么材料做的。到厦门，我沿路看树影、树皮，拍了照片回去让学生看一些新的东西。我认为做美术老师，就是要善于发现，包括发现材料，发现美，这非常重要。

有天早上，好大的雾，我拍了雾水在玻璃板上形成很多的点，在后来的肌理课上我就专门讲这个，学生都不知道这是什么肌理。其实在材料肌理方面我动的脑筋最多，一些废旧物品的纹理非常好看，我发现现在的绘画，不管是国画、油画、版画等，都很重视肌理和材料，肌理有它自身的艺术语言，给人一种美的感觉。现在有一些画家开始画微观的，比如说细胞。我经常给学生讲现在的绘画在向两个极端发展，一个是越来越真，比照片还真；一个是越来越不像越看越不懂，就是抽象。因为绘画被照相机逼到了这个地步，所以只好向极端发展。材料里面有些东西也可以说明这些问题，比如说墙纸、地毯、地砖等，都很有参考价值。我经常给美术老师讲，你们要有一双发现的眼睛，到处去发现新的东西。我自己讲一些课的时候，经常从一个地方一下扯到很远的地方去，然后再拉回来。因为我想把相关的知识都教给他们，让他们学会想象，到最后是让他们学会创造，要把想象的东西变成自己的东西就需要动脑筋。

我喜欢动手，我结婚的时候家具都是我自己做的。实际上现代艺术很多材料都是生活中的东西，只是没把它用起来。美国一个"垃圾大王"曾说过，世上没有废品，只是把它放错了位置，我觉得这句话说得很好。古代有句话叫：天生我材必有用。任何东西都有作用，就看你怎么用了，包括我们有些美术老师，经常说学校不重视美术，我说你自己就不重视自己，你好好做，校长自然来关心你。我在学校就很受重视，因为后来做出了成绩，给学校争了光，领导就很高兴。你要校长主动来找你那是比较困难的。但是现在已经慢慢地开始重视美术了，主要是社会的大环境，还有物质条件提高了，家长也重视。1997年我去台湾，一个台湾的老师说儿童画不在于现在的成绩，而在于他长大后会欣赏艺术、会享受艺术、会创造艺术，他说孩子学画画的目的就是这个。这话说得非常好。很多孩子长大后不一定学画画，但是艺术修养很高，会看、会享受甚至会创造——我觉得这是艺术教育的关键。

我在教学中很重视学生画外的东西，我上课的时候有时候先上课，有时候先讲故事。当时我参加一个上海的培训，都是一些名师讲课，包括画《三个和尚》的张同。我印象最深的就是周松生老师上课，我觉得很奇怪，有些老师不按美术教案上课，但都承认他。李老师说过一句话我觉得很对，不按教学大纲上课一定成功。还有令我印象很深的一节课就是画小白兔，周老师带学生每一个人拿一支粉笔在操场上跑步，他转来转去，跑完以后吹口哨，学生停下来用粉笔把学生一个个连成线，然后同学都不知道画的是什么。结果老师带他们跑到楼顶上去看下面的粉笔画，原来是一只小白兔。后来他跟同学们讲，画画就是将点移动成了线，线移动就成了画了，让学生明白线怎么移动成画的，从一点移动到另一点。在跑步的过程中画了一只小白兔，这个过程很有趣，而且还让学生明白了很多道理。他（周松声）太会动脑筋了，还有他让学生"摸画"，我也觉得很有趣，就是他拿一个大口袋，让每个小朋友上去摸，然后把摸到的东西画下来。每个人画的都不一样，画出来的有水杯、茶壶之类的东西，触摸之后根据触感画出来，不准互相看，画完之后老师把东西拿出来。这样学生就通过触摸训练了塑造形象的能力，把形象塑造到儿童的脑子中，再把它变成具体形象，我觉得这种方法特别好，很有趣。现在的美术老师都按大纲办事，学校的美术课成了形式上的存在，我感到很悲哀。我想起侯令老师有一次讲过一个故事，给我的印象太深了。他和中国的一些老师到美国去参观幼儿园，看到好多孩子画的画太有趣了，他想要小孩的画，他就跟美国的老师说我想要孩子画的一张画可以吗？美国老师回答说，你等一下，我跟孩子商量一下，看他同不同意。美国老师对其中的一个孩子说，中国的一位老爷爷想要你的画，结果那小孩子不给，不给也没办法。后来要走的时候，侯令老师用一个礼品跟小孩子交换，问他用这个小礼物交换可以吗？小孩子答应了。美国人在很小的时候就培养他们的权利意识，就是任何小朋友都有自己的权利，我们要尊重他们的权利。在中国，如果你在幼儿园看到小朋友画得好，想要小朋友的画，去跟老师要，老师会说："要哪个，去拿。"只管自己到学生那里拿，从来不会跟孩子商量。我们现在的一些教育缺乏很多东西，非常遗憾。

记者：您在教学生写生的时候，是怎样培养他们的观察力的？

徐家林：我经常带学生去写生，我发现凡是写生画得好的学生，考上大学之后，成绩都非常好。因为写生既训练他的观察能力，训练他通过笔来表达的能力，还训练他的记忆力，就是储存很多不同的信息。比如画树、画砖、画石头，通过写生他一天一天地就储存了很多东西，到需要的时候，一下子就出来了。这说明写生非常重要，一定要培养他们观察的能力。怎么观察呢？一般我带学生去画建筑，先让他们从局部开始了解。

记者：您刚才提到写生可以培养学生的记忆能力，您有没有训练孩子记忆能力的特别方法呢？

徐家林：一般没经过特别的训练。让他们多看，印象深刻的话就记下来了。

记者：看一些什么呢？

徐家林：我教学生画细节，很多东西都是由细节组织起来的。我的观点是：教学生就像木匠教徒弟，当一个木匠要先教会锯木头，这是基本功。还有推刨子，把木头推平。基本的一定要教，有些老师说不教而教，我不太赞成。古人留下的一些技术，如果让你自己揣摩直接把它做出来要花很多时间。教基本功这是一种捷径，让他们知道一些基本方法，如木头怎么锯开，刨子怎么刨，至于以后他锯得怎样、刨得怎样就看他自己了。让他了解最简单的方法并把它演绎下去，自己把它表现出来。

我在学校读书的时候，一个老师教我们画工笔画，画完以后他回去，他在路上摘一片树叶一路上边走边看，就研究树叶的形状、叶茎还有纹路，观察得非常仔细。后来我教学生观察，一次一节课，画一片树叶，有个学生一个小时画了一片树叶，画得很好，就这样训练他的观察能力。有时候我跟学生讲，树叶有很多种形状。然后搜集很多树叶让他们看，并告诉他们不能都画成一样的。各种树叶，我近看、远看的感觉是各不相同的。有些家长会问，孩子怎么跟老师画得不一样啊。我说："假如都一样就不好了。"我经常讲一个故事给小朋友听：有四个老头，他们在冬天都爱喝酒，习惯是每个人都带酒来温一温，然后倒在一起大家喝。结果第一个老头想，他们都带酒我带水去，其余三个老头也都这么想，也都带水，大家倒在一起一喝，全都说好酒好酒。为什么？就是一样的东西就是害自己，四个人全部都带的是水，大家就都受害了。一定不能一样，特别是艺术，更不能一样。罗中立画了两张《父亲》，后来被批不该画第二张。

李力加：对，艺术更不能一样。

徐家林：复制就不值钱了。艺术追求个性，我比较赞成这个观点。我经常跟老师说，再差的老师都有他的优点，再好的老师都有他的缺点。看差老师的优点，你就可以学到东西。不要小看一些人，一些小人物做的事说不定你还想不出来呢。教学生思维方法也是这样，你不要只看好的，不看差的。一个美国老师讲得好，儿童画画完后要全部展示出来，不要只展示最好的。之前最有名的"漓江画童"都消失了，儿童画只能代表儿童阶段。有没有世界儿童名画？没有。儿童画表现的是阶段性的水平。其实教儿童画画的时候，我很喜欢儿童的创造性并经常鼓励。我曾经发现过一个问题：有一次我在黑板上画金鱼，还给他们看金鱼的图片，让幼儿跟着画。全班好多学生画了3条，有一个小孩画了一片，好几十条，结果下课后那个小孩子的妈妈就打他，还把他打哭了。我问："为什么打孩子？"妈妈说："徐老师只画三条金鱼，他画那么多金鱼，他不听老师的话。"我说："你不要打他，这么一打，他以后再也不敢想象了，再也没有创造性了。"当孩子画完第三条开始画第四条金鱼的时候，他的创造性就开始了。为什么不可以画第四条、第五条，画很多很多？所以我跟家长讲，要鼓励他的创造性。我给老师讲课，经常讲故事，科技的、自然的各方面都有，鼓励老师多看书，你教孩子东西要有根据，还要有科学性，不然会误导孩子。一次教幼儿画熊猫，我说要画动物，四条腿的。孩子们说，马、牛、狗、猪……先让他们去想。我说这个动物长得胖胖的，大象、猪、河马……孩子脑筋一直在转。然后我说有黑黑的眼睛和耳朵，孩子们都说熊猫，我是这样把他们引入的。我又问："熊猫吃什么？""吃竹子。""小朋友吃什么？""吃饭，还要吃菜、吃肉。""那么熊猫只吃竹子吗？"一个孩子说："哦，老师我在动物园看到它还吃苹果、香蕉、窝窝头。"我说："熊猫还吃肉。""真的？"他们不相信。为什么吃肉，因为它有犬齿。有一次在卧龙保护区，一只熊猫钻到科技人员的房间，把牛肉、猪肉都给吃了。后来一个小朋友就画熊猫吃肉，一个老师就批评他，他说徐老师说的。实际上画熊猫这节课孩子们懂得了不少知识。有时候老师做些这些事儿，是有必要的。

记者：谢谢徐老师！

21

主题：

成都少年宫美术教学历史经验与现状

受访者:刘玉林(成都市少年宫美术教师,成都市少年宫美术学校前校长,全国"十大"儿童美术教育家)

访谈者: 姜哲娴、丁志超、邵任斯(浙江师范大学美术学院研究生)

李力加(浙江师范大学美术学院教授、硕士研究生导师)

访谈时间: 2013年11月20日

访谈地点: 成都市少年宫

姜哲娴：刘老师您好，很高兴有一个和您面对面交流的机会。您毕业于四川省教育学院美术系，从70年代开始您就从事幼儿美术教育工作，后来还被评为全国十大少儿美术教育家。请您谈一下您的从教和学习的经历。

刘玉林：我在师范学院是学美术的，团市委少年宫筹备办公室到学校里选拔，当时还不清楚去少年宫干什么。那时少年宫没筹建起来，就在团市委少年部做少先队的辅导工作并开展成都市儿童画工作，到学校了解学校开展活动的情况，做一些总结推广。从70年代起，成都的儿童画就和山西太原及北京进行交流了，到外地搞儿童画展出。文化部的对外交流做得比较多，把儿童画推向国际，主要是做组织工作。后来成都市成立少儿书画活动办公室，由团市委、文化局和教育局三家单位组织，我是由团市委派驻到办公室工作的。成都市最早的儿童美术工作我是最了解、最熟悉的，当时我20多岁，领导主要是开会决策一下，具体工作由我做。那时和天津、南京搞了很多交流，他们过来展览，我们老师出去交流、学习等，这些工作都是我在组织。所以，成都市哪些老师儿童画教得好，我都了如指掌。成都市所有的学校我都去过，了解课外活动的开展情况，有好的经验就进行推广。我们还搞过很多对外交流活动，在青岛、深圳、广州、北京、新疆等地举办文化交流展览，市里的领导带队，具体工作都是我具体做。后来我从团市委到少年宫之后，工作很顺利，对文化局、教育局这块儿工作都比较熟悉。

姜哲娴：请您谈谈教学方面的情况。

刘玉林：教学方面，到少年宫后一切从头开始。当时没有教材、没有资料，到现在也没有一个规范的教材，全靠自己摸索。当时找了一些自己学习的资料，自己来编写课程和教学内容。后来，我看了杨永青老师关于儿童画的一册小薄本子，一看语言都是挺通俗的，我想我也可以写啊。当时我们已办了多年的儿童美术写生夏令营，还有很多培训班，就全国来说幼儿画班也是从我这里开始的。80年代初，少年宫一开放，我就到学校幼儿园发现那些苗子，通过学校做工作，把少年宫的幼儿美术班搭建起来。幼儿美术班对少年宫来说也是重要的一部分，因为当时少年宫白天的时间是空着的，怎么把白天时间利用起来，我们就从一个幼儿班到两个、三个，最后到整个白天基本都有课，晚上有课的更多了，我们下午是从五点半到七点，七点到八点半，每天晚上两个班，教室都不够用的。

李力加：一般的少年宫都是周六、周日有课，有了幼儿班之后平常白天、晚上都排班。

刘玉林：当时社会办学的不是很多，少年宫的条件优越些，很多人都期望来少年宫，报名的人是排队的。

姜哲娴：您当时主要负责什么呢？

刘玉林：那个时候我主要负责摄影、书法（我还是书法家协会会员）。开办了几年以后冯恩旭才在这里当兼职老师。后来我们慢慢发展起来，一个人肯定是忙不过来的，就慢慢找一些兼职老师，当时很多中学、小学的美术老师到这里来兼职，其中徐家林就是兼职老师中比较积极的一个。我觉得他工作比较认真，有热情，兼职一段时间后，我就问他愿不愿意到少年宫来。他同意了，随后就把他调到少年宫来了。

少年宫通过幼儿美术开展了很多活动，都是很有影响力的。1991年，我们搞了一次全国少儿版画研究会，我们进行摸底，了解一下全国有多少地方在开展儿童版画教学。吴晓艳和关小蕾来了，那时她们两个特别年轻，我们也组织她们出去参观学习。大家在会上交流版画教学的想法，做一些示范，搞了一个展览并进行座谈。在这之前，我和徐家林在版画这块儿做得比较多，当时条件特别差，我们工作日的晚上、周末上课，白天我们两个就像工人一样在办公楼做石刻板。我们把版画课开展起来，搞了石膏板，纸板，粉印板画，当时都是比较早。我们觉得把这些用在教学上孩子比较感兴趣。徐老师的版画比我好，通过这个也可以向他学习，虽然在学校里面学版画，但是还没这个体会深，因为一切都是自己动手。后来我们就想进行推广。1986、87年我们搞了一个全市美术老师版画培训，重点是粉印版画，三四天时间，在老少年宫五楼教室，请四川美院毕业的老师给大家办讲座，讲一些方法。每个老师都认真学习，并掌握了多种版画的技法。其中在一次展览中看到粉印版画效果很好，培训过后我们觉得这个用在儿童版画中也很不错，于是那几年就深入、反复地琢磨版画的效果，用什么笔来刻板线条才有变化，怎么印效果才好。后来不断试验叠印、干印、手绘等等，反复试验之后再教孩子。

版画做得比较有效果之后，我们就想儿童的造型基础，不能老停留在天趣、天然的水平上。就想到成人在画画的时候，需要搜集素材要写生，就把这个方法教给孩子，我们叫做线描写生。在课堂上试着教孩子写生，用线描画静物、画人物，效果还挺好。大概1988年，为了推广线描写生，组织了很多活动。我有这方面的经验，就想到搞成都市现场写生比赛，准备了一些自行车、摩托车，请一些家长做模特，然后弄一些植物、一些竹编的竹器等，根据年龄分组现场写生。这种大规模的活动，各区、各县都积极参加。我们还搞过万人游活动，效果不错。我们还搞写生夏令营，到附近的古镇——黄龙溪、周边的峨眉山去。这些活动对于成都市的儿童线描写生促进很大。后来，我们把线描教学的经验和写生作业编成了教材。

1992年到北京去的时候，我们把教材拿给杨景芝老师看，她说他们都没出儿童线描方面的书，我们先把书弄出来了。虽然现在看起来还是比较幼稚，但当时还是起了一定的推动作用。后来我们逐渐把线描作为我们教学内容的一个部分，每学期都有线描写生。

搞儿童画创作和色彩写生，是到北京去开会之后产生的一个想法。那个时候还是出来一大批好的作品，当时《中国中小学美术》给我们登了一批作品,《儿童美术启蒙》也登了一批。上个礼拜正好教育电视台拍我的专题,还看了一下我保存的那时候孩子们的作品。

姜哲娴:那个画是什么时候的?

刘玉林:大概是1993年的,那会儿对我来说也是个鼓舞,我们搞这个受到别人关注,大家认可。接着再发挥就搞了一些课题,比如说我们搞了一些大的静物画,学生们就在画室架着画架写生,很有效果。教室那些场面,还有写生人物,家长做模特,学生架着画架拿着色粉写生,我现在还有那些上课的照片。那会儿白天用教室,时间不受限制,就可以大胆地尝试,课时不受限制。后来生源太好了,程萍又来我这里做兼职老师,她也很感兴趣,我们就到一个小学租了一个教室,也是胆子比较大,在全国是最先走出去的,走出教室自己弄。结合我们的想法大胆实验,开展色粉写生、水粉写生等教学。有一天,我在人民公园里看到卖风车的人,就是彩色纸条贴起来的那种风车,我就把他的风车和槽把全买了,他就很奇怪。别人买他的风车,我怎么连他产风车的槽也买了。上课时我就想到一个卖风车的场景:扮老农民推着自行车一边吆喝一边卖,让孩子们写生。结果孩子们的作品受到好评,因为作品来源于生活,而且有民间艺术的、当地文化的成分。当时我没有想到那个高度,把本土的民间艺术跟儿童艺术的传承起来什么的。那些作品李老师应该都看到过,《中国中小学美术》都有刊登。

姜哲娴:这个教学徐家林老师参与过么?

刘玉林:徐老师没有参与过,主要是程萍老师。她在学校里,她父亲的一个邻居是我的同学,通过这个关系,她就想跟我一起弄一段时间。

李力加:你是哪年来少年宫的?

刘玉林:1973年。

李力加:真是早啊!

刘玉林:又讲回来了,1973年到少年宫筹备办公室,1980年少年宫才把西上顺城大街那块地要来，我觉得也就给了我一块天地。当时市里搞很多活动都放在少年宫，教委搞很多活动也放在少年宫。1995年到哈尔滨去开会，小龙（念南）跟我说，想召开第二届研讨会，放在成都行不行，我说没问题，但要花钱，我回来要跟领导说一下。领导批准了，会务的事情我也全部安排好了，所以那次会议大家还是比较满意的。

李力加：那是最好的一次全国会议。请你讲讲1996年创作茶馆写生画的事。

刘玉林：当时把那个会引到成都来开，领导同意了，我就想我们要拿作品啊，既然全国的会议在我们这儿开，我们总要有大家觉得比较好的地方。我就跟领导说我的想法，我觉得成都茶馆不错，里面存在着很多文化和民俗。会议之前，我就将人物写生安排在茶馆，我觉得家长在教室里面给我们当模特很有局限，时间也只有一个半小时，而茶馆里面的人物千变万化。在茶馆里他们一般一坐就是一天，而且老年人比较多，孩子画起来就比较容易，人物的关节、皱纹、姿态都比较自然，也比较好把握。随后，我跟领导提出来搞一个巨大的长卷，反映我们成都的茶文化。虽然经历一些波折，但领导最后还是大力支持，然后还有一个有利条件是我先生在电视台，我们去写生的时候把电视台的少儿节目栏目组带去给我们拍，当时那个茶馆也觉得很高兴，队伍浩浩荡荡，一来写生就是好几天。我们现在去那个茶馆，老板都说，我认得你，你当时是带着电视台的人来的。回来我们花了半个月时间，集中30个孩子来画这个长卷。

姜哲娴：孩子是现场写生，然后回来再创作？

刘玉林：是的，是利用暑假把纸给学生们接起来，接得很长，把他们写生稿子里自己感兴趣的那组放大画在画面上。这个时候就遇到一点困难，就是画面环境怎么来连接，孩子当时写生的是人物，老师考虑也不周全。然后我们又返回去再写生，根据需要，比如说那些柱头、椅子还有墙，房顶之间那个穿透的木梁等。我们写生回来以后，环境还是不太好把握，就安排大孩子（五六年级）来画环境，小孩子主要是画他们的人物，他们画的人物还比较生动一点。三天以后稿子就出来了，相当美，比我们老师设想的效果画得还好。但是觉得这样大家一起来画还是要用重彩的方法，觉得前面用水粉颜料画，后边用墨来衬，觉得这个方法比较好统一画面，也比较好掌握。这么大的画，当时我们教室只有一个拷贝箱，我们就想怎么来拷贝。后来灵机一动，就用那个推拉窗，全部把它卸下来，架在桌子上，把这个灯直接放在地上，成为大型的、非常长的简易拷贝台，能力差一点的孩子就来拷贝；色彩感觉比较好的孩子就来画色彩，大一点的孩子主要画环境。到了晚上，孩子走了之后我们再来研究如何把画拼在一起，下一步孩子该怎么办、怎么做，后面衬墨因为画太大了不好衬等问题。总之想了很多办法，对老师也是一个考验。半个月画完成了，比较理想，效果是出乎意料的。

姜哲娴：作品接起来有多长？

刘玉林：接起来16米长，1米2高，当时展览的时候，全国与会教师可能有点不太相信这是孩子画的。因为那个彩墨画效果比较容易统一，人物造型完全是孩子写生后放大的。当时还不像现在，现在可以用工程图设备来扩印，扩印效果保证原汁原味，当时是做不到的。孩子们也从来没画过这么大的，完成以后很有成就感。我把创作的经过、想法总结了一下，让成都画院的院长看了一下，他也觉得很惊讶，在报纸上给我们写了一篇文章《小荷才露尖尖角》。从那以后我觉得我们老师的水平也提升了。但是我们也比较着急，在全国第二届美术理论研讨会上办这个展览，大家看到就比较质疑作品的真实程度。当时来了一个新的主任（苑主任），他还比较侧重理论这方面，使劲给我打气，他说："刘老师，不要怕大家议论，越是有人议论，说明你这个探索越有价值。大家才来关注、才来议论，你的工作是要通过这个来总结的，不是害怕、不要沮丧。"这次会议以后，我们美术班每次来报名的时候，报名的桌子都要被挤坏了，比如说我临时加一个班都能报满，公布新开一个班一会儿就报满了。

姜哲娴：您曾提到让每个孩子都要创作具有自己特点的画，那么您在教学当中是怎样引导他们的？

刘玉林：在主题画创作时，事前先围绕主题分成好几个小题目。因为孩子不知道怎么拓宽、怎么找到体现精神的元素。比如说"操场上的高低杠""篮球赛""我是小小足球运动员"这类主题，让他从中选一下就找到感觉了，我也很了解孩子，他们喜欢什么都知道。我经常要求全班的画每个人的都不一样。如果老师把图都设计好，孩子只能按老师的要求表现出来，孩子学到的就太少了。学生要学会怎么寻找题材、怎么构成、怎么反映、怎么运用构成形式，比如运用单个形式怎么进行重复、重叠、交叉。很多老师自己也不知道怎么创作，那怎么来发散学生的思维呢？

姜哲娴：你们实现电化教学是在什么时候？

刘玉林：十年之前。我先生在电视台工作，对这些比较了解，所有教室都配了电视和实物投影仪。当时我是校长，负责教学管理、经济、教学内容。

姜哲娴：我发现成都少年官的老师原本是校内的老师，后来辞职来少年官了。

刘玉林：不是辞职，是我们通过关系"挖"来的，比如徐家林老师。当时规定校内老师不能到这边来，是市委领导给教委主任打招呼才同意的。

姜哲娴：您刚才讲的在主题画创作方面是怎么想到与儿童画创作结合到一起的？

刘玉林：我还是想到毛主席说的"艺术源于生活"。我觉得美术教学与其临摹，不如从生活中间挖掘题材，而且孩子们的感觉比较灵敏，画出来就比较有感觉。老师设想的、规定的东西他们不一定会画。我就从各个方面，从城市建设变化、传统的、现代的各个方面寻找题材。比如说，有一次画"爸爸还在工地上"这个主题。这个主题的构想源于有一天我从东门大桥路过，看到在建的楼房很有层次感，我觉得可以带孩子去写生；第二周就带孩子去了，给他们的命题是《爸爸还在工地上》。

姜哲娴：那就是先找到一个题材，然后让学生出去写生，再过渡到创作。

刘玉林：是的。我们还画过"脚手架"这个主题，那天我就带着孩子在外面看，运用成角透视、平行透视来反映这个脚手架。工人在脚手架上，有拎着白粉筒刷墙的，有在那儿电焊的，根据他们不同的工作视角去启发学生，出了一大批好作品。所以，生活确实是题材的来源。传统的主题就从民间艺术中挖掘，为此，我们带学生去接触皮影，了解皮影是怎么来的。先去画一个小的，回去之后根据图做成真人这么大。因为我会裁减衣服，我就教孩子们怎么裁剪下来摆在胶片上，用丙烯颜料画，学习皮影的连接方法。

姜哲娴：您是怎样选择题材让学生进行创作?

刘玉林：我经常想怎样把传统的东西衔接起来，找一些能够承载的形式。比如说茶馆，除了画长卷那种形式，还搞了一个装置。搞装置也是突发奇想，我想到现代构成，把白纸切成小块的，每个人只表现一部分，这样每人承担的任务很轻。然后组合、拼贴，用构成的形式组成一幅画。我又从很多角度拍了老茶馆以作为参照。茶具不需要画很多可以只画一个茶杯，旁边放一个烟袋、烧茶的炉子、茶壶、一本书、一把扇子也可以组成一个画面。这也是我进一步提升的地方，就是把主题打散又构成（重组），又是一个新的创作。我觉得干工作要有热情，还要有发现美的才能。

姜哲娴：现在全国各地各种绘画比赛很多，对于这些比赛您是怎么选择的?

刘玉林：我们一般选择正规渠道的，如中国儿童中心、文化部、少儿司、中国妇联这种官方的。我们也看评委，比如说杨景芝、尹少淳他们不是随便参加民间的盈利性活动的。收费、不收费也是一个标准，民办的它不是以交流为目的，而是以营利为目的。我们拒绝商业化，还是想让孩子的活动纯正一点，真正作为一种艺术来看待，我们希望孩子们学到一些真正的东西。

姜哲娴：还伴随一些绘画考级。

刘玉林：省里面的考级我们参加了，省里的评委都是我们这些人，我们比较尊重儿童画的理念，孩子要写生，画作要真实。成都市的优秀艺术人才比赛搞了十几届了，每年都是少年宫操办、教委主办。我们搞得比较真实，现场出题目，根据题目创作，孩子现场创作发挥真实的能力。有一次，一个孩子去参加比赛，家长把笔带走了，只把颜料留下了，家长发现后，说："这下完了，孩子肯定没画成。"结果去接孩子，孩子说画了啊，他是用手指沾着颜料画的。我就用这个例子给家长们讲，参赛不是目的，通过这个比赛，锻炼了他的应变能力；得奖不是主要的，还要看孩子自己怎么去表现、怎么解决问题。参加比赛更重要的是把握住了一种锻炼的机会，培养孩子的参与意识。对我们来说，参加比赛要正确引导家长，有些孩子文化课成绩好，画得也好，通过参加比赛，会让他们有新的提升。

姜哲娴：成都有个艺术超市，您能介绍一下么？

刘玉林：成都艺术超市对很多家庭条件比较差的孩子实施免费教学，但老师是有偿的，费用由《成都商报》提供。它组织了成都比较高端的老师，还搞了一个精品班，进这个精品班是要考核的，还需要在成都市的比赛中拿过奖。普通班也要筛选，名额有限。我觉得这也是对社会的回馈，很多家庭困难的孩子也有机会向好的老师学画画。

姜哲娴：现在全国各地除了少年宫以外，还有各种美术培训机构。您对现在的校外美术机构有些什么看法?

刘玉林: 可以说是鱼龙混杂,很多不是专业的,理念也有问题,虽然他们也在办学,但收费多得多。不过也有人去,他们满足了家长的虚荣心,觉得贵的就是高档的,其实有些还不如我们,扰乱了家长的心理。当然,换个角度也说明艺术教育在我们国家相对开始普及了。在一些发达国家,孩子受到的艺术熏陶就比较多,整个城市环境、建设处处能感受艺术的氛围。这在我们国家还是比较缺乏的,需要整个国家给下一代提供更多能接受艺术教育的机会。

姜哲娴: 感谢刘老师!

22

主题：

基于地方文化的校外美术教学

受访者： 冯恩旭（四川美术家协会美术教育艺术委员会委员，四川省书法家协会会员，四川省摄影家协会会员，四川省教育学会美术专业委员会秘书长，中国教育学会美术专业委员会会员，中国教育学会书法专业委员会会员）

访谈者： 邵任斯、姜哲娴、丁志超（浙江师范大学美术学院研究生）

李力加（浙江师范大学美术学院教授、硕士研究生导师）

访谈时间： 2013年11月19日

访谈地点： 成都四川师范大学

邵任斯：四川的校外美术教育发展得很红火，请您阐述一下四川少儿美术教育近几年的发展情况。

冯恩旭：四川校外美术教育发展得好主要是成都少年宫和绵阳少年宫中的优秀老师起了很大的作用，像成都的刘玉林老师、徐家林老师、左志丹老师等。他们在教学过程中探索了一套理论，也有丰富的实践经验。除此以外，工作室机制在四川省是比较普遍的，他们一边在少年宫上班，同时自己也有工作室，比如左老师。坚持美术学习的学生在工作室里面能够学到更多。

少年宫教学比较灵活，创新的东西也反馈给校内的老师，这样就起到一个互补的作用。这几年，校外吸收了校内的老师进去。寒暑假的时候老师自愿参加教学，通过这么多年的交流，可以说四川和广州、湖南等地的联系都很紧密。后来全国每个地方的校外美术打成一片，成立全国的工作室联盟。"校外工作室联盟"成立以后，左志丹老师坐了盟主的位置。这几年联盟搞了很多活动，非常活跃。这个联盟很多时候在网上授课，这个形式很好，每周都有老师在网上授课。

邵任斯：老师之间授课？

冯恩旭：对，是老师之间授课，在老师之间搞讲座式的授课。

邵任斯：在哪里上呢？

冯恩旭：在QQ群上上课。先定好下一周是哪个老师上课，如果老师想要授课，必须有成果，把经验展示出来。另外的老师受到刺激也想和大家交流，想展示自己的东西。那些想有所发展的老师马上就开始研究：怎么做一套新的东西出来，怎么让别的老师赞誉他们并进行推广。这两年这一块儿做得比较好，在全国的影响比较大。校外儿童美术方面几年前我做了一个课题，即"四川地域文化的本土与创新"，这个课题主要是校内外美术教师一起来推广地方文化资源并进行开发与利用，这个课题在全国甚至世界上都有影响。2004年，法国专门把我们请过去办了一个展览。他们发现四川的孩子、民族地区的孩子、农村的孩子有这么好的美术作品，不敢相信。这些年挖本土美术文化的东西比较多。《中国中小学美术》杂志周殿宝老师对我们四川很偏爱，他说每一期我给你四川省一版，你们的东西必须是本土的地域文化。正因为这一点，校内外的本土美术文化教学就延伸下来了。

邵任斯：你刚才提到说四川地域文化的课题，您是否觉得以后的儿童教学主流也应该朝这一方面发展，特别是在教学内容的拓展方面。

冯恩旭：我们用的是人民美术出版社的教材，在每一册后面用四课篇幅，加入四川本土美术文化的主题，这个工作是我加的。一到九年级每一册都有，这么多本教材，这么多课例（主题），基本上把四川的本土美术文化内容全都融进去了，包括学生的年龄特征、如何能够操作等都加进去了。这几年我们在全国美术赛课方面取得的成绩也可以看出来：从2007年开始，刘老师《老茶馆》获得全国一等奖；上一届我们的《绵竹年画》也是获得全国一等奖，《油纸伞》获得二等奖，可以看出来我们的方向是正确的，得到上级的认可，孩子们也是喜欢的。上了自己地方的特色课以后感觉非常亲切，这些东西都是四川当地的土材料做出来的，感觉非常新颖。我们的美术老师也展现了空前的创造力。做地方乡土课程的时候加入自己的创新，所以这些年我们校内美术教学有很大的一个突破，校外的美术老师也用这样的方法教，比如左老师。他就把他家里面的收藏品（汉砖等）作为学生学习的资源，学生就可以照着画，去仿着做，还可以写一些关于历史的文字。刘玉林老师成功地挖掘了老茶馆资源，在很多年前（1996年）关于老茶馆那套画（长卷）就非常有名，她把学生带到老茶馆里面画画，从来没有遇见过这样新奇的场面，学生画得非常开心。同样的题材可以用不同的画种进行表现，后来再搞成版画。闫华老师后来又用水墨画表现方式带孩子们去画茶馆，又有新的东西被创作出来。在"第一届全国儿童水墨画研讨会"上，闫老师带着孩子的茶馆文化一下子就打响了。

四川的儿童美术教育总体就抓这个主题，特别是在全国中小学艺术展演中，每一届基本上都获得一等奖。评委一看很新鲜，材料选择运用也非常好。去年美国的很多大学教授过来，看到我们学生的画非常兴奋，我说送给他们一些我们本土的作品。他让我们一定要到美国来，把中国这么有特色的文化展现给世界看。

左老师带领老师们去珠海参加展览，发现他们的展览形式非常新颖，四川的展览形式相比还是落后，回来以后我们就谋求改变。2005年我们在四川搞了一个大型的展览，把整个展览形式全部变了，有装置的、甚至还有行为的，还有一些含在里面的元素。家长和观众从来没见过这样的展览，孩子们在展览现场玩游戏。总体来说，现在的文化需要回归，回归什么呢，过去我们放得比较开，孩子们开始的时候自由自在地表达，色彩随意涂抹，纸张也比较大。现在我们也慢慢回归到使作品耐看，去琢磨细腻的东西。画面开始加进钢笔画因而显得很细腻，很小的孩子可以像画标本那样，家长觉得不可思议。版画也是很细腻的那种，很小的孩子也能够走这样的路，这就是表现上的收放自如，放了也要收，不是一味地放。

总体来说四川的美术教育没有固定的一个模式，是在不断地变化的。老师也不断创新，所有的材料只要市面上有的、看到的我们都拿来用。前一段时间市面上有一种"哈哈泥"，那种泥颜色非常鲜艳、操作性很强，拿出来就可以用，效果很好。我们对这一泥材的开发表现在全国又引起很大的反响，教研员老师还专门做了关于这方面的主题讲座。前一阵子又开始用炫彩棒，是从台湾引进过来的画材，它和油画棒不一样的效果是什么呢？颜色比较鲜艳，拿来以后左老师等人加以研究，并和水彩画结合起来使用。后来，当把用炫彩棒表现的一些儿童画拿到台湾展出时，台湾老师们觉得原本自己做出的成果反过来又要学四川了。

邵任斯：您刚才提到在材料使上有很多创新，在教学方法、形式上有哪些不一样呢？

冯恩旭：应该说，也是十八般武艺都在用，教学方法每个老师有不一样的地方。校外老师教学方法上更加灵活，但似乎不太注重规范，有点像私塾那种。后来，我们把校内老师融进去以后，少年宫、工作室的教学逐渐规范起来，配备了电子白板、投影仪、电视机等，老师们授课时的穿着、语言也都很规范，老师也变换着不同的花样在上不同类型的课。现在校外美术老师也在吸收将美术课当做文化课来上的思想，比如怎么画技术性的一些东西；先讲一些故事，既激发了孩子的兴趣，又增长了很多知识。

邵任斯：这也可以理解为课程标准颁布以来的一些改变吗？

冯恩旭：美术课程标准在学校影响比较大，校内老师到了校外也会产生影响，比如成都比较好的学校经常开展美术教研活动，校内、校外都可以交流。

邵任斯：校外也有交流啊？

冯恩旭：校外的交流主要还是工作室之间，比如我们有什么活动就把附近的一些活动室的人请来一起讨论研究。我们建立一个群，大家深入交流；大家还在微信里面联系，比如今天要上什么主题的课，就立刻上微信交流。我觉得这样的信息交流是非常好的，成都和四川省其他地区的老师在这一方面做得很好。

邵任斯：校外美术教育是否存在一些相互模仿的问题？也就是校外美术还存在哪些问题？

冯恩旭：十个手指头的长度都不一样啊。校外美术老师有些入门比较晚的，肯定要模仿一下，他要去听那些好老师的课，然后在自己的课堂上照搬。对优秀的东西实行拿来主义，先拿过来，拿过来以后再来消化，比如校外某老师，在校外上木刻版画教学后，很多地方都上木刻版画，并且在木刻版画里加上很多东西，表现方法也有突破。单纯模仿的现象肯定是存在的，我觉得他模仿一段时间后，在同行里面每个美术老师都想把自己的风格树立起来，比如你虽然教的孩子差不多，但是在同行里面如果总是模仿别人就会被看不起，说你不动脑筋。儿童美术教学要看你在哪个方面能独领风骚。

其实四川的老师还是很多元的，如藏区老师，他们将唐卡、藏区的文化元素融入教学中去，也得了很多奖。再如，台湾和四川交流的时候，我带了40多位老师到宝岛台湾去。去台湾之前，我和藏区的老师商量先拿三幅画去试试水，其他的老师我都没叫他们带画，目的之一就是让我们四川和他们一起搞一个儿童画联展；第二个目的是正好参加"世界第42届儿童画联展"。我就去试一下四川的儿童画在世界儿童画展上水平怎么样。以前没打过交道，开幕那天我们以学习的心态参加。结果出来以后我震惊了！在画展的正中央悬挂着我们送去的三幅画，每一幅画都挂了喷绘的中国国旗，获得两个金奖一个银奖。

胡琳老师从凉山州调来成都，在儿童美术教学方面她深挖彝族的题材，最早是在麻袋上面画装饰画，后来又把作品带到彝族地区做交流，交流以后引导孩子们做一套版画，这套版画在全国学校艺术展演中获得一等奖。在四川艺术展演展出时，我在她学生作品旁边打出一个牌子——"梦回凉山州"版画课程作业展。当时是四川省教育厅举办的儿童艺术展演活动剪彩，接着是她个人儿童画教学展剪彩。当时在场的画家都看呆了，赞叹这些小孩的作品不可思议，纷纷给他们题词，然后把他们的画偷偷拍走，后来很多杂志用了这些画。

校外的孩子都要进行一定的写实训练，怎么写实呢？不是画石膏像，而是把孩子们带出去，带到公园里或者古建筑的地方，每个工作室的老师都会带孩子出去写生。有的写生用钢笔画，画得非常好，锻炼了孩子的写实能力。这是左志丹老师研究出来的。

十多年前在我们学校，左老师是我们的副校长，我是校长。当时我们学校有1000多学生，我们在暑假的时候把孩子拉到大足等地方写生，左老师就教孩子们用钢笔来画，我把宣纸铺开，教他们用毛笔来画。孩子们用毛笔直接对着某个景色画，不用铅笔起稿，孩子们"将错就错"画得非常大气，很多外国人就在旁边看，都赞不绝口。那个时候我们的教学确实有特点。校内美术课是绝对不能把孩子们带出去的，虽然课标里面要孩子们走进大自然去实践，参观博物馆，可以说不太可能达到，因为每节课只有40分钟。小学里面严格规定一周两节课，如想参观博物馆就算在学校旁边也不可能去，更别说再远一点了。所以说，我们通过寒暑假把孩子带出去，出去以后可以面对大自然画画，他们暂别父母慢慢学会了独立。再者，孩子们除了画画还可以玩其他的，比如上次去学生们发现一块玉米地，就帮着掰玉米;还有梨树，帮着摘好梨后又画梨树。有一次到了一个很浅的河里，他们就去捉螃蟹，把螃蟹装在小瓶子里，他们晚上观察再画画，非常有趣。这不仅仅是画画，捉的时候他们感觉是一种游戏，捉到以后就是一种成功，把它带到家里面去画就是再创造，与校内美术相比这是校外美术不可比拟的优越性。

邵任斯：你刚才提到很多外国人都来学习中国四川的美术教育成果，你觉得四川除了有很深厚的文化底蕴外还有别的吗?

冯恩旭：他们觉得新奇。有一年我在藏区鲁尔盖，孩子们基本上都在草原上放羊，从来没用毛笔画过画，第一次用宣纸教他们画了一些，但是他们第一次画全都失败了，后来他们先用铅笔画再用毛笔画。我回来看铅笔稿美得不得了，我觉得必须改变教学形式。第二次我就采用双胶纸去画，画了以后确实比较好。时任《中国中小学美术》的主编周殿宝分别在

2008、2009年的时候专门给我刊登了这件事，后来也在新浪网上了一版。

之后清华大学的一个老师把这些画带到美国，他给美国一所大学的学生讲中国文化的时候全部用中国的儿童画来阐释，又从儿童画这个角度来讲中国城市的变化。结果那些大学生对城市的儿童画不感兴趣，觉得这个城市和他们的城市差不多，没什么新奇。突然看到我那套藏族的儿童画，他们一下子就震惊了，他们说这是中国吗，他们还以为是印第安的。后来清华大学的那个老师就说，这是中国西部的藏族小孩画的，画风很豪爽、很奔放，美国的学生就说他们要去藏区。那个老师回来以后就给我打电话，告诉我这帮美国哥伦比亚大学的学生看了你教的儿童画，他们就想到那个地方去，什么地方可不可以告诉他们。我就说是在鲁尔盖，在四川西部，那个地方非常原生态。

那年来了不少大学生，当时我去不了，就写了地址，让那边的老师接待他们。这主要是在绘画题材上让他们感觉很新鲜。从画种角度来说，美国西画比较多，而我们中西画都有，水墨、版画、剪纸等多元发展，老外就感觉到眼花缭乱，怎么做出来的都不知道。所以我觉得材料和画种也需要进行创造。

邵任斯：您一直提到水墨画教学，您一开始让学生画的时候就用毛笔画，您觉得水墨画教学的关键是什么？

冯恩旭：其实水墨画严格说起来还是得跟明清那些大家及齐白石学习。不过齐白石说得好，"妙在似与不似之间"，因为孩子本来就画不像，虽然不像大致的特征还是要把握住，符合孩子的造型规律。再一点，水墨画比较单纯，不像西画需要色彩的变化。它就是单纯的墨发生变化，只要加水，总会有变化，在画的过程中很自然地流露。而且我用的是双胶纸，双胶纸可以凝固在水里面发生一些斑斓的肌理效果，干了以后很斑斓。

孩子们通过这样的方法进行表现，不仅仅是毛笔，甚至可以用铅笔来勾线，这样就可以打破传统的工具，更能反映藏区孩子的特点。这样一来，可能比用毛笔用宣纸的效果还好，我觉得只要表达得好，很多画画出来都像大师的东西，那是自己的东西，只有在鲁尔盖这样的地方孩子们才画得出来，在城市里面是画不出来的。因为那里的孩子要骑马放牛，和我们水墨画联系起来，牛是不是黑的，马是不是黑的，藏族人是不是黑的，穿的袍子是不是黑的，黑也有变化，他一下子就能抓住这些点，画出他们自己的东西。

邵任斯：您在1993年的时候写过一篇文章，叫作《少儿写意画教学》，至今您在教学观念上是否发生了很大的变化？

冯恩旭：我去教研室之后，当时唯一的成果就是论文在全成都市得了一个三等奖，其他的我还没有。那个时候我开始翻我们老师的资料，发现有两位老师，都在《中国美术教育》上发表过文章，我觉得作为一名教研员，我至少应该和这两位老师一样，在《中国美术教育》上发表文章吧。当时我就立志必须在《中国美术教育》上发表文章。后来我就开始默默地写文章，写了很多，但最后又被退回来。当时我就不明白，为什么我的文章给退回来了呢？后来我就重新研究《中国美术教育》，发现他们有些短文、简讯这类的文稿可以发表，我就写个简讯，简讯如果发表了，我就再坚持投稿。我当时在搞一个活动，我就写了一篇简讯，很短，大概100字，用了我的名字，就寄过去了，没想到，很快就发表了。这样我就有信心了。

这个时候，我开始端正自己的方向，重新研究他们的每一篇文章，那时文章不多，好像每期总共12篇，八九十年代的杂志一期就12篇文章，这12篇包括大学、中学、小学、校外的课程研究。我是从小学出来的教师，重点还是放在小学课程上面。很多老师写的都是一些经验性的文章，理论主要来自他们的实践。然而我当时没有教书，怎么办呢？我赶快找一个学校，跟那里的老师说，我帮他们教，他们高兴得不得了。我答应教一个学期，并重新排课，照我自己的思路去教。那个时候教材不那么死，我想，我自己水墨画这方面还是比较擅长，能不能从水墨画的人物开始进行探究呢。在这之前，我查询了一下，还没有那么深入地做这样的实践，所以我就开始一边教，一边收集图片，最后我写了一篇水墨教学的文章寄过去，没想到很快就刊登出来了。

这篇文章对我有非常大的影响。虽然该文章我现在觉得写得很幼稚，但那时能在这个杂志上刊登出来，我感觉到自己实现了一个梦想。因为我的梦想就是在那上面发表一篇文章，发表以后给我很大的信心。第一，坚定了我走下去的信心，坚持走美术教研员的道路；第二，继续坚持写，在1995年全国第一届大学、中小学论文比赛里面，我又获得了一等奖，当时三个一等奖，大学一个，中学一个，小学一个，小学的获奖者就是我。我当时写的是《论儿童画的现代感》，结果拿了一等奖，《中国美术教育》给我发表了，而且把这个消息给写在了上面，当时我真的哭了，我没想到我能得一等奖。后来当时的主编陈通顺先生来四川的时候，他说要见一下我。他见到我的时候，很吃惊，我说我才30多岁。他说，他以为文章是一个老头写的，没想到这么年轻啊！他又对我鼓励了一番。从那个时候起，我就感觉到，一个人只要坚定地做一件事情，还是能够成功的。

邵任斯：您曾办过挖掘四川非物质文化遗产的杂志，您觉得如何让孩子学习非物质文化遗产、让他们热爱非物质文化遗产呢？

冯恩旭：我们需要挖掘题材，到底有哪些非物质文化遗产，比如四川美术的非物质遗产有川北皮影等。在教材里面把藏区、彝族地区的非物质文化遗产内容纳入进来。我上个月专门跑到藏区去拍片子，这些都是我们中国的文化。凡是我们四川地区的我先把它都带到教材里，因为"人美版"教材每册有4课是四川非物质文化遗产的内容，我是用心编的，我想把我们四川的东西，包括我们的糖画艺术都编进去，这些都是非物质文化遗产。

我们还要挑选哪些非物质文化遗产可以进课堂，哪些不可以进。

这些文化拿过来之后我们还得改造。比如绵竹年画，这些年画纯粹画过去那种图形，孩子们接受不了，我们怎么改造，后来我找几个学校，将国学、儿歌等融进去，用年画的方式呈现出来，孩子们一下就喜欢了。而且画得还比较朴素，感觉非常妙。所以就把它放进教材里了。

邵任斯：冯老师，您觉得艺术教育的本质是什么？

冯恩旭：艺术教育的本质我首先觉得是情感教育，它能够使人快乐。第二个能够通过艺术教育使我们达到崇善尚美的境界。其实现在我们中国发展很快，最大的问题是信仰问题，就是缺乏信仰。今天我的朋友圈里还发了我们到湖北去拍摄的一个学校挂了一个"全国书法示范学校"牌子的图片新闻。为什么会发这个学校呢，因为这个学校校长以及他们的事迹很感人。校长说："冯老师，在我的学校里面我从不开大会，从不给老师记大考勤，老师自己知道干什么，我要给老师们一个幸福观——读书行走。读书包括读中外名作，读一些艺术书籍，还读画，读人的心理。农村的学校比城里的老师工资相差1000多块钱，但是老师一个都没走，因为他们有信仰。"他还说这个学校每年都会请很多"大家"到这里来，包括艺术大家、国学大家、武术大家，甚至包括高僧都到这个学校来给他们讲课，其他地方是不可能的。同时还叫老师分批出去学习，出去学习不是形式，而是老师要学习哪方面就去哪里学习。他的学校最主要是搞书法教育，校长喜欢书法，学校所有班级开设书法，学校老师必须喜欢书法，学生必须喜欢书法，家长喜欢书法，就连门卫都可以写出书法作品来，门卫都成了那个市的书法协会会员了。校长说："我为什要教他们这样呢，我研究发现，艺术太重要了。"他觉得学了艺术的人都会成为好人。这个校长真的不错，在农村自己修了房子专门把北京的一个画家请到这里来，在这里画画。为什么叫这个人来这里画画呢？一方面是他喜欢学校风光；另一方面是要学校的老师看看什么是大家。然后他让老师们去考察，回来他们研究，研究的方式不是开会，是论道。中学老师全部要看西方哲学史、中国哲学史，这些农村老师都淡泊名利，什么升职、职称他们都不管，他们每天搞书法，搞篆刻。艺术教育是什么，就是使人过愉快的生活；另一个就是真正达到净化、美化心灵的境界。第三个方面就是确实把丑的东西变成美的东西。人与人之间达到一种和谐相处。宗教不是人们都信仰的，但是艺术可以，想学就可以学。所以，艺术教育真的是可以大大提倡的，在信仰缺失的年代更要加强。

邵任斯：非常感谢冯老师！

23

主题：

四川少儿美术教育的现状和展望

受访者： 左志丹（中国美术家协会少儿美术艺委会委员，成都市少年宫美术学校校长）

访谈者： 丁志超、姜哲娴、黄聪丽（浙江师范大学美术学院研究生）

李力加（浙江师范大学美术学院教授、硕士研究生导师）

访谈时间： 2013年11月20日

访谈地点： 成都市少年宫

丁志超：请谈谈您的美术教育经历。

左志丹：进入美术教育这个圈很偶然。从小就喜欢画画，因为要考专业院校，所以利用空闲时间做素描练习。我母亲过世比较早，我一个人生活加之喜爱画画，就利用工余时间画画。有个家长说，你既然喜欢画画，我有个小孩让你带。1981年左右，我从带这个小孩开始试着教。我当时不知道怎么教，但我就认为孩子画画应有一些想象在里面，那时全中国还在画"红光亮"，教材里没有想象的内容，于是我就想让他画一朵花，画它长在什么样的土地上，叫他联想。那时社会上还没有人这么教，慢慢地从1个学生扩展到10个、20个，那时在成都还没有私人办教学班的，单位幼儿园的老师请我在幼儿园的空房间里办班教学。那时我是顶母亲的岗在她单位上班的，那个单位叫中医学院附属医院，我是抓药的。我做事总想把它做好，因此我成了中医学院的先进工作者，收入也是最高的。正因为有夜班的时间和半天休息的时间可以画画，慢慢开始教小孩子，到最后成立了成都中医附院少儿美术馆。

在办班一两年之后，1984年左右，认识了现在的四川省美术教研员冯恩旭。那时候他中师还没有毕业，当时也在我所在的单位办了一个少儿美术培训班。一学期下来他很惊讶，自己是学教育的，怎么教出来的孩子不如抓药工教出来的。他发现这个问题后就来找我，问我能不能给成都市的老师上堂课，我说可以试试。经过他的引荐，我第一次登上讲台给全西城的老师讲课。我说的第一句话是："我是一个抓药匠，我也不知道自己的教学是怎样的。"我当时带去了许多孩子的作品，有的在现在看来是很简单的，在当时还是非常有趣的，所以引起了一些轰动。我只是凭一种直觉认为，孩子画画应该凭想象。有了这么一次经历，我就开始思考，自己以后到底应该走什么路，当然我的求学梦还是继续存在的。1987年，我考到四川美院绘画专科进行学习，每年寒暑假我都回成都继续办班。自从上过那次讲台以后，我就开始办自己的少儿美术班，那时私人的美术班我是第一个。生源主要靠朋友帮忙，冯恩旭等为我写广告，骑自行车满市发广告，自那以后学生不再局限于中医院医生的小孩，学生人数也增加了。看到孩子们有丰富的想象力，整个过程让我很快乐。在继续办班的同时，每年带学生参加少儿美术比赛。有一年全国有一个小画家大赛，一千名小画家参加，我送去的五六个学生，有两个被评为千名小画家之一。那对我来说是一个很大的荣誉，连我自己学校的教授看到我辅导的孩子的作品也很惊讶。那时四川美院油画系有个老师叫龙泉，现任中国航空航天科技大学艺术学院院长，他也认为我教的孩子不错，就让我教他的孩子，老师对我的鼓励使我能在这个行当里走得更远。千名小画家的评选和老师把他的孩子给我教，这两件事对我的鼓舞非常大。1987、1988年我试着将粉印版画的技法在孩子身上进行教学，效果非常好。1989年，成都市教育局举办校内儿童绘画大赛，我送了20幅粉印版画去参赛，获奖率特高，一、二、三等都有，这是决定我人生之路怎么走的最重要的转折点。那个年代校外作品很难获奖，借助粉印版画特殊的效果我获了奖。即将毕业时，我就坚定了做少儿美术教学的理想，从此我算真正走上了少儿美术教学之路。从那时起到现在，我没有再做过第二件事，一心一意做少儿美术教育工作。

1988、1989两年，我发现在教学中给孩子讲故事，尤其是讲神话故事，特别能激发孩子的想象力，于是我常常将传奇故事带入美术课堂。这种故事所涉及的环境从没有人见过或经历过，孩子们可以天马行空画下自己对古代传说的幻想，但在那个年代讲神话故事是一个禁忌。在我办的第一次展览中，四川美协主席对我提出，孩子的想象力非常丰富，但要注意毛主席的文艺方针。这是我寻找到的能够开拓儿童思维的一种方式，全国的少儿美术专家也都是通过粉印版画和神话故事认识我的。1990年我在四川省诗书画院举办了我的第一次少儿美术教学展，成了四川省第一个以个人的名义举办画展的老师。画展十分轰动，当时的国防部领导、四川省的领导为我剪彩，还有周春芽等画家为我捧场。办完展览之后，湖南美术出版社的一个编辑拍了几百张照片回社，在《中国儿童看中国》这本书上选登了多幅作品。我自己真正见到那本书是在20年之后，是谢丽芳老师带给我的，我才发现选用我的画是最多的。那时我的教学理念是走在全国少儿美术前列的，因为我把形式感、表现主义的东西融入儿童绘画之中，跟国内许多老师的教法是有区别的。当时他们大多以观察生活为主，而我在写生的同时更强调孩子自身的感受；所以当时人们常说凡是怪的画都是左老师辅导的，于是慢慢地大家都知道四川有一个教得很怪的老师。那时我就教孩子将眼睛鼻子等打乱重新组合，在当时看来比较怪，因此别人给我封了个雅号叫"左怪"。从1990年起，四川的报纸在介绍我时都以这样的名字来称呼我，四川教育电视台在1995年给我拍的宣传片也以"教坛怪杰"的名称来评判我的美术教学。这个阶段我都是自己在社会上教学，我的学生涵盖了从省领导的亲属到教授、各类名人的亲属的孩子。有人就向我提出可以通过其他渠道将我的教学推广到全国，于是在1996年，我在冯恩旭的鼓励下准备转战少年宫。实际上1990年办展览后，成都市少年宫就邀请我去教学过。那时成都有两个班，一个是刘玉林老师带的，一个是我。我是一个没有任何背景的社会人士，能够带少年宫最好的班，对我来说也是很大的激励，由此我觉得应该将提升少儿思维的理念通过少年宫贯彻下去。从1990年开始我在少年宫任教，1996年正式进入，那时我跟冯老师两个人一起办了成都艺术教育学校。1995年，我在四川省美术馆举办了我个人最大的少儿美术展。我在成都有几个第一：一是上成都报纸最多的人；二是第一个在成都办个人展览，第一个在画院办展览，比如四川省诗书画院，自建院起至今只办过我那一场少儿美术展。

1990年的展览一办完，四川省少儿出版社专门为此出版了作品集，以往作品集都以单位名义，以左志丹个人名义出的书可能是第一本。这本书的出版对我影响很大，激励我在这个领域做更多的探索。在教学的过程当中，要想让孩子喜欢你，或自由地表达想法，老师不能高高在上，而应和小孩相互沟通，以像朋友一样的姿态出现——这就是我1991年到1992年在全国少儿版画研讨会上写的论文《参与教学》的主旨，我强调师生的朋友关系和互动的观点。

丁志超：是不是在那种情况下您提出了"顺势而导"的观点？

左志丹：还不是。在1992年到1995年间，我把西方当代艺术的元素融入我的教学当中，强调画面的表现力和形式感更多些。在教学的同时，我开始总结自己的经验，出版美术教材。1994年我出版了一系列少儿美术教程，比如《简笔画教程》《线描写生教程》《粉印版画教程》。1995年至2000年，我开始思考教学方法、师生关系等问题，2000年起我提出了"顺势而导"的观点。每个孩子因为性格、性别不同呈现出的绘画气质也不同，比如内向的孩子表面孤僻，内心却很丰富，而外向的孩子爆发力强，绘画表现力也更强。于是我就思考这两类孩子在学校里未必都是受老师喜欢的，怎么样让这些孩子在上绘画课时不难堪。我在上课时发现善于沟通的老师无论怎样的孩子都喜欢和他交流，可以让那些在学校里不受重视的学生在绘画方面得到认可。顺势而导不等于老师不教，老师等于学生的拐杖。学生通过老师的引导呈现在画面上的想法，老师通过学生的构图来体会孩子的想法，和孩子商量去完成一张画。这样的好处是孩子永远没有错，不管孩子画的主体太小或太大，都可以通过沟通去完成。如果头画小了，就把身体画大，如果脚画小了，就画成动感的，这样孩子不会因为画的和老师说的不同而产生怀疑。在平常教学中，画不下了就因为构图没有经营好而需要重画，在我这儿没有拿第二张纸的孩子。在我的思考里，孩子的自信心最重要，我们培养的孩子并不是所有的都去做画画的工作，而培养的自信心却可以让他们在其他事业上取得成功。我认为应该顺着孩子的思维引导画面，不应该把老师的思维强加给孩子，这样孩子的画面才更有表现力，更大气、放松。

在"顺势而导"的教学观指导下，我思考了更多。从2005年至今，我开始思考教学体系的问题，不同的年龄应有不同的教学方法。时至今日，我对不同年龄段的美术教学有这样的认识：7岁以下的儿童对应的美术教学取向应以发掘孩子自身的想象力和表现力为主，培养审美能力，提升对艺术的感悟能力，是感受加表现的重要阶段，画得好不好与像不像毫无关系，更多的是培养他的表现力，培养他的自信心；7—9岁的孩子我更提倡观察加想象，这时孩子有丰富的想象力，却没有观察的积累，想画却画得不好看，这是当今美术教育的最大难点，此时观察能力的培养非常重要，知识面的拓展也同样重要。一次我路过一家小店，发现许多精美的黑白版画，而一些同济大学来的美术设计系的二年级学生却不认识黑白版画，我感到非常震惊。我的学生八九岁已经知道木刻版画和黑白版画了，这说明那些学生在中小学阶段了解的东西太少。我想我们应该给予8—9岁孩子更多的艺术方面的知识，以拓宽知识面为主，在观察上强调大量写生，因为观察能力强的人创作力自然也会强。这也是四川少儿美术教育的重点，近几年人们所说的转型期也指的是这个。总而言之，8—9岁孩子观察能力的训练十分重要。孩子11—12岁时除了观察表现外，还需要把设计元素大量融入教学。我们不能一味地只强调玩，此时孩子玩的方式和以前已经大不相同；因为此时孩子通过各种媒体的接触了解了许多创意的知识。他们喜欢汽车就去设计汽车，喜欢时尚就去设计时尚，如果此时我们不把设计意识教给他们，他们就不能把自己的想法转换出来。设计意识强的孩子能够把这些知识运用在平凡的生活中，提高生活情趣。这就是我2005年至今思考的。在我的绘画班里，孩子喜欢我的教学不是因为左老师教他们画什么像什么，而是因为在这里没有压力，他们会觉得自己还行，有自信，这也是我这两年思考的另一方面——如何培养孩子的自信心。

丁志超：您提到对不同年龄段的孩子要采用不同的教学方法，那对素描这一块您怎么看？

左志丹：7年前，我把学生教到6年级左右，就交给那些专业的素描老师了。我发现从小天马行空的孩子、喜欢绘画的孩子，在半年一年的时间里对绘画的热情就消失了，因为传统素描比较重视程式化的东西，这也是我进行素描教学的原因。自10年前起，我每年都给成都市的老师做讲座。在与他们交流的过程中，常有从事素描教学的老师反映，孩子将来是要面对高考的，太过自由的教学与考试环境格格不入。鉴于这两个原因，我下决心自己来试一试，像我这样给予孩子更大空间的教学能否和传统的美术教学接轨。我发现问题的根源在于7岁以上孩子的观察能力训练，如果在7岁时还没有培养孩子有意识地去观察点线面，今后他将失去这种绘画的基本水平。于是我开始摸索如何让孩子在传统的素描教学中找到成就感。在近几年的教学中，我采用了一些有悖于传统素描教学的方法。中国传统的美术教学有其不好的地方，这种现状是很难改变的。与其发牢骚，不如去找方法，这才是我开展素描教学最重要的原因。

我开始采用分解式和"顺势而导"拐杖式的少儿美术教学方法带孩子，引导他们认识传统素描教学。传统素描教学强调整体观察，对5—6年级孩子来说理解整体比较难，那我们不如把它们打乱，将整体分解为小部分。如画左老师，我引导孩子先看左老师的眉毛，它是朝什么方向的，带着孩子分解观察，运用了反传统的素描方法。再比如我带领学生认识明暗交界线时，我让孩子去找物体上最深的线，渐渐地孩子自己就能发现，由此我给深浅排了一、二、三、四、五的顺序，让孩子们自己观察认识最深的、次深的等明暗关系。分解完交界线之后，在观察多个物体时，只让他们看投影，并找出最深的、次深的等等，让他们发现远的东西总是要弱一些。就这样我用分解的方法先让孩子认识局部，再认识整体，从而找到素描的规律。

另外一种是分组教学法，根据不同的水平将孩子分成几组。传统教学总是把孩子们放在一起画，一群孩子中总有一些画得非常好的，也有一些画不出来的，水平参差不齐。用分组的方法，只在同组内进行比较，更容易让孩子进步。另外我还总结出这样的观点：四五年级到初一这个阶段，教学中老师是关键，这时主要看老师是否会与孩子沟通，能否将复杂的东西简化给学生，引导孩子总结规律。我提倡低端的教学应更重视教学方法，而不是教师的绘画技巧。

丁志超：大家说您是个收藏家，可以谈一下吗？

左志丹：一个老师自身对艺术感悟水平的高低决定了他的教学水平。我的收藏和我对中国传统文化的热爱有关。由于受一位台湾音乐家的感染，我与他走遍云南、贵州的四十几个县市，翻山越岭收集民族的传统服饰。那时交通闭塞，收集起来十分不易。在这个过程中，我对传统文化的认识提升许多，于是我开始了自己的收藏。我更感兴趣的是质朴厚重的民间艺术，我偏爱收藏汉代的陶俑、画像砖等，当然清代和民国的字画我也有收藏，我常常把这种浑厚的艺术感融入我的少儿美术教学中。人们之所以说我怪，一是因为我的题材怪，二是我的表现形式怪。儿童把绘画作为诉说的语言，因此我的教学成果中艺术感也是比较豪放的、霸气的。最初的收藏很有趣，曾经为了收集一批丢失在路边的汉砖，我们冒着大雪从早上五点骑半天自行车到公路边捡砖，回到成都已经是晚上十点了，半路还遇到自行车坏了、砖摔坏的情形。我收集了很多艺术品，如何把这种浑厚的艺术感传递给孩子是我经常思考的。我常常邀请孩子到我家来参观，引导他们从小对传统文化有一个很好的感悟。今年我有一个学生考取中央美院，他报了文物鉴定与修复的专业，这与我曾经带他写生的经历是分不开的。孩子们在写生的过程中发现了树皮上的肌理，枯树老枝等等特别美，这些都是常人见不到的。我就是通过这样的言传身教提升孩子对传统文化的感悟能力。这个孩子的考取让我觉得我对他们曾经的熏陶没有白费，我相信他们进入社会之后的贡献将远远大于只懂技术的人。

丁志超：您曾经提到过羌寨的例子，能展开说一下吗？

左志丹：那是在1995—2007年间的事，那时我每年都带学生去那里写生。我认为这样做有两个好处：一是加深对民族文化的感悟；二是提高自身的生存能力。羌寨的碉楼通过孩子的笔变得与众不同，孩子对这种民族的建筑和服饰有特殊的认知。到少数民族地区写生是我20年来重要的教学过程，除了画画，还让孩子们每天写观感，孩子自身的成长让家长惊叹不已。

丁志超：听说您是"新苗计划"的盟主，能介绍一下"新苗计划"吗？

左志丹：从2010年开始，我连续在做成都市最大的公益活动"新苗计划"，它的宗旨是给普通老百姓的孩子提供最好的艺术教育。那时我受聘为这个活动的教学总监，我的责任是选择培训老师，所有老师的课程设置都和我一起商量，我提倡他们在培养动手能力和艺术感上做文章，而不是做纯技术的教学。当时在成都通过教师公选来应聘的大学老师就超过四十人，中学应聘老师达到上百，我选择了最好的老师，给普通老百姓的孩子以最好的教育。今年是这个活动的第二年，李长春到成都来，就只去看了"新苗计划"，给予了较高的评价，并要求《成都商报》联合其他城市的大报将这个活动普及开来。"新苗计划"的顾问也是我们四川最有名的画家周春芽等及成都市各位教研员，每个区的学科带头人也参与其中。

丁志超：您是如何权衡儿童在艺术感和技术这两方面的教学的呢？

左志丹：这是相辅相成的，应该从观察入手，在基础训练的同时，拓展学生的知识面，可以通过图片、影像、写生、书籍等方式。学生的知识面越广，他把所想的东西转化为作品就越容易。大部分老师都只重视低段的美术教学，而忽略了中段，中段往往是低段的复制，而这往往不受孩子们的喜欢，因为他们想画的东西已经不同。总之，不同的年龄段要寻找与之相适应的课程和教学方法。

丁志超：您曾经提到其他地方的美术老师在美术交流上喜欢藏着、掖着，而四川老师的校内外交流却很开放，您怎么看？

左志丹：我认为，作为老师最重要的是把他积累的经验传授给年轻人，让他们通过自己的方式和灵活度加以提升，把这条路走得更好。一个老师最好的作品就是他的学生，做老师的应该不求回报，能看见学生逐渐成长就是最大的快乐。

丁志超：四川老师大多都有校内外同时任职的经历，您对这种特殊的情况怎么看？

左志丹：事实的确如此。成都市校内最好的老师都在校外代过课，甚至是少年宫，即便没有代过课，也是经常交流的。我们将校外灵活度较高的经验，无私地转换给校内，校内的教学有很严谨的体系，当一个老师从校内走到校外时，他的课程组织更有条理更严谨，这就是校内外的互补，相得益彰，相互提升。如果校内的老师完全按部就班，按课标进行教学，那他最多只能算是称职的老师；但教学不应只停步于称职，它是一个不断提升、探索的过程。如果将校外的成功经验转换给校内，将帮助校内的教学既科学又丰富，校外的老师也可以通过交流学习校内课程设置的系统性。当然这要求我们校内外的老师相互之间大度、宽容，有一同进步的开放心态。

丁志超：您总是走在美术教育的前列，请您展望一下四川未来的美术教育。

左志丹：我认为，从李老师、杨景芝老师等我们国内第一代少儿美术教育者开始，到现在的第三、第四代，经过大家的努力，我们有个最大的收获就是不管北方也好，南方也好，大家都在积极思考当地的地域文化，分别寻找自身的方式方法。前几年我们说欧洲的好，但要知道欧洲的大环境和我们是不一样的，我们可能可以学习一点，但不能照搬，不能一刀切。特别是少儿美术教育，每个美术老师探索的点也不一样，即使点一样，老师的专业取向也有区别。如果这些点可以和地域文化融合得好就非常好，我们不需要求大一统，即使是国外的专家也在不断地修正自己的观点，好的老师要吸取别人好的部分并将其融入自己的教学之中。

丁志超：非常感谢左老师！

24

主题:

儿童美术教学策略与经验

受访者:程萍（全国少儿美术教育"三十大"新星之一,原成都市少年宫美术教师）

访谈者: 姜哲娴、丁志超、黄聪丽（浙江师范大学美术学院研究生）

　　　　 李力加（浙江师范大学美术学院教授、硕士研究生导师）

访谈时间: 2013年12月20日

访谈地点: 四川成都程萍老师画室

姜哲娴：您是什么时候从事美术教育工作的？

程萍：应该说有很多机缘，我们家的隔壁住着一位美术老师，有次他回家一边敲门一边和我说："程萍，师范学院在招美术班。"

李力加：你当时是师范的？

程萍：对，我当时在中学里面的幼儿园当保育员。那个老师说美术班招老师了，然后他在家带着我画了一个星期就去了。

李力加：你是在中师上的学，大学在哪里呢？

程萍：后来到了少年宫，又到四川省教育学院。在少年宫干了几年以后觉得自己没有什么可以教的了，从专业上来说我觉得自己特别缺，然后就下狠心去中央美院进修了一年，我觉得那一年对我的改变很大，包括我对艺术的看法也有很大改变，这些画有很多是从中央美院回来后自己悟的。

姜哲娴：您是什么时候去的中央美院？

程萍：2001 年。

姜哲娴：那您在美院除了画画还干别的吗？

程萍：没有，就画画。一个偶然的机会，讲座请到版画系主任，他说小时候是在北京少年宫画的。听了这句话我就去找他了。我当时认为少年宫美术教育体系是有问题的，不是很赞同简笔画。我很想问问他，少年宫画画对他今后有什么影响，结果去以后他就一直和我说画画，我就跟着他画画。我遇见他是五六月份，都快结束学习了，他当时正好要去法国巴黎学习，我和他也没见几次面，印象中就三四次。然后他就教我应该怎么去观察，怎么去表现看到的东西。我就按他的说法去画画，当时一个班四五十个人，我在央美是基础比较差的，和他交流后就用他教我的方法去寻找生活中自己感兴趣的地方，理清思路、找到兴趣点，后来在央美一直用他的手法。记得最清楚的是当时油画系的教授张元看了两个班的作业，没有一张画是他能看上的，但是当看到我的画时就说，只有这张画得好。

我的画特别小，就画了一双脚。其他同学有些不服气，他们画的都是人体，只有我画的是一双脚还受到表扬，当时我就知道我和他们之间的差距了，我画画时一下子有感觉了，虽然我的画的技法还有不如意的地方，但是表现情感上的东西就特别明确。一下子就找到了该如何去自我表达、自我表现的方法。这种东西用在教学当中，感觉收获挺大的。

姜哲娴：您是怎样将在央美学到的艺术感悟和体会运用到教学当中的？

程萍：对一个老师来说，我们不是教学生怎么画，而是教学生怎么去观察，怎么去思考，怎么把看到的东西转化成画。

姜哲娴：请举个例子。

程萍：比如今天我们画人物写生，我坐在那里，我首先让他说感受到的我，先用语言表述，你眼中的程老师是什么样子的，可以从外表说，一般的人都是先说外表，然后说跟我学习这么久，从性格来说你了解我是怎么样的，现在让你表现程老师，你该从哪个方面入手？最简单的是从造型特点入手，这是最普通的，我给他们讲解怎么在最普通里面做到与众不同。在画画当中他们会说画得不好，画错了。我就跟他说将错就错、自圆其说。我这儿的教学首先是不示范，我先讲，然后启发他们并和他们交流，他们的作业出来以后确实有不一样的地方，你为什么画这个东西要说出理由来，有时候写生，特意给他安排一个内容，特意安排写生是为了一个技法。另外写生是自己找一些东西，找到后告诉我们为什么这么找，重点是什么，想要表现什么，用什么样的方式、形式、材料表达你对这个物像的感受。

姜哲娴：您当时说，没去央美前觉得少年宫教育是有问题的，您能谈一下当时的情况吗？

程萍：因为当时他们教学大多是简笔画，老师在上面画，孩子在下面跟着学，我觉得是不对的。后来他们特别强调让儿童参加儿童画的比赛。我觉得参加比赛不是不可以，但不能为了比赛得奖而想歪点子，比如这张画画得很好，就不停地复制，在不同的地方都拿这个画参加比赛，同样的画得很多奖，家长会觉得比较满意，但对孩子终生的发展是有害的，有很多矛盾也是从这个时候开始的。

李力加：当年湖北美术学院的黄祥清教授带我看少年宫各层楼，成都少年宫除了美术部其他部也在办班，我们去看他们怎么教画，黄老师当时就说这个简笔画教学有问题。这是1996年的事情，黄老师是学设计的，用设计思维去讲儿童美术。

姜哲娴：您不提倡简笔画，但在少年宫是用什么方式上课的呢？

程萍：还是启发式。从课题上和他们交流讨论，而不是说该怎么样画。

姜哲娴：那么课题之间是怎么衔接的呢？

程萍：应该说是以年龄段区分，低段、中段、高段。高段技法会比较多一些。

姜哲娴：我们昨天参观少年宫，有涂鸦班等一些班。

程萍：这个和我们以前差不多，以前有初级班、启蒙班，后来学了一两年就叫中级班、高级版。当时只有刘老师和徐老师可以上高级班。

姜哲娴：那以前的教材是怎么选择的？

程萍：以前是一个学期两个内容，一个是粉印版画，一个是剪纸，或者水粉、线描，中级班或者高级班，每个学期一半时间用线描写生，另外一半是剪纸或者水粉等。每学期大概两个内容。

姜哲娴：您说您先在龙江路小学工作，继而在少年宫，然后自己办班。请结合您的经历谈谈对美术教育的看法。

程萍：我觉得儿童美术教育应该没有那么深奥，孩子就那么大，儿童身心发展的规律都是一样的，四五岁的孩子你不能教他八九岁的东西，你得按照他的身心规律来。我觉得低段就是不断地和他聊天，知道他想画什么。通过聊天孩子至少可以在两个方面得到发展：一个是语言方面，比如画公园里的花和草，我会让他描述公园里花草是怎么长的，他说很多很多，如果非常多我们会怎么说呢？他说密密麻麻的，我觉得挺好，接着问，那你说密密麻麻在画面中怎么表达呢？他在画面中画一棵、两棵，我说这叫多吗？两棵不多就又画，会有很多不同的重叠，我说这儿密密麻麻吗？是的，原来这就是密密麻麻。低段基本就是这样。

姜哲娴：那您会给学生安排欣赏的课吗？

程萍：有，一般每个星期会安排半小时欣赏世界名画、欣赏美术史，从古希腊开始慢慢讲。

姜哲娴：这是多大的年龄段的？

程萍：每个年段学生都有，不同年龄段讲的东西不一样。小一点的就讲画家有趣的故事，大一点的就讲专业一点的。

丁志超：您觉得美术的作用是什么？

程萍：我自认为美术对儿童的发展是其他学科不能替代的。这个对老师的要求是非常高的，而且你运用的手法非常重要，比如我们说的简笔画，不仅没有帮助，反而会约束他很多方面的发展。

姜哲娴：最小的孩子您教过几岁的啊？

程萍：三岁。

姜哲娴：我在网上找您的资料比较少，发现一个2004年北京的儿童珠光笔的美术展。

程萍：是中国儿童中心余传生老师在那里举办的，我也组织画了，把我的学生作业也拿去一起展览。当时我从央美学习回来在少年宫，和少年宫的关系比较紧张，我个人比较偏，我觉得教育对人的影响是一生的，而人的教育有可能会影响下一辈的人，所以我觉得我们的校外教育不能是市场经济的，家长要怎么样就怎么样，这样做是不对的，我当时比较较劲。

1992年，侯令、杨景芝老师在北京党校办的学习班，我和刘老师一起去的，我去以后才发现儿童美术不是这样教的，人家早就有这样、那样的教法了，回来以后就开始改变自己。

姜哲娴：那您当时是怎么用珠光笔画这种材料的？

程萍：当时珠光笔的材料算是新型的。我喜欢新的东西。用珠光笔画这个要方便一点，我带的学生大一点的时候会教一点技法的东西，比如说明暗啊、加一些色彩啊。学生每个星期来画画的时间比较短，作业完成不了，珠光笔比较好，可以反复画，不像水彩。

姜哲娴：色粉笔的技法？

程萍：到那个年龄段，该有的都有了，该得到的都得到了，怎么去回报社会，自己特别想去做一些事。

姜哲娴：您刚才也提到，现在有些家长培养孩子学画比较功利，在您这里学画的孩子的家长有这样的吗？

程萍：我这里没有，只有和我的教学理念相结合才走到一起。

姜哲娴：那您之前在少年宫会遇到这样的吗？

程萍：会，那时自己的压力很大，非常大。

姜哲娴：当时是怎么沟通的？

程萍：不好沟通。半年招一次学生，刘老师的学生经常参加一些比赛并获奖，我的学生也参加比赛并获奖，但不是很愿意去做，就眼睁睁地看着学生到刘老师那里去了。那时压力比较大，有点无所适从，导致我后来就走了，也没有后悔这个决定。从单位出来后，和央美的一些老师在一个大学里当了一年的老师，我教的是素描，课题叫《寻找自我》，就是拿到一个东西后怎么去观察，怎么去感受，怎么去表现，怎么从自己感兴趣的地方入手。其他老师教创意思维，我觉得那一年对我整体的美术框架的建立起到了很好的作用。

姜哲娴：现在一部分孩子学素描是为了高考，您是怎么让他们做到既学到东西又能考好的呢？

程萍：这个是我的特点。一个初中学生来了以后，如果她以后要走专业这条道，这几年没有白费；如果不走专业的路，我不会特别传统地天天教她画光影素描、结构素描，我会更多地把写生和创意结合在一起。

姜哲娴：您是怎么解决孩子转型期的问题的？

程萍：从六七岁起就有线描写生在里面了，是逐步转变的，不是到初中才开始的，到初中后主要是写生和创意的练习。

姜哲娴：您教了这么多年，有自己的一些教材吗？

程萍：我没有教材，教材都在心里。

姜哲娴：那您的教学内容是怎样安排的？

程萍：我一般的教学过程是感受—观察—表现。小学四年级以下的，我一般不太在意他们的画面效果，而关注他在这堂课上领悟了多少东西、在画面当中表现了多少东西。四年级以上会在技法上有要求，他们会出现想到的东西画不出来的情况。以前说学生不是照相机，不能像照相机一样工作，但到后来你可以向照相机学习，可你还不是照相机。因为你在画画的时候有你自己的感受，而照相机是没有感受的。

姜哲娴：您课余时间带学生出去活动过吗？

程萍：很少。学生时间很少，这里面有很多问题，家长会考虑孩子太辛苦，还有安全问题。

丁志超：程老师，我觉得您的画特点很鲜明，您对专业能力培养这块是怎么看的？

程萍：美国对美术老师的要求很高，我记得是每年都创作自己的作品，这一点对我的触动很大。这也促使我去央美画画。

丁志超：您能介绍一下徐老师吗？

程萍：徐老师人很好，很有活力，对版画比较感兴趣。

丁志超：徐老师当时有十年去羌寨，是自己去的还是少年宫让去的？

程萍：是徐老师自己去的，他是很热心的。

姜哲娴：我个人觉得成都的有些老师还是比较重视自己的特点。

程萍：是的。我觉得对同一个物品不同材质表达的效果是不一样的，我会要求每个学生带一个画箱，每个画箱里会有不同的工具。

丁志超：程老师，你一个班有多少人？

程萍：十几个人，刚来的学生我会要求5点钟来，然后别的孩子再来，每个班的课题是一样的，但是作业要求不一样。我讲解的重点也不一样，辅导也不一样。

丁志超：您对自己的绘画风格有什么总结？您画的人物，手都特别大，透视有点不一样。

程萍：因为我爸爸当时身体不是很好，我和爸爸的关系特别好。这批画是当时画的。我也不是很清楚，这个年龄段的人看到那些老人觉得很伤感。这些画画了同一个老头，是那个茶馆的老头，我当时想办画展就拿到那里展出了。

李力加：你一次都没办过画展？

程萍：没有，因为我经常出国，第一次去卢浮宫的时候看见他们的画那么好，我就觉得自己别再画了；第二次去的时候就觉得他是他、我是我，我画我自己的表现、自己的感受就足够了。我觉得每次去的感受都不一样。那段时间特别想办一个画展，从某个角度证明自己，后来慢慢地就耽搁了。我自我评价对这批画还不是很满意，不过是这里有个程萍，在这里悄悄地画画，画得还可以，我就觉得没必要那么显摆。偶尔还是会冒出那个想法。我觉得这些年很难做到平静了，但是我怕一那样就出不来了，我觉得我目前这样真的很好。

李力加：非常感谢程老师！

25

主题：
个人成长及儿童美术教学思想形成的路径

受访者： 尹东权（原上海松江儿童中心美术教师，人物肖像画家，高级教师）

访谈者： 邵任斯、冯海超、丁志超（浙江师范大学美术学院研究生）

李力加（浙江师范大学美术学院教授、硕士研究生导师）

访谈时间： 2012年6月6日

访谈地点： 上海松江区东权艺术工作室

邵任斯：当初您是怎样和绘画结缘的呢？

尹东权：那很早了。我以前不画画，我们从1968年下乡插队，当时很多"出身好"的人都去了黑龙江建设兵团，但是我家里母亲是右派，所以去不了。后来安排在松江当地插队落户。但是，我觉得这也是一个很好的机会，因为黑龙江、北大荒与我们上海江南水乡文化底蕴不一样。松江是有人群基础的地方，它有商业也有一些工业。当时我们插队的地方有铁路、水路，就是没有公路。我就在松江与浙江临近的新邦大队第一生产队插队。开始的时候，不是在那个地方，这里还有一个小插曲。当时和我一起下乡的还有一位知青，我们先去的那个地方叫方家行村，结果到了那里住的是仓库，门板就是我们的床，条件非常简陋，我们一起去的同伴是个男同志，他非常伤感，后来哭了，我觉得很不好意思，因为当时他是跟着我去的。后来我找到当地的公社组织，我挂了电话，说我们能不能换个地方，这里还没有准备好。没几天，我们就走了。走的时候村里的孩子远远地呼唤我们，说我们是逃兵。然后我们就到了新坝镇，这个镇比较好的地方是有个火车站，就是上海到杭州经过的一个小火车站，在这个生产队就待下来了。我当时是很乐观的，没想那么多，觉得未来总是美好的。

刚开始我学习拉二胡，因为当时我们生产队墙上有个二胡，不知道是谁的，我就自学二胡。一起插队的还有一个同伴，他家在新坝镇上，父母是铁路工人，他可以住在自己家里，他插队是为了表示诚意，还住在一起。但他不喜欢学习，他成天跟生产队的人一起玩。他们玩他们的，我拉我的二胡。后来两年，体力活消耗很大。营养非常差，身体不好，出现了耳鸣的情况。当时开展"农业学大寨"运动，体力消耗太多，劳动时间太长，好像有些神经衰弱，晚上就是睡不好。后来有个偶然的机会不出工了，天下雨，因为下雨天不能劳作。

这次偶然的机会我就画起画来，我记得那本书叫《恩格斯传》，这本书里面有恩格斯的照片，读后我感触满深的，觉得很感动，我就临摹了恩格斯的照片。画好以后我把这幅画带回家，我们家的邻居其中有一家是我舅舅的同学，比我大七八岁，在上海一个公司工作，是有文化的人，我就给他看我画的恩格斯像，他非常欣赏地说，你画得不错，给我很大的鼓励。后来，我画的多了起来。还有一个原因，我插队是在镇上，认识了好多朋友，他们经常到我这里蹭饭，我也非常好客，有好多朋友听说我喜欢画画，他们就拿来颜料和笔，让我画。其中，还给我一本很好的书，这书的书名我还记得，叫作《给初学画者的信》。核心内容是告诉初学者不要模仿别人的作品，如果临摹，在老师的指导下做一些还是可以的。当时也有一些成名的画家帮助农村搞"文艺学大寨"展览，记得还有一个关于革命初期历史的展览，我也去看了，画画就是这样在劳动之余开始的。

我在农村里的生产队干了两年农活。后来，因为这个镇上的日用品、生活资料统统都要船运，必须要有个装卸队，这里的粮食加工厂生产的东西也要运出去。于是，我们生产队与另一个生产队就承担了这个任务，两个生产队加起来有四五位长工，他们嫌工资太少罢工了。队长就来找我，问我愿不愿意干。当时我为了有更多的时间画画，就做了搬运工。

邵任斯：为什么做了搬运工以后，画画的时间会多一些呢？

尹东权：因为搬运工有事才干，没事就候着船来。多的时候一天100多担，这是要干很长时间的；少的时候便有点时间。我有篇还未发表的手写稿，记录了这段生活经历。

邵任斯：为什么您会选择肖像画作为您的艺术方向呢？

尹东权：也不是说肖像画作为我的艺术方向，我写生比较多，第一次创作的是版画，第一张木版画《蒋侯》在上海首届"江南之春"的画展中拿了佳作奖。当时上海市委宣传部长陈沂看了这张画后，激动地问组委会人员我是否获了奖。那时是他亲自颁奖，可惜我正在华东师范大学上中文函授本科，所以没去成，而是请朋友代领的。这张画后来在上海的几大报纸上刊登了，《光明日报》的一位编辑还给写了评论，她认为这是真正的艺术。后来我筹办"上海美术教育周"的时候，她又给我写了封信，询问是否有什么新作。

在这之前我还有幅最早的作品，但原作不见了。记得当时的农民画册将它发表过。这幅作品是文化馆的两位馆员与我一起合作的，并且还有指导老师。那时上海中国画院的一些画师来松江，关心基层的活动。他们在文化馆住了三个月，把我借去八个月，来辅导松江的农民作者，同时我自己也进行创作。工笔画《实践出真知》就是其中的一幅创作作品，画的是学生在工人师傅的帮助下拆卸拖拉机。我自身勤画速写，造型是没有问题的。那幅画很大，用的是熟宣，画得很透。当时送到上海美术馆，到展出之前告知我画被偷了，只好再重新画了一遍。第一张画到底去了哪里也不知道，第二张展出之后也没有还给我，后来出了本画集就是当时的第一张。《开割机》在上海展出，《农机工》没有展出也没有发表。之所以画肖像，主要是因为平时画人物多。我去了国外，画了很多国外的朋友。看中国人习惯了，看了老外比较激动，老外本身的气质、美感比较好，画时我也比较投入。

邵任斯：请谈一下您求学的经历，哪些老师的思想对您产生过影响？

尹东权：插队的时候自学绘画。上小学的时候也有过几个月少年宫的学画经历。当时老师让我们临摹而且临摹了不少。因为学习时间短，所以对我没有产生很大影响。中学期间上美术课是没有画画的。我1968年10月20日下乡，1970年上班，插队两年后的那个冬天，我才开始学画，此前纯粹干了两年农活。《给初学画者的信》一书对我影响很大，读后感觉进步很快。当时松江画画的人也不少，但在我看来，由于他们不太画写生，所以能力要比我弱一些。

后来因为文化馆借调我八个月，上海的毛国是陈师法老师的弟子，陈师法是上海中国画院的院长。毛在松江三个月，我和他住在一起。张跃平，一位女画家，也非常好。松江的一位画家吕伟，他是画花鸟画的，他经常鼓励我，虽然他是农民出身，但后来到中国画院去了。

"四人帮"粉碎以后，我没上过大学，但有过几次考大学的机会。1975年考过上海戏剧学院，现在许多画得很好的画家都是那一届的。当时上海没有美院，上海戏剧学院有个专业叫舞台布景，那年增加了版画、油画、国画专业，由中国画家凌喜敏老师来主考。因为我在文化馆工作过，所以公社给我报了名。考了之后凌老师还问我要些画，他们要办个素描展。记得那天狂风暴雨，我回家拿画再送去。当时有16位考生，张建平、黄国伦都向上海美术家协会（那时称为创作办公室）推荐我，他们觉得我画得非常不错，只要去我工作的地方签个字就可以放人。结果他们没有这样做，这有多方面原因，其一可能是因为家庭出身，非常可惜后来没去成。1977年"文革"结束后第一次高考，我考浙江美院，华东地区只招两个人，名额太少。他们给我回了一个红条子，这是分成不同类型的，最差的是白条，再是黄条，红条是较好的，但是也没有去成。正式高考的第一年，上海师范大学要我去，1977年的高考束缚还是比较大，因此就没有去。第二年最松了，只要考试通过都能进，但那年我没有去，就失去了上大学的机会。

插队结束后，我先上华东师范大学的中文函授班，获取本科学历。在上海大学美术学院待了一年。由于当时上海画报出版社请很多人编写关于速写的书，但都没有写好，之前他们让我出版过《中外人物肖像作品选》，于是就找到我，请我写一本《速写》。我用两个月的时间完成，书里大部分是我的作品，还有他们推荐了上海大学美术学院的张培初、油画系主任张邓玲的作品。后来我觉得作品不够，于是又增加了我的老师方增先、浙江美院版画老师赵延年以及黄胄的儿子等人的作品。

1984年，上海中国画院陈师法老师的班满了，我只能考方增先老师的班，那时他刚从中国画院调到上海美院不久。我很崇敬方老师，画风上更倾向于他的表现。当时学费一个学期60元，一个星期只有一个晚上，上两个小时的课。我通常坐两个小时的车，从松江到上海。我就在汽车上画速写。当时我还在一个学校任教，还当班主任，教语文、地理。两年中，方老师上过十五六次课，他每次来上课，我都把原话记录下来，结束的时候我复写一份给他，用圆珠笔抄写，一式多份。他一个字也没说，把东西放包里走了。后来过了好多年，方老师又重提这件事，他多次搬家找不到原稿，于是我找出来给他，所以他对我印象很深。他提倡画创作画要多画草图，他对画的分析评价、元素比如线条、线条围成的形状以及美感分析等，对我以后在教学上都产生了重要的影响。

我还在上大美院徐芒耀的研究生班插班进修两年，学到他超现实的、非常具象的过程与精神状态。他造型能力很强，眼力也很好，观察非常仔细。但是他们都说我是自学的，有人说："你和徐老师不一样的画法，两列火车都开得很好，为什么你从这列火车上跳到他那。"我回答道："我还可以跳回去。"但是我画得不多，主要做教学，责任心比较强。徐芒耀老师也来我工作的地方参观过，我给他看学生的作品，他说："我知道了，你对儿童绘画教学是很有兴趣的。"

邵任斯：您觉得在绘画学习中哪些因素最重要，比如天赋、态度等，在教孩子的时候对他们来说又是怎样看待的呢？

尹东权：自己作画最重要的是作画的强烈欲望，有一定的动机促使我。天赋并不是特别重要。画艺来自于自身的价值观、审美修养、价值体系。修养好则有强烈的冲动，坚定地在这条道路上走下去。这时候，勤奋和意志力特别重要。让孩子的思维、头脑聪明，学会思考，对内在的情感世界有所触动，然后再是学到专业上的知识与技能。

邵任斯：您作为一位非常出色的画家，画家的身份对于您的教学有什么优势吗？

尹东权：出色还谈不上，我主要是写生人物，在传递对象的神情、形象方面比一般的画家不会弱，很多人说我画得特别好，但是我觉得画得还是太少了。我觉得教画的老师自己会不会画，自己有没有爱画、作画的实践，这对教学是肯定有影响的。因为只有在这个过程中才会体会到许多问题。但并不是说一定要画得多么好，作为好的老师，要有一定的基础，聪明、有责任心的老师能从画家那里渐渐地悟到一些东西，所以这不是绝对的。

邵任斯：请您谈一谈美术教育工作的经历。

尹东权：美术教育工作是阶段性的。1971—1972年，我被借到松江一所中学，教美术、数学，同时我也绘画，当时我带的学生中也有成了画家的，有一位是上海美术家协会的会员、漫画家李明星。回去后做搬运工，之后又来借了一年。后来我就提出来，往后再回去我就干不动了，学校领导来做工作，但是我还是打算回去。找了个姓殷的老师接替我的工作。后来又有段时间他们借我到文化馆工作八个月，给农民上课。从乡下到城里当时有个政策，独苗的家庭允许回城，当时我已经待了八年了，回城进了集体单位，县属大集体。集体单位去了之后就不能去全民单位，从此我的编制又卡住了。到了那里以后我又从头开始做普通工人，建筑工程队、拎泥桶、地砖、挖地。后来工会又借调我一个月去搞展览、画插画、办广告、上课。后来我的单位认为我也算是个小人才，就派我去一个全民制学校当老师。这个学校既有小学又有初中，那个地方的人一般父母亲在船上工作，孩子读书很成问题。我在这个学校教中国地理和世界地理，同时也教美术。教三年后，我想换一个和专业相关的工作，想到工艺品厂去，上一级单位交通建设局同意了，中间一级的单位运输领导说不行，他说需要我，不能走。让我做政工干事，写文字和整理资料，那段时间我同时在华东师大上中文函授课程。又过了三年，单位解体了，公路完善后水上运输衰落了，又派我去学校做了一年教导主任，最后学校也关门了，之后就变成松江县的一所农民学校（中专）。我在那里当了两年语文老师。学校领导希望我留下来当领导，到了这个单位我的编制就从集体单位变成全民单位了，性质变了。所以很多单位要我，当时少年宫和一家师范学校也要我。

1986年我选择了少年宫。从1986年开始我就正式成了一名儿童美术教师，当时也没有什么经验，但1985年的时候我带过一些课，因此有一定基础。在少年宫任教期间，我想为国家做点事，所以干这份工作非常认真，一直做到退休。退休前很多人要请我做家教，我都婉言谢绝了。我认为在少年宫学习一样能获得知识，在班集体中，很多东西可以共享，可以互相影响。

退休后开了工作室，还有很多学生跟着我学。我想把儿童美术教育思路整理出来，培养年轻教师队伍，让他们继续传承下去。

邵任斯：校内美术与校外美术教学有什么差异？

尹东权：校内美术我没有很好地做过，但在少年宫时我对校内美术教师也有所接触。我认为，在校内，许多校长甚至局长都不太懂美术教育，同时，教师有一定惰性，排课不讲究，学校没有去很好地要求、培养美术教师，长期下来大部分老师的能力都衰退了。当然，教材也存在问题。校外美术教育很自由，没有教材，公办校外机构领导不太懂、不愿懂，懂了也不重视。民间做得好的倒是比较多，没有官方扶持，必须有实际工作的成果来检验教学水平。这和家长也有一定关系，家长的修养和审美会影响到他们对孩子的要求和对教师的要求。很多地方为了满足家长的要求而采用简单的处理办法，比如不恰当的考级，本身就没有很合理的监管、评价制度。

我这里有一位全职的老师，中国美院毕业的，做过几年设计师，在这里工作的几年，对他的影响很大。我女儿先是在同济大学待了一年，后来香港理工在同济大学选人，她就去了香港，之后在香港城市大学拿了创意媒体的硕士，是平面设计专业。我这里还有一些兼职老师毕业于同济大学、江南大学，还有在学校工作的老师。我从来没有广告招生，我致力于完善课程的内容，学生保持在100人左右。每年开设高考班、启蒙班，已经做两年多了。地方政府批文下来，建立东权艺术进修学校。这个学校的建立与别人不一样的地方在于，有监管部门，有一定的课程体系，从幼儿启蒙开始到高考，有自己的教材，我们希望老师可以自编教材，在沟通交流中磨合，有好的师资我们非常欢迎。我们专修美术，其他艺术门类不介入。从启蒙开始幼儿园中大班一直到高考，都用专业美术培养的称谓，而不太用儿童画班这样的概念。在学习过程中，这里的学生不太会出现瓶颈期的后期画不了、厌倦自己的画等现象。

20多年前，上海大学教授王金英，他来过我这，因为我们每年都办教师班，请有名的画家来教学。他看了我们学生的作品，说我们的学生最好不要进大学，他们都已经学到了。到了大学反而会有不好的影响。我们的教学是造型和创作能力同步发展，而不是分开的。在造型中纳入创意的要求。启蒙教育有我们自身的特点，许多教学都是我们原创的。对孩子创作作品的评价以及课余习惯的培养都是我们所重视的。特别是孩子自己对作品的欣赏，就如中医把脉，我们会告诉孩子作品的优点与缺点，重视艺术欣赏，采用"诱导"方式，概念都是在学生实践之后再告诉他们，而不是直接给出。高考美术指导也有经验，所以相对来说比较完善。

邵任斯：您的许多文章、著作都是关于写生教学的，您如何看待写生教学在幼儿美术教育中的地位？

尹东权：写生教学培养幼儿的观察能力、感觉能力。通过看、感受进而分析对象，以抽象、概括的方式表现出来。在这个过程中讲究方法，如何设计教学过程就显得非常重要。在写生教学前开设默写课，幼儿从中大班开始的第一堂课就是默写。

邵任斯：这就是您提到的第一课，能不能介绍一下是如何操作的？

尹东权：这种课是点、线、面、体之间的联系与变化。曾经有一位家长把这堂课记录下来，经过我的修改后发表了，文章题目叫《小眼睛亮了》。教学导入：播放音乐创设情境，比如暴雨、雷声、风声、闪电声，告诉孩子雨下得很大，雨点都掉在小河里，河边有个小窝，就是你的家。这样的情境非常生动，对孩子有刺激的作用。接下来请孩子用一分钟的时间画出这个情境，可以让学生上台画。画好后与他们讨论是怎么画出来的，如雨是这样点的，水是波浪线，他们会逐渐说出点和线这些美术元素。屋顶是三角形，是由三条直线围成的。进而讨论线条的变化，如短线、长线，粗细、浓淡、力度、速度、心理情感的变化。讨论之后发给他们铅笔，比如软铅、硬铅，接着告诉他们爱护铅笔与安全的问题，如铅笔不能挥舞，假如小朋友后面抱上与你亲热，铅笔尖会容易扎到眼睛。第一次使用的铅笔是已经削好的，但没有削铅心。告诉他们不用削。继而教授握笔方法，有横执法和竖执法。告诉他们笔是可以转动的，画时用食指抵住，试着画线，如重的、轻的。我们往往会让学生画大海、太阳，有轻重就产生远近感了。

讨论线条时，我会拿一根铁丝，同样的东西在不同的方向看是不同的。转过来时看到了一个点。拿来一张纸，正面看到的是长方形，而转了45°之后看到的就是梯形了。看到后再让他们画下来，点到线、线到面、面到体的变化都是要与学生通过互动让他们了解的。最短的线就是一个点，点和点连起来是线，线和线围起来是形状，假设是平的，就成为面。将立方体画在黑板上，用白粉笔涂满，讨论有什么不同，孩子们说都是一样的，大小、方形、白色的。黑板上是平面，立方体是六个平面围起来的，这称为立方体，体的概念就建立了。生活中也有，长方体的、圆柱体的，最后介绍方椎体、圆锥体，这是我们课程的一半。

休息了以后，就开始默写。刚开始给他们看看水杯，然后迅速藏起来。他们会说："哇，怎么回事啊？"他们很好奇，有些学生能默写出来，有些不行。我说："你们可以申请，没有看清楚的给你们第二次机会。"我数一、二、三，然后我放起来。这个从有意注意到无意注意，这个默写就是诱导他观察，第一次课这样上。所以我们要求家长旁听，让家长知道我们是怎么上课的。有回去的作业，比如说，我们这些默写的东西，如何排列在画面上、画多大，一般是构图的安排。所以说，先跟他们讨论画纸的特点，竖的、长方形，它是怎么构成的。四条直线、两条是相等的，给他一个概念。左右一分为二，找一个中点，让他点了。同时也教方法，教孩子们借助铅笔，不管上面还是下面，上面找、下面找，它们可以连起来，这个教了以后，然后再教一分为三，要画两个点，距离差不多。第一次铅笔长可以给一些数学的概念。在默写之前还要做这么一个练习，这个是统一的。这个我们不可能太多追求，至于孩子们做得怎么样，我们不追究，根据他的水平，作业交代的就不一样。每天做一张，这是回家的作业，设计的每一个都不一样，每天要画一张。第一节课大体就是这个样子。我们先让孩子们看不准画，然后再画出来，这就叫作默写。

邵任斯：这个默写教学一共要花多长时间呢？

尹东权：默写也不能特别多，太多小朋友会疲劳的，当然也要有些过程。一开始是单个默写（容易记忆的），然后双个默写，从静物体的默写过渡到对人物头型、脸型的默写，从正面侧面过渡到领子的默写。以后课程中都穿插一点，找些新鲜的没画过的主题，花两三分钟时间，造型时先默写，在这个基础上再进行添加与描写。

邵任斯：幼儿写生过程中的问题是：他们经常画他自己知道的而不会仔细观察物象，这样的问题您是怎样处理的？

尹东权：写生的问题，我觉得还是一个过程，一般的孩子没经过点线面的学习，一定有问题，所以说过程很重要，写生的问题跟孩子的个性、家庭有关系。创设这样一个状态、一个气氛，他可能就会提升；如果一个孩子没有家教、没有一个气氛，没有好的方法去引导与鼓励，那就困难了。

邵任斯：刚才谈到构图，除了这样的训练方法还有别的方法吗？我也看过您的文章，是从小构图与命题起步的。

尹东权：这个课是造型方法对孩子培养与影响的表现课例。在创意上，有个课例是"小构图的命题"。这个课也是并行的一个主要课程，是从跟孩子互动开始的。一开始小朋友自由创作，2—3分钟（时间不能太长）。画纸不能太大，让他们自由地画，告诉他们画完后有个事情，老师要让你要表述一下"你为什么要这样画"，这是开始。也有让小朋友上黑板来画的，给小朋友更多的机会、给他们以鼓励，画完后让他们畅所欲言、营造氛围。

对于低幼儿童，教画画是一个方面，教书育人也是另外一个方面。如果说没有经过他的表述，我们成人对他的理解会很表面，有时候他们一说，就很有意思。就知道了他们的想法，在这样的基础上，父母亲与老师才有可能影响他，你可以把你的一些想法说出来与他一起讨论。实际上就是给孩子提一个要求，就是每次画的时候要想一下为什么要这样画，对他的画就深化了，这样就跟他平时的画画不一样了。

形成好的习惯，每天给他形成习惯的思维，这样是很重要的。因为图形艺术与文字艺术，它们有相同的地方。图形就是用图形表达，他必须这样去做，在这样的过程中一定要有人去引导、有人与其讨论。

邵任斯：您提到可以创意默写与写生结合。您是如何理解创意的呢？

尹东权：创意是让学生自己去表达对生活的感受、生活的态度。我们让孩子画的东西有一个话题，画的东西是他自己所需要的，表现了他的生活态度，所以说，让小朋友学画有他的好处，他要思考他的生活状态。他为什么这样生活、他将来追求怎样的生活,这样才能影响他。如果没有的话,那也就太没意思了。

教书、教艺术,不是单单一个修养的问题。让他们思考一下他的生活状态,他与周围的人相处的那种关系。现在的孩子成人们给他吃、给他穿,他们在家里几乎都不干家务,这不太好。他们早上起来知道自己应该做什么,应该怎样做,这些都是应该注意的。

邵任斯:现在很多培训班的老师在教学时画一幅范画让学生跟着学,您觉得这个教学的度应该如何控制?

尹东权:一般来说我们示范是不多的,小朋友会觉得老师画得是好的,这不好,所以我们一般不提供范画。

邵任斯:小朋友在画人物速写时,会不会出现画不下去的情况?

尹东权:要有个过程,当然也会出现一些差异,也会有特别小的孩子出现这种状况。所以,我们尽量注意课程的设计,也会与家长做些沟通,总的来说这样的问题出现得不多,即使出现一些这样的问题也是正常的。

邵任斯:小朋友有时候画的人物不注重比例关系,碰到这样的情况怎么处理?

尹东权:比例是可以在教学当中跟小朋友进行讨论的。我认为在低幼阶段没有必要去要求,我们提升的是这种观察力,同时注重到整体关系是有差异的。处理局部与局部之间的关系对于他们这个年龄段来说是不需要的,如果他们有兴趣做,千万不要以比例要求他们。

邵任斯:您觉得是最后画的展示重要还是过程重要?

尹东权:在整个教学过程中,在实践当中给予切实的影响力这个是重要的。对于最后画面的效果如何我们也要考虑,对学生与家长来说,作业的最后展示效果如何似乎更为重要。两者也要一定程度地兼顾。最后的结果老师也是要考虑的,如果你注意到了,学生会有成就感。

邵任斯：现在很多工作室都迎合家长的需要，要求学生作品饱满之类，还要向家长汇报今天学习了什么。您认为如何处理家长、老师与学生之间的关系呢？

尹东权：这样做是不能长久的。一堂课、两堂课可以，我们讲求整个教学系统，注重渐变的过程。仅仅是为了做一个效果，给家长、学生看，一段时间还可以，但是不会长久的，也会觉得很沮丧，所以说我觉得我们不能这样做。我们是请家长旁听，所以他们能感受到这个课对孩子的作用。

邵任斯：对于高年级学生引导的方式会有所不同，也会有穿插默写吗？

尹东权：当然。他们到了这个年龄段，来了都有考学的要求。对于临近考学的学生，我们还是希望他们全面发展。除非他们到了高三，就完全按照高考应试的要求准备，但这之前，我们还是要求他们考虑学以致用，不能仅仅为了考试。

对于专业考试这一块基础的训练，我们有一句话，也是我们对他们的要求：找高点、找低点，一分为二找起点，就把整体部分的这个问题解决了。要求他们这样做，他们就可以很快地把握这个东西。

邵任斯：非常感谢尹老师！

26

主题：

儿童美术教育，流浪儿童、打工者孩子的公益教学

受访者： 罗珍（原北京东城区少年宫美术教师，启想儿童美术教育创始人）

访谈者： 邵任斯（浙江师范大学美术学院研究生，以下简称"记者"）

李力加（浙江师范大学美术学院教授、硕士研究生导师）

访谈时间： 2012年7月8日

访谈地点： 北京今日美术馆罗珍老师工作室

记者：这幅画（墙上的雪人绘画）的主题是雪人吗？

罗珍：这是一个大主题中的一个小的教学内容。我们为3—6岁儿童专门制作了一套递进式的课程，将艺术和社会教育结合起来，把对自然、人、社会的观察相融合。3岁多的孩子，"和大师一起谈春天的秘密"，侧重对自然和植物的观察。4岁侧重动物，5岁侧重人的生活。3岁的孩子也不仅仅观察自然，也会结合中国传统的节日开展一些活动。你所见的是和大师一起讲秋天的故事，也是透过对自然以及人的生活习俗的观察，认识生命规律与文化。我们对课程稍微做了调整，给打工子弟和流浪儿童也上这样的课，反响特别大。

记者：普通的学生和打工者的孩子在教课上有什么不同？

罗珍：主要依据不同的年龄段。打工者的孩子主要侧重建立自信心和产生自我认同感。这其实与低年龄段的孩子是一样的，通过生命成长的认识让他们懂得什么东西对他们的成长是有价值的。3岁的孩子正值侧重观察能力培养，艺术形式的多种体验，行为习惯、品格的建构，培养孩子的自我认同感。0—6岁的孩子正值潜意识的形成时期，这个时期要用艺术的方式积极构建他们正向的心理能量。习惯形成品格，品格决定命运。让3岁的孩子来讲自己的作品，孩子的性格与表达能力都会发生变化。这次期末总结的时候，家长对孩子的表现都很感动。举两个例子，一个不到3岁的小女孩因为家庭的原因（父母分居）非常没有安全感，自我保护意识非常强。总结的时候她这样说道，我上课很认真，画画变好了。孩子通过这样的方式获得了自我认同感，我觉得这是最明显的变化。还有个4岁的孩子，刚来的时候家长说他很情绪化。其他校外机构的老师不太接受他。这个孩子不跟其他孩子交流，有时上着课会突然哭闹，不听老师讲课，总是按照自己脑子里想的画画，老师对他永远是鼓励，期末总结时他第一个举手说："我会思考了。"通过艺术的方式带给孩子身心的变化是可以受益终生的。

记者：与大师一起体验的课程是怎样的？

罗珍：在课程里只要能找到与他相对应的艺术家，就让孩子说出来。不仅有中国的也有外国的。

记者：在校外美术教育中很多地方都开设向大师学习的课程，对此您如何看待？

罗珍：学大师不是学大师的颜色、构图、技能技巧，而是学艺术家看世界的不同角度、对社会的态度。怎么把自己的感受用艺术的方式表达出来。

记者：您是如何安排各种类型课程百分比的？

罗珍：完全按照内容，形式服从内容，形式都是媒介与语言，不会刻意想好。课程设置完全是基于对生活的认知而进行的。

记者：打工者的孩子其生活环境与一般孩子不同，您是如何根据他们的特点来设置课程的？

罗珍：了解他们的生活，在生活经验的基础上发展他的经验。"和莫奈一起画春天的花园"，这样的主题城里的孩子很熟悉，而打工者的孩子家在农村，对于他们来说这就是他们的生活环境，老师只要稍微转换一下思路，想想打工者的孩子的生活环境、调取他们的生活经验就可以了。

记者：教打工者的孩子是否会碰到困难？

罗珍：我认为他们更单纯，接受起来更容易。城市里的孩子接触的事物多，物质很丰富，表达的内容有差异，表达的都是生活感受。打工者的孩子生活经验与城里孩子不同，所以他们在表达上往往偏向于简单化。但是他慢慢会找到一种用艺术表达自己的方式，我觉得这是最难得的。他们能够建立自信，对未来有理想、有期待。

记者：罗老师您平时自己教课吗？

罗珍：我们是团队，全部都是专职老师。

记者：您的教学机构与其他校外画班的不同之处是什么？

罗珍：我们更注重课程，这是其他地方很难做到的。3—6岁的孩子只要一直在我们这里上课，都能获得很好的成长，不同年龄段孩子的培养全都基于前一阶段的学习。

记者：是否会有孩子一直按照自己的图式创作而不去改变？

罗珍：会有这样的孩子。造成这种图式的原因首先是受先入为主的影响，其次是不懂得观看。老师只要引导他怎么去看就可以了。有这样的例子，一个孩子，他画的都是卡通书上、电视里的形象，你可以跟他说："你画的东西都是别人创作的，不属于你自己，你要画出属于你自己的形象。"小孩子只要会看就能画得出来。他是否能接受教师的意见则是时间长短的问题。

记者：您如何看待范画的问题？

罗珍：老师的范画，并没有把孩子的生活经验调动出来，与他的生活经验无关。只有与孩子的生活经验有关，孩子才能有兴趣。范画是老师对经验的认知，但不是孩子的。

我们给孩子看的是资料或者是其他孩子画的画。教学技能方面，如两个颜色调合是什么颜色，这是老师可以示范的，但只能是这个点。即使是画油画，首先要让孩子感觉这个材料很好玩。比如这组油画，也是讲春天的一组课程，以梵·高的一幅画为导入，老师提问：树干、草带给你什么样的不同感觉？孩子会说树干很强大、很粗壮。草很柔弱。哪个好哪个坏？有的孩子认为树干好，因为他强壮；有的孩子认为草好，因为风一吹它永远不折。所有的生命都有其存在的价值，有积极的一面。要培养孩子永远都正向去看事物的方式与心态，这即是生命教育。如何用笔触将草的柔弱表现出来，树干的强、硬又应该如何表现，所有的语言都是为情感的表达服务的，语言是媒介。要让孩子知道这种语言，然后他们自己有使用的方法——"我想怎么用"。不是为了技法而技法，而是为了表达，他觉得这样的方式是最恰当的。现在不少美术教师自身存在问题，他们没有将材料本身与孩子的情感产生连接起来，只觉得材料很有意思。在课堂中会花一定的时间引导孩子体会材质的情感因素。通过对作品的分析即鉴赏，也能看出老师的审美素养。高等教育是有问题的，甚至学艺术教育的研究生都如此，没有达到艺术教育的深度。如果深度够了，教育会做到哲学层面。

记者：像这样的手工课，您是如何让学生体验材质的情感因素的？

罗珍：我们的课都是主题式的，不能拿一小点来说。比如就我们大班的课程总结来说，和大师一起秀时尚，全是和衣服、鞋子、帽子有关的。第一节课是"和蒙德里安比抽象"，实质是把服饰和蒙德里安的块面分割结合起来。第二堂课是中国的服饰，皇帝的龙袍和皇后的凤袍，古代的服饰是怎么样的。为什么皇帝用龙，皇后用凤，龙和凤是怎么来的。第三堂课是扎染。纺织颜料染、扎的方式不同形成不同图案。第四堂课是植物的写生，老师带孩子们到花卉大观园中观察真实的花卉。做服装很多灵感来自自然，用花的局部来做服装的设计。我们把所有花瓣打散再重新摆。先选好材料，颜色由学生自己选择。第五堂课是根据花来设计一个整体造型的服装，有发型、帽子、鞋子、配饰。一学期下来是没有上完所有课程的。最后总结的时候老师回放教学照片，问学生穿衣打扮哪些是必备的？孩子会说发型、衣服的设计、鞋子。问设计灵感来源于什么？孩子说来自蒙德里安、龙凤、艺术家、自然、生活等。这样孩子就理解了设计与每个部分、每个元素的关系。因此，我认为引导孩子如何思考更重要。所有美术知识的学习都融合在内容里，包括写生时的观察方法、色彩的知识，都不单独拿出来讲，而是与教学内容相贯穿的。

记者：如何处理家长与教学的关系？

罗珍：开课之前所有的家长必须参加培训。我们向家长介绍我们的教育理念，出示课程例子，所以家长不会去评价这堂课孩子做得好不好。一个学期至少三次给家长做讲座，以前他们没有接受过这样的教育，因此他们需要学习，只有理解了才能支持我们的教学。

记者：一堂课上孩子选择材料是自由的还是会受限制的？

罗珍：孩子在这里久了自然知道材料放哪，所以养成习惯非常重要。但选择的种类我们一般不提倡太多，一堂课材料的语言是有前期铺垫的。3岁的孩子可以用剪刀，4—5岁的孩子可以用胶枪，老师告诉使用规则，没有发生过任何问题。比如使用胶枪不会触电，偶尔会烫到，孩子学习是要靠体验的，仅凭老师告诉他不要这样做是没有用的，只有体验过才知道。给家长也上同样的课，家长上过之后对孩子就没有那么多的禁忌了，只有给孩子机会，他们才能获得真正的体验。

记者：为什么会想到给留守儿童上美术课？

罗珍：其实这是我一直以来的夙愿。要让城市孩子看到这个世界的千姿百态，从多角度认识社会，付出他们的爱并能传递下去。他们作为人就要懂得生命的价值，学会尊重生命。当城市里的孩子看到一些留守儿童生活环境比较恶劣的情况时，我相信这个世界上有善的能量，这种能量不仅能让孩子感受得到，而且能传递下去。我们每学期都有活动，他们知道去帮助别人。其实帮助别人不仅仅是要给他什么，而是在这样的过程中证明自己有价值。受助的对象反过来给你的更多。当你付出爱的时候，那些孩子回馈给你的也是爱，那会让我非常感动。我和他们一起成长，这是一个良性循环。

记者：您如何看待老师给孩子改画？

罗珍：那也只能是局部一点，"给你个建议，是否好看多了"，并不是整个去改，帮助他跨越在这个过程中的问题。有些孩子不允许往上面画，我们也是绝对尊重孩子，再拿张纸示范。

记者：对于画面的完整性有何要求？

罗珍：尽量善始善终。一堂课一个半小时完成画面，无论是大幅的还是小幅的，课前老师们必须把所有的东西都很有条理地放在桌上，一个班有12个孩子，一个主讲老师，一个助教。

记者：孩子在涂色的时候有一定的要求吗？

罗珍：孩子天生的视觉经验，色彩也是个性化的，老师不给答案，永远是肯定孩子、鼓励孩子，当然鼓励不能是平平的，要鼓励到点子上。引导孩子在介绍自己作品时也能够说出自己的作品好在哪里。一堂课下来专门有一个环节是学生自评，一个课程往往需要两节课完成。

记者：少年宫的孩子和这边的孩子有什么不同？

罗珍：毕竟这边收费高，家长的层次高，他们更易于接受这样的教育方式，我们可以做到精英教育。少年宫的家长更功利，要求孩子参加比赛，有一个完整的作品，少年宫还是属于普及化的教育。我会跟家长先讲我的教育宗旨，如果他们不理解我也不会强求。老师不能一味地迎合家长，一般情况我和家长讲完了之后90%的家长都能接受。（罗老师90年代从丰台少年宫做起，2000年以后到了东城少年宫，尹少淳教授的很多研究生都到东城少年宫担任教学任务）当然，教学设计都是我们共同完成的，前期教学时我也会一旁听课，直到他们能独立上课为止，因为我也要对这些家长负责。

记者：您做的教育部课题是关于文化资源开发的，能否介绍一下。

罗珍：我当时做这个课题的目的是，解决校外老师课程设计的问题。校外没有教材、没有大纲、没有课程标准，完全要靠老师个人的能力。我们要找出课程设计的一套方法，让老师学会课程设计，好的教育要靠课程来承载，要利用地方的文化资源来做课程设计。大部分老师很崇洋，认为学习西方很了不起，其实中国有很多文化都是需要孩子来理解和认知的，生活在这样的环境里，孩子最起码要了解公民教育。西方的文化与孩子的生活经验离得很远，我们的课程都是和孩子的生活经验有密切联系的，能在他们经验的基础之上去发展。少年宫的老师给孩子讲毕加索，过了一个月之后孩子全都忘了，这些跟他们的生活经验无关，讲得再多都是无用的。教师要用艺术的方式对孩子未来的生活品质有一个提升，孩子在将来才能很容易感受到生活中美的东西。我本科学的是美术教育，研究生读的是美学美育专业，有关中西方的哲学。我认为在做教育的时候只有达到哲学层面，才能立得住脚。很多家长来了之后都说："你做的东西太扎实了！"很多的机构形式花里胡哨，其实是浮漂的。

记者：文化资源的开发主要涉及哪些文化？您有何创新之处？

罗珍：当地的地方文化。创新之处有两个方面：第一，总结了一套课程设计的方法，比如以"情绪"为主题，注重作品的形式、材料、创作空间、人文环境、自然环境。围绕"情绪"可以有喜怒哀乐，人文环境中可"喜"的因素如：和家人一起是非常开心的事；自然环境中可"喜"的因素如：去动物园玩。接着就要考虑什么样的表现形式、什么样的材料适合不同的年龄段。我们的课程设计必须和文化性的事物相关联，所有的材料和表现形式都要为情感来服务。

记者：您是否开设水墨课程？

罗珍：没有，我们主要以幼儿为主，我认为水墨更强调语言，这需要技能为依托，因此水墨适合更大的学生学习。我看见过一个机构让孩子用水墨来表现《清明上河图》，只用黑、白、灰三块来表现，用墨线勾勒形，没有真正的水墨语言，如果用其他的材料也能达到这样的效果，那么毛笔就起不到应有的作用了。

记者：如果画京剧人物，是给孩子提供图片让他们临摹还是让他们欣赏过后把人物等默写下来？

罗珍：这应该根据课程设计的侧重点来确定。如果培养观察方法，学生在欣赏图片时就要仔细观察，而如果是一节创作课，就不能完全让学生去临摹对象，一定要有学生自己的想法和创造。如，某教师的教学是让孩子临摹大师的作品再写生，这样的方法没有错，但是没有体现创作的意义。家长也问过我这样的教学方法是否妥当，我认为写生不能陷入临摹或再现中，艺术是有取舍的，写生也是。教育要靠积累，每一个台阶都要实实在在地走好。教育到最后是做人。美术只是一个载体，要让孩子对人性、社会、宇宙都有认识。艺术家是以特殊的视角看世界的。

记者：如何理解创造力？

罗珍：想法。孩子根据老师讲解的内容所散发出来的想法。造型语言的运用与表达。材料的运用，解决问题的方法。从人的整个生命成长来看待艺术教育。现在的"果"是未来的"因"。创造力并不是让孩子乱想、乱画，要想更具备创造力，这些都是影响因素。

记者：如何看待卡通漫画？

罗珍：卡漫的流行受很多因素影响，首先父母的选择会影响孩子；其次，学校教育没有发挥正确的引导作用，孩子不具备评判能力。因此，我们对家长审美能力的培养特别重视，很多课程设置都会与家长沟通，家长可以旁听我们的课，并且每一次课都会留出十分钟，从美术的、文化的角度向家长介绍我们的课程。

记者：会经常带孩子外出写生吗？

罗珍：会。看博物馆、参观、写生，会有很多活动。

记者：是否开设了陶艺课程？

罗珍：我们会根据主题来计划。陶艺课也开设2—3次，每一堂课都是递进的关系，为他最后的创作来服务。这同人从小到大的学习也是一样的道理，循序渐进。因此不能孤立地看一节课，必须系统化，至少从一个学期来看。要教给孩子如何玩泥、如何造型的方法，由造型元素到造型语言再到美感规律。追寻表现形式和材料的原初状态，让孩子掐、捏、压，把泥做成线、球、面，再把这些元素进行组合。不能提供太多工具，因为孩子的能力和手的能力有很大的关系，直接对材质的接触与感觉才是最真实的，就如画油画的时候，有的孩子就直接用手去表现，这样他才能感受到细微的差异性。因此不能在理论层面空讲"体验"，感受的敏锐性就是这样而来的，而不是仅靠"看"能解决的。

记者：是否有必要给孩子提供最好的材料？

罗珍：没有必要所有的材料都是最好的。颜色一定要非常"正"，这会对孩子视觉产生影响。老师对颜色也很挑剔，不会买那些很艳、很扎眼的颜料。

记者：是否会给孩子调好颜料？

罗珍：不会。我们会提供色彩，让孩子自己挑选。孩子对色彩的评判能力相对较弱，老师要在提供材料时就训练孩子对色彩的敏感性。我们这里的老师在准备材料上会花费很多时间，自己搭配比较好看之后才提供给孩子。其实为他们提供的颜料无论怎么搭配都会非常美观。虽然有限定的范围，但是还是给了孩子自由的空间。他们选了色彩之后还可以加黑、白，自然会产生不同的效果。孩子经过这样的学习，会对色彩的搭配产生自己的主见，甚至对家人的穿着也有自己的看法。我认为教学必须始终关注儿童的"经验"。每个年龄段孩子的心理不同，都有不同的经验，老师要调动出孩子的原有经验与认知，在此基础上发展孩子的经验。

你认为幸福是什么？我觉得是自我认同。如果一个老师只满足于金钱带来的快乐，到了一定程度自然会对"金钱"产生憎恶感。老师一定要明白自己所做的一切是为什么，如果是为了孩子的成长，那么就会活得很幸福。

记者：如何看待某些老师让孩子画很大画幅的作品？

罗珍：一定要在孩子能力范围之内，不能为了功利而这样做。不是说作品小就没有震撼力。流浪儿童之家的一个孩子就是例子。他画的作品不大，底色全部刷黑，因为他觉得流浪的生活是黑暗的，夜晚经常在路灯下度过，他很渴望有个温暖的家，所以他画了一个路灯和单线勾勒的小人，还有房子，散发出微弱的灯光，房子外还下着雪，他觉得下雪象征着未来的吉祥和美好。孩子在创作的时候不会去考虑画幅的大与小，这个孩子运用的材料很简单，但是经过他的讲述，特别能打动我。我觉得，孩子以艺术的方式把自己想说的表达出来就够了。他能够面对自己黑暗的生活，并且当着那么多人的面说出自己的感受已经很勇敢了，他能够正视自己，把内心不好的情绪通过艺术得到疏解。

记者：流浪儿童通过这样的方式可能会发生哪些变化？

罗珍：性格变得更加开朗、阳光，懂得感恩，会发现生活中美好的一面，对自己的自我认同。面对流浪儿童，老师必须很真诚地爱护他们。

记者：教流浪儿童的时候是否会碰到困难？

罗珍：他们会对你产生戒备心理，他们从来不说话，作为老师，我们要让他们感受到我们真的很爱他们，让他们喜欢课程。这些课程在原来的基础上做了调整。他们在思维方面要比城市的孩子开放很多，他们并非不聪明。

记者：实施上是否有困难，累吗？

罗珍：很累。我从去年开始计划做一个品牌，需要商业化的模式，自己必须具备"造血机能"，才能实现理想化的目标。有了钱，我们可以更主动，把事情做得更好，让更多的人受益。在这里做了这么久，我从来没有拿过工资，全部都是我的投入，精力、金钱（十个员工，每月工资要五万块）。除了课程的模块化之外，我还在做艺术品DIY的研发。前景非常好，因为我们在用心做。我并不害怕有竞争对手，到其他地方做讲座，我的PPT都是可以共享的，并不害怕别人学，因为有些东西是永远学不去的，这些跟个人的经验、思想有关。之后所激发出来的源源不断的灵感是别人所没有的。我个人的付出对行业的氛围营造也是有好处的，不能只站在一己的角度看事情。要永远积极正向地看待人和事，不要以固有的模式或戴着有色眼镜看人、看事，每当那个时候要放下自己，把自己清空，听别人说。我们在教师培训的时候并不是先教课程，而是心理体验，要求老师找出自己内在的问题，然后再去面对孩子，让老师去影响孩子。

记者：非常感谢！

27

主题：

"感知与表达"画展现场记录

受访者： 崔苓（原安徽省合肥市少年宫美术教师）

访谈者： 姜哲娴、李霜菊（浙江师范大学美术学院研究生）

访谈时间： 2013 年 11 月 14 日

访谈地点： 安徽中国科技大学图书馆四楼

片段一

崔苓：（走到展览的"前言"前）

这些在我的书里都写到过，可惜还没有出版，还在跟出版社交涉。本来书跟展览是同时出来的，但是现在没办法。就先搞个小型的展览。

姜哲娴：这些画是多大的孩子画的？

崔苓：这个好多年了，这个小孩都上研究生了，那个小孩现在上初三，这是他上小学时的作品。所有的作品，个别小孩最大的14岁，到达儿童的顶峰了，儿童期结束了。最小的三四岁。

姜哲娴：那一起上课吗？应该分开的吧。（笑）

崔苓：当然分开来了。其实也可以同样画，十岁画十岁的，两岁画两岁的。但是家长可能不接受，儿童不能适应，管理上也有困难。

片段二

崔苓：包括岩画、当代的作品，在课堂中都可以活学活用，产生新的联想。让他们自己去悟，而不要我去悟。

姜哲娴：崔老师，您给学生看的是实物还是照片？

崔苓：实物没有，都是照片。但是照片上面的色彩一般看不出来，就让他们自己去寻找。看张画，眼睛里面好多色彩，都凹下去了，还不死。

姜哲娴：这些画色彩感很好。

崔苓：你看（指着写生的花）这一批是写生，我都没有摆正，我觉得倒过来都没有关系。我让他们出去，当时公园里面乱糟糟的，是不可能画画的，我让他们自己拍。他们有了自己直观的感受后，加上

大致的回忆，颜色用得毫不犹疑，太感人了。他们自己会这样处理，颜色鲜得不得了，好漂亮。

崔苓：这个展览就算是我的一个告别式，现在儿童美术教育都市场化了。我也不能讲别人不能搞市场化，对我来讲我是不想做市场化。所以我就显得不太入流。我在想儿童画（儿童美术）是人的教育，不能够市场化。首先一点你要做的比市场好，所以我就显得和大环境格格不入。你去关小蕾那边看了，她专门做残疾人（特殊儿童）这一块，我觉得非常好。这里面有对人的一种教育。你是老师，你不能只考虑自己，你在教别人的时候多了份责任，要有良心。

姜哲娴：因为关老师做"公民教育"，所以出版社免费帮关老师出了两本书，每一本都很厚。

崔苓：我要出书，出版社都是要钱的，钱都是我自己出啊。我还不像关小蕾，她毕竟是领导，她做残疾儿童（特殊儿童）这一块。我什么都没有，一分钱赞助都没有。还有很多画没有作者的名字，都是我自己出钱去装框的，不然你怎么展，就一张纸。这个场地又不准我打一个钉子，架子都没法用。

姜哲娴：确实很不容易。不过您和他们不一样，每个人的追求都不一样。

崔苓：你看这幅画是写生，纯粹的写生。

姜哲娴：我看他们都没有打形的痕迹，他们就是直接画的？

崔苓：对的。这个才是4岁的孩子。就这样直接画出来，他也不懂素描，也不懂什么。就是我们在摆的时候让他很有感觉。进来一个妈妈，随便坐，家长过来就直接当模特。你看很多画的模特都是一个人，这个围巾是我给她带上的。这张作品是一个10岁的学生画的，这是她第一次画人物，第一张作业。而且这么大一张纸，什么都没有就直接画起来。

姜哲娴：对水粉的技法，您是怎么教的？

崔苓：水粉他们不是第一次画，不用教，之前就接触过。这张是课堂写生的。那个小朋友画的是第二堂课的作业，我觉得小孩子来早来晚没有关系。

姜哲娴：有一些年龄比较大的学生，在学校接触的条条框框比较多，您是如何引导他们的？

崔苓：这是我们上课的一个最大的阻碍，所以我们上课的时候就会想很多办法，刚开始让他们随意画，让他们把思路打开。

姜哲娴：有些小孩画来画去，就几个固定的模式，其他的什么也画不出来，是否要让他们看一些东西？

崔苓：不行，越看他就越迷糊。要想办法把它破掉，看要有一个度的把握。

你看这几张画，他们上课就是自己搞自己的东西，他们能自圆其说，挺好的。你看他们画爸爸妈妈的人物写生，他也画人，但是就是在搞怪，他搞怪搞的效果很好啊！这样的作品我还有大批的没有展出来，都装过框了，就学生画的黑白的这些作品。我从来不讲素描，就让他们自己画。我也给他们看东西，我在适当的时候给他们看东西。比如他们漫无边际的时候我就给他们看东西，怎么让他们在漫无边际的时候把精彩的东西表现出来，这就要靠老师的把握。你顺着他的思路，你会发现他们放得很开，放得不得了。

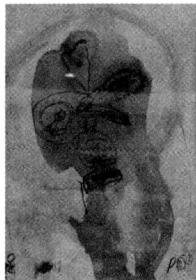

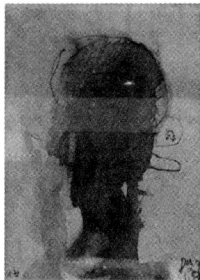

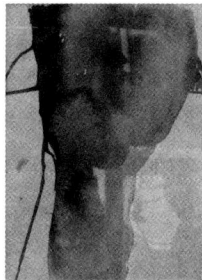

你看这两张吧。其实这个小孩子患有自闭症，他的妈妈对他都没有信心。他就来上了几节课，你看他画的颜色有多亮，他的内心有多干净。他不想外面的世界的时候，他的心里就好美。我给他这么大的纸。这张纸在展览会上觉得小，其实在课堂上不觉得小。我经常训练他们，有时候在这样的纸上画，有时候更大，我觉得纸的大小都不重要，他在这样适应的时候，他已经有长进了。写实训练也要有，所谓的抽象画也要有。过去的东西只是（还是）一个借鉴，这些都是他自己选的材料，自己处理。老师的帮助就是他需要什么材料我拿给他。每个人都不一样，他想在上面写字，我就让他写。这个学生很可爱，他所有的作品都有这样一个小鸟，这是他的符号。

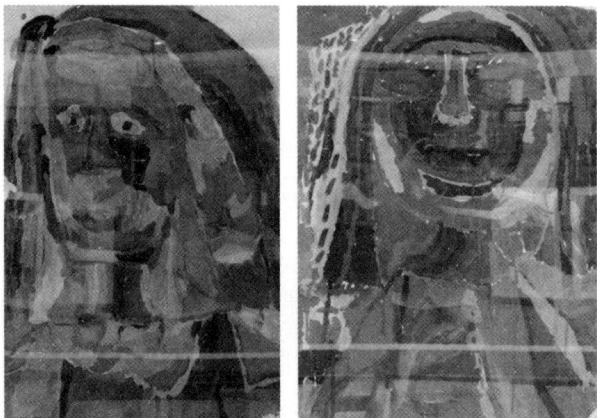

姜哲娴：这里有好几张他的作品，还看见有的学生画了小猫的符号。

崔苓：这是我的书的扉页。

姜哲娴：他还在这种纸上自己弄一些颜色。

崔苓：对啊，你看他画的比例，其实根本不准。头这么大，脚都画进去了。谁都不会纠正他的形不准，但是他画的就是好看。所以艺术的美，形准不是唯一的。有的老师会说他画的头那么大、脚那么小啊，但我觉得一点都不难看。像这样的作品我起码有不下100张。这画的是什么呢，任意他们画，训练孩子一个自由的心态。比如这个孩子，他一天素描都没画过，我也不跟他讲黑白灰，我就给他看木雕，然后他就这样画出来了，我都来不及装裱，就连画板搬过来了，一个小小孩能这样画真不容易。这个也是写生，小孩第一次来,就能这样画,我太吃惊了。我完全认可他,非要那么写实干嘛,他两堂课就两个样,但风格是一样的,他有他自己的风格。底下这一圈没有任何样子,就是画抽象,如果你讲抽象小孩子怎么画啊。我们不但要关注有形的课堂写生,还要关注无形的。我就让他们画空气,空气是看不见的,你来表现出来。这类作品简直太多了,有一张画,人正在看书,书打开,然后空气……简直太漂亮了!

姜哲娴:画之前要跟学生说些什么?

崔岑:这节课我们说什么呢,我不说抽象。学生问老师画什么,我说你想画什么,学生说老师我要画人,好,你就画人,但人是看得见的,我们要画看不见的。不光画看不见的,我还让他们画时间,我正在讲话时间也就过去了,虽然这些是大学课程,但是儿童也能做到,儿童更奇特,他能想到更多,有很多很多作品是画时间的。一个鸭妈妈在那边孵鸭蛋,慢慢地小鸭子孵出来了,这就是时间。

姜哲娴:一连串地画起来,把时间的过程都画出来了。

崔岑:对,他就这样一连串地把过程都画出来,他把抽象的东西具象化了,这是一种转换。

姜哲娴:画这些画有年龄限制吗?不同的年龄段有不同的要求吗?

崔岑:这个我觉得就涉及另一个课题了,不同的年龄有不同的要求,实际上年龄小的孩子我们要求得少,大的孩子我们要求得多,但这种多并不是多在限制上。"你看这个孩子的画,他对脸的表达,不管他用什么方法去表达,他都是自己的。如果老师把他限制住了,大家都一样,这样就不好了,对孩子们的要求很难用一个尺度去把握。我上课非常随意,不刻意要求。我有我的思想,不像李老师他们做研究的,而且李老师说我是"划时代",我觉得我不是,关小蕾、杨景芝才是划时代的。第二,范式问题,我们给儿童不能用范式,不能有模板,我不知道你们是怎么理解的,但是我觉得这个范式框死了，所以教学也不能有范式。范式就是典范、模范的意思，就是有个规定的意思，我觉得我没有，而且我在不断地推翻这个范式，走出这个模式，我做这个是很痛苦的。范式对当下这个浮躁的社会来说我觉得是可以的，但是我不做市场，我只是想让孩子静下心来。张笑在这方面做得不错，我和她是在1986年的时候认识的，那时候我们都还很小，坚持到现在的有杨景芝、关小蕾和我，别人就没有了。30年过来了，做到现在，我一直觉得关小蕾做得不错，张笑做得不错，是因为他们对美术对儿童有独到的认识。

其实儿童学画画也不是非要有个时间，他想来就来想不来就不来，儿童什么时候有灵感就来画画，我觉得是最好的。但是我什么都没有，要让社会认可很难，而且我们一直在基层这样做，得不到认可，走不出去。

对我来讲，好不好都不重要，我做了这么多年，我的心放进去了，我觉得我自己做得不够好，我年龄大了，再说这也不是一代人能完成的。我也有很多地方做得不尽如人意，我在里面也是干涉。张笑做得不错，所有的小孩想来画就来画，那是最好的。谢丽芳做得也很好，她做农村孩子与农村教师培养。谢老师搞了个"蒲公英行动"，有一群人帮她，但是我什么都没有，太辛苦了，我的心简直……（说到此处崔老师眼圈都红了，声音都哽咽了）

姜哲娴：不认可可能是家长不接受这样的教育方式。

崔苓：功利。他们只知道追求结果，其实结果的后面是什么，结果的后面还是结果，永远没有止境。

姜哲娴：他们看得比较浅，他们只追求眼前的。

崔苓：其实教育是一种长久的文化的沉淀。我这次展览会，所有的剪彩我都不请领导，我让孩子自己剪，让每个孩子都带一把小剪刀，剪出来的每一块绸缎就绑在这个请柬上面，留着做纪念。儿童才是真正的主人。

姜哲娴：有些画家也是很功利的。

崔苓：你说得太对了。学生们说想弄个展览，为了有个场地，我想去博物馆，如果太贵我们就展两天，我跑到博物馆，博物馆的人说8000平米以下的不租。而且说挂儿童画不能间隔很大，否则会冷场，他要热烈，他要一个氛围、一个气氛，要一个烘托。博物馆灰蒙蒙的，得搞一个灯光打下去。

姜哲娴：这样子搞得太神圣了。

崔苓：有个学生的家长在中科大图书馆工作，就给我搞了这个场地，但是这里不能够打一个钉子。这些灯也是自己安的，不能太刺眼，就用宣纸把灯泡包起来。就我和我一个朋友还有一个木工搬上搬下，很辛苦，腰都要断了，也没有什么人来帮我，所以社会因素和人的因素都是很复杂的，我本来就很纯粹，艺术家要纯粹，教学也要纯粹，要是没有一颗心沉下来，你做不下来。但是这样太累了，我现在就不做了，不想做了，因为我永远做不完，这条路永远走不完。这个展览为什么很多作品不能展出来，很多作品都很好，有几百、上千张。家长不认可，不装框。还要出本书，你说我的钱从哪里来。看看这些作品都是原创，没办法啊！儿童画画很简单，教儿童画画你牵动社会的时候就很复杂。为什么关小蕾做得那么好呢，因为她站在高处。我没有权怎么做下去呢！张笑做了那么多年因为他有钱，我既没钱也没权。

姜哲娴：在这种情况下做事业真是很不容易啊。

崔苓：做不动了，你看我的头发眉毛都白完了，太累了。你看我的学生作品，这只是一小部分，但你怎么弄呢，就这么个小展览。

姜哲娴：这些画展完了，您是还给学生还是自己收藏？

崔苓：本来有家长提供一个空房子给我摆，但是一天到晚狡兔三窟，搬到这里搬到那里，房子要卖了我就要迁走，楼下楼上的搬呀！所以为什么我要搞个展览，出本书，就是要告别这个事了，这就代表将来了，我永远看不到的将来。书出来是给别人看的，但是它没有视觉效果，视觉效果还是展览会现场好，但是我没办法，我自己住的房子只有50多个平方，我就拿一点退休工资，你说我怎么保存它？又没有一个儿童博物馆。我讲的话都有点可笑，哪里能给你搞儿童博物馆啊，你看我们省博物馆只能放什么张大千的，谁会在乎儿童，我呼吁了又有什么用，我也没有那个能力。你看这些老师包括关小蕾、李力加他们都能找到一条自己的路，这条路都是适合自己的，而且都在做。我就是走儿童美术这条路，但这样我还是走不出来，很有局限性。

姜哲娴：我觉得这些画都不错，很有个性。

崔苓：家长就是两个标准，第一个像，第二个功利。我就坚守我自己，儿童就是最好的画家。这种画我家里还有很多，摆不下了，很多条件制约着我，不能施展。

你们都很年轻，看到你们就和看到我女儿一样，她现在在国外念研三，她在上海华东师范大学专攻学前教育，专门研究儿童，她对儿童美术认识深刻，课上得十分漂亮，保研读了一年就到国外去了。实际上唯一支持我的就是她了。

你看这个小孩在我这边上课，所以我觉得儿童可以以个案来研究，儿童有个性。这小孩是和那个小孩一起来的，那个小孩比他早来很久，他第一次就画成这样，你看儿童有什么做不到的，第一堂课

就画成这样，我吓了一大跳。第二堂课是这样子的，那里面还有他的作品。他掌握了自己的语言，而我的教学宗旨就是把孩子自己的东西挖出来，别的都不重要。

姜哲娴：他颜色用得很大胆。

崔岑：他很敢用，他就自己在里面思考，而且他很小，我这边最大的就14岁。所以我觉得儿童画中个人的东西比较多。这些小孩的作品可能技法上达不到，但这不就是技法吗？这是他自己的技法，我在书上写了这样一句话：你少讲技法，他才有自己的技法，你少讲方法，他就要琢磨自己的方法，你讲得越多，他越没有自己。但就是讲多讲少这个度的把握，我觉得是有难度的，还有每个老师对艺术的认识也不同。

姜哲娴：崔老师，记得您早期出过一本剪纸的书。

崔岑：我对纸比较感兴趣，对布感兴趣，是因为我年轻的时候喜欢服装，我是学舞台美术的，也要搞服装设计，所以对布有一种特别的亲切感。纸是最方便的，随手可以拿，而且觉得没有距离感，这种小草纸我最喜欢，它表面糙糙而且有阻力，必须慢慢画，必须要静下心来画，也想了很多办法。

姜哲娴：餐巾纸、皱纹纸？

崔岑：你看这种纸的运用，这就是两个人，刮出来的。他根本不知道马蒂斯。

姜哲娴：是在上课的时候想的，还是给孩子们看一些图片启发他们？

　　崔岑：上课的时候一般不看，该给他看时才给他看，我要他们自己悟出来。

　　姜哲娴：就是让他自己悟出自己的东西来。

　　崔岑：对。你看这个作品，他在宣纸上剪出一个人，我给他一张黑纸让他摆上去，一摆就发现这里还有个人，在版画上讲这就是阴的阳的，你看在这个里面阴比阳还要重要。像这个（作品）是学校师生在做操。你看这个，我让他弄字，他把"人"字象形了，我们古代的字是从象形过来的。这些老师是要想到的。你怎么做都行，你把字当作人、把人当作字都行。这个作品的作者现在读博士，比你们、比我女儿都大。在广州有一个叫杜梁的人这一块做得很好，你们既然做研究，我觉得各个流派好的老师都要了解。

　　姜哲娴：我们发现这里的小孩子都好厉害啊！

　　崔岑：这个是一年级小孩子的作品，你看这里都有字，什么爸爸的嘴唇、妈妈的嘴唇，都是儿童内心的东西。

　　这幅作品是先剪很多小人，然后再剪太阳，贴在一起。这小孩现在已经是大学生了。这都是十几年前做的设计课的成果，这幅作品以前出的书里面是有的。

　　姜哲娴：感觉现在很多老师都不会花那么多心思去教了。

崔苓：我们那代人还在坚持，虽然很多也是市场化了，但只要不昧着良心就行。就目前儿童美术领域来讲，我们这一代人能沉下心来做的人不多了。

片段三：

姜哲娴：我们在幼儿剪纸的教学中，孩子自己玩自己的，剪完后再提起来，就很立体了，我就表扬他。

崔苓：无师自通。我这个作品本来也是立体的，一压就瘪掉了，这种东西很难保存。有些人看不懂你在教什么，想法是无形的，他会用有形来表现无形。

姜哲娴：很多家长还是不理解，就像在幼儿园里每到家长来接孩子，我们跟孩子家长讲述这个过程，他们还是很不理解的。

崔苓：搞开放式教育，我对家长都是开放的。

姜哲娴：家长们来看看也是很好的。

崔苓：其实这些画都是很好的，装框也来不及了。他们告诉我这里要装修成咖啡厅，希望我挪到一楼去展，很大，但是一挪就要重新布展。

姜哲娴：这样就会很累。

崔苓：是啊，很累的。他们也希望画展能长期一点。

姜哲娴：要是学校能提供一个房间长期放在里面就好了。

崔苓：那我做梦都想啊。

姜哲娴：真的缺一个儿童博物馆啊！

崔苓：可以让李力加老师呼吁一下，我愿意把这些作品全部捐过去。国外就有儿童博物馆。

姜哲娴：应该有的。

崔苓：没办法啊。

片段四:

崔苓:很多孩子的作品很好,但是家长不知道收藏啊,他们以为不好,就丢掉了。这是小孩子留下来的印记。

姜哲娴:他们不会像您这样子的,您看好的作品总是眼睛放光的。真应该有个地方把这些画存放起来,不然太可惜了。

崔苓:我还有很多啊,还给家长就马上全部散掉了。

姜哲娴:那就太可惜了。

崔苓:还有好多没有摆起来。我一个人怎么能把它们保护下来,我保留这么多年了,到处借房子摆,到处搬。

姜哲娴:崔老师您真是为这些画操心了。

崔苓:操心啊,留不住啊!我们少年宫从来没有把这些画当成宝贝存起来。

姜哲娴:少年宫怎么也会这样呢?

崔苓:我在少年宫退休以后他给我们每个人一个房间,我的里面是满的,我到现在还没有进去过。以后肯定全部都是给那个收废品的收走了。

姜哲娴:我们也是知道的,这个行情我们也是了解的。

崔苓:很残酷哦!要是你们走市场道路,日子也能过,不走市场道路,就很艰辛,而且研究没头绪。

姜哲娴:从一开始考进大学就有异样的眼光,他们觉得美术类大学生不是很好的。

崔苓:其实我觉得人是要一辈子努力的。

片段五:

崔苓:这是画面的重构、解构。

姜哲娴:平时您让学生画的时候会不会给他们看一些大师的作品?

崔苓:当然要看了,但是看了不会马上就临摹,不这样直接。

姜哲娴：会不会讲解？

崔苓：也讲，也分析，就是不知道他们能吸收多少。我上课喜欢声东击西。

姜哲娴：怎么个声东击西法呢？

崔苓：比如说就像外面画那个面具，他明明是木雕，但是我不让他们掌握木雕的这种技法，就是让他们看到色彩。比如说他有些是黑白的，有些是彩色的，我不让他画色彩，我让他们找黑白。其实道理都是素描的那些，道理是一样的。不是刻意地做这个东西，不是直接地学。

姜哲娴：打破他原有的东西。

崔苓：让他透过这个现象能够看到别的，也不是直接学，而是间接地去感受。我们在博物馆就是希望能在自然的状态下搞这个展。

姜哲娴：的确，那种灯光打下来不太舒服。

崔苓：像这种我就特别喜欢，我就想让儿童不管通过什么形式他能找到自己，能找到原生，就是一个原创。

姜哲娴：崔老师，您到少年宫之前也没有接触到教小朋友这一块，您是怎样探索用这么多种形式来呈现作品的？

崔苓：首先自己画画，那时候一天到晚画画，把大学里的东西带到课堂，那个时候就研究儿童，然后就想到自己小时候画画的那种状态，然后慢慢地想，就这么走过来了。

姜哲娴：然后自己就回归到那个年代。

崔苓：对，想那个时候是怎么画画的。

姜哲娴：您是怎么想到用这些材料的呢？

崔苓：因为我自己喜欢材料。我看到很多材料儿童画不能用、不方便用，比如之前我给学生也用过铁丝、电线什么的，我觉得都不是太安全，而且我平时就观察孩子，看他们在想什么。我发现最方便的就是纸，我为什么不在纸上去研究呢？纸太厚了皱不起来，那它会折起来。纸薄了会是什么状态呢，我就去想、去思考。其实有的时候我们在教学当中，不光想这个技法怎么做，还有用什么方法能把它调出来。

姜哲娴：让学生自己感知并且表现出来。

崔苓：对，我一般起名字，就用感知表达，这么多年我所以不改变这个题目就是这个原因。

这张画是学生看到一个大雕塑后画的。这个雕塑是大理石的，这么柔的纸他表现那种感觉、那种体积，在不同的光线下脸上那个层次很漂亮。有些反光，这种框装裱得比较厚，作品一受潮就坏了，而且这幅画什么东西都不能压。

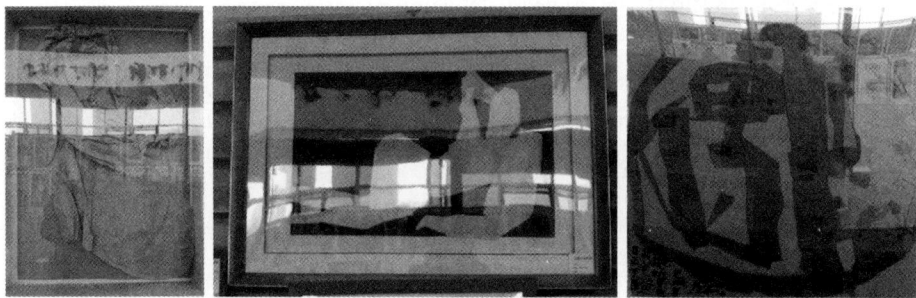

这幅画是一个经典的作品，是印象派的作品，在这里面他没有看到色彩，但是他看到人体了，我觉得是完全可以的，而且这种纸可以任意塑造。

这幅画用的是宣纸，这是我自创的。

你看这里有很多很多我的课程，这是中国篆刻。我用中国的元素，我用红与黑，别人是红与白，我把篆刻融进去。这张我最感兴趣了，一个小孩子画的，上面都有名字，是八岁时画的。他的画上都有文字，这是他爷爷的名字，就想通过这个形成独立性。

我上课的时候把很多当代的东西用在教学上面，别人是看不出来的。你知道这个是什么，是他们的写生。写生辣椒。写生辣椒以后，大概这么大的原作，然后他去复印。大的小的，复印机可以随意大小，二十张、五十张，再重构。来源于哪里呢，来源于他自己的写生。像这种的就叫作原创。在教学当中，你用什么方法引导他们搞原创，我觉得这点是最重要的。

像这些都不属于主流课程。比如说我们今天要表现"家"，那个家你怎么表现都行，就是说我们要让他自己表现出来。像这个也是。梵·高的向日葵不是油画么，他用线条表现出来，然后把它们全部撕开，然后再复印、重构，当代艺术里面有重构这个东西。

姜哲娴：我还想问，小孩子就是他自己画了一张画，可能对自己的画也比较认可，让他把自己的画剪掉或者撕掉，他会不会不敢撕或是不想撕？

崔苓：他撕的是复印件。这个办法没有任何人用，只有我在做。这就是当代，就像大批量生产一样。当代艺术大批量生产我们很反对的，但是我要把这个批量生产的东西变成独创，当然做到原创很不容易的。我用这种方法来表现形，就是你自己怎么重新认识就怎么表现形。

这个课是音乐课就来画音乐，我给他听帕瓦罗蒂，其实很多东西都可以这样做，你怎么把音乐跟视觉的东西放在一起。他们在剪的过程中，没有样子也没有现画，他想到哪剪到哪，他等下头剪过才想到那条腿，就是很随便。这个是在跳绳，那个人手牵着手，这个太阳画的，这都是重构。

姜哲娴：您有没有有计划的课程安排？

崔岑：那是有的，但是也不呆板，比如说这个单元、这个阶段我在画什么，忽然天气好了，我们就出去画画。我也会把这些穿插进去。或者忽然来一个艺术家，他刚好有时间，我们就叫他来讲一次课。或者我带孩子去看一个展览，看个什么电影，或者

放个什么视频给他们看，让他去产生一个新的联想。联想也好，重构也好，都是不断出现的。对于这个"摹"字，我不是说不摹，不是表面的摹。包括色彩我存有大量的儿童画，这里展不下。他们画了大量临摹的画，色彩很漂亮。

姜哲娴：他们也临摹吗？

崔苓：也临摹，但临摹不是呆板的临摹。

姜哲娴：他们临摹的时候要注意些什么呢？

崔苓：这个就讲不尽了，也要掌握一下色彩关系。因为他不是上这一堂课，他平时就已经知道了。这个是五年级的，这个是初一的，这个是六年级的，每一个孩子在特定时间下会产生特定的效果，这种事很多人都忽视了。

我觉得孩子们什么时候都有闪光点，不是很长时间才出现的。你看这一张他根本没学过素描，他凭直觉自己就能够画出来，这全是他自己处理的。你看一下他完全是一气呵成的，就一堂课的时间。时间就是展览前没多少天，根本就来不及装框，他没画过素描但画的就是好，没办法。

姜哲娴：会不会出现这样的情况，比如说一个小孩做自己的创意的时候，其他小孩看到会模仿而且会很相似？

崔苓：情绪受到影响。比如说你正在做，他这边看到了，觉得蛮好，他就去做自己的，但不会去模仿。我这个班不停地讲一句话，张三想这样做，李四想那样做，张三做张三的，李四做李四的，不要一样。你可以跟他不一样，你的会更好。这样他就树立一种自信心。这些画是他们一堂课完成的。有个学生问我应该用什么画，我说你用任何东西都行。就是少给他条条框框，他就会有更大的空间，就是你把他的空间开得越大，他就越自由。你束缚他，就是缩小他的空间。

姜哲娴：有没有小孩子一直在做自己的作品、突然一下子把作品弄坏了的情况？

崔岑：做坏就做坏喽，过程很重要。我上课的时候经常把过程拍下来，我们既要过程又要结果，那怎么办呢，不破不立，你心里不要怕。他可能成功，也可能不成功，成功了未必在心理上成功。我觉得什么都是辩证的，什么叫成功，成功就是结果。那个结果很功利，但过程不一定不快乐；作品看着不成功，其实心理上是成功的。这个没有不好的，都好。

我经常和家长讲，家里装修得再漂亮，也要给孩子留一块小地方，让

他在上面任意写、任意画，有些家里楼梯上都画满了又有什么不可以。有一次我到一个大学生家里去，插座上画得很漂亮。为什么成人可以画，小孩不可以画呢？我觉得就应该给他们空间，一面墙上不断地画不断地画，覆盖上去是什么？是时间，是成长过程。

我觉得儿童空间很重要。你单独带一个小孩不一定带得出来，孩子们在一起，在这个空间的氛围里成长，包括讲话，他的言谈举止，包括老师的影响，我觉得这个都是值得研究的。

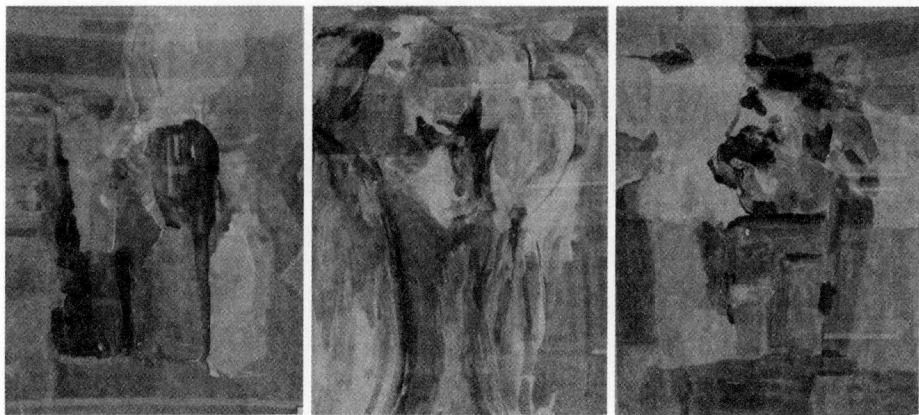

片段六:

现场采访一位来帮助崔老师值班的家长,向她了解崔老师的教学情况。

李霜菊:您好,您的小孩是男孩还是女孩?

家长:男孩。

李霜菊:他跟崔老师学了多久了?

家长:时间很短,其实我早就知道崔老师了。崔老师带了蛮多学生,过不来,就拖了一年。

李霜菊:他跟崔老师学画画的时候几岁了?

家长:现在他六年级了,画画的时候是五年级。大概就学了一个学期,但是他的感觉很好,我就是要培养他的这种感觉。崔老师不是教你一幅画就完了,她会让很多想法萦绕在孩子的脑子里,凭着自己的感觉画画。就像一个通道一样,崔老师就是前面的光束。

李霜菊:引领学生慢慢地走过去。

家长:对的。我觉得崔老师的东西,是把人内心里面的东西挖出来,加速你的释放。不是画一种格式。以前我儿子参加过一个动漫班,是一个年轻的女老师教的,教得比较刻板,一个格式,照着画。老师画的是一个白脸的孩子,我儿子画了一个黑脸的,黑色脸不就是非洲的吗,可以这样理解呀！老师说你这样不行，得画白脸。后来我打电话跟老师说，孩子可能就是想画非洲的，老师却说我们课堂上要求的是白脸，虽然她说得很温和，但我还是感觉抑制了孩子。

孩子思维的触角在往外伸，你就应该沿着他的思路去启发。如果你总是给他一个框子，然后把他框子以外的触角都砍掉，成了套子里的人了有什么意思呢？

李霜菊：你还很关注崔老师，来帮助她。

家长：就是有时间来看看，虽然就十天，看一下，即使没什么忙可以帮。我很喜欢崔老师的气场。

李霜菊：你儿子平时回家的时候会不会经常有思想的小火花蹦出来？

家长：他喜欢看动漫，喜欢在本子上乱画。

李霜菊：乱画也是有他自己的想法的。

家长：就是不要太耽误上课了。我觉得想象力很重要，我一直培养他的想象力，现在中国的小孩子缺少想象力。

李霜菊：现在像你这样的家长真的不多了，更多的是跟风，看别人家小孩学什么，就送自己的孩子学什么，也不管孩子是否感兴趣，更别说发展想象力了。

家长：而且很多家长很功利，你必须达到什么成果，包括学英语、学

美术,一学期下来就想看成果,是不是一百分了,能不能有一幅完整的画出来。这都不是我要求的,我就是要他感受这个过程,至于什么结果,他自己知道就好。而且潜移默化的东西,你可能当时不知道,但是过了十几年二十几年你才能有这种感觉。在这种氛围中,即便学画并不一定学到技法什么的,但是他的思维已经变化了。

李霜菊:我们觉得很为难,有时候都不知道怎么教孩子了,既想激发他们的创造力,又觉得会不会扼杀了他们的创造力。

家长:要找一下针对性,有些孩子就是应付考试的,有的就是提高修养的。具体情况具体对待啊!毕加索小时候画画都是中规中矩的,慢慢就有自己的风格了,生活阅历的积累,就有了自己的个性。

李霜菊:但这种人很少,一般人都随大流,不会像崔老师这样一直坚持下来,坚持自我。

家长:这些都是鲜活的儿童成长事例,都是孩子们的性格展现。你接触到的不仅是一幅幅画,而是每一个孩子的内心世界。

28

主题：

淄博少儿美术中心的创立、发展与儿童美术教学

受访者：侯斌（山东淄博少儿美术中心校长，中国美术家协会少儿美术艺委会第三届委员）

陈志凌（山东淄博少儿美术中心教学总监）

访谈者：姜哲娴、丁志超（浙江师范大学美术学院研究生，以下简称"记者"）

笔录人：邵任斯、宋阳（浙江师范大学美术学院研究生）

李力加（浙江师范大学美术学院教授、硕士研究生导师）

访谈时间：2013 年 8 月 7 日

访谈地点：山东淄博市淄川区淄博少儿美术中心淄川校区

记者：侯校长，请你介绍一下淄博少儿美术中心的情况。

侯斌：我这个校区有83个老师，教学空间1800平米。淄博的家长平时让孩子学艺术，周末学文化课。很多校外的学校都到处开设教学点，教师培训、教学质量如何保证都是问题。现在许多人办学，商业成分太多，只关注如何快速发展、快速招生，忽略了教学质量。在一次培训中，有老师就直言不讳地说，我就是赚钱的机器，教你怎么给家长打电话，明明没有学生，而说下午再不报名就没有名额了。必须在学术研究引导下来带动教学质量的提高，否则就是懵人。现在的校外儿童美术是直营模式和加盟模式，都各有问题。如果一个校外机构的校长，连办学的能力都没有，靠加盟去发展，不是就完了吗？到全国去看一看、走一走，请专家来讲课，花不了多少钱。

记者："童画"也搞加盟，一个店一年8—12万元。

侯斌：我的学校是坚决不做加盟的。精力是有限的，我必须对别人负责任。为什么别人要加盟你，就是因为他各方面都不行。从校长到老师都培训好，要费很大的力气。某些培训机构存在许多问题，将一些专家在未经允许的情况下，作为自己学校的招牌来宣传。加盟的方法是不符合素质教育理念的，教育模式是不能照搬的。肯德基、麦当劳可以加盟，不然不符合一个味道，教育怎么能加盟呢！现在的研究生、本科生毕业出来干不了教师的活，都要从头培训。专业培训、授课培训、与家长沟通能力的培训。

记者：你做了这么久的美术教育工作，最深的体会是什么？

侯斌：要想稳步发展，必须有教学质量。失去教学质量的快速发展，忽悠人家是不行的。

记者：从您创办少儿美术教育中心至今，经历过几个比较重大的阶段，能否跟我们分享一下？

侯斌：从1997年创办教育中心到现在，没有很明显的阶段性，我们学校基本上呈稳步发展的态势。办学初期，规模扩大较快，因为办学比较早，办学时是淄博市第一家。三年之后才开始陆续出现其他校外机构。发展到2007年，生源增长速度放缓，因为开办的学校多了，从一定程度上影响了生源，但是我们还是处于一种稳步发展的状态。在学校发展过程中，我们一以贯之地注重教学质量，思考如何使教学系统化，如何使学生的学习有递进性。校外办学必须有高端的学术引领，我们一直都在研究这些东西。保证教学质量主要靠师资培训，在整个教学和发展过程中，我们组织、参与包括画展、社会活动、公益活动、支教等诸多活动。这些活动一方面产生了一定的社会效益，但更多的是促进教学在学术和质量上的提升。可以说一直处于稳步上升的阶段。

记者：通过参观发现，您这里学生主要是小学生和初中生，也有对幼儿园的拓展延伸，就是说您办的美术教育包括了从幼儿园到中学的各个学段，实现了教育的一体化。

侯斌：对，可以很肯定地说实现了教育一体化。我们的教材、教学方法，应该说到现在是比较完整和系统的。从幼儿园小班到初四（五四制），不同年龄的孩子上不同的课，采用不同的教学方法，对教师队伍合理利用，概括起来说是"三个针对性"：教材针对性、方法针对性、老师针对性。这是提高教学质量的一个有力保障。

记者：您这里的教材都是自己编的，在幼儿到小学、小学到中学的过渡阶段，是否把自己的想法都运用到教学中了？

侯斌：年龄段的划分是有标准的，比如5—7岁、7—9岁，但是界限又是模糊的，也必须是模糊的，因为学生有个体差异，老师在上课的过程中也有个体差异，尽管我们在教学理念、教学方法上有规定，但具体上课会根据班里学生的特征进行调整、变动。总而言之，教学还是有针对性。只有教学有针对性才能保证教学理念、教学方法的贯彻落实，从而保证教学质量。

记者：在某一个过渡年龄阶段有没有特色课程？

侯斌：年龄段的过渡不在于课程，而在于方法，比如，同样画杯子，幼儿园有幼儿园的画法，初中生有初中生的画法。要看老师怎么要求，怎么指导该年龄段的孩子，怎么设置教学目标、教学方法，是这样进行过渡的。教学目标、教学方法的设定还是取决于学生的年龄特征，所谓的年龄特征就是他的认知能力、感知能力、表达能力、创造能力。

记者：刚才看到有国画教室、版画教室、水粉教室，学生学习的门类可以自主选择吗？

侯斌：这是根据我们学校的统一设计、规划来做的。根据我们的教学方法、教学要求，很多课程是平行的。新报名（随时报名）的孩子，他到底是上国画班还是水粉班，是根据我们学校的安排，在平行班中，这个班已经报满了，那个班还没满，就去那个没满的班。我们的教学要求，从素质教育角度讲，注重对孩子各种能力的培养和提升，教学要求与年龄特征是基本相通的。有的孩子被分到国画班，他不喜欢国画，可以作调整。

记者：初中课程除开设素描和水粉外，还有其他的吗？

侯斌：现在在全国范围内，初中教学还没有很大的突破。就全国教育体制讲，小学五年级以前我们比较明确的定位是素质教育，课题、方法都可以自由一些，可根据学生的年龄特征，充分运用素质教育的各种手段。到了初中，往往受到中考、高考指挥棒的影响，确实没有办法。比如说初中，大部分的时间安排素描，还安排水粉、卡通、国画，但是大部分时间还是素描，因为中考只考素描。在以素描为基础的前提下，为了调节学生的学习情绪、活跃学习气氛，也可以学国画、书法、卡通、色彩，但尽量不挤占学生学素描的时间。

记者：在网上了解到您组织学生参与很多书法、绘画比赛，最初让学生参加这些比赛的初衷是什么？

侯斌：初衷是锻炼学生，提高孩子的自信心。

记者：面对现在如此多的比赛，你们是如何做选择的？

侯斌：办学这么多年，哪些组织者组织的活动有价值，能有一个很明确的判定。我们参加的活动基本上是中国美协少儿艺委会组织的，教育部的活动参与的也比较多，再就是《少儿美术》杂志举办的活动，其他活动参与得很少。纯商业运作的活动一概不参加，并且要把参加活动对孩子产生的有利影响和不利因素做出全面考虑。我们明白其中很多鲜有人知的情况，但家长不知道，所以就要做出明确解释，有些需要参加，有些不能参加。

记者：您对现在绘画比赛肯定有很多看法，能不能一针见血地说一说目前绘画比赛存在问题？

侯斌：最大的问题就是太过功利，不论是举办者还是参与者，功利因素占比重太大。很多的组织者也恰恰利用家长的这种心态，反正你搞不清楚，我就打一个名头"全国……"，家长不明白，不看主办方是谁、参与者是谁，一看是"全国的"就参与。我们学校是在保证正常教学的情况下，广泛做相关宣传，通过班主任上课，通过新生家长会，不断宣传什么样的活动能参加、什么样的不能参加，为学生家长做一个正确的引导，这是一个有责任心的艺术教育工作者必须做的工作。还有艺术考级，明确告诉家长这是不能参与的活动。家长认为我们对学生是负责任的、对艺术教育是认真严肃的，从而取得家长的信任，最终，更有利于我们进行正确的美术教育。

记者：您刚才提到，会经常和家长进行沟通，家校沟通工作做得很不错。除了年度家长会之外，平时跟老师和家长沟通还有什么方法？

侯斌：家校沟通是我们教学活动的一个重大内容。师资培训包括三大内容：业务（专业）培训、授课能力培训、沟通能力培训。沟通能力培训属于社会管理范畴。家校沟通有以下几个具体措施：第一，新生家长会。每年3月、9月是新生报名高峰期，在半个月之后给家长发通知，很明确地说明必须参加家长会。新生家长会由校长主持，给每位家长发放详细的宣传单，各班的班主任也要借此机会和家长进行沟通。所讲内容主要是学校概况、教学理念、课题内容、教学方法、不同年龄段特征的介绍，让家长明白孩子几岁该学什么，学了这些课程对孩子的成长或审美能力的提高有哪些作用。其他的细节介绍就分流到每一个班，由班主任再开新学期家长会。讲解这学期总的教学目标是什么，课题内容是什么，用什么材料，都向家长介绍。此外，老师的特长、优势也要做介绍。在开课期间，班主任要开1—2次家长公开课，家长进课堂听课，由此在很大程度上消除了家长的误解，家长公开课是沟通环节中最有针对性的一个方法。学期结束时，还要开一个期末家长会。还有更细的做法就是，每天下课前10—20分钟要把所有学生的作品都挂在墙上，当着家长的面评价学生的作品。有意识地留下4—5个家长继续进行沟通，比如，这节课的教学目标是什么，一堂课学生整体表现如何，你的孩子表现如何，他有哪些优点，存在哪些不足，下节课要解决哪些问题，做这种更为细致深入的沟通。一次4—5个学生，一个月基本上就能轮一圈。最后一道关是家长回访电话，通过这一系列手段，解决家长对少儿美术教育的各种各样的问题，从而配合我们很顺利地进行教学，这也是我们确保教学质量的保障措施之一。

记者：从2010年到现在，您经常参与全国各地的美术教育研讨会，您觉得参与这些会议对于新教师的成长起到什么样的作用，或者说您给他们什么样的帮助？

侯斌：作用是很大的。概括起来讲就是对师资进行理论培训和授课方法的培训。学校办学初期，我们参与的学术研讨会很多，抱着一种学习的心态，后来就变为一种交流的态度。我反复强调一个问题，教学质量是民办学校的生命。教学质量必须是在高端学术引领下的质量，高端引领包括自学活动或参加全国的高端学术活动获得高端信息。学这些的目的是不断地丰富完善我们的教学系统，把这些东西如何反馈给老师也是培训老师的一个方法问题。首先，对新老师进行理论方面的培训，因为大学里对少儿美术教育涉猎很少，新教师自身的理念与我们的少儿美术并不相符，这必然会影响教学质量，所以说师资培训是首要的。理论方面的培训有：全国层面的高端学术理论、欧美当代的学术理论、现代少儿美术教育理论形成原因及重要的历史阶段，结合具体课题和材料，使新老师深刻地认识和理解当代儿童美术教育的理念和方法。其次，是对新老师的说课培训。说课内容有新课题，也有日常课堂中的课题，说课时全体老师都在场，点若干名老师展示备课、学生作业情况，介绍自己的教学思路、教学过程、教学方法、教学目标，其他老师对他进行优缺点两方面的评价，此法对老师正确认识教学理念、正确运用教学方法帮助很大。说课培训之后，还要进行中外绘画史、中外美术教育史的培训。比如，在吴冠中作品的写生地拍照，将真实照片和作品放在一起作比对；将很多摄影作品、当代艺术家作品、具有童真童趣的返璞归真的艺术家（黄永玉）的作品都找出来，通过课件的形式供大家学习，目的是为了开拓老师们的艺术眼界。

记者：在学校里面老师之间是进行怎样的交流的？老师学习的专业不同，而且各有所长，他们是怎么互相学习的？

侯斌：说课培训本身就是一个很好的交流方式，另外，我们学校有一个很庞大的资料库，很多的图片、视频在局域网中都有。学生作品展在总校分校都会定时不定时地进行，这也是老师交流的机会。概括起来就是：说课培训、作品展览、局域网、培训会。这些都是老师们进行互相交流学习的机会。

记者：从2000年开始到现在，你们一直坚持组织学生到各地写生。学生在写生的过程中，收获最大的和进步最大的是什么？您是怎样看待写生教学的？

侯斌：我曾经写过一篇文章《写生是少儿美术的必修课》，阐述了我的观点。我认为，少儿美术对于少儿的成长有极大的作用，一个很重要的佐证就是，写生回来家长第一反应是孩子成熟了、长大了。写生不仅是绘画技能方面的提高，也是整体能力的提高。为什么说写生是必修课呢？孩子的成长过程正是他不断地吸收外来因素（包括文化）的一个黄金阶段，如果此时不外出写生，还关在屋里画画，毕竟是有欠缺的。我们已经有15年带学生外出写生的经验，1997年办学，1998年就开始外出写生。通过多年积累总结，已形成一套完整的外出写生管理规则，比如写生前的准备，包括老师培训、写生地考察（吃、住、路程等的费用）、宣传（校报）、组织（安全）等。每年都利用国庆节假日时间对老师进行培训，包括写生、线描、色彩的培训。

记者：孩子的写生分不分阶段？

侯斌：我们的课程很多，但主要的是线描，线描写生是学校的一个特色。考虑到学生年龄段的体能因素、材料限制，线描是最轻便的。在组织线描教学时有很多的教学要求和方法。不管是室内教学还是室外写生，都有针对性。写生学习的教学目标是：提高孩子的观察能力，感受异域文化，锻炼生活自理能力和集体生活能力。基于这三方面的考虑，同时在保证学生绝对安全的前提下，每年利用暑假时间组织大量的学生写生。今年有500多名，写生回来要搞写生作品展、日记展、图片展、视频展。写生时老师分工很细，包括生活、医疗、教学、带队等几个方面，还有负责摄影摄像的，整个过程非常规范。

记者：我了解到您参与编写了教育部"2+1"中国画教材，您对5—14岁儿童水墨画教学有自己独到的见解和研究。请具体谈一谈您是如何开展水墨画教学研究的？您如何看待全国遍地开花的儿童水墨画教学的现象？怎样的水墨画教学才能视为是好的？

侯斌：儿童水墨画还是应该定位到儿童画里面，在这一前提下再谈儿童水墨画教学。我认为水墨画就是一个工具的问题，孩子对新工具自然有好奇心，我们考虑的是，如何利用好奇心来增强学习兴趣，从而做到寓教于乐，把中国画中的文化元素、艺术元素、社会元素不知不觉地传递给孩子。我教学的具体方法首先是让学生喜欢水墨画，一开始先放开，让孩子自由涂抹，在自由涂抹的过程中认识到工具的特性、产生绘画的乐趣，最后产生对中国画的爱好和情感。然后再收，把中国画中应该具备的笔墨元素逐渐让学生掌握起来。在收的过程中还要注意一个问题，即儿童水墨画中的不可预见性。不可预见性是儿童学习水墨画的亮点而不是缺点，水墨画本身就很特殊，不易掌控。正因为不易掌控，做画中常常会出现意外效果，这些意外效果老师如何捕捉，让学生认识到意外效果的美很重要。在教学中抓住了这几点，就会取得很好的效果。我向来反对儿童水墨画教学中临摹的做法。

记者：那您提供什么样的作品给学生欣赏，不同年龄段是否不同？

侯斌：提供给学生欣赏的作品首先要符合年龄特征，在表现风格、使用工具、画幅大小等方面让孩子能欣赏得了，比如我给孩子欣赏黄永玉的水墨作品"108将"，但要是给孩子欣赏齐白石作品，味道就不一样了。给孩子看具有童趣风格的作品，孩子一看"和我画得差不多"，就产生了信心和学习兴趣，在学的过程中通过老师的引导逐渐提高审美判断能力。有了审美判断力，下一步就可以很巧妙地融合中国画的文化、艺术元素。总的来说，我强调寓教于乐，反对儿童水墨画教学中的成人式临摹。

记者：水墨画的材料、工具除了最基本的，你们还有没有进行什么创新？

侯斌：基本的工具必须让学生掌握，尽可能地掌握传统的笔墨技巧，死教技巧也是不行的，首先还是得放，执笔姿势不强制更改，在学习的深入过程中逐渐更正。对于材料的问题，传统的笔墨纸砚必须有，要想出现一些特殊效果我的做法是加入牙膏、胶水、盐等。目的是为了让孩子产生持久学习的动力，激发他们创作的欲望，使得他们想利用多种材料尝试创新。抛砖引玉很重要。

记者：您对少儿美术中心是如何定位的？您觉得怎样发展是对美术教育有帮助的？淄博少儿美术中心是如何起到引领带头作用的？

侯斌：对于各种办学模式，我认为首先要有教学质量的保证，在此前提下这些模式都可以发展。那种不科学地走捷径、快速扩张和发展我是不赞同的。我没有能力搞加盟和扩张，我只有在保证教学质量的前提下带领老师们进行研讨，倾尽全力提高教学质量。艺术教育和其他教育一样，是一种良心的教育，要对得起学生和家长，对学生和学校的发展要产生正能量。

记者：您出过一本中国少年儿童素质教育的美术教材《手工贴》，请谈谈当初编这本教材时您是怎么考虑的？

侯斌：我们这里从三岁半到五年级共二十多门课，这二十多门课大致可以分为幼儿组、初级组、中级组、高级组，每个组别大致有六七门课程，这些课程是根据不用年龄段学生的认知能力、感知能力、表现能力、接受能力来设置的。这些课程包括线、色，一个主线就是培养学生的观察能力、表现能力、审美能力，还有对传统文化的学习。课程一学期六个月，主要讲一门课程，在课程中穿插剪纸、手工、陶艺、综合材料的手工制作，主题思想是学生不仅学习平面画，还进行立体捏制、立体思维的培养。手工课是我们学校的一个传统课题，每个学生的作品特征都非常明显。

记者：您觉得在手工制作方面，学生哪方面的能力可以得到较大的提高？

侯斌：孩子立体思维的养成。画画不管表现什么都是在平面的纸上，但是手工制作中的陶艺、各种材料的组合，它是有八个面的，孩子可以通过多个面的塑造理解立体和平面。剪纸本身是中国的传统文化，孩子学剪纸时家长可以参与、配合孩子，孩子可以向家中会剪纸的老人学习，老人可以向孩子讲解剪纸形象的吉祥寓意。在做的过程中产生感性认知，还可以与创新结合起来，比如剪纸和灯饰的结合，也可以和美化教室、家庭相结合。在课程中还有一门日用品纹样设计和物品的结合，让孩子能学以致用。我们学校为此购置了热转印机，杯子、手帕、抱枕、桌布等都可以做成真实的，孩子进行设计，剪纸、平面绘画、纹样设计都可以进行结合，设计完成后录入电脑进行合成、转印。孩子拿到自己的设计实物后非常兴奋，很有成就感。

记者：您2007年参加了全国少儿美术教育研讨会，跟龙念南老师、魏瑞江老师、朱国华老师同台上课，您展示的是一堂校外的美术公开课，用的材料是陶艺。请您给我们具体讲一讲。

侯斌：之所以选择做陶艺课是因为中国是陶瓷之乡，北有博山南有景德镇，作为淄博人，学生必须了解地产文化。陶艺课在我们学校属于传统课题。学校有一整套的窑炉烧制工具。我本身就是学陶瓷造型设计的，陶艺又是我们学校特色比较突出的课程，所以我选择陶艺作为公开课，以此让大家了解淄博的陶艺、了解陶艺教学情况。当时那节课叫"游动的鱼"，学生是天津的，我从淄博带陶泥过去，在我不了解学情的情况下，这节课总的来说还是挺成功的。我上课时讲，鱼是一个大概念，你要做什么样的鱼就必须了解鱼的种类，还有鱼的基本身体结构。鱼的身体有很多种形状，椭圆形的、长条形的、三角形的等。鱼鳍和鱼尾怎样表现得更张扬，必须和鱼的身体作对比。讲课的效果还是不错的。

记者：您2001年去天津参加"全国少儿美术教育理论研讨会"，并被评选为"全国30大美术教育新星"，您经常受邀办讲座或参加研讨会，您觉得真正的美术教育应该是怎样的？

侯斌：我已从事美术教育工作23年。我认为少儿美术不属于某一个学科、画派，它属于人文教育、纯素质教育。孩子通过学习少儿美术培养出的是综合能力，即对世界万物的认知能力、感知能力、创造能力、表现能力、创意能力、审美能力。美术是人的一种本能，是人人都能做、都能学的学科。借助于少儿美术的手段，培养、提升孩子的综合能力，孩子未来是否成为艺术家并不重要。我们已经办学16年，可以说我的学生遍及大江南北。从获得的反馈信息看，很多学生进入了美术专业学校，他们在大学学的课程与我在他们小学时开设的课程衔接得非常好。7—8岁的阶段是孩子创意的黄金阶段，那时候学的东西在大学阶段可以用得上。其他没考美术专业学校的学生，在学校里表现得也很突出。16年的教学实践证明，我们设计的课程还是行之有效的、科学的，对学生的学习生活帮助很大。

记者：非常感谢！

29

主题：

塞外青少年宫的创建与发展

受访者： 罗彦军（内蒙古赤峰市美术教师，中国少儿版画研究会副会长，赤峰美术家协会少儿美术艺委会副主任）

王志敏（内蒙古赤峰市塞外青少年宫创始人）

访谈者： 邵任斯（浙江师范大学美术学院研究生）

李力加（浙江师范大学美术学院教授、硕士研究生导师）

访谈时间： 2012年7月10日

访谈地点： 内蒙古赤峰市塞外青少年宫

邵任斯：塞外青少年宫与其他校外美术培训机构相比有哪些不同之处？最大的特色在哪里？

王志敏：我们的特点是把原来的灌输理念、简笔画教学转化为以启发式教学为主，实行情境式的、故事式的、了解社会式的、亲身体验式的教学。难点在于如何跟家长沟通，让家长认可我们的教育理念。

邵任斯：你们是如何与家长沟通的呢？

王志敏：做对比。传统教学，20个孩子画出来的画都是一样的，而启发式教学，20个孩子画的是20张不同的画，这样家长就能直观地看出两种教育方法的不同，家长也不会以像与不像作为评判标准了。

邵任斯：情境式、故事式教学方法是如何开展的，请举一个具体的例子。

王志敏：比如，幼儿上课画人和动物。问孩子有人和有动物的故事有哪些，孩子们会说《狼来了》《小红帽》《守株待兔》等，他们会回忆这些故事，并把这些故事中的人、动物、场景画下来。

邵任斯：在创作形象的时候会碰到困难吗？

王志敏：比如《狼来了》这个主题，教师事先搜集各种姿态的狼的照片，提示狼的形象特征。孩子能比较自由地发挥。并不要求画得多像，只要孩子能够表达即可。

邵任斯：中年级的孩子会希望自己画得很像，遇到这样的情况怎么办？

王志敏：通过两种形式：第一种是写生，去户外的公园、养殖场、森林；另一种是间接性的记忆写生。呈现图片之后，让孩子凭借记忆默画出来，而且要求可以不同，比如姿势、动作等。

邵任斯：默写在教学中占有怎样的地位？

王志敏：非常重要。情境式的默写将一些繁杂的、阻碍自由发挥的东西给抛弃了。抓住了主要形象，在画面中形象更加自由，比如老爷爷在公园里牵着一条小狗，他碰到什么人，教师创设障碍式的情境，孩子不断想象：

老爷爷猫着腰、回头、跟人握手等会是什么模样，这样学生就逐渐将以前模仿他人的绘画习惯改掉了。

邵任斯：塞外青少年宫的教学与校内美术教学有何不同？

王志敏：第一是自由，孩子们想象空间更大。第二是氛围浓厚，教室环境布置、上课准备更为充分。第三是孩子的自信度很高。绘画也是语言课，孩子在这里不但说了又做了。教师能给予及时的鼓励，孩子来这里很开心。

邵任斯：绘画是一门语言课，孩子的表达是否比画得如何更重要？

王志敏：是的。绘画只是手段，锻炼孩子认识事物、社会，通过语言和绘画的形式来表达心境。

邵任斯：在课程设置中你们怎样安排孩子语言表达的部分？

王志敏：首先，专门有一个时间段来让孩子说。为什么这样用色，画的是什么，说说自己的想法。其次，在课堂中教师也不断地鼓励孩子。

邵任斯：一节课多长时间？

王志敏：一节课一个小时。

邵任斯：学生是否能完成完整的作品？

王志敏：有的一节课能完成，一般情况要两节课完成，比如色彩一节课完成不了，下节课继续画。

邵任斯：分开来两个时间段是否会产生问题？

王志敏：是的。比如孩子课堂状态的延续性。但我认为，第一节课能把绘画的语言、情境表现出来，第二节课以作品的形式完整呈现，并在走廊上展览出来，这样也是可以的。

邵任斯：幼儿的绘画作品，画面呈现不会十分丰富，教师该如何引导，是否帮助添绘呢？

王志敏：教师不会添加一笔，比如画人，孩子通常会画妈妈和孩子，教师则会接着引导"妈妈和你去干什么呀？"让孩子说出来。

邵任斯：草原题材的绘画，画面中的形式感问题怎么处理，教师会告诉孩子吗？

王志敏：会用三种方式来解决：写生、故事、看电视剧。如成吉思汗这一主题，会让学生先看电视剧，观察古装人物的服饰，进行记忆性默写。只要学生能把大致的骑马、服饰形象记住即可。如果发现学生画出的马腿是直的，教师就会引导学生将马跑的形象画出来，前腿往后蹬，后腿往前蹬等等，尽量往细节里回忆。

邵任斯：课程设置是否有个体系？

王志敏：每隔一到两周我们会带孩子出去写生，集中放假的时候就带孩子去草原骑马，深入牧民的蒙古包里去看看怎样制作挤牛奶、奶豆腐，去摸马、牵马。慢慢地，孩子把这些看到的景象融入他的记忆中，用画面表现出来。我们的宗旨是保护孩子的原创性，启发孩子的创造性，去观察和体验生活。这样的画面就会特别生动。

邵任斯：线描课是如何引导的？

王志敏：分为两种，一种是创意线描，一种是纯写生。

邵任斯：是否还有其他类型的课程？

王志敏：水墨、色彩画、手工课（粘贴、撕纸）。手工课适合幼儿园阶段的孩子。小学孩子以集体方式为主，相对较少。幼儿园手工课和绘画课是一比一比例。再如版画课，是一年级以上的孩子才上的。

邵任斯：水墨课适合多大的孩子？

王志敏：从幼儿园到高段都有水墨课。

邵任斯：是如何开展水墨课教学的？

王志敏：用笔、用墨的方法我们会先传授。如何抓笔、调淡墨的方法等。要求学生画面中不允许只有一种墨色，越丰富越好。形象上还是按照原来的引导方式，故事的、情境的方法。

邵任斯：是否采用临摹的方法？

王志敏：不会。

邵任斯：水墨画的画面效果怎样才算是好的、完善的？

王志敏：这就需要老师去把握了，比如小班的孩子，他们一组故事已经画完，会把另外的一组又画上去；再如有的孩子画面已经有效果了，他还在添加，这时就需要老师去提醒，控制时间。

邵任斯：幼儿与中班相比水墨画教学的评价标准是否不同？除了墨色变化之外，线条是否重要？

王志敏：没骨法与线的结合。线就像房屋的柱子，没有就不能搭建牢固的房子。没骨就像砖与瓦，添加后更加漂亮。

邵任斯：色彩课在控制上会遇到什么困难呢？

王志敏：幼儿在色彩表现上，有的用颜色去画形象，有的则用水彩笔画完后着色。难点在于用水彩笔画完之后把形象覆盖了，教师就会提醒学生尽可能不要把原来的形象给压住了，要是压上了，会让孩子重新再勾勒一下。

邵任斯：色彩课的知识是如何传授的？

王志敏：欣赏大师的作品，如太阳的颜色对地面的影响，地面也呈现橘黄色，在观察中讲解"环境色"的含义。比如在讲解冷暖色时，夏天挂上红色的窗帘会感觉热，冬天挂蓝色的窗帘会感觉冷，通过体验孩子们就能表达出来，颜色是有情感的，孩子们用自己的感受去创作每一张画。

邵任斯：幼儿接触色彩时，教师会对色彩进行筛选吗？

王志敏：根据他们的喜好自由选择，有时甚至调和了放在格子里让孩子们用。

邵任斯：是否会为了画面效果而提示孩子改变色彩？

王志敏：从来不这么做。孩子对颜色有自己的习惯，有的孩子甚至会把太阳画成黑色的，这是没有对错之分的，每个孩子有自己的经历，教师应该鼓励孩子自主性地选择色彩。

邵任斯：孩子在画太阳的时候普遍会存在画在画面一个角落的问题，来这里学习的孩子也会有这样的问题吗？是如何改变这种状况的？

王志敏：有。我们尽量让孩子不要在画面中出现太阳，时间久了他们就会淡忘，而遇到必须画的情况时，引导孩子采用拟人化的方法，把太阳装饰得更美、更丰富。时间长了，以前的简笔画法就会淡忘。

邵任斯：如何看待简笔画？

王志敏：简笔画的不利在于把孩子的创造性给抹杀了，形式单一，把孩子的想法限制住了。有些孩子之前学过简笔画，来我这之后就不画了。

邵任斯：如何理解"不教而教"？

王志敏："不教"程式化的东西，比如简笔画，"而教"的是启发式的，孩子自己能感受与观察到的东西通过启发画出来。

邵任斯：如何理解创造力？绘画主要培养孩子哪些能力？

王志敏：通过学习，孩子的想法比原来多了，可以无中生有，点子变得多了，胆子也大了，画面很自由。

邵任斯：对于绘画，是天赋重要还是其他因素重要？

王志敏：不是天赋的问题。天赋是大人给扣的帽子，孩子只是用绘画的方式来表达心情。我们这里主要培养孩子的观察力、语言力、想象力、思考力，体验生活，认识社会。

邵任斯：如何理解"向大师学习"？

罗彦军："向大师学习"的教学主题，起源于与同行聊天时总会说某某的绘画像大师。孩子的画确实和大师的很相似，他们之间有一种互通互融的关系。大师借助孩子的手法和思维来创作，我们想培养孩子的高起点、高品位。并不是说孩子将来要从事绘画的专业，但对孩子的欣赏力、理解力、人的基本本能的培养都起到提高的作用。孩子成人后，在美术馆或报刊杂志中看到大师的作品，能对这些作品有起码的理解。并不是所有的大师作品都适合孩子学习。我们会选择与孩子思维接近的作品，孩子会了解画家成长的环境、成就、作画的故事，介绍这些的目的在于引起学生的学习兴趣。如中国画对画面的解读，对表现形式、内容的感受，结合对生活中熟悉的东西进行创作。

邵任斯：如果是毕加索的作品，又该如何解读？

罗彦军：毕加索的作品是比较现代、抽象的。许多低幼孩子的创作与毕加索是非常相近的。毕加索说他用了十年的时间研究儿童的创作。他正是借鉴孩子的稚拙来表现的。

邵任斯：毕加索的解读是否适合所有的孩子？当大班的孩子转向写实期时，他们是否能接受毕加索的作品？

罗彦军：画画是由简单到复杂再到简单的过程。从孩子发展过程来看，幼儿不可能画得与对象一模一样。我们经常告诉孩子，画画就是要画得跟别人不一样，不能为了画像而去画像了。画画就是创造一种符号。中年级的孩子功底增强后必然往写实的方向发展，之后要想发展到比较高的境界就会受各方面因素的影响，如阅历、时间、教师的引导等。

王志敏：毕加索《格尔尼卡》一课，我在各个年级中都上过。我首先抛出以下问题：画面中有哪些对象？他们在干什么？为什么这样做？画面中人物的心情如何？画家为什么画这幅画？讨论结束之后进行创作。创作的主题恰好与《格尔尼卡》相反，让孩子画高兴的事，比如结婚、过年等。在画面形式感的把握方面按不同年龄段分别提出要求。低年龄段的孩子在表达时会简化，在画人物时只要有大致的表情变化的意思即可。中班孩子画人物的衣服、人物的形象以及遮挡关系就有更高的要求。

我们会利用课前十分钟的时间向孩子介绍大师的绘画。向大师学习分为国内和国外两部分。解读国内中国画大师的作品时，主要给学生讲大师的生平、生活状态、用功程度、成就，以利于孩子对中国传统文化的欣赏与继承。解读国外大师的作品时主要关注画面的构图、含义的传达、绘画的背景。我们想通过这样的方式，令孩子们在今后再见到这张画的时候至少能说出这幅画的作者是谁、绘画的特点，甚至可以讲出画家的故事。

邵任斯：您对《儿童学画的几个问题》中提出的"深层的隐形文化教育"的观点是怎样理解的？

罗彦军：谢丽芳老师提出儿童绘画"不教而教"的观点，我认为是不教程式化的东西，间接地而不是直接地告诉孩子你应该怎么画，通过启发等方式，让孩子找寻属于自己的语言。

王志敏："隐性文化"不但指绘画，也指绘画对孩子将来为人处世的影响。

邵任斯：备课是否已形成自己的模式、有自己的规律？

王志敏：主线就是根据不同年龄段课程设置的要求，把握孩子的兴趣，保留原创性，张扬个性。

邵任斯：课题与课题之间是否有贯穿与联系？

王志敏：有联系，比如上点彩方法的表现课，单个小课题是以点的形式来表现的，之后是带有中国文化色彩的创作，就像之前介绍过的草原作品的点彩表现，草原中的人、事、物都用点彩的表现方法。这样就将外国大师的绘画手法移植到孩子的画面中来了。

邵任斯：如欣赏了梵·高的《星月夜》之后，让孩子将梵·高的笔触移植到自己的作品中？

罗彦军：是。

邵任斯：外国儿童画作品与中国的相比有何不同？应该如何欣赏儿童画作品？

罗彦军：外国儿童画更为轻松、自如、简单、随意，真正是孩子自己情感的释放，而中国的儿童画受教师的影响特别多，画面中含有很多教师"帮助"的成分。儿童绘画应该是儿童自己所想所感，而不应该掺杂任何外界或成人的干扰。

王志敏：外国的儿童画原创性比较多，比如画划船，就是船和孩子，用笔大胆，用色自然，而中国儿童画原创性也有，但比较少，掺杂了很多成人的想法，一幅画密密麻麻的，看似很丰富。孩子边画还要边想成人硬塞的东西，当一股脑儿全画在画面中时，这便不是孩子真正想画的东西了。

邵任斯：如何保留孩子的原创性？

王志敏：让孩子画自己感受到的东西，比如画大公鸡，孩子能把他眼中的公鸡的特征把握住，在外人看来可能神似而形不似，这就是孩子的原创，是孩子自己体验、发现、创作的形象。画面中再加上一些儿童简单的、感性的想法，而不是像成人理性的、前因后果的东西。很多想法教师只能通过提示，而不能直接给学生。

邵任斯：一幅完整的作品的评价标准是什么？作品画到什么样才算完整？

王志敏：两方面。第一，孩子把想表达的东西画出来、故事内容画完整就足够了。第二，创作形象的色彩、美感、观赏性上要有完整性。有的孩子会偷懒，教师会尽量要求他们把作品画完整。

邵任斯：当孩子遇到瓶颈期时，他想画却画不出，这时教师应该如何引导？

王志敏：处于转型期的孩子，当他想画一个物体却没有能力完整地画下来时，会给他讲大师的作品。不一定画得像就是好，只要把特点画出来就可以。画得与别人不一样才是好作品。画的大小、多少都没有关系，只要孩子不把像与不像作为评判标准，他就会慢慢度过这个时期。

罗彦军：其实很多家长都会有这样的抱怨，认为自己的孩子画这么长时间却没有提高，这就需要教师跟家长与学生沟通，帮助他们分析现状。在画画的过程中有一个个台阶，会出现暂时停滞的状况，教师可以让孩子欣赏大师的作品，也可以让他们看看高年级孩子的作品，让他们建立信心，通过这样的引导孩子经过一段时间之后可能又可以迈上一个新的台阶了。

家长也需要了解不同儿童绘画阶段的心理特征。如果家长认同了你的教育理念，他们也会对其他的家长讲，我们这里有许多家长送孩子来都是慕名而来的。

邵任斯：罗老师请您介绍一下您的教学经历。

罗彦军：1988年毕业于师专，分配到教师进修学校，培训幼儿园、小学美术教师。教过中师，经过考试之后转正。在职业高中带美术班，王老师就是我那时的学生。后来又到松山区第四中学（自治区示范性初中）。现在社会上很多校外美术培训机构都以经济利益为目的，而不是切实地以儿童成长为出发点。

邵任斯：一路走来，您受到过哪些人或事的影响？

罗彦军：我之前在没接触真正的儿童美术教育时，也教过简笔画。1998年参加全国会议，受杨景芝老师影响，进而看到《美术教育与人的发展》及教学法等方面的书籍，又看到李力加老师的《萌动与发展》《儿童线描集成》，书中的写生作品非常精彩。因此，我也让孩子从写生入手，由局部往外推进，多画复杂的对象。此外，四川的左志丹和闫华、湖南的谢丽芳老师也对我影响很深。

邵任斯：请王老师您谈一谈您的教学经历。

王志敏：我是从美术高考开始带，后来接触了儿童美术教学，但不知道怎么教，于是请教罗老师，在实践中不断摸索，总结出经验。我们打算把富有地域特色的草原文化作为主线，细化课程。

邵任斯：非常感谢！

30

主题：

陶艺特色学校办学成果与经验

受访者：杜志明（成都龙江路小学美术教师，润果艺术教育工作室创始人）

访谈者：邵任斯、姜哲娴、丁志超（浙江师范大学美术学院研究生）

李力加（浙江师大美术学院教授、硕士研究生导师）

访谈时间：2013年12月19日

访谈地点：成都润果艺术教育工作室

邵任斯：请您说说为何将陶艺作为学校的办学特色。

杜志明：所有的一切都要在大美术环境下去思考，不管是教陶艺还是版画，教给孩子的不是单一的东西，除了"术"（技术）层面的东西，还有"术"以外的东西也要给他们，美术素养都要给他们，从绘画自然地转入陶艺，这也是很自然的事情。

邵任斯：你觉得陶艺能对孩子的培养起到一个非常基础的作用吗？

杜志明：可能会弥补很多缺憾。比如我们经常画平面的，孩子会画动物等等，他看到东西不一样，他看东西是三维的。

邵任斯：您学校的陶艺教学和其他学校相比有什么不同？

杜志明：我们学校（龙江路小学）是比较领先的，2005年就开始在做陶艺，做得比较早。我更看重做了几年后自己的思考、教材体系，还有整个陶艺的文化给孩子的一种浸染。在什么年龄段你给孩子什么内容，再带领他们去烧、上釉。要了解陶瓷文化的其他方方面面。这个是成都其他学校目前看起来感到比较震撼的一点。

邵任斯：您在教材形成这个方面有什么探索？

杜志明：这方面还在着手编，大概还要请李老师把一下关。教材初步有一个体系，我主要教中低段，这个教材就根据年段特点分了一个"知陶篇""好陶篇""乐陶篇"，就是孔子的话"知之者不如好之者，好之者不如乐之者。"通过"基础篇"，后来他能够很自然、很乐意地来做这个陶艺。很多孩子上了这个课，他们会说杜老师我带点泥巴回家。我说可以的，因为他有一个兴趣在那儿。

邵任斯：四川是一个非常有文化的省，您在把文化融入到课堂的过程中进行过怎样的探索？

杜志明：前期陶艺可能做得粗放一些。孩子可能倾向于做一些卡通的人什么的。但也在考虑把陶艺的味道做出来，稚拙一点的。成都作为一个有文化积淀的城市，汉陶是发掘比较多的。我们经常带孩子去四川省博物院，看到美术书上大篇幅地介绍一些战国的陶器、秦汉时期的一些砖瓦。孩子去见识了，留下一些印象痕迹，再自然地嫁接过来，比如说做一些三星堆的"通古千里眼顺风耳"，让他慢慢接受，他觉得这个很夸张，然后再告诉他历史，很自然地把这些元素带进去。

邵任斯：您刚才提到会带孩子去博物院参观，您在博物院教学中采取了怎样的方式？

杜志明：前期做了一些计划，然后了解几样东西。要把它罗列出来写一下，比如说你觉得什么最有意思就把它画下来，针对陶器馆、瓷器馆，让孩子带着问题去看。不是走马观花式的，完了以后你今天还有什么问题或者有什么遗憾，有计划地带他们去看，回来后再把我们的课程嫁接到一起。比如刚才我说的三星堆那一个面具是很出名的，"通古千里眼顺风耳"，很夸张，孩子也很受启发，孩子会觉得这个有点像葫芦娃，那种方式很神奇，将古汉陶的一些东西看过之后，他的东西就不会太单一，他就会把陶瓷那个味道做出来，孩子对泥塑的理解，跟他天性结合得比较紧。

邵任斯：你们学校的陶艺一年级到六年级都开设吗？

杜志明：目前是一到三年级，因为仅仅我一个人教，有五六百人，我就要记住五六百人的名字。

邵任斯：不同年龄段的孩子在制作过程中通常会遇到什么问题？您又是通过什么方式解决的呢？

杜志明：一年级小孩经常这样，比如说他来做广东佛山的陶泥，他可能带着他的一些生活体验、一些偏见，会觉得这个泥巴黑黑的，会很难闻，觉得很恶心。用孩子的话说就是他不喜欢这个，你首先要解决这个问题，要他爱上泥巴。你要放些图片给他看，拿出数据告诉他，这些泥面有很多微量元素，对身体很好，让孩子摸一摸、闻一闻，孩子大胆点的还会用舌头舔一舔，最后告诉他什么危害都没有，这样孩子就没有这个顾虑了。第二次来听课会好点，但是他还是不敢动手去做，此时最关键的是通过课程的设置吸引他，听过这个课觉得很好玩、很有趣，让他产生兴趣是最重要的、最根本的。像做"猪"，比如说我知道一年级、二年级孩子的属相，我就做这个课题，他刚好属猪，我们就来做一下"猪"。我对孩子们说，你们对猪有哪些了解？猪给你们的是什么印象？它有什么坏脾气啊？说着说着出猪八戒了。有个孩子说，"猪八戒很爱美女"，是他的缺点，当时哄堂大笑。我说爱美女也说明他很会审美。你要去引导他，当时有一个崧泽文化遗址，出土的陶猪距今已上千年，我们就让孩子去看，再让他们亲自动手来做，一周之内给烧出来，孩子们拿到作品带回家。那时候他会真的喜欢，喜欢上了就会一发不可收。通过这一系列契合孩子们心理特点的做法，把孩子们的兴趣激发出来。我们有一个烧陶小屋，我们告诉一年级的孩子，说这个就是太上老君的炼丹炉，只有孙悟空才能炼出来，一般人是不行的。烧瓷要多少温度呢？要1200℃以上，告诉他一个准确的科学的数据。然后告诉他们这些瓷器是怎么样烧出来的，由PPT放些图片给他们看，通过这堂课他捏塑了，把课以外的东西也了解了。要有一个内容体系去考虑，就是我说的知陶、好陶、乐陶。到最后他会主动要点泥巴回家做，这样就把他这个艺术的种子给保护起来了。通过一系列的方法，通过教材本身，课的本身、专业本身吸引学生。

邵任斯：您在课的内容设置上有哪些拓展？

杜志明：有一些拓展，比如说以前，做动物我经常想到做十二生肖，后来我觉得这个远不够。你看生物（动物）这么丰富，我们做个犀牛也是很不错的，做个大象也可以，还可以根据大象的特点去做其他的，把动物做得更广泛一些。

邵任斯：您刚才提到教学方法，您觉得哪些是可以教给孩子的，哪些是需要保留的呢？

杜志明：这个问题提得很好。我也经常在思考有所教有所不教的问题，这个度怎么去把握。比如说做泥塑的公鸡，生活当中公鸡那么复杂，羽毛那么多，由此想到木雕的公鸡，想到哪些可以教、哪些不能教。我和他们说福娃的设计者是谁？韩美林爷爷啊，这些孩子都很兴奋，都知道他。他也喜欢画鸡啊、熊猫等，他画的那种形态就很可爱，那个墨味也很好，他画的鸡不叫鸡，叫大吉图，"鸡"取谐音"吉"，"吉祥"的意思，告诉他们很多知识。在这个过程中教会他们怎样去概括形体。"有所教有所不教"就是让他们最终把握这个形体，最终让孩子们自己感悟出来。说这个鸡的身体像成功"Y"的姿势，身体是弯的，嘴巴可以翘出来捏出来，尾巴可以捏出来，公鸡还有什么？它很骄傲啊，还有鸡冠子。下巴和其他小鸟不一样，小鸟下巴那里没有吊着的东西，它下巴那里有肉，垂就区别开了。做鸡的脚时有学生还对我说，杜老师，你教了我们很多，但我们不会做脚。我说，这个可以用概括的手法，把这个脚省略掉，使它变得更平稳，脚可以不做。孩子说的可能有点偏，你要把他拉回来。这方面问题我仍在尝试，还要继续努力。

邵任斯：您教的孩子做的作品非常质朴，当孩子进入到写实期的时候，他表达的方式会不一样。为了尽量保留了一些质朴的感觉，您用了一些怎样的方法？

杜志明：孩子过渡到视觉写实期以后，这个时候会想把它做得比较像，比例都把握得比较恰当，我觉得这是好的。他有这方面的一些要求，这是孩子自然成长当中到了一定年纪要思考的，这个时候教师可以给他一些结构知识，如鸟有鸟的结构，动物有动物的结构，告诉他们一些关键的地方；再如马和毛驴的区别，其耳朵的区别是怎么样的。这些结构的东西要告诉他，他才会觉得这节课有含金量，或者说我遇到一个问题老师帮我解决掉了，这个时候他才会有兴趣。

邵任斯：你在校外教学的时候会把大孩子和小孩子放到一起教吗？

杜志明：我原先想严格地按照年龄段来教，但是后来我想通了，混龄也有混龄的好处。大孩子和小孩子在一起，只要老师这个尺子不要觉得画得像就是最好的，你要看小孩子的优势在哪里。但是不能太悬殊了，年龄相差一两岁是可以的。

邵任斯：您好像有参加海外研修的经历？

杜志明：对，有一两次。

邵任斯：您谈一下国外美术教育和中国相比，中国有什么优势？我们应该向外国学习什么？

杜志明：我现在了解到的是（一些专家教授告诉我的），美国联邦政府现在慢慢觉得他们以前的东西不是那么严谨，他们觉得也要向中国学习，有点回归。我看到了很多，幼儿园美术课，小学、中学、大学的美术课。私立的、公立的、交互学校也看了很多，我感觉他们的教材是自编的，对我很适合，我发现孩子适合柔和一点的品质的教育。好像有研究说，用酒给伤口消毒，不是说度数越高的酒就越好，刚好60°左右，度数太高了也会对皮肤造成伤害。教育也是这样的，比如你太凶了，孩子就会惧怕你。我愿意到这里来是因为我爱孩子，孩子也很放松。另外你对孩子也不能太没尺度，敞开式的，没有要求、没有目的、没有规划，孩子来你这里就耽误他了。对他温柔是有方法的，我主张以很温和、很柔和的方式和孩子去交流。

我发现外国教材很多是自编的。如在美国幼儿园的课堂上，我问他们一个老师今天上什么，他说我没想好。在我们这里那可不行，下一节课我们已经写好了。以前李老师说过，谁最先尝试去编写那个教材，他离那个成功就近了一步。我们中国每堂课都是一样的，而他们则思考每堂课怎么不一样，这是最大的区别。

邵任斯：您还有一个名字叫"润果"的教学工作室，您的教学理念是怎么样的呢？

杜志明："润果"，和李老师提过，教育首先要有"润"这个字，它是一个沁入的过程，艺术教育更是这样，一定是润物细无声的，"果"就是有点讨巧啊，大家都很喜欢，在我这儿学的两百多个学生里面，可能不下7个果，我说这些都是我们的精神之果，李老师也给我题了词，我很喜欢，我觉得孩子很喜欢美术，结出来的是他们的精神之果。我强调大美术下面各学科的融会贯通。

邵任斯：孩子来您这里每一门课都会学到吗？

杜志明：都会学到。不会单一的，这个课比较成体系，44课一个主题。

邵任斯：请您谈一下教学和学习的经历。

杜志明：我先谈学习经历，我是师范出来的，什么都学。后面发现我爱上陶艺了，算是半路出家吧，到景德镇陶瓷学院进修了一下。我不是说要成为这方面的专家，而是要把这个东西搞精通，为美术教育学服务，我只想不给孩子一个片面的东西，我本身是师范出来的，有点师范的小情怀在那里，什么东西都想拿到教育上用一下，给学生留个心，什么东西都拿过来融在一起，一直在这样做。整个求学经历就是这样，工作当中知不足就去进修，一直喜欢美术教育。说到教学经历我有点多，在整个武侯区，换了不下8所学校。公办学校待过，是代课老师，之后不停地换，想找个条件更好的学校。到这个小学干了十年了，一直是专职陶艺老师。

丁志超：问一下徐家林老师的情况。

杜志明：我不想改徐老师的QQ名字，他离开很久了，他的简介我也保留在那里，徐老师的痕迹还在我的生活当中，QQ上也有，我更愿意把他称为我的老师。我是在2001年去少年宫时认识了徐老师，徐老师是这方面的专家，见面我第一句话就是："徐老师，我是你的粉丝。"徐老师第一次听到这句话感到很新鲜。十多年前认识他，会主动地去听他的课，我那么爱学习，他又带我去羌寨，我曾和他在一起七八天，见证他怎么去开发当地的本土美术教育资源。我知道徐老师资助很多学生，在追悼会那天突然又冒出一个学生，你不知道他爱心有多大。重点讲一下他是怎么开发美术材料的。他晚上会记一些东西，他说好记性不如烂笔头，他很朴实，他说自己的东西是流水账，我现在读那些东西觉得那叫最质朴的散文。徐老师见孩子带硬纸板画画感觉不可以，就给他们找木板帮他们裁成标准大小的画板，锁坏了就把它们修好……

丁志超：请讲一下徐老师上课的细节？

杜志明：徐老师讲课很实在，不会很概念，城里不会用这种方法。用启发式的教学，到羌寨觉得简笔画也可以，他们之前没有接触过这些。他会根据孩子的情况、学情，哪怕跟着画一个一模一样的，他也体验到成功的喜悦。孩子会自发带土豆啊什么的弄篝火晚会，徐老师会上去唱歌，唱的不是流行歌曲，而是《没有共产党就没有新中国》，但他不是党员，他是为了孩子。

丁志超：他在少年宫是怎么样教的？

杜志明：他教得很活，有丰富的信息量，生活的知识、科学的知识、自然的知识，千方百计把这些东西变成美的，孩子们的爷爷奶奶都在那里记录。

丁志超：徐老师出的书的情况怎样？

杜志明：徐老师就像春蚕一样，他要吐丝，徐老师要出书按现在的节奏方式可以出很多新的，但是他把更多时间放到教学实践上去了。他经常带孩子到成都很多有意思的地方教学，新四桥、花鸟市场等。徐老师主张孩子回家画画，学完后自发地画。有次徐老师问我"术"重不重要？他担心追求那个"术"怕别人说太匠气、没有文化含量、不新潮，但徐老师一直强调"术"。

丁志超：您刚才说徐老师上课比较重视"形"？

杜志明：比如画鸭子，徐老师会注重鸭子的形，鸭子的脚，鸭蹼，鸭蹼的连接。

丁志超：孩子当时能理解这些吗？

杜志明：孩子八九岁了能理解这些。他也教了很久的转型期的十一二岁的孩子，他退休后，有很多家长送孩子去他的工作室学习。

邵任斯：您刚才说徐老师在"美"和"术"之间有自己的看法，您是怎么看待的呢？

杜志明：首先我认可徐老师的东西，"术"不能丢，但我在执行的时候，"术"会偏后一点，比"术"更重要的有太多东西啦，比如想象力、孩子的感受，等等。

31

主题：

侃点群课与网络信息社会的儿童美术教学

受访者： 吴林（山东菏泽市美术馆副馆长，"侃点"儿童美术群创始人）

访谈者： 冯海超、邵任斯（浙江师范大学美术学院研究生）

李力加（浙江师范大学美术学院教授、硕士研究生导师）

访谈时间： 2012 年 8 月 20 日

访谈地点： 湖南长沙侃点儿童美术会议

冯海超：侃点课群是在什么样的时代背景下产生的？

吴林：群课交流是在2008年的时候，那个时候我们的交流渠道一个是交流会，一个是网络论坛，基本上就是这两个渠道。交流会一般是经常性的，由官方组织，校外的当时只有民间组织的论坛，范仲建立的深圳少儿美术论坛。范仲真的起了一个好头，他那个论坛请了很多的老师、专家，在2007年的时候搞了几期交流会，认识了一些老师，他们也想交流，就打电话，但是电话交流太费钱，而且老师间的交流一说就多，然后就有老师建议我弄个QQ号，QQ号聊天还可以语音，不用花钱。后来我小孩给我弄了个QQ，就登上QQ号加了几个好友。当时交流的热情很高，根本聊不过来。

李力加：你是哪一年开始从事儿童美术教学的？

吴林：1998年。但真正的起步是2006年，1998年到2006年这个阶段，基本上没有想法，就是利用业余时间弄点小钱。当时对儿童美术教育的想法很少，基本上提不到事业的高度。

李力加：你是2006年才开始深度思考的？

吴林：对，那个时候是搞培训最火爆的时候，都有几百个人。

当时我建立了一个少儿书画院，1998年就成立了，一开始在群众艺术馆下，后来分离出来，那个时候是美术培训最火爆的几年，大环境都是这样，不像现在，大环境变了。那个时候你要请老师，请老师教课你还得教老师，这个时候我就感觉不行了，如果再不学习、不研究，我没东西教老师。当时我就觉得必须建立起自己的一套教学体系，只有这样才能把这个路走下去。

李力加：你已经意识到美术教育体系的重要性。

吴林：那个时候还没意识到它的高度，只是感觉需要这么一个体系，不然这个路没法走，课没法教，因为很多老师都很年轻嘛。

李力加：当时有几百人时，有多少个老师？

吴林：有十几个。我得培训老师，要培训老师首先我得有东西。我最早是在美术馆工作的，是搞山水画创作，对儿童美术教育真没当回事，别说我，很多画家都不当回事，都认为那是哄小孩的。

当时几个好朋友的小孩要学画画，他们就找到我，慢慢地越来越多，就形成一个团队了，形成一个团队后你就必须操心了，这个时候我就意识到需要建立一个体系，要有自己的一套东西，应该教老师怎么去教，这么一研究，感觉到了，儿童美术教育里面的道道多了。本来我就是一个喜欢研究的人，感觉这个里面大有文章。

李力加：你本科学习当时是在哪里学的？

吴林：青岛，我在青岛上的大学，上了四年大学后，回到家乡，分到群众艺术馆，当时群众艺术馆有这个任务，叫你搞。当时我很年轻，也不懂，教小孩画画，玩。到后来有了自己的团队之后，有压力了，才意识到做这个事，里面可研究的东西真是太多了，并且越研究越有兴趣，越研究越深入，并且孩子呈现的东西也让我感动。你搞研究就需要交流吧，我当时特别渴望交流，特别需要找一个平台。当时我还不会上网，网络也很少，2006年学会上网了，从深圳回来之后学会了用QQ。

冯海超：侃点群出现之前您的交流平台有哪些？

吴林：当时的交流平台很少，也是到2006年才开始出现，之前没有，校外美术教育当时没人重视，也没人研究，教育情况也不火爆，一些人瞧不起校外美术教育，认为就是为了挣点小钱。老师本身也不知道怎么做。校内就不同了，要教改，有要求，有一大套体系；校外啥也没有，就是自己想怎么教就怎么教，想怎么玩就怎么玩，一盘散沙。我有了团队之后就有了责任，有责任这么做，才开始研究。通过交流，真有"一下子打开了眼界"的感觉——人家怎么做得这么好啊！后来我认识了几个朋友，人脉关系逐步扩大。QQ群最早就是我们内部的十几个老师的群，这个方法挺好，不用开会，天天在群里聊，每个周五我们都开会。一开始我还建不了群，是我底下的一个老师建的，他说吴老师给群起个名字吧，当时想了两分钟，就说叫"侃点"吧，侃侃点点，侃点子，就这个名，定下来了，然后我们内部十几个老师就像开会一样每周五按时上群，各自讨论一下自学了什么东西，我就不用跑到单位去了，在自家的电脑上就可以和他们说，挺方便的。我们内部交流的时候，外面的老师就加进来了，可能是搜的，搜索美术教育可能就出现"侃点"了，然后他们就加进来了，山西的、广东的，等等，进来了十几个。我说我们这个是内部群，不接受外面的人，他们说我们在里面潜水，看你们每个星期讨论得挺好，我们也想参与参与，我想也可以，总不能撵人走啊，就这样这十几个人就成了"侃点"的元老。那时，每个星期五外面的老师参与到我们内部的交流当中来，结果就这样一传十、十传百，这个群马上就满了，当时只有200人的普通群，加不进来了，后来想再弄一个，朋友越来越多，我们的研讨也很有意思，虽然当时还没有形成全国各地的老师来讲课的状况。我们内部交流时，老师经常会提问，吴老师，我明天的课这样上行不行啊，我就说这样上可以了，逐步形成了教研会的形式。后来全国的老师觉得这样很好，很有意思，他们每个星期五也加入进来听听，发表发表看法和言论，有的老师发表的看法就非常到位，突然感觉到，人外有人、山外有山啊，然后我们就想结交更高的高手一起学习，这样我们就分了两个群，一个是内部群，一个是外部群。

李力加：那时候是2008年？

吴林：当时是2007年，内部群有十几个人，外人加不进来，外部群是全国各地的，你想加就加。两个群，这个课怎么弄呢？把内部的课转到外部群，后来感觉转课转得挺别扭，既然外部群有各个地方的老师，那么就请教一些建群比较早的老师，例如叶子网的刘洋老师，他建叶子网建得比较早,还有毛政,他建群也建得比较早,他的群搞得挺活,他是首先在"侃点"群中讲课的，然后我去听课，感觉不错。然后想到全国各地的老师讲课这种方式，当时群中讲课非常火爆，我加入的十几个群，其中就有五个在讲群课，就那么火爆。为什么"侃点"讲群课放在周四也是有原因的，他们其他群都在讲，星期一、星期二、星期三、星期五全有，没有冲突的只有星期四，那么"侃点"以后的讲课就放在星期四了，固定在星期四，之后就都没动过，一直延续到现在。当时有个什么问题呢，讲一次课、两次课很容易，请个老师来讲讲没问题，但是长期坚持是相当难的，当时我一周讲两次课，毛政说，你一周讲两次，我一周讲一次都觉得资源不够呢，你一周讲两次讲完了，看你找谁去讲，自己讲多了就没资源可以讲了；还有讲课来来回回就那么几个人没意思，但是群里谁能讲你也不知道，后来就在群里慢慢找人，看谁能讲，发掘人才。

李力加：你们的群最火爆的状况持续了多长时间？

吴林：有几个月，慢慢就不行了。当时"侃点"群还真不算什么，很不起眼，群里的老师还都是串的，这个群里有他，那个群里也有他，群与群之间讲课还重复，就这样一种情况。后来我看这些群坚持不下去了，资源枯竭。既然做起来了，半途而废不是我的风格，所以我就想办法，搞活动，在群里搞活动。不是没人讲课了吗，我们搞活动，晒图，比赛，网络画展，咱们评奖评着玩，没奖品，然后再请一个专家来点评，这样就补充了群课不足的问题，通过晒图你就发现人才了。另外还有一点，就是我特别能发现人才，这也是我不同于其他群主的一个特点吧，哪怕他就只晒一张图我也能把他发掘出来，只要看到他的作品有点意思，马上就找他聊，建立关系成为朋友，让他把博客、作品给我看看，然后我就请他来讲课，把他的成果拿出来让大家讨论讨论。行，都很愿意，都想把自己的东西亮给大家看看。我的初衷不是现在这个样子，是找专家、找高人，结果高人都没联系上，有的专家都不会上网，到现在左老师都不会上网。后来想你光凭几个高人是不行的，专家的资源也太狭小了，而且也没时间，再说你去找他，他也不会理你，你是谁啊，叫我去讲课，没有建立一种关系、做成朋友，人家真的不会理你，我就找同阶层、同类、同需要、同水平的人，然后和他们合计，把"侃点"建立成为一个平民"侃点"，来"侃点"的没有专家，都是老师，都是一线的，都是朋友，一视同仁，平等、尊重，这就是当时侃点的一个宗旨，一个营造氛围的宗旨。这样一来，资源就广了，可以说是取之不尽用之不竭。我已经坚持5年了，"侃点"的课已经排到年底了，上半年排课能排一年，别人的群不行了的时候，"侃点"还依旧火爆，别人可能会想，你是从哪里弄的那么多课？

李力加："侃点"的课一周几次？

吴林：一周一次，风雨无阻，只有暑假停一个来月，其余时间一直在坚持。越坚持影响力就越大，越坚持人就越多，真的是什么事都贵在坚持，即使遇到困难你也要跨过去坚持，坚持下来后来的路就好走了。后来"侃点"影响力有了，在"侃点"讲堂课很光荣，教师本人感到很荣幸，然后我就专门发现谁的东西好，谁的东西有特色，不一定要全好的，只要有特点就行。后来我就安排了几大栏目，有沙龙、问诊、课堂、晒图、大辩论，特别是大辩论，我们搞过两次，特别有意思，红队、黄队，正方、反方，只要你说这样是对的，他就说你是不对的，进行反驳。每个人可以自由报名你持哪个观点，两个观点是相反的，你支持正方你就去红队，你支持反方你就去蓝队，一个队找一个主持人，然后带动大家来辩论。当时为什么这么做，因为那时只有一个群，一个群可以这样做，如果有五个群、六个群就困难了。

李力加：是2008年正式注册的？

吴林：对。2008年一月份正式建群，坚持了差不多一年，第二个群就出来了，然后一年一个群、一年一个群，因为人太多加不进来了，你就得再建，这个时候我就管理不过来了。

李力加：现在是几个群？

吴林：六个，每个群500人，大约3000人。不够再加，我就要找人管，我一个人根本管不了。其实找人管很简单，因为人脉建立起来了，很多人都愿意来帮助你，而且"侃点"一开始就立了一个标准——奉献，来到这里你就讲奉献，别光想着索取，不管是谁就得奉献，搞资源共享。

李力加："侃点"最大的好处就是资源共享，资源共享对中国儿童美术教育的好处太大了。

吴林：不带有任何的功利目的。你看我讲课，没人给你钱，一分钱也没有，我请李力加老师来讲课也没钱，一样，一分钱没有，别看他是专家。在群里交流都是公平的，大家都是朋友，不分高低，可能大家学术上有差距，不明白的我可以帮助你，因为我们都是志同道合的朋友。

冯海超：对于那些经常帮助其他老师成长的人，有一些激励或者鼓励之类的措施吗？

吴林：当时没有，因为很多活跃分子喜欢在群里交流，喜欢帮助别人，他帮助人，人家就尊敬他啊，得到了尊敬是很开心的，人需要尊重。不是我帮了你，你就得给我200块钱，这样俗。大家互相帮助，熟悉之后就感觉人与人之间非常亲和，就像一个大家庭一样，很多朋友都把侃点当作自己的家，因为我们"侃点"里面既没有广告，也不允许污言秽语，只要说一句脏话就走人；还有一点是真诚，必须用自己的真实姓名，发照片，大家都真诚面对。这个群很干净，只要老师们认为你这个群很干净，他们就愿意把自己的真实姓名告诉你，他敢，如果他觉得不干净，是绝对不会的。虚拟网络带来了很多负面的东西，这些负面的东西伤害过每一个人，所以每个人都以一种戒备的心态进入网络，我们这样做其实是促进了网络文明的发展；还有包括政治上的敏感问题你不准说，你别说两句把我的群给封了。立个规矩，不准说什么。调侃可以，我们光谈学术很累，有时候可以谈生活，生活上的调侃也很好玩。我征求过一个老师的意见，我问他这个群应该怎样去管理，他和我说不要光一天到晚地谈学术、光谈课应该怎么上，老师一天下来很累，很多老师需要找个地方聊聊天，所以只周四谈学术，平时你谈啥都行，这样海阔天空地聊，无形中就拉近了老师与老师间的关系。调侃也是"侃点"的"侃"的定义嘛，这样就建立了一个网、一个群体，不论你去任何地方只要有"侃点"的老师，都会感觉非常亲近，这些关系都是在群里建立起来的。

冯海超：是不是交流会人越多越好、规模越大越好？

吴林：不是这样的，开交流会一定要控制好人数，在能够把事情做好的情况下才能考虑人数，人数多当然好，因为钱多嘛，但是不能首先考虑钱，先要做事，只有把事做好了，其他的都能来。而且搞交流会需要人才，下一步"侃点"考虑组建一个团队，只要你有才能，你就可以加入进来，但是全部都是义务的，一开始不和利益挂钩，和其他线下的机构合作都是非常明确的，"侃点"具有公益性质，你赚钱、你亏钱都和"侃点"没关系。

冯海超：现在在"侃点"课群中，大部分都是来自校外的美术教师，对于校内老师你怎么看？

吴林：原来校外的比较多，现在校内和校外基本上是对半了。

冯海超："侃点"当初秉持自由、草根、民间的观点，后来渐渐有一些专家进入，这给侃点带来了什么影响？

吴林：这个影响大了，专家一进来你的形象一下子就上去了，你就完全不是草根那种感觉了，层次上去了，会吸引更多的人关注你。

冯海超：群里有些老师会不会认为专家来了，不太敢说话了，不太自由了？

吴林：这种情况是可能的，但是问题不是很严重。你看龙老师喜欢在群里侃，我感觉专家进来也很有意思，虽然是专家，但也是朋友啊，绝对不会有那种官方的级别上的东西。专家也是我们美术教育行内的人，只是研究得很深透，让人敬仰，但也非常平易近人，这样一来，他对你专家就不会有戒备了。万事都需要磨合，进了"侃点"之后，就无所谓了。上一次美协搞了一个活动，搞得不太理想，该承诺的没承诺，该兑现的没兑现，当朱凡老师说个什么事的时候，群里的老师就开始议论了，上个事都没做好，这次还要做，当时说的话真的很尖锐。朱凡老师很有涵养，他说，我们哪里做得不好，你们可以提意见。这说明了一个什么现象呢，老师在这个群里面，平等，真的平等，没有因为你是一个领导或是一个专家，我就不敢说话，我就要附和你，没有，他们非常敢说话，而且非常地性情，可能在单位上比较压抑，但是在这里能放得开。人需要释放。有很长一段时间这些老师没什么地方可去，就想进群玩，好玩，很放松，朋友在一起玩非常放松，我就想营造一种这样的氛围，不想光做学术，那样太沉重。人一天的生活，八个小时以内是工作，八小时以外肯定需要娱乐。我们就是利用八小时以外的时间，我们还办过元旦晚会，很好玩。

冯海超：吴老师，您作为一名校外的儿童美术工作者、普通的老师，您加入侃点群，"侃点"群对您最大的帮助是什么？

吴林：如果我是普通老师，我最需要的还是交流，这个心态是不会变的，渴望有一个平台、一个群体，能够让我学习，并且这个学习的渠道非常简单，而且还不需要花钱，去参加交流会你要坐车、吃饭、住宿，都得花钱，而在"侃点"不需要。

这个群体，这个团队，包括这个平台，得有几个引领人引领方向，起点不能低，这样才能引领大部分人走正确的路。校外美术教育真是一盘散沙，各自为政，想怎么教就怎么教，非常自由，有的教得非常好，有的教的非常差。现在有个最大的进步是什么呢，原来他不知道自己差，现在他知道自己差了，进了一大步，在侃点成长的老师真是太明显了，两三年时间变化很大。

李力加：对，比较一下现在和以前的作业水平就很明显了。

吴林：知道自己欠缺在哪，知道自己该往哪里去努力，这个也需要积累。但是他们的进步真的很大，我见证了他们的进步。

不光是教学水平的问题，教学管理各方面都在提高，原来十几个人，现在一百人，可以说是飞速的发展。原来都是在聊天，闲的没事做不聊天干嘛，现在没空聊天了，忙。

李力加：这些都是"侃点"发展的亮点。

吴林：我也没想到他们的进步那么快，也没想到"侃点"会发展得这么快，这得益于每个人的力量，只要你都去关注它、都去奉献的话，这就是一种非常好的形式。后来专家进入了，这下更好了，影响力更大了，"侃点"又被宣传出去了。

李力加：特别是湖南美术出版社这套书，影响非常大。

吴林：湖南美术出版社黎丹老师很有眼光，他看到"侃点"不错，就利用出版资源来帮助"侃点"。

李力加：这套书一出版，促进了全国校外美术教育的发展；校外美术教育书籍的出版，又反过来促进了校内美术教育工作。

吴林：湖南师范大学的肖弋老师要出本师范教材，就找到我，叫校外的老师来做校内的事，可能都差不多了，马上就要出版了。上次在一起聊天，我说你校内的什么大纲、要求我们都不懂，什么新课标我也没看过，怎么要我们来做教材，他说就是要你的特色，补充一些校内的东西。

李力加：学校的美术教育很规范，而课外的美术教育更自由、更专业、更具有学科方向，对校内美术教育不光是一种补充，更是一种影响。校内的美术教育解决不了学生的美术表现能力问题，只能解决粗浅的美术素养问题，美术表现能力是不可能提高的，因为没有充足的时间。

吴林：是的。

冯海超：我也加入到每周四的侃点大课堂中，500人的超级群，参与讨论的老师只占到10%，50多名左右，很多老师还是沉默的，你怎么看待这种情况？

吴林：你是说很多老师在其中不说话是吗？这个没有关系，老师多了挺乱的，说话的就那么些人，还是轮着来，他们不说话不可能同时都不说话，他们之间是相互交替的，500个人不可能在同一个点上同时说话，谁没有个事情呢，只要连续不断就行。

李力加：即便不参加我也能拿到资料，像我有时候去北京开会，不能上网，开会结束后只要去论坛上把以往讨论的资料下载下来就行，所以作为普通老师，即便他没空也同样能拿到资料、享受资源。

吴林：从论坛上可以拿到资料，我们论坛和群是一个互补的关系。一个资源库，一个即时交流。

李力加：我拿它们的目的是做研究，而老师拿它们的目的就多了，可以促进学习。

冯海超：有些老师会不会认为，反正也不会踢我出群，我就只拿不奉献，遇到这种情况怎么办？

吴林：你说的意思就是光拿，不奉献，也不分享，这个是没有关系的，慢慢地人是会受影响的，你处在一个坏人堆里你会变坏，处在一个好人堆里也会变好，这样总索取，他会好意思吗？他慢慢地就会觉得不好，要做贡献，但是他也得有东西啊，如果他没东西的话，他怎么往外拿呢？他拿不出来啊，他能拿出来肯定就是作贡献了。

李力加：我的博客里有老师留言评论，那也是奉献。

吴林：对啊，奉献的不一定是东西，奉献人气也是奉献，不一定要去贴图,并且你的关注也是奉献。你想想,他到哪里都提到侃点,他宣传到了,那也是奉献。

冯海超:随着侃点群越来越大,组织管理上会不会出现什么问题?

吴林:对,这也是我现在考虑的问题。现在基本上没有管理,就有一个班委,班委有十几个人,这十几个人就转群课啊,整理资料啊,上传到论坛啊,管理进群的人;一个分群基本上有两三个人管理,现在还没有完全形成团队管理,活动谁来搞,宣传谁来做。如果"侃点"群再扩大就需要组织一个团队了,这个团队不像咱们培训的团队,这种团队是自发地组织在一起,我想一个省、区域选一个负责人,你这个省份的活动安排你来组织,然后再找几个热心人去各个地区做巡回的活动,有很多资深的老师认为不需要学习了,他一年想的就是见见面,走在一起的时候非常开心,但还有一部分是来学习的,要搞拓展活动就得让大家都认识一下,互相成为朋友。

冯海超:"侃点"群现在主要通过QQ群展示、讨论,是利用文字加图片的形式,但是社会上有一些培训机构已开始采用新的形式,包括语音之类的,"侃点"群是否也会采取其他的形式?

吴林:现在网络上有语音,也有视频,感觉比打字、图片的效果更好,那咱们也接受新事物,建立了一个YY语音房间,还有UC语音房间,我都学会了,然后我就开始尝试,用过UC语音视频房间。这个UC语音视频房间只能听到一个人说,还有其他一些功能,还是感觉不能即时互动;而那个YY语音只能听见声音,不能视频,也可以同时语音同时聊天,但是最多限制4个人,想5个人聊天都聊不成,并且还看不见图片,不管是UC还是YY都不能发图片,没有发图片的功能,而且操作还比较麻烦,还有杂音之类的干扰,美术必须看作品,出现了很多问题。我用了两次,感觉不行,我在YY语音里面讲了一次课,黄卫老师在YY语音里面也讲了一次课，都有录音，因为没法看图，就只搞了这两次，后来还是回到了QQ群，虽然不能语音，不能视频，但有文字的表达，也是一种记录，整理出来就是一个好的文档。好多老师后来的文章都是在群里写出来的，赵老师就是一个例子，他的无痕教学的理念就是因为他在群里讲了三次课提出来的，逼着他写，刺激他去锻炼，刺激他去打字。我现在打字就快多了。现在我请那些老师来讲课，那些老师说我没准备，我只有几张作品，我就说你现场写，只要你坚持讲完这堂群课，你的一篇文章就出来了，明天就可以发表，QQ群的交流就有这点好处。

冯海超：当时"侃点"群出过一本电子杂志，叫"侃点群彩"，为什么之后不出了呢？

吴林：当时孙志明老师有这个热情，说我们的群课展现出来后，只能放在哪个群共享里面，比较杂乱，当时没有论坛，他当时说我来弄，一个月编一期，这样老师看起来和翻书一样很方便，就这样做了5期，做得非常好，都可以做成纸本杂志了。后来太忙了，就做不下去了，因为只靠他一个人，做电子杂志很费时间，后来没有时间顾及了，然后刘老师就想起来建立论坛，再后来想这么多资源怎么不出书，出书又怎么出，出版社不理你怎么办，这个时候黎丹老师出现了，有一拍即合的感觉。

冯海超：你认为这次的溢美展和"侃点"大活动和其他的社会上的活动有什么不同？

吴林：其他的我没有参与过，这几年我只参加了"侃点"溢美的活动，原来参加过几个，基本都差不多。搞这个交流会也很困难，你一年得变个法，老是那个样子就没意思了。今年"侃点"活动黄卫是主策划，迎合老师，建立课程体系，一年围绕一个主题搞活动，今年就采取了课堂的形式，但也不光光是讲一堂课，要讲一个体系，让其他老师对你的课程有一个了解，围绕一个主题搞交流会就不用搞别的交流会了，别的交流会很杂，请几个专家，你讲几句，我讲几句就完了。

冯海超：这次四个老师都是"侃点"的老师吗？

吴林：都是"侃点"的，都是基层的美术工作者，他们的压力非常大，没有做过这种事情。有的老师没充足的时间弄，只是来的时候才开始弄，我们也没提前开会侃这个事，没有任何人帮助他，全靠自己。请这些人，主要是他要具备这个实力，没做过这个事情没关系，只要有这个实力就能做到。

冯海超：你认为5年后、10年后"侃点"群会发展到什么样子？

吴林：我觉得"侃点"会成为一个特别亮的品牌，现在已基本形成了，而且还是一个公益品牌，必须做公益，不和任何的商业相混淆，要保持它的品质，公益、学术、和谐，这也是我个人的追求。我现在感觉做这个事非常有意义。

李力加：你从2008年到现在从个人角度反思，你个人有变化吗？

吴林：有很大的变化，首先是我自己。我原来的性格比较闷，不太爱说话，不善言谈，朋友也不多，现在从个性上改变了很多，比以前张扬多了，话多了，口才比以前好了，朋友也变得越来越多，感受到了朋友在身边的那种快乐，这是我最大的收获，其他的什么都不要，只要有这帮朋友就行了，全国各地转哪都有我的朋友，多幸福啊。还有我的事业、我的教学，都是互动的，我也在提高，我在帮助别人，别人也在帮助我，就形成了一种群体性的上升力量，这样就起到了一个引领的作用。以后的"侃点"会聚集全国最棒的精英，这也是我努力的方向。

李力加：非常感谢！

32

主题：

深圳童画儿童美术教育基地的教学与发展

深圳童画儿童美术教育基地百花校区场景

受访者： 邹毅（深圳童画儿童美术教育基地百花校区负责人）

访谈者： 姜哲娴、丁志超、黄聪丽（浙江师范大学美术学院研究生）

李力加（浙江师范大学美术学院教授、硕士研究生导师）

笔录人： 伍翔南（浙江师范大学美术学院研究生）

访谈时间： 2013 年 7 月 4 日

访谈地点： 深圳童画美术教育基地百花校区

李力加：深圳的校外培训竞争太激烈了。

邹毅：只要踏踏实实做好教育，所谓的利润也自然会有；如果直奔着利润去，可能会失去很多东西。教育毕竟是长远的事情，我们团队的理念是以质量为主。

李力加：不应急于扩张，应该将每个基地做成精品后再扩张——扎实地扩张。

邹毅：扩张是在真有合适的机会时才去做的。我们现在在全国范围内的加盟虽然很火爆，但都不是我们去招商的，而是在各种交流活动中由对方找到我们的。我们从中也选取价值观、办学理念较为吻合的来合作。

李力加：深圳在全国较为出名的"三大家"中有一个"杨梅红"吧。

邹毅："杨梅红"的影响力比我们要大，因为策划非常到位。比如在他们较为偏僻的培训点，开展了暑期课程学费全免的活动，吸引了2000多位学生家长；树立了一个好的口碑后，那个点招到了600名学生，可见这个策划是非常成功的。主办方对整个美术教育推动作用非常大。而我们可能因出发点不同，并没有在这方面做过多的投入，但他们的策划还是很值得我们学习的。

李力加："杨梅红"直到2009年西安研讨会上才为内地老师知晓，相比之下，"童画"早多了。

邹毅："杨梅红"的营销模式比较好，即便在加盟这方面没有完全放开，也能达到相当的规模。

李力加：但他一下子开了10家，步子有点太大。

邹毅：因为少年宫是个制高点，每年2000万的盈利，让他有实力迈大步子。

李力加：你的意思是其他几个点不怎么赚钱？

邹毅：其他点毕竟开班时间不长，盈利相对不会太多。

李力加：你们的租金贵吗？

邹毅：每平米150，一个月将近5万，在租金方面开销并不算大。

李力加：你这里的装修也很用心，比较超前。

邹毅：我们不希望停滞不前、才有意拔高的。希望李老师能给我们一些专家级的建议。

李力加：教学上得出新。

邹毅：因为培训点增多，新教师队伍需要建设，如何让他们尽快融入"童画"模式是个难题。

李力加：对新教师应形成培训体制，包括工作室的教学思路，原有的骨干教师应考虑如何完善，现有的课程体系。比如幼儿"点、线、面"课程，应让这些课程更贴近幼儿的生活，提高课程与生活的关联度，以更加适应他们的年龄特点。在形成一些案例后，也可以把这些案例加入到对新教师的培训中，以此形成循环，提高核心竞争力。这不是营销的问题，而是教学质量的提升，有质量就有口碑。

邹毅：教研活动我们一般放在周三，由寇老师负责。

寇滨："童画"的点很多，我们便利用这样的教研活动，聚拢各个点的老师们，开展交流，共享资源。即使是同样的课例，不同的老师也有不同的效果。

李力加：这是肯定的。在"模式"的推广过程中，不同的教师和学生出来的效果会有所不同，这其实是一种文化的差异。因此，需要鼓励大家在"模式"下进行创新，在同样的主题下，生发出适应各个教学点的内容，从而形成课程体系。一旦家长们见到孩子显著的进步后，会自发地为你们宣传。像广东的柯明华，到我的老家山东济南的万达广场开班，向我请教，但我暂时还没有功夫。但我们都知道，广东和山东存在天然的文化差异，如何在山东推行他的那一套，是需要思考的。即便同样都是在深圳，不同片区居住着不同的人，也是有许多微小的差异的。

寇滨：深圳这个城市，各个方面相对都比较浮躁，给文化的沉淀时间很不够，很少有文化的东西积累下来，反而很愿意尝试创新的、时尚的东西。因此，整出来的东西与其他地方差别肯定是很大的。我们从事了较长时间的美术教育，比较了解这里孩子的情况。可以说，这里的孩子也是比较浮躁的，他们学习美术不是为了兴趣，而是一种放松，远没有达到爱好的程度。

李力加：各个工作室的课程需要增加游戏性。

寇滨：是的。因为孩子们接触过的东西太多了，普通的课程捕捉不到他们的兴趣点，我们只有开发能"挠"到他们"痒痒"处的课程，才能吸引他来这里学习。另外，我们的美术培训也不像数理化，孩子们天天接触，提高非常明显；而美术班一周毕竟只有一个半小时的培训时间，无法收到立竿见影的效果，甚至孩子们这个星期来就把上星期的学习内容忘了。

李力加：这一点我们非常理解，孩子们被家长们送来学习，这本身也是被动的。

寇滨：虽然也有不少孩子真心喜欢画画，但那只是停留在无意识的涂鸦阶段，没有人管，家长也不知道如何引导。因此我们会发现，有许多课程和内容是无法融入这儿的文化的，像我老家西安一些很古朴的东西就无法在这里的孩子们身上实施——他们喜欢新鲜，无法理解文化积淀。西安的石刻、碑林等环境能让当地的孩子经常接触，会产生潜移默化的文化影响。在深圳就不行，不论是城市的风气还是家庭的审美氛围都不适合这些。

李力加：文化积淀决定了他的行为。

寇滨：再比如家长们的行为，一开网页就是与时尚相关的东西。无形中给孩子们带来了类似的审美兴趣和观念。许多孩子喜欢时尚、动漫，但少有了解，其实动漫是人在成年之后才会去寻找的东西，孩子们喜欢是盲目的。一盲目就容易走向误区，因为自己积累得太少，以至于在单纯的模仿后拿不出能体现思想的作品——许多教学上的尴尬让我们也很为难，家长们通常又不理解。

李力加：你们有没有开家长会？

寇滨：开过，但家长会的效果是短暂的，并不足以改变什么。

李力加：你们机构的留生率怎样？

邹毅：90%左右。学生往往因为喜欢某个老师而留下，但暑期的人数和春秋季的人数会有较大的差别。

寇滨：这也是城市文化，因为深圳是个"移民"城市，暑期是外出的高峰。

邹毅：其他地方就不这样，许多培训机构都是趁暑假大爆发的。

李力加：这也是地域的差别。

寇滨：许多人瞬间有了钱，因此对金钱的看法也很特别。他们对美术培训班的看法不是仰慕，而是认定为"有钱就能弄"，许多事在他们眼中是绝对能用钱买来的。这种看法让人难以评说。许多家长就带着这样的想法，因而他们的孩子也抱着这样的态度。有什么样的家长就有什么样的学生。

李力加：但教学还是要靠老师，喜欢老师才能喜欢这门课——这非常重要，要培养能留住学生的老师。

邹毅：没错，到最后许多学生都是冲着老师来的，而不是冲着机构来的。甚至有不少老师教学技能一般，却有很多喜欢他的学生。

寇滨：教师与学生的沟通非常重要，和家长的沟通也同样重要，有时候家长甚至对老师言听计从。

李力加：这也是一种教师素养。

寇滨：我认为，要当教师的人必须比较外向。

李力加：男老师最好幽默些，女老师也需要这样。

邹毅：女老师的亲和力非常重要。许多老师和学生讲话必定站着，而有的老师会蹲下去，这个细节给孩子们的距离感是不同的。为什么许多学生跟着一位老师甚至不愿意升班，就是因为老师的亲和力吸引着他。

寇滨：这种情况，也有赖于家长的态度，有时候家长太把自己的孩子当回事儿，孩子说不升班就不升班。

李力加：这也得靠教师的引导。没什么问题，是社会的一种普遍现象。

寇滨：说到底还是得靠教学。教学分为过程和结果：有时候结果是好的，过程却不一定好，而一个好的过程也未必能带来好的结果。这两方面是我们教研的重点，只有两方面都好，才是值得推广的模式。但并不是每一个课程都能这样完美，因此一学期的课程我们得想办法岔开，让结果较好的和过程较好的以及过程和结果都好的课，能够达到相对完满的度。这里也需要我们跟家长沟通，让家长明白，好的结果是需要练习的过程的。

李力加：这样做很对，好的作业需要充分的练习时间来支撑，没有练习的过程就不可能有好的结果。

寇滨：我们一学期的培训时间累积起来不过24小时，一天一夜而已。如此短的时间要掌握扎实的功夫几乎是不可能的。有的家长抱怨，都学了三期了，怎么怎么样，但三期也不过相当于3天时间而已。我们只能这样去和家长沟通。

李力加：你们平常布置作业吗？

寇滨：有的时候有，但因为家长对美术培训并不重视，作业也难以达到效果。只有孩子非常爱好画画，才能做好这项作业。因此我一般不留作业。100个孩子中能有一两个真正喜欢美术的就很不错了。现在的培训班不是我们小时候的少年宫那样的精英教育了，能来培训的孩子并不是最喜欢画画、画得最好的，而是有钱就能来学画画。与过去完全颠倒了，没有师道尊严可说。

李力加：事实上，在儿童美术教育中，我们教师就得时常倒过来，向孩子们学习，常常和他们玩耍，只有打成一片才能出成绩。

33

主题：

儿童美术教育出版物（绘本）与儿童美术教育

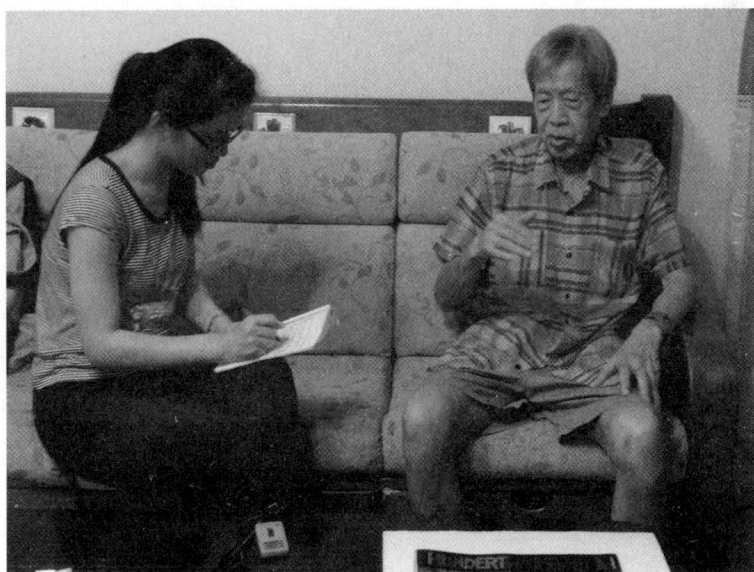

受访者：郑明进（台湾著名儿童美术教育家、作家、儿童绘本画家、插画家、出版人）

访谈者： 邵任斯（浙江师范大学美术学院研究生）

访谈时间： 2014 年 5 月 15 日

访谈地点： 台北郑明进先生寓所

邵任斯：为什么"青林艺术宝盒"能如此成功地将图片与文字结合在一起，激发幼儿的美感知觉？

郑明进：编写"青林艺术宝盒"的老师是教儿童画的。插画（美术作品）需要符合儿童心理发展的规律，而不是大人把许多艺术品塞给小朋友。不能一张、两张画强行给小朋友欣赏。

邵任斯：除了"青林艺术宝盒"，是否还有其他绘本在介绍经典艺术方面特别出色？

郑明进：是，我准备了许多这方面的书籍，先来看一些日本的教科书。超现实艺术是以梦来进入的，不一样的课本有不一样的解释。日本有三家出版社做教科书。这是六年级，介绍毕加索，考虑到小朋友要看哪些画，所以，欣赏的时候一定要考虑到儿童的心理、眼光与美感的刺激。中学一年级，用日本的画家，有很多人的要素在里面。都表现人在游戏，但是以不同的表现方式来呈现。经典名画之外，有很多不一样的作品可以欣赏，但是我们的课本中就没有了，所以日本小朋友欣赏的机会比我们多。日本在这方面是走在我们前面的，他们的孩子有这么多的机会可以看到这些。就台湾来说，这个画家台湾很少介绍。生活环境的不同、欣赏机会的增加可以丰富其欣赏的广度。到底经典艺术中有哪些是与儿童生活相关的，这一点，我在写《小画家，大画家》时就注意到了。

邵任斯：给低幼孩子欣赏的是否应该是具有童趣的作品呢？

郑明进：这是日本的二年级的课本，封面全都是安野光雅的剪纸作品，课本题画家、心理学家、雕刻家三个人合作做的，但这套书在日本销量不佳，因为他们的看法与一般的教科书不同。除了名画欣赏之外，还会欣赏同龄人的作品，所以欣赏学习不一定光欣赏大人的作品。这点我在台湾做了很多，欣赏名画、欣赏儿童画、欣赏插画。再看，欣赏梵·高，一般都是拿他的自画像，但自画像对小朋友来说不一定很适当，反而是《邮差先生》

比较有感情。怎么从那么多画中选择作品给孩子欣赏，这个选择的人很重要，他的观点有没有和儿童的心理做结合，有没有考虑到儿童的生活，有没有想到欣赏对儿童有什么意义。我很欣赏米勒的作品，如拾穗、牧羊人。

邵任斯：大陆现在时兴欣赏经典名画，您觉得经典名画对孩子的意义是什么？

郑明进：经典名画是大人界定的，有一定范围，50件或100件。可是这些到底和儿童有关系吗？没有！所以，为什么要选呢？选给小朋友欣赏的人，有一个标准。再看一年级的教科书，就没有欣赏名画，而是选用同龄的外国孩子的作品。倒是把日本非常著名的雕刻家放进来了，他刻了从台湾到日本打棒球的非常著名的王增志；六年级放入达利的作品。过去一直把油画锁定在优美的风景以及人物方面，这里跳开来了，跟生活有关。早期台湾在选择欣赏作品上，也是根据大人的眼光，没有考虑到小孩子的想法。小学一年级、三年级、六年级，在画画时发展也不一样，当然欣赏的眼光就不一样，生活的范围也不一样。当然不只是画，如在制作陀螺的时候，也融入毕加索的画，体现了造型的趣味性。这套教科书是出得最好的，能把儿童的生活、心理各方面都考虑到。台湾和大陆常常介绍的是文艺复兴时代的"三杰"，德国不会介绍，德国丢勒的作品不会输于米开朗基罗。日本就注意到了文艺复兴在德国、荷兰这一带的发展。他画生活周围可以看到的东西，不是关起门来画女人、画神像。艺术到达生活的时候，就是突破自然主义，开始走近风景、走近生活。丢勒还画过很写实的兔子，在那个时代就注意到身边的东西，这是儿童期待的，圣经是和儿童无关的。空间艺术以铁丝来做，如欣赏太阳，米罗、夏加尔、墨西哥、日本等多角度地欣赏，必须解决这个问题。现在网络很发达，只要不出版，在教学中运用就不算犯法。我认为欣赏学习要突破经典艺术，周围人不了解的时候，会认为你是标新立异，不是！人不是单一的，正如人的血型有很多种一样，为什么非要锁定一样的东西给小朋友欣赏呢？所以编课本的人，要放下权威。

邵任斯：当一个老师看到这么多图片的时候，可能不知如何理出头绪来去教孩子。

郑明进：我们常常把"教"字看得很重。老师也应该和小朋友一样，希望太阳可爱，所以画上眼睛。

邵任斯：所以，看这么多东西之后，教师需要引导孩子反思。

郑明进：对！老师要想一想，为什么要把工艺品、名画、壁画拿过来。我们很多人停留在自己的观点上，认为这幅作品好，就给孩子欣赏。人的眼光本身要超越时空，多样化。创作是第一，欣赏是第二。我在做《小画家，大画家》时，就思考到底给小朋友欣赏什么，当然是以我手中有的材料为主的。这本书当年卖得很好，许多老师都买不到！因为没有经费，也没有再印。所以这本书特别珍贵。如果我没有这些儿童画，也就没有这本书，而且我希望全世界的儿童画都可以有，不只是台湾的。这是台湾的画家颜水龙画的，现在这样的画太多了。画昆虫，小朋友把昆虫身上的花纹图案化，所以在表现方法上有类似点。

邵任斯：大陆很流行装饰性的绘画，应该以怎样的观念去教学呢？

郑明进：这种流行是一种问题啊。小朋友喜欢画图案，罗恩菲德指出，每个孩子有他不同的造型类型，分为触觉型、视觉型、中间型，并不是每一个人都要这样来表现、每个人都要当设计家，但设计教学就要有模样、造型，所以会陷入形式化。我就提出，小朋友是以造型来表现的，而大人是用染的方式来表现的，所以无法比较，只能看他是怎么样来构成一张画的。

邵任斯：在美术比赛中，您是如何选择作品的？

郑明进：老师会修改，假画很多，所以我后来都不参加评选了。我认为好的作品，其他人认为不好，结果这幅作品没评上。我干脆不去了，我去了心里难过。儿童画评选，大陆和台湾都大有问题。最具权威的人，不懂心理，不懂儿童，没有教过儿童画。在大学中教书的，或是有名的画家，当然是选择他们喜欢的作品。在欧洲，儿童的作品很少参加比赛。作品当然要留下来，怎么会去参加比赛呢。

邵任斯：当给孩子看写实的作品时，孩子是否会觉得自己无法达到那么高的标准而产生胆怯的心理呢？

郑明进：所谓写实是孩子到了高年级的时候，老师不一定说要像丢勒这样写实，我们画兔子是因为它很可爱，希望和它做朋友，画的时候，低年级的孩子也是可以画的，但不一定要写实。老师的观念很重要。像这样子就好了，不一定毛都画出来。

邵任斯：动物毛都很多，学生画的时候，是否会不知道如何下笔呢？

郑明进：这些问题都非常需要去解决。教小朋友一定要经过"观察"，有些人说叫写生，我说不要，就叫"观察"！观察的时候要看到细微的地方，要画出毛。我在台湾做过，用科学的眼光来画画，用单一色，我出过那个书。这也是安野光雅的作品，也就是说到了中学生，就要看这样的画。但是不一定要画到这样。初中一年级欣赏脸，就用毕加索或梵·高的，没有用。看，这是从名画中局部截取的，北欧的。

邵任斯：大陆的教材很少截取作品的局部，大多以整体呈现为主。

郑明进：没有思考过欣赏的问题啊。小朋友看到那么多，看不到东西啊。所以要回到儿童的眼光，到底怎么刺激他们来看东西，喜欢看，看了之后才有自己的想法。难道艺术教育一定要学校教吗？那么拉斯科洞穴壁画中的野牛是谁教的呢？是因为他们看到野牛，记在脑子里面，才画出来的。难道现代人都是笨蛋吗？聪明的人记得了东西，不记得东西做不了好事。科学家也一样，只是记忆的图像不一样。你看这里他用了毕加索的素描作品。毕加索小时候多厉害，因为他有个学艺术的爸爸。像我的孙女，她有个阿公，她从小就有机会接触到优良的艺术环境。很多人说是不是遗传，我说NO，当然是机会占大多数。如果真的说是遗传，是从阿妈那里传过来的，她以前是山上的采茶姑娘。在介绍透视时，教师就应该指出来，不同视角有不同的透视效果，如盘子越从上面看越圆。

邵任斯：不同年龄的孩子观察方式有什么不同呢？

郑明进：其实不同年龄的孩子，他们看的东西都一样，可是他们手的熟练度不同，控制不了。中年级的时候，你让他们看清楚了再画，可是小朋友你说看清楚，他可能也看不清楚。老师有时候要解释说，你画一个轮廓，再画点点点，这不是毛。毛要有粗细的变化。老师的示范是局部的，而不是说一定要怎样，甚至可以有几个样子。到初中二年级，就强调日本的自我文化，文化有各种面貌，并不是单一的。再看这个，到底要细腻到什么程度，要画到这样。（呈现花卉和动物的水彩画）有铅笔画、水彩画，这些都是可以给孩子观看的。有时候昆虫无法提供欣赏，就提供绘画的。会写实的可以画到这样，不会写实的可以画到那样。在窗口看风景，画家画，中学生画都不一样，所以不能够单一，可以多样化。如果你手上没有好东西，随便放上就是不好的示范，当然是这个年龄层可以达到的标准。这是初中三年级的孩子画出来的，不得了，这不是艺术眼，是科学。欧洲人和美国人讲艺术是人文科学。台湾艺术不考试，因为很难打分数，长大之后，花很多钱把毕加索的东西拿来让大家欣赏，都在浪费钱啊！一窝蜂，好像拜拜一样，我看了就要疯掉了。艺术的东西是一步步来的，不是突然地来个画展给他看，没有用，看不懂。艺术能考的话，他的评分标准是什么呢？我就反问，作品的评分标准是什么呢？喜欢的打个95，不喜欢的打个65，再叫个人来打，三个人的平均分，没有道理啊！大人做事情，很多都是没有道理的。你看，画人，都是学生的画，写实吗？的确写实。多样呈现后，不一定说写实到什么程度，因为每个人的视觉感受不一样。有的画看起来比较幼稚，但是它可以体现自我，很淳朴，很柔和，因为每个人审美的观点不同。我们要培养的是有不同面向的人，而不是大家都一样。我曾经帮一个出版社出版过一本叫作《儿童美术欣赏》的书，其实不是我叫他们做的。看，这是叫"观察与想象"，就是把经典名画带进来，至少有4张，两张观察，两张想象，都是经典。再看，"充满想象力的世界"，达利、夏加尔、米罗，也是4张，我的目的是让小朋友看到不同的想象世界。

邵任斯：这样的书适合多大的年龄儿童来阅读呢？

郑明进：都可以欣赏，因为是整套书在卖。基本上是供中高年级孩子的，不是幼儿欣赏的。"线条的个性"拿出了不同年代的作品，有粗放的，抽象的，个性的，梵·高的线条。"艺术家眼中的自然"，克利就不是自然的，是超现实的，有自己的眼光。"画家的自画像""不同的光线"，是从不同年代的作品中选取的。

邵任斯：在欣赏的过程中需要教美感吗？

郑明进：欣赏的本身就在增加他的美感。看的时候就已经在提升了，古老时代画的灯光好像集中在舞台上，可是到了自然主义，就没有这样的画法了，全部把光引进来，画太阳。这是因为印象派的时期，巴黎的市长把火车引进来，世界一下子变得这么美，大家都不画室内的景了，都画外面的，这就是生活带来的改变。艺术的生活是和人文的生活息息相关的。我们只是看到艺术史的发展而已，应该探讨为什么那个时代会有印象派出现。巴黎的市长引进英国的火车，莫内的画也有，把火车画了进来。因为这套书按照我的想法来做，所以我就推荐了。

邵任斯：我在竹大附小的毕业展上看到许多作品都和毕加索的作品类似，让孩子欣赏毕加索作品的目的是什么呢？

郑明进：毕加索作品本身没有那么严肃，会变形，很可爱，不写实。

毕加索的作品一直在变化。他小时候作品去参加大人的展览，结果入选了，查出来发现这个不是大人啊，是小孩子，结果他爸爸把油画颜料都封起来，不让他画了。在那个时代，如果家里两个人画画，会在经济上承担不起。他大约20岁的时候，他爸爸把他送到巴黎来，才有后来的发展，他很早的时候就已经很写实了，已经比别的孩子早了。他后来为什么会画立体的呢，主要是在巴黎有人类学博物馆，展览非洲的雕塑、新几内亚的雕塑，看到后才发现艺术品可以这样摆放，所以画立体的。那个时代很多人认为非洲的艺术土得要命，面具看了会吓死人的，可是他却引入自己的创作中，主要是他艺术的修养够，还有素描的功底强。一直在练，我们很少呈现毕加索的线画作品，大部分是完成的作品，表面上都这样，所以欣赏的时候要抓到他的精神。小朋友的线描是基础教育。他画这个格尔尼卡，画了很多素描作品，不是一下子就画这么大的作品，很努力啊，不是这么简单的。可是在晚年就不画了，没有画很多复杂的东西。

邵任斯：郑老师，您之前的讲座，很多都是关于涂鸦期的。涂鸦期对于孩子成长有什么意义？

郑明进：涂鸦本身是一个游戏，因为小朋友在画画的时候手的掌握度、力度还不够，另外，他的眼光也没办法把很多东西看得那么准，所以涂鸦。在游戏中，他就慢慢会画出圆形、画出规则，接着人的图像会出来，人像的出现是他离开涂鸦期的标志。所以圆的形状，人的头、太阳等出现在画面中，就说明孩子在开始慢慢地脱离涂鸦的状态。所以说涂鸦本身是一种早期的游戏。也有人研究过猩猩，以前美国跟苏联的心理学家研究过，他看猩猩画画的时候也是涂鸦，可是猩猩就是没有办法画出一个圆来。

邵任斯：为什么猩猩无法做到呢？

郑明进：猩猩的智能与视觉里面没有留下圆形，所以它直接的行动无法表达，智慧也没有达到。我可以画出一个圆头，画眼睛，画鼻子，但猩猩不可能，这就是它的极限。人本身因为有大脑，会把看到的东西变成形象放在里面，一直想要把那个东西画出来。所以小孩子也努力呀！努力到最后他就画出人头来，画出两只脚来，他一直在试呀！他画阿姨、画自己、画爸爸、画红色的妈咪，因为妈咪是喜欢红色的，妈咪特别。

邵任斯：小孩子在涂鸦期可以很大胆地表现自己，这些孩子成长之后，会不会又无法大胆地像涂鸦期那样来表现自己了？

郑明进：因为涂鸦期本身其实是个游戏，所以它基本上不像什么，所以他可以无限制地一直画。可是小孩子慢慢长大以后，他就有一个欲望，我要画爸爸，我要画妈妈，我要画朋友，那个时候就变成一个人的形体出来，画人的形比涂鸦难呀！因为涂鸦无控制，人的形至少这条线从这里来，最后要勾，这个要接下来。我看我的孙女很厉害，她有时候勾过来再这样弯过来，她就知道这个东西本身要去接。

邵任斯：这代表一个什么呢？

郑明进：代表一个完整，就这个圆形要完整，那个完整本身就是人本身生活里面的一个概念。妈妈的脸是圆的、爸爸的也是圆的，只是圆得不一样。她就把它都当作是圆型的。

我的一个学生，我要他画一本书，叫作"龙虾"。刚好他要去法国，我说："你去法国，去海洋博物馆看有没有龙虾的图。"结果真的就找到了，这么大张。有一天，我孙女说："阿公，我要看那个龙虾。"阿嬷说："龙虾很多刺，女孩子怎么看那个东西。"阿嬷就一直嫌她好奇怪。你要看就贴在那边，永远不能拿下来。然后孙女又说，"阿公，我要看地图"。只有三岁多，你看她到幼儿园里，老师该怎么教她呢。那边最远的地方北极，有北极熊。那她对这个有兴趣，她就会问我说，台湾在哪里，我跟她讲。那下次问阿嬷，阿嬷又跟她说台湾在这里。这就是图像教育，从小进行图像教育很重要。所以我学生来，问我说："老师你家怎么会把那个照片放那么大？"我说，我们从小没有图像教育，照片拍来又都放在相片簿里面，偶尔翻一下。所以拍的照片，我都影印放大。现在一岁多的那个小孩子，爬上去要看，比划这个、比划那个，比来比去，可以比出来，这就是图像教育。其实艺术教育本身就是图像教育。所以有的学生问我："老师为什么要在家里贴这些图片？"我说，这是图形教育，你平时就应该让小孩子多看看。你拍照不是放这样，像我的孩子拍了很多就在角落里放着，常常叫我看，我看了就要打瞌睡。我选一选，在柜子上贴一贴。

邵任斯：陈列出来。

郑明进：陈列，英语叫作 display。我们没有做。他们问我为什么没有做，我说台湾人的房子已经暗暗的，一个灯这么小，怎么陈列啊？不舍得开灯，没有光就没有陈列啊。现在台湾跟大陆一样，美术馆都是大人看的，没有人为孩子做，孩子去看了也看不懂。我们可以把美术馆的展品扩展一下，不要只是单一的美术作品，它应该涵盖不同的东西，如民俗作品、发明的东西、交通工具等都可以有，这些都是跟艺术有关的。现在最高级的汽车，如果造型不具美感的话，它就卖不好，因此必须设计好。美术可以应用到很多生活方面，它不是单独的一个平面的东西。像我孙女看了电视里面一个节目后就说："阿公我要做艾菲尔铁塔，还要做一个山叫作乞力马扎罗山。"

现在我比较高兴的是，台湾的诚品书店明年就在苏州开业，所有的好书都能买得到。台湾的、欧美的都可以买到。那是一个非常好的开发，新的艺术、新的生活、新的儿童的观念，都从书店里面普及起来。这样的发展，对我们自己个人的研究是有帮助的。要努力从这里去普及。

邵任斯：奥地利画家亨德瓦塞的绘画作品所呈现的图示，跟孩子的涂鸦是否类似呢？目前我做的一个研究是，让孩子意识到自己涂鸦时期作品的价值性。

郑明进：这个作品是亨德瓦塞的《黑脸》，就放在《洪洞绘画无师自通》里。我放这张作品的原因是，因为他像小孩子一样，他画人不是写实的，而是椭圆形的，很单纯，不管你皮肤是甚么颜色，他就用黑的去涂。他画嘴巴像画船一样，这就是他的造型游戏。这与洪通画画时候的心态类似，孩子看了绘本之后，会发现这两个艺术家的关联性。你在提起这个事情的时候，我才特别注意这个事情。

他画的时候，没有所谓的地心引力。地心引力的东西要这样(上下)，孩子们这样（下上）画，他也会这样画。

另外一个，他常常喜欢用所谓几何形的符号来做画，其实这个也是一个baseline的变化，变成是从空中看下去的。当然他没有这个意思说我是从空中看的。其实我们看就是从空中看，好像你从高空拍照片拍到的那样。

邵任斯：郑老师对我们的教学设计有什么建议？

郑明进：提供图片太少，太单一。小朋友那么多，要适应不同人的欣赏眼光，就必须多一些欣赏作品，刺激不同的美感经验。抽象主义、表现主义、立体主义等，这些不同的艺术形式同时提供也是可以的。欣赏很难，教师缺乏作品，用单一的名画家的作品来欣赏是错误的。艺术欣赏应该适应每个孩子不同的喜好。

邵任斯：感谢郑老师。

34

主题：

浙江基础美术教育、校外儿童美术教育的现状

受访者： 李力加（浙江师范大学美术学院教授、硕士研究生导师）

访谈者： 俞晶晶（浙江师范大学美术学院研究生）

参访人员： 蒋露露、陈亦飞、周灿、张馨（浙江师范大学美术学院研究生）

访谈时间： 2015年7月1日

访谈地点： 浙江师范大学美术学院211教室

俞晶晶：李教授，您好，非常荣幸能在这里向您请教关于美术教育的问题。之前，我们随机采访了几位美术教育方向的研究生，他们对您的评价非常有意思，说您是"最接地气的全国美术教育专家"，因为作为一名大学教授，全国最有影响力的美术教育专家之一，您的教育理论是最关注一线教师的实际成长的，简单来说就是您关注的是普通的美术教师如何在日常的课堂中给学生们上好课。这是不是和您早期从校外儿童美术教师起步，走到今天成为全国有影响力的校外美术教育研究学者、师范大学的教授、国家艺术课程标准组核心成员等经历有关？

李力加：从事校外教育是从1986年开始的，做到2000年，参加了国家的基础教育课程改革。关注一线教师这个问题，是与自己的成长过程有关系的。自己是从校外的一线教师成长起来的。进入大学工作，是在2000年开始研制"课标"的时候，先借调到北京师范大学基础教育课程研究中心，在那里是参与国家教材的编写，主持了小学艺术教材的编写工作。那是一个全新的教材，把美术、音乐、舞蹈、戏剧整合到一本教材里面去编写。所以，这些和其他专家比较起来是一种新的、比较前沿的一种研究。从这个角度考虑问题，考虑更多的是一线教师如何把握课程改革的思路、课程改革的目标和如何具体实施教学等。

俞晶晶：新疆教育学院的韩思菊副教授曾说过，您对浙江基础美术教育的贡献是巨大的，您从2003年调到绍兴文理学院、2007年调到浙江师范大学后，可以说在浙江的这十几年里您亲眼见证了浙江的基础美术教育是如何一步步走在全国前列的。请您谈谈浙江和全国其他地方的基础美术教育相比，最大的区别在哪里？

李力加：2003年9月接到邀请到浙江工作，2003年12月办好手续。2004年春节后第一个星期，2月7日，先在绍兴文理学院的蔡元培艺术学院工作。在那里工作时，当年国家艺术教育课标组课程标准文本的执笔人修海林先生（他从中央音乐学院调到绍兴，担任蔡元培艺术学院的院长）请我来辅佐他。来之前，2003年9月25日在青岛国家实验区接到修先生的电话，当即就决定来了，有点义无反顾地进行艺术教育课程改革的想法。与此同时，我跑到北京向国家美术课标组组长尹少淳先生汇报我要调动工作的事情，征求他的意见。尹老师从个人待遇等各方面思考，他当时提到广州美院的陈卫和教授。他从湖南美术出版社调到广州美院之后很长一段时间遭遇评职称的问题等情况（当然后来解决了）。他说，你别出现这样的现象。我那个时候已经是正高职称了，不存在不能评职称这样的问题。当年陈老师调到广州美院的时候，好多年都是副编审这样的情况。我说，我已经是正高了，已经是职称系列的最高级别了，也就没有这个问题。和尹老师谈完之后，12月就来到浙江省签约，2004年2月份直接来工作。可以说来浙江省以前，对浙江省的基础美术教育工作不太了解。头三年，在绍兴文理学院的时候，没有很深入地做浙江省基础教育研究，只有几个点（研究基地），最早就是平湖的点，也就是当年朱敬东老师还没有评特级的时候去的平湖，再就是绍兴周围的几个学校。在整个浙江省推进基础美术教育的发展和研究工作，是在2007年5月调到浙江师范大学后才全面铺开的。这有一个背景，也就是2004年的冬天，当时浙江师范大学美术学院院长周绍斌先生在中央美术学院和我一起开会的时候，邀请我调过去工作。那个时候为什么不能调呢，因为刚刚调到绍兴文理学院，接着甩掉再到这个学校来不太合适。2004年12月份见面，到2005年的一次开会又碰到一起，周院长一直说，来师大吧，那边平台低，当时还是没有调，一直拖拖拖。拖到2006年的时候，修海林先生完成了调到绍兴文理学院三年创建蔡元培艺术学院的工作之后，返回北京中国音乐学院，他返回北京的时候，也就是2006年9月份开始，我启动往浙师大调动的事情。为什么要到浙江师范大学呢？浙江师范大学是以教师教育为特色的省级重点大学。教师教育研究，实际上当时和修海林先生在绍兴文理学院的时候已经做了这个研究，也就是做了美术教师和音乐教师这个方向的研究。调到绍兴文理学院以后一直在做这个研究，也拿下了一个浙江省哲学社会科学研究重点课题，然后，根据这个课题写了一套70多万字上下卷的著作《艺术成长》（上下卷）。这套书是在来到浙江师大以后出版的，这个成果就成为浙江师范大学的成果，2009年被评为省政府三等奖，一等奖是马克思主义理论研究，二等奖多是经济类的研究，艺术教育研究拿到三等奖此前是没有的，浙江师大美术学院以前从来没有拿过这样级别的成果奖。

来到师大美术学院之后，开始开展深入全省各地基础教育研究。这个研究是在2006年要调师大之前就开始做的工作，2006年7月—8月，浙江省高中美术新课程改革工作正式启动，全省将近800位在职的高中美术教师参与，当时由我主持这个项目。我们请来湖南美术出版社高中美术教材总主编、中央工艺美术学院副院长、我的老师李绵璐先生，还邀请尹少淳先生、钱初熹先生、上海师大王大根教授等人，来到浙江省给高中美术老师搞培训。那次培训采用的是五天一轮的方式，高中美术教师全员培训，培训五天休息两天，每次280多人，下一轮以此类推，进行了三轮，实际培训15天时间。那一次培训是我第一次最深入地接触高中美术教育，浙江省几乎所有的高中美术老师都听过我的课，当时朱敬东老师还没被评为特级教师，他也在现场，我当时都累病了。在举办那次活动的时候，我带两个本科生，一起到平湖找朱敬东老师讨论问题，那时对整个浙江省的高中美术教育印象就很深。

来到浙江师大这八年，全面接触了小学、初中、高中的美术教育，其中包括2008年开始的浙江省初中美术教师"领雁工程"项目，连续做了几期培训，请尹少淳先生为"领雁工程"的美术教师成长写了该工程一期的序言，由"回雁峰"写起，"大雁向南飞，一会排成'人'字，一会排成'一'

字"，很有诗意。后来国家进行的"国培计划"教师全员培训，将浙江省"领雁工程"这样的一个成功经验推广到了全国，也就是说当时浙江省启动"领雁工程"的时候，是由浙江省教育厅、财政厅共同出培养经费而开展的教师教育项目。之后一系列"国培计划"培训我都连续承担。来师大的八年多时间，对浙江省基础美术教育的工作经历了很多，要谈到贡献，是有一部分付出与辛苦，但实际上还是依靠全省美术老师自身的努力，我的作用仅仅是"敲边鼓"。所谓"敲边鼓"，是说美术教师自身的专业发展靠内驱力，我督促他们是外因，是内因起主要作用，他们的工作、成长、在全国的影响是自己赢得的，并非靠我们。

俞晶晶：您刚才说，朱敬东老师现在也成为特聘教授了，现在很多特级教师从校内走到高校及校外，出现了"名师出走"的现象，请您谈谈这方面的情况。

李力加：和朱敬东老师认识之前，是先认识朱永强老师，最早认识朱永强老师是2000年，我在武汉给全国美术老师讲课，朱永强和孙国斌两位老师参加了那次活动。值得一提的是，和朱永强认识，是因为我1998—2002年从事校外美术教育工作时，在开展校外美术教学采风写生活动的时候，2002年中国教育电视频道和山东教育电视台联合拍摄美术教学专题片《在生活中学美术》，跟着采风活动来到浙江省。当时，朱永强老师和孙国斌老师从平湖赶到西塘古镇，那时候西塘古镇还没有开发。来到西塘看到我带着一群孩子写生的水平，他们感到很震撼，没有想到小朋友能画得这么好！2000年11月，课程改革启动的时候，我拿着教育部的一份公函，从上海赶到平湖去找朱永强老师。我找到朱永强老师后，朱永强老师骑着摩托车载着我进入一个小巷子里，到了他们当时的小学，然后再开始认识朱敬东老师。前两天在和朱永强老师谈起这件事的时候，他说认识李老师已经十好几年了，这种细节是很有意思的，当时我对浙江省的一切都不熟悉。那时候朱敬东还不"显山露水"，还是小学的一名普通老师，在他2006年评特级教师前后，他组织实施"走向综合"美术教育研究活动，后来包括金华的美术老师李启云、吴立文等，还有这些年要评特级教师的老师们，对于他们的成长，我可以说是见证人。

你所提到的名师和特级教师出走校外这种现象，在浙江省是有的。这种现象并非不是好事，它有两方面原因，一个是教师自己的原因，第二个是社会影响的原因，甚至包括特级教师自己主持工作室这样的现象，也有这样的原因。这种现象在外省也有，比如在四川成都市，很著名的教研员伍凌燕，她彻底离开了教研员（成都武侯区）的工作，自己做校外儿童美术"501"工作室。我之前的研究生胡玲同学，暑假的时候在她的工作室工作了两个月，写出毕业论文《"501"儿童美术教育工作室教育叙事研究》。像这样的名师离开校内队伍，在全国很普遍。提到四川，就有好几位曾经在全国获得美术公开课一等奖的年轻老师，都已经离开校内跑到了校外去工作，这实际上是整个校外美术教育在全国范围内蓬勃兴起之后的一种社会现象，并非仅仅是名师自己的原因，它有社会因素，这些因素也并非不是好事，因为每个人的发展和每个事件的发生都有多方面的原因，而且都会朝着某种方向去发展。

俞晶晶：就像您说的，名师走到校外对于整个校外美术教育具有很大的提升作用。现在的校外美术教育和十几年前相比，在办学理念、教师素质方面，是不是与过去有很大的不同？

李力加：我从事校外教育的时代是2002年之前。2000—2002年在北师大借调工作的时候，我也在做校外美术教育工作。我从事校外教育工作是从1987年开始的，其实从事校外美术教育工作时间并不长，比起国内老一代的校外美术教育工作者，比如关小蕾老师、谢丽芳老师、刘玉林、徐家林老师等，我是进入最晚的之一，那个年代的校外教育主要以体制内的少年宫、儿童中心为主体，今天的校外教育已经在社会上蓬勃发展，达到数以十万计，包括个体工作室、画室、连锁性质、直营性质的大量的私人机构。今天国内的校外教育，无论是量还是规模，都要远远超过当年。因为当年较大的校外机构是四川成都市少年宫、广州市少年宫、武汉市少年宫、长沙儿童中心、山东省妇女儿童活动中心等。这些都是规模比较大的，当时我是山东省妇女儿童活动中心美术学校校长，我们学校才一千多学生。而关小蕾老师的广州市少年宫，当时已经达到了四五千人的规模，成都少年宫也有三四千人。就目前来说，校外规模大的都是个体机构，包括20世纪90年代之后发展起来的山东省淄博的陈志玲和她的丈夫侯斌主办的淄博儿童美术中心，当时已发展到五千多人。作为全国最大的个体校外教育机构，也因为其体量最大，中国美协少儿艺委会吸纳了侯斌先生为第三届的委员。从那个时期以来，校外儿童美术教育蓬勃发展。我们不久前去过杭州的朱国华工作室，他是不能正式公开的校外教育，他是以国有身份做一点校外教育的研究。现在校外教育的问题是大都把经济利益放第一位，从真正的美术教育来讲，现在的校外儿童美术机构已经有点走偏了。按照中国美协少儿美术艺委会原秘书长、中国美协原办公室主任朱凡先生不久前的访谈，他的观点是：现在，很多校外美术教育"拐弯了"，目标不对了。为啥，太考虑钱了，不考虑孩子，真正的校外儿童美术教育首先要考虑孩子。但是，我们不是生活在真空当中，考虑这个问题的时候，也要考虑到国家的教育政策和导向在十多年前也出现了一个问题。什么问题？就是大量的高校扩招和大量的学校办所谓的艺术设计专业，从此以后，全国有艺术设计专业的高校有一千所以上，还有900多所高职院校的设计专业，大量的学生毕业后实际上是没有工作的，怎么办？毕业之后很多人都在全国各地乃至县级的小地方办起了儿童美术画室(工作室)。这些毕业生是不懂教育的，所以说他们有需求，什么需求？市场需求、生存需求。也就是他们需要有人培训，告诉他怎么去教儿童美术。于是，目前全国儿童美术教育出现了所谓蓬勃发展的现象。这种"蓬勃"，我认为是畸形的，这个畸形表现在两个方面：第一，教育不应该这么做；第二，大批量的所谓"产能"。在大学本科当中，所谓接触过艺术设计或者接触过一点点美术学专业的年轻人，在不真正知道美术是什么的情况下，他们就进入到这个教育行列里面，他们需要生存，因此都跑去这里面了。这个校外儿童美术培训机构是能保证生存的。比如说，很多连锁的校外机构，他们已经连锁十几家、二十几家甚至上百家，他们的学生总体量达到上万人至数万人，这个时候，它所养活的所谓的美术教师群体就是很可观的了。这就是今天中国儿童美术教育、也就是校外儿童美术教育非常真实的现状。这个现状，我和朱凡先生讨论的时候都认为，国家层面需要调整，需要介入，不能这么无序地发展。因为任何东西的发展可能都会出现所谓的无序，有序到无序，再由无序到有序这样一个循环。为什么？在20世纪的八九十年代，校外教育都是有序的，因为都是体制内的，都是国有的。到了新世纪，21世纪之后的第二个十年，实际上发展有点无序了。所谓的有点无序，就是大量的毕业生毕业以后都去从事这样的工作，这个时候就"风起云涌"了，办起了各种工作室。比如说，再过十天之后，全国各地的校外美术工作室等机构，都要忙碌地教学了，教到什么时候呢？他们要一直要忙碌到8月20号左右。8月20号到8月底，这十天，你就会发现，全国大城市当中，就有大量的儿童美术教师培训活动。干什么？就是这些忙教学的年轻老师到8月份的时候都要忙充电，到各种班上去充电。这就是这些年，也可以说是近七八年以来，几乎每年总会在8月的20号前后开始美术教师培训。比如说，很著名的"侃点"儿童美术群和长沙的"溢美"，他们联合在长沙、武汉、青岛、成都等地连续搞了四五年教师培训活动，大规模地培训校外美术教师，应接不暇。再比如说，2009年，中国少儿艺委会在西安举办全国美术教师培训，报名500名额全满，达到挤不上的程度，火爆到了极点。当然今年8月份，我们还要举行第二届活动，也是这样的形式。这都是由于整个儿童美术教育催生了这样一种社会需求，也可以说是有市场需求。

俞晶晶：校外教育肯定是不可避免的。在您看来，校内和校外，怎么样可以让它达到一个最理想的状态呢？或者说国家用什么办法来进行调控呢？还有其他的办法吗？

李力加：这个方面，从国家的层面上，我们可能很难去说。为什么呢？从体制角度，从国家政策角度，这需要从国家层面去思考。从教育的角度、教学的角度，最近在完成与课题相关的三本著作，在其中的《儿童美术教育的真谛》中，我提出来的一个观念、一个教育思想，比较恰当的、比较合适的儿童美术教育理论和思想，或者说叫儿童美术教育的体系，应该叫作"本体感悟·生命再造"儿童美术教育思想和体系。这是我经过二三十年的摸索，无论是校内还是校外，包括研究之后，提出的这样一个思想。为什么这样说呢？对于美术本体来说，美术是和人类历史发展共生的这样一种文化，我们叫美术文化。后来，有了学科教育之后，从学科角度讲，它可能带有学科性的技能、学科性的要素等，但它是一种文化，这种文化是和人的成长共生的。因为在人类诞生初期，为了生存就创造了艺术，艺术活动和人类生命是共生的。比如说，我们看到了上万年之前的岩画，这是人类早期的创造；再比如说，最普通的人类创造，全世界任何肤色、任何民族的小孩子，他们从不到一岁开始就会涂鸦，这都是艺术活动与人共生的最好的一个解释，而且应该说是一个艺术创造的现实写照。它就是一个现实，因为，人是需要以艺术的行为来表达他对生活的认识，对世界的认识，对生活、对世界的感悟。涂鸦活动从小孩子开始，它就是为了认识世界，从而表达自己对世界的这种感情、情绪和感受的一种特殊的表露方式，但是我们很多成人不了解这些。反过来讲，上万年前的岩画，我们现在的人类学家、史学家、美术发生学的研究学者，都在研究这个东西，它实际上是人类艺术起源的东西，也就是本质的东西。从儿童美术教育来说，校内的教学有课标对其指引，它很规范，有一个课标规定的主线，指引着老师要往这方面走。校外的美术教学很自由，所谓的自由是每个办学者和这些机构的老师，他们自己想到什么就教什么，这个时候就会有点盲从，甚至有点盲目。但是有思想的校外老师能教出点东西来，比如，老一代的校外老师，像关小雷老师这样，她是真正做儿童美术教育的，她几十年来所进行的特殊儿童美术教育，也叫特殊儿童艺术教育，更为宽泛，因为还包括音乐、舞蹈、影像，还包括文学艺术在里面，不光是美术，这是真正的艺术教育。像这样的教师可以说是校外做得最好的。而现在，很多校外老师是不知道如何教学的。在这种情况下，你提到的这种校内和校外的融合，目标可能很美好，但是现实可能很骨感，也就是说现实并不一定能达到，为什么呢？因为很多老师的想法与教育理想有太大的距离。我自己的想法是，能够把两方面的观念和案例介绍给所有的美术老师，无论是校外的还是校内的美术老师，让他们知道，然后再逐渐影响他们往这个路去走，这是可行的，但不可能是强制的，因为国家层面也不可能去强制。在管理层面，从纯校外教育的国家管理来说，也就是办学体制，它会逐渐规范起来，比如各地在你申请办法执照等方面都要更规范，它不可能总是几个美术老师在家里办一个偷税漏税的培训班，它以后可能会更规范。现在这个现象可能比较严重，就是这种现实情况。但是日后呢，随着社会的发展，这方面会逐渐地规范。比如说，我们少儿艺委会的副主任侯令先生，最近一直在做一个研究，他想在全国的校外美术教育当中，做出一个课程体系来，但是很难。他之前在全国跑了很多地方做调研，还开了很多座谈会，想做成课程体系。这个课程体系为什么难呢？因为它不可能像课标那样，是国家的法规性文件，所以只能引导，强制是做不到的。因为按照课标的要求实施教学、执行教学评价等是带有强制性的，校内的美术教育必须执行课标，你教学思路、方法不执行课标是有问题的，因为这是国家的法规性文件。法规性文件，它就带有法律的性质，但是，社会上校外的美术教育，像这种文件很难说要起草或者说是形成，甚至是公布。因为这个东西是多元的，像这种情况，这是中国特色，因为在世界上任何一个国家没有。即便在现在最发达的国家，无论美国、加拿大、德国或者欧洲的国家当中，凡是办这种校外教育的都是中国人，都是当地华人，不会是西方人。因为他们整体受教育的水平要比我们高，他们认为那样不是教育，真正的教育就是通过教学、教育之后若干年以后，孩子身上留下的、积淀的那些东西，那才是教育。这就是说，世界上大部分发达国家，稍微有点文化水平的人，不会像我们不少华人跑到国外之后自己去办这种校外机构。

俞晶晶：刚才您说了，您正在写很多著作。您觉得对您影响最大的一本书是什么？

李力加：应该是对美术教育影响最大的一套书，不是一本书，其实我从事几十年教育之后，回想一下对自己美术教育影响最大的一套书，应该是1993年尹少淳教授和侯令先生当年主编并指导翻译的那套《美术教育译丛》，是湖南美术出版社出版的。我记得非常清晰，书刚出版的时候，我是先写信咨询，再从邮局汇款，汇到湖南美术出版社的邮购部，然后他们给我寄来一套。那套书现在没了，为啥没了？因为当年出版的时候，我们国家体制里面还没有版权意识，所以那套书是没有买版权的，现在就不能再版了。那套书对全中国的美术老师的影响太大了，包括我自己。你看了这套书之后，你才能明白怎样去教美术，你不看完这套书是不行的。无论是罗恩菲德的《创造与心智的游戏》，还是里德的《通过美术的教育》思想，还是艾斯纳的《儿童视觉与知觉的发展》，包括阿恩海姆的《对美术教学的建议》。像艾斯纳的这些书以及这几本著作，至今百看不厌，每次看都有新收获。我最近这几天还在反复读这些书。我在考虑，为什么我们很多美术老师不明白具体的美术教学问题，无论是校外还是校内的美术教师，他们都不明白这个问题，就是因为他们没有很好地读书。说一个非常现实的问题，这套书对全世界的美术教育的影响都是巨大的，不光是对中国。后来，2006年，由中央美术学院的陈卫和先生主编的另一套美术教育译丛，就是新出的这些著作，虽然也在湖南美术出版社出版，也出了十本左右，但是这时候的影响力和这套著作本身的学术价值我认为不如之前那一套。1993年那一套至今应该是引领全中国美术教师、包括我自己的，是一套最经典的书。第二套书是什么呢？第二套书是2000年由我的老师，也就是滕守尧先生调到南师大作特聘教授的时候，他主编的那一套美学译丛，有二十几本，那套书当中有七八本是相当有水平的，包括史密斯先生的《艺术感觉与美育》等几本书，都是非常有水平的，那些书对我们的影响也是很大的。当然最有影响的可以说还是1993年的译丛。

中国美术教育当中最有影响的书，应该是尹少淳先生1994年出版的《美术及其教育》，是他在南京师大研究生毕业时出版的著作，那个时候硕士研究生都要出版著作。这本著作对中国的美术教育影响最大。我也是看了他这本著作之后才开始真正认识美术教育的，而且认定尹少淳先生是中国美术教育的一面旗帜、领导人物，也就是从1994年的那本书之后，我心里头就认定了他。他的第二本书是湖南美术出版社的《走近美术》，是1996年出版的。《走近美术》从美术史学和美术教育两个角度去谈美术，美术老师看通了这本书，对美术的认识就不会这么肤浅了。

俞晶晶：非常感谢，感谢李教授在百忙之中和我们探讨这些美术教育问题。